СВЯТИТЕЛЬ ИГНАТИЙ БРЯНЧАНИНОВ

ПРИНОШЕНИЕ СОВРЕМЕННОМУ МОНАШЕСТВУ

ORTHODOX LOGOS PUBLISHING

ПРИНОШЕНИЕ СОВРЕМЕННОМУ МОНАШЕСТВУ

святитель Игнатий Брянчанинов

Икона на обложке книги:
«Игнатий (Брянчанинов)», *Неизвестный автор*

© 2025, Orthodox Logos Publishing, The Netherlands

www.orthodoxlogos.com

ISBN: 978-1-80484-216-4

This book is in copyright. No part of this publication may
be reproduced, stored in a retrieval system or transmitted in any form or
by any means without the prior permission in writing of
the publisher, nor be otherwise circulated in any form of binding
or cover other than that in which it is published without a similar
condition, including this condition, being imposed
on the subsequent purchaser.

СВЯТИТЕЛЬ ИГНАТИЙ БРЯНЧАНИНОВ

ПРИНОШЕНИЕ СОВРЕМЕННОМУ МОНАШЕСТВУ

ORTHODOX LOGOS PUBLISHING

СОДЕРЖАНИЕ

Вступление 7
Биография: Святитель Игнатий (Брянчанинов) 10
Предисловие. 13

Приношение современному монашеству

Правила наружного поведения
для новоначальных иноков. 16

Советы относительно душевного иноческого делания

Введение 39

Глава 1. О изучении евангельских заповедей
и о жительстве по евангельским заповедям 42

Глава 2. Человеки будут судимы на Суде Божием
по евангельским заповедям 45

Глава 3 Монашеское жительство есть жительство по
евангельским заповедям 47

Глава 4. О непрочности монашеского жительства,
когда оно не основано на евангельских заповедях . . . 49

Глава 5. О хранении себя от соблазнов 52

Глава 6. Богоугодному жительству в безмолвии должно
предшествовать богоугодное жительство в обществе
человеческом. 55

Глава 7. О хранении себя от добра, принадлежащего
падшему естеству человеческому 57

Глава 8. О вражде и борьбе между падшим естеством
и евангельскими заповедями 60

Глава 9. О чтении Евангелия и отеческих писаний . . . 62

Глава 10. О осторожности при чтении отеческих
книг о монашеской жизни 65

Глава 11. Об отшельнической жизни 68

Глава 12. О жительстве в послушании у старца 84

Глава 13. О жительстве по совету 89

Глава 14. Цель монашеского жительства заключается в изучении воли Божией, в усвоении ее себе, в покорности ей 95

Глава 15. Любовь к ближнему служит средством достижения любви к Богу 100

Глава 16. Смирение пред ближним служит средством достижения любви к ближнему 103

Глава 17. О молитве 107

Глава 18. О приготовлении к молитве 109

Глава 19. О внимании при молитве 112

Глава 20. О келейном правиле 115

Глава 21. О поклонах 116

Глава 22. О применении келейного правила к монастырскому правилу 119

Глава 23. О молитве Иисусовой 122

Глава 24. О упражнении молитвою Иисусовою . . . 125

Глава 25. О непрестанной молитве 127

Глава 26. О молитве Иисусовой устной, умной и сердечной 129

Глава 27. О Богомыслии 134

Глава 28. О памятовании смерти 137

Глава 29. Тесный путь установлен Самим Богом для истинных служителей Его 141

Глава 30. Скорби суть по преимуществу удел иноков последнего времени 154

Глава 31. Источники иноческих скорбей 162

Глава 32. О необходимости мужества при искушениях . 166

Глава 33. Учение святых отцов о тесном пути 169

Глава 34. О трезвении 284

Глава 35. О пользе и вреде от телесных подвигов 292

Глава 36. О ревности душевной и духовной 296

Глава 37. О милостыни 301

Глава 38. О нестяжании 304

Глава 39. О человеческой славе 309

Глава 40. О памятозлобии 316

Глава 41. Значение слова «мир» 323

Глава 42. О хранении от знакомства с женским полом . .336

Глава 43. О падших ангелах 342

Глава 44. Первый образ борьбы с падшими ангелами . .360

Глава 45. Второй образ борьбы с падшими ангелами . .367

Глава 46. О сновидениях 369

Глава 47. О сродстве между собою как добродетелей, так и пороков. 374

Глава 48. О особенном противодействии падших духов молитве 377

Глава 49. О хранении душевного ока от всего вредного для него 384

Глава 50. О покаянии и плаче 389

Заключение. О удобоприменимости изложенных правил к положению современного монашества 406

Плач инока о брате его, впадем в искушение греховное. Сочинено другом для друга и для брата братом, к взаимной пользе и сочинителя и читателя 410

Примечания 489

ВСТУПЛЕНИЕ

Веками православное монашество являлось оплотом христианской духовности, местом, где человек призван осуществить свой главный подвиг – познать Бога и стать Ему подобным через смирение, молитву и аскезу. Однако с течением времени внешние условия меняются: распад традиционных форм жизни, ускоренный ритм мира, новые опасности для уединённого жития, а порою и искажения самого монашеского подвига. В этих обстоятельствах настоятельно возрастает потребность в вдумчивом, практическом руководстве, позволяющем христианину-инокусу не растерять драгоценного наследия древних отцов, но в то же время адаптировать его к реалиям «современного монашества».

«Приношение современному монашеству» – это труд, в котором святитель Игнатий (Брянчанинов) обобщил собственный многолетний духовный опыт и пастырскую практику, давая чёткие, последовательные наставления как по внешнему поведению новоначальных иноков, так и по внутреннему устроению их душевной жизни. Первую часть составляют «Правила наружного поведения для новоначальных иноков», где показано, как ввести в жизнь евангельские заповеди через простые, но обязательные правила устава, подавая пример благопристойного общения с братьями и гостями, соблюдения монастырского порядка и хранения сердца от поспешных суждений.

Во «Введения» к внешним правилам автор подчёркивает, что невозможно вырасти в духовном подвижничестве, не усвоив сначала элементарного: внешнего внимания к своему обету, покорности старцу, умеренности в пище и словах. Сам же текст «Правил» адресован не только тем, кто впервые сходят на путь монашества, но и старшим инокам, призванным поддерживать в братии дух порядка и братского согласия. Заключение этой части становится своеобразным духовным памятником — призывом не утратить бдительности под властью «падшего естества» и не распылять силы на суетные дела мира.

Вторая, самая объёмная часть книги, озаглавленная «Советы относительно душевного иноческого делания», развивается от фундаментальных тем («Об изучении евангельских заповедей», «Человеки будут судимы…»), через кульминацию в практических главах о молитве («О внимании при молитве», «О келейном правиле», «О молитве Иисусовой») к глубоким вопросам духовного делания последних времён («Скорби суть по преимуществу удел иноков последнего времени», «О падших ангелах», «О духовном трезвении»). Святитель Игнатий показывает, что истинная монашеская жизнь не может ограничиться уставным деланием или внешней строгостью: её сущность — в непрестанном внутреннем подвиге, бдительном хранении сердца, в постоянном «поминании смерти» и «памяти о Боге».

Отдельной жемчужиной книги стали обширные выписки из творений преподобных Макария Великого, Марка Подвижника, Иоанна Лествичника, Dorofeя, аввы Исаии и жития святого Андрея Христа ради юродивого. Эти образцы древнего святоотеческого слова служат прекрасным дополнением авторских размышлений, показывая читателю преемственность духовного иноческого опыта от пустынь Египта и Палестины до монастырей русских земель.

«Приношение современному монашеству» — не академическое эссе, а живое, отеческое слово, обращённое к каждому, кто стоит на пороге монастыря или уже растёт в нём. Святитель Игнатий не ограничивается оценкой уклада; он показывает, как «евангельские заповеди» становятся внутренней жизнью, как смирение перед ближним служит средством достижения любви к Богу, а душевные скорби становятся «училищем мужества». Этот труд помогает увидеть монашество не как ритуал, но как постоянно обновляющийся путь к высшей цели – к обожению, к участию в жизни Святой Троицы. Пусть его слова станут надёжным спутником каждого, кто устремился к Тому, Кто есть «Добрый Пастырь» и «Источник живой воды».

СВЯТИТЕЛЬ ИГНАТИЙ (БРЯНЧАНИНОВ)

Дмитрий Александрович Брянчанинов родился 15 (27) февраля 1807 года в древней вологодской дворянской семье, некогда славившейся своими преданиями о героическом прошлом. С самых юных лет его сердце тяготело к духовным поискам: ребёнком он усердно посещал богослужения, с благоговением читал Евангелие и святоотеческие труды, а также проявлял природную тягу к уединённому размышлению. Несмотря на блестящее образование – Дмитрий окончил СанктПетербургское инженерное училище и некоторое время служил в лейбгвардии – он чувствовал неразрывную связь с монашеской традицией и внутренний зов отказаться от мирской карьеры.

В 1831 году, пройдя через долгие годы внутренней борьбы, молодой Дмитрий принял постриг в АлександроСвирском монастыре под именем Игнатия. Здесь, в атмосфере строгого устава и безмолвной молитвы, он сформировал основы своего подвижнического опыта. Через десять лет, благодаря редкому дару сочетать нравственную строгость с пастырской чуткостью, Игнатий был избран игуменом Троицкого АлександроСвирского монастыря. Его наставления, письма и советы быстро разошлись по монастырским келиям, а сам отец Игнатий стал символом обновлённой монашеской жизни.

В 1857 году призвание святителяподвижника возымело новый масштаб: он был хиротонисан во епископа Кавказского, где принимал участие в строительстве храмов, организации духовных школ и распространении православия в многонациональном крае. Его забота о душах паствы сочеталась с непрестанной внутренней борьбой: даже в сане епископа он сохранял посты, безмолвие и умерщвление плоти, служа примером христианской святости для всех. Однако непростые условия клирики и слабое здоровье привели к тому, что в 1861 году он удалился на покой в НиколоБабаевский монастырь.

Именно в годы уединённого покоя святитель Игнатий обратился к литературному труду. Подготовленные им «Аскетические опыты» и «Приношение современному монашеству» стали итогом многолетних размышлений о духовной практике, борьбе со страстями и христианском подвиге. Его яркая манера изложения – сочетание ясности, глубины и отеческой любви – сделали эти труды образцом православного духовного наставничества. Святитель черпал материалы из Писания, житий, святоотеческих текстов, и в них объединилась преемственность древних пустынников с чуткостью к нуждам современников.

30 апреля (12 мая) 1867 года святитель Игнатий отошёл ко Господу. Его кончина ознаменовала окончание активного служения, но только начало его подлинного духовного величия: уже при жизни и ещё более после кончины его труды получили широкое распространение среди монахов и мирян, становясь настольными книгами для ищущих путь к Богу. В 1988 году, в год тысячелетия Крещения Руси, Дмитрий Александрович Брянчанинов был причислен к лику святых, как человек, чья жизнь и слова продолжают нести свет Христовой истины.

Сегодня память святителя Игнатия чтят во многих монастырях России и за её пределами. Его труды переиздаются и переводятся, а примеры его подвига служат вдохновением для людей, стремящихся к внутреннему обновлению и духовному восхождению. Прошли десятилетия, но его голос остаётся живым – он призывает к неусыпной молитве, строгому уставу и бескомпромиссному следованию Евангелию. Жизнь и творчество святителя Игнатия (Брянчанинова) демонстрируют: никакие обстоятельства не могут помешать истинному желанию обрести Бога, а путь святости всегда открыт для каждого, кто готов отдать Ему своё сердце.

ПРЕДИСЛОВИЕ

Приближаясь к концу земного странствования, я счел долгом моим составить духовное завещание на духовные блага, которыми ущедрила меня десница Бога моего. Завещанием называю душеспасительное слово: исполнители этого слова вступают во владение духовными благами. Завещание приношу в дар возлюбленным отцам и братиям, современным инокам. Духовным благом, объемлющим и совмещающим в себе прочие блага, называю монашество, к которому я призван с детства чудным призванием и неизреченною милостью. Не предоставлено мне было принести жизнь мою в жертву суете и тлению! Взят я, восхищен с широкого пути, ведущего к вечной смерти, и поставлен на путь тесный и прискорбный, ведущий в живот. Путь тесный имеет самое глубокое значение: подъемлет с земли, выводит из омрачения суетою, возводит на небо, возводит в рай, возводит к Богу, поставляет пред лице Его в незаходимый свет для вечного блаженства. Чтоб доставить возможную удовлетворительность завещанию, потребовалось изложить его в книге. Книга содержит в себе правила для наружного поведения иноков и советы им о душевном подвиге или делании.

Со всею справедливостью могу назвать сочинение это моею таинственною исповедью. Прошу принять исповедь с вниманием и христианским снисхождением! Она достойна того и другого. Предлагаемое мною учение вполне заимствовано из святого учения святых отцов Православной Церкви, и теоретически и опытно ознакомившихся с учением Евангелия, усвоивших себе это учение. Упущения и увлечения мои, недостаточно твердое и неуклонное последование наставлениям отцов, неимение руководителя благодатного, частая, почти постоянная встреча с руководителями, болезновавшими слепотою и самообольщением, вольная и невольная зависимость от них, обстановка отовсюду предметами соблазна, а не назидания, внимание к учению, которому мир, враждебный Богу, придавал блеск и важность высшей мудрости и святости, которое, будучи тьма и скверна, заслуживало лишь презрение и отвержение, были причиною для меня многих потрясений. Потрясения, которыми я испытан, были потрясениями и горькими, и тяжкими, и жестокими, и упорно, томительно продолжительными. Потрясения по наружному положению, на суд совести моей, ничего не значат в сравнении с потрясениями, которым подвергалась душа. Свирепы волны житейского моря; на нем господствуют мрак и мгла; непрестанно воздвизаются на нем бури лютыми ветрами – духами отверженными; корабли лишены кормчих; благонадежные гавани превратились в водовороты, в гибельные пучины; «всяка гора и остров от духовных мест своих двигнушася» (*Апок. 6:14*); потопление представляется неизбежным. Оно и было бы неизбежным, если б непостижимый Промысл Бога и столько же непостижимое милосердие не спасали избранных его. «Много пришелствова душа моя» (*Пс. 119:6*), не находя пристанища верного ни вне, ни внутри себя. «Углебох в тимении глубины, и несть постояния» – правильного и твердого настроения души, непоколебимого в добродетели – «приидох в глубины морская, и буря потопи мя. Утрудихся зовый, измолче гортань мой, исчезаете очи мои от еже уповати ми на Бога моего» (*Пс. 68:3-4*): «яко погна враг душу мою, смирил есть в землю живот мой, посадил мя есть в темных» (*Пс. 142:3*). «Яко вода излияхся, и разсыпашася вся кости моя, изше яко скудель крепость моя» (*Пс. 21:15-16*), «одержаша мя болезни смертныя, и потоцы беззакония смятоша мя; болезни адовы обыдоша мя, предвариша мя сети смертныя» (*Пс. 17:5-6*), «уны во мне дух мой, смятеся сердце мое» (*Пс. 142:4*). Из этого состояния подаю голос отцам и братиям, голос заботливого предостережения. Так поступает путешественник, претерпевший страшные бедствия в многотрудном и продолжительном путешествии! Свои заметки, драгоценное сокровище, он передает тем, которые намерены предпринять подобное путешествие или уже и вступили в путь, не зная его или ознакомясь с ним лишь поверхностно по описаниям устаревшим. Здесь указаны изменения, изменения не в сущности, а в обстановке, имеющей на сущность существенное влияние; здесь указано, каким образом должно пользоваться писаниями древних и применять их к современности, избегая того ложного положения с его последствиями, в которое поставляется всякий непонявший и неприметивший необходимости применения. Святой Иоанн Лествичник говорит, что некоторые, проходя по болотистым местам, увязли в грязи и, покрытые ею, поведали о том, как это случилось с ними, другим, которые тут проходили, для спасения их. За спасение ближних Всемогущий избавил из болота и тех, которые, попавши в него, предостерегли ближних от впадения в него. «Права течения твори ногама твоима, и пути твоя исправляй: не уклонися ни на десно, ни на шуе: отврати же ногу твою от пути зла. Пути бо десные весть Господь, развращены же суть, иже ошуюю: Той же права творит течения твоя, и хождения твоя в мире поспешит» (*Притч. 4:26-29*). Аминь.

ПРИНОШЕНИЕ СОВРЕМЕННОМУ МОНАШЕСТВУ

ПРАВИЛА НАРУЖНОГО ПОВЕДЕНИЯ ДЛЯ НОВОНАЧАЛЬНЫХ ИНОКОВ

Введение

Церковный Устав говорит, что по завещанию святых отцов во всем должно наблюдать меру и правило. Упомянув вообще о святых отцах, Устав приводит знаменательное изречение преподобного Ефрема Сирского: «Там настоит великое бедствие, где жительством не руководствуют законные правила»[1]. На сем основании мы предлагаем возлюбленным братиям, новоначальным инокам, нижеследующие правила для их наружного поведения.

Правила

1. Святые отцы называют монастырь врачебницею (больницею)[2]. Точно: монастырь есть нравственная врачебница. Мы приходим из мира в монастырь, чтоб оставить греховные навыки, полученные в мирской жизни, и вне влияния на нас соблазнов, которыми преисполнен мир, стяжать навыки или поведение истинно христианские. За жительство истинно христианское на земле надеемся по-

лучить вечное блаженство на небе. Итак: должно употребить все старание к тому, чтоб цель, с которою вступаем в монастырь, была нами достигнута, чтоб наша жизнь в монастыре послужила нам во спасение, не послужила поводом к большему осуждению нас на суде Христовом[3].

2. Поступающие в больницу для пользования обязываются руководствоваться во всем наставлением врача, не позволяя себе употреблять пищу, одежду, движение, лекарства по собственному усмотрению; иначе вместо пользы они принесут себе вред: так и всякий, вступивший в монастырь, обязывается упражняться не в тех подвигах и трудах, которые кажутся самому ему нужными и полезными, но в тех, которые будут ему указаны и назначены настоятелем лично или при посредстве других монастырских властей[4].

3. Вообще все монастырские упражнения и должности называются послушаниями. Послушания должны проходить со всею тщательностью, со строгим хранением совести, веруя, что такое прохождение послушаний необходимо для нашего спасения. Монастырские занятия потому и называются послушаниями, что они соединены с отречением от своей воли и от своих разумений. По этой причине при исполнении послушаний совесть подвергается непрестанным опытам. Последствием упражнения в послушаниях бывают истинное смирение и духовный разум. Произвольные труды, совершаемые по самомнению или прихоти, особенно с отвержением покорности, как бы ни были велики, не только не приносят никакого духовного плода, но, напротив того, будучи сами последствием самомнения и гордости, чрезвычайно усиливают эти страсти в иноке, совершенно отчуждают его от христианского благодатного образа мыслей, то есть от евангельского смиренномудрия. Преподобный Кассиан говорит: «Главнейшая забота старца, которому поручены новоначальные, состоит в том, чтоб новоначальный, во-первых, научился побеждать свои воли, посредством чего он, вводимый постепенно, мог бы взойти на верх высочайшего совершенства. Приобучая его

к сему со всею тщательностью и прилежанием, старец намеренно старается всегда приказывать ему то, что противно его воле. Египетские великие отцы утверждают, будучи изучены многими опытами, что монах, в особенности юный, будет не в силах обуздать самих похотений вожделения, если прежде не обучится умерщвлению своих волей посредством послушания. Они решительно свидетельствуют, что тот, кто не научился прежде побеждать свои воли, никак не возможет погасить ни гнева, ни печали, ни духа любостяжания, не возможет стяжать ни истинного сердечного смирения, ни всегдашнего единения с братиями, ни даже пребыть долго в общежитии. Они стараются преподать новоначальным эти правила, как азбуку, руководящую к совершенству, и по ним рассматривают, каково смирение новоначальных, истинное ли оно, или притворное и мечтательное»[5].

4. Погрешности, в которые впадаем по немощи, свойственной всем человекам, должно исповедывать отцу духовному, а иногда, по свойству погрешности, и настоятелю, и, не впадая в уныние и расслабление, с обновленною ревностью продолжать послушание. Если мы не вдруг понимаем земные науки и художества, но при изучении их подвергаемся в течение продолжительного времени разным недоумениям и погрешностям, тем свойственнее подвергаться погрешностям при изучении науки из наук и художества из художеств – монашеского жительства[6].

5. Молитва есть мать добродетелей[7]. По этой причине в монастыре наибольшая часть времени посвящается молитве. Для новоначального не полезно совершение молитв наедине, посему церковный Устав, воспрещая самовольное моление, завещавает, чтоб все живущие в монастыре приносили молитвы Богу вместе, в церкви Божией, за исключением больных, удерживаемых в келии болезнью, и старцев, созревших для уединенной келейной молитвы[8].

6. Молитва есть мать добродетелей, и потому все братия приглашаются к тщательному и неупустительному исполнению установленных молитв, а для сего к

тщательному и неупустительному хождению в церковь Божию.

7. Идя из келии в церковь предстать лицу Божию, должно в походке сохранять благоговение, отнюдь не бегать, по сторонам не смотреть, но иметь глаза опущенными к земле, руками не махать, но держать их опущенными вниз.

8. Каждый брат, придя к церкви Божией, должен пред дверьми ее оградиться крестным знамением и положить поясной поклон, воздавая этим честь жилищу Божию, которое – церковь.

9. По входе в церковь каждый брат обязан встать посреди ее пред царскими вратами и положить три поясных поклона, а в Великий пост – три земных; потом, поклонившись на обе стороны предстоящему народу, становиться на свое место.

10. Если брат крылосный, и принадлежит к правому крылосу, то он, подошедши к своему крылосу, должен благоговейно положить поясной поклон пред иконою Спасителя, поклониться братиям, стоящим на крылосах, обращаясь сперва к левому крылосу, потом к правому, и встать со скромностью на свое место. Если же брат принадлежит к левому крылосу, то, подошедши к нему, должен положить поясной поклон пред иконою Божией Матери и, поклонившись крылосам, сперва правому, потом левому, встать на свое место.

11. Церковь – земное небо. Стоящие в ней должны стоять с благоговением, чинно, подобно святым ангелам, иметь глаза опущенными к земле, на стены не облокачиваться, держать руки опущенными, не складывая их вместе, не отставлять ног, но стоять на обеих ногах равно.

12. Церковь – судилище Божие. Из нее можно выйти или оправданным, или осужденным, по свидетельству Святого Евангелия (*Лк. 18:14*). И потому должно отправлять чтение и пение со всевозможным вниманием и благоговением, никак не позволять себе празднословия, тем более смеха и шуток. Иначе выйдем из церкви осу-

жденными, прогневав Царя Небесного неблагоговейным предстоянием Ему.

13. На народ, присутствующий при богослужении, не должно оглядываться. Должно всячески хранить зрение, как то отверстие в душу, через которое могут войти в нее заразительнейшие страсти[9].

14. На крылосах каждый должен занимать назначенное ему место. За отсутствием кого-нибудь следующий за ним становится на незанятое место, а отнюдь не младший по самоволию, самомнению или дерзости. Из этого исключаются те случаи, когда начальствующие на крылосах найдут нужным расстановить певцов соответственно их голосам.

15. В святой алтарь, как святая святых, отнюдь не входить никому из неосвященных, за исключением пономарей и свечников по 19-му правилу Лаодикийского Собора и по обычаю, принятому в благоустроеннейших православных монастырях. Самое поминовение родственников одинаково слышит Бог как из алтаря, так и из церкви, с того места, где ты стоишь. Богу приятнее будет молитва твоя из церкви, когда, по причине благоговения к Нему, ты устраняешься входа в алтарь, нежели из алтаря, когда ты вошел в него без должного благоговения, нарушив преподанное тебе правило.

16. Брат, которого необходимость заставит войти в алтарь или пройти чрез него, обязывается сделать это с величайшим благоговением и страхом Божиим. Войдя в алтарь, положи, обратясь к Святой Трапезе, три земных поклона, а в воскресение, субботу, в праздничные и полиелейные дни – три поясных, потом, обратясь к иконе, стоящей на горнем месте, – один поясной поклон; после этого поклонись настоятелю и прими его благословение; если настоятеля нет в алтаре, прими благословение от служащего иеромонаха.

17. Кругом Святой Трапезы не должно ходить неосвященным. Если же по крайней нужде случится пройти, то должно исполнить это с великим страхом Божиим и осторожностью, идя тихо и обходя около престола Божия как можно в дальнейшем расстоянии от него.

18. В алтаре нисколько не стоять без надобности, но по исполнении ее немедленно выходить. Впрочем, кто вошел в алтарь и по крайней надобности, или будучи послан начальствующими, должен укорять себя, говоря: «Увы мне, грешному и скверному, во осуждение себе дерзнувшему войти во святая святых». Самые священнослужители, призванные к служению и предстоянию Богу в алтаре, тем и соделывают себя достойными сего служения, что сознают свое недостоинство, стараются пред служением омывать себя обильными слезами покаяния и смирения, а самое служение совершают с величайшим благоговением, вниманием и страхом Божиим.

19. Читающий псалмы и суточное последование, то есть вечерню, утреню и часы, должен заблаговременно приготовиться и приискать тропари и кондаки дня, чтоб во время чтения в церкви не ошибаться, не производить остановки в молитвословии приискиванием тропарей и кондаков. Чтец должен стоять прямо, иметь руки опущенными, читать и неспешно, и непротяжно, произносить слова отчетливо, внятно. Читать должно просто, с благоговением, в один тон, без излияния своих чувствований переливами и изменениями голоса. Предоставим святым молитвословиям действовать собственным их духовным достоинством на слушателей[10]. Желание преподать предстоящим свои чувствования есть знак самомнения и гордости.

20. Суточная чреда чтения начинается с вечерни. Вступающий в чреду должен встать близ оканчивающего ее девятым часом. Когда тот окончит, – они оба вместе полагают поясной поклон к алтарю, потом покланяются друг другу. Вступающий в чреду становится пред налоем, а окончивший идет и становится на свое место.

21. Чтец Апостола, идя с крылоса и на крылос, должен держать книгу в левой руке, несколько прислонив верх ее к груди. Выходя для чтения, чтец Апостола становится сперва пред иконою Спасителя или Божией Матери, судя по тому, к которому крылосу он принадлежит, полагает поясной поклон пред иконою, потом покланяется, обра-

тясь к своему крылосу, а за сим выходит на средину, пред царские врата. Здесь полагает поясной поклон к алтарю; на слова служащего иеромонаха: «Мир всем», воздает поклон служащему и начинает сказывать прокимен. По произнесении заглавия Апостолу, когда служащие иеромонах или иеродиакон скажут: «Вонмем», чтец опять воздает поклон служащему иеромонаху и начинает чтение Апостола. По окончании чтения, на слова служащего: «Мир ти», чтец воздает ему поклон пред царскими вратами, идет с среды церкви, становится близ своего клироса пред иконою, полагает пред нею поклон, потом, обратясь к противоположному клиросу, воздает ему поклон, затем такой же поклон своему клиросу и становится на свое место.

22. Читая Апостол, отнюдь не должно чрезмерно и непристойно кричать, увлекаясь тщеславием; напротив, должно читать природным голосом, без отяготительного для слуха и совести напряжения, благоговейно, внятно, величественно, чтоб наша жертва хвалы была благоприятна Богу, чтоб не оказалось, что мы приносим Богу один «плод устен» (*Евр. 13:15*), а плод ума и сердца приносим тщеславию, причем и «плод устен» отвергается Богом, как оскверненная жертва. Это должно помнить и певцам, потому что для всех вообще крылосных крайне опасна страсть тщеславия, за которою входят в душу и другие пороки, особливо гордость, и отступает от человека щадящая его благодать Божия.

23. Идя на сход и со схода, должно начинать и оканчивать пение всем вместе; притом руками не махать, глаза иметь опущенными к земле, отнюдь не оглядываться по сторонам; должно идти в порядке, плавно, одному брату за другим, не толкая и не торопя друг друга. Встав на сход, должно выравняться, чтоб один не стоял впереди другого. При возвращении со схода на крылоса должно наблюдать тот же порядок, какой выше указан при выходе на сход. Стоя на сходе, должно иметь руки опущенными, отнюдь не складывая их вместе, поклоны класть отнюдь не произвольно, а когда следует, класть

не порознь, а всем вместе, чтоб братия, находящееся на сходе, представляли из себя единое тело, по выражению церковного Устава[11]. Для такого единообразного и благоговейного поклонения все братия должны применяться к головщику, который обязан наблюдать за своевременным исполнением поклонов и за тем, чтоб его собственные поклоны не были ни поспешны, ни преждевременны и братия имели всю возможность соображаться с ним.

24. Поклоны при богослужении полагаются следующие и в следующем порядке: когда служащий иеромонах выходит пред царские врата, чтоб благословить чтение девятого часа, или полунощницы, или в алтаре намеревается благословить чтение часов, то он пред возгласом: «Благословен Бог наш» полагает три поясных поклона; то же должны сделать и братия, равно как и пред начатием Божественной Литургии. При начале всенощного бдения полагаются три поясных поклона, когда головщик возглашает: «Приидите поклонимся». Вообще при всех службах на всяком *Трисвятом* и на всяком «*приидите поклонимся*» полагаются три поясных поклона, исключая «*приидите*» и *Трисвятое* в самом начале утрени, на которых принято только знаменаться трижды крестным знамением, так как и в начале шестопсалмия при троекратном произнесении стиха: «Слава в вышних Богу», в средине шестопсалмия при троекратном произнесении: «Аллилуиа, аллилуиа, аллилуиа, слава Тебе, Боже». Обыкновенно знаменуются однажды крестным знамением пред начатием *Символа Веры* на Божественной Литургии. При пении стихир и стиховен тогда только полагается по одному поясному поклону, когда слова стихиры побуждают к поклонению. Впрочем, ни на сходе, ни на крылосах не кланяться в беспорядке и самовольно, но всегда последуя головщику. Когда при чтении кафизм поется, а при окончании их, равно как и при окончании шестопсалмия, произносится троекратно: «Аллилуиа, аллилуиа, аллилуиа, слава Тебе, Боже», полагается по три поясных поклона, кроме воскресных и праздничных дней, суббот и полиелеев, в которые эти поклоны остав-

ляются. Когда придут братия на сход, и пред тем, как уходить со схода, полагают вместе, чинно один поясной поклон, и потом все в одно время покланяются стоящему на сход братству. При первом прошении каждой эктении и при возгласе, которым служащий иеромонах заключает эктинию, полагается по одному поясному поклону. Пред чтением и после чтения Святого Евангелия, при пении *Славы* – по одному поясному поклону. На девятой песни при пении *Честнейшую Херувим*, при каждом повторении этих слов – по одному поясному поклону. На Божественной Литургии после «*приидите поклонимся и припадем ко Христу*» полагается один поясной поклон. По окончании всей *Херувимской песни*, то есть после *аллилуиа* – три поясных поклона. Приносимым дарам как еще неосвященным воздается честь одним поясным поклоном и после него преклонением главы. По окончании *Тебе поем* полагаются глубокие три поясные поклона, а некрылосными – один земной: во время пения этой святой песни освящаются предложенные Святые Дары. По *Достойно есть* – один поясной поклон. Пред молитвою Господнею некрылосные полагают один земной поклон, а крылосные знаменуются только крестным знамением, потому что им немедленно нужно петь. После молитвы Господней, когда служащий иеромонах скажет: «Яко Твое есть царство» и прочие слова возгласа, полагается один поясной поклон. При возгласе: «Святая святым» полагаются три поясных поклона. Когда выносят Святые Тайны с возглашением: «Со страхом Божиим и верою приступите», полагается крылосным один глубокий поясной благоговейный поклон как бы Самому Христу, невидимо присутствующему в Святых Тайнах, а некрылосным полагается один земной поклон. Точно так же должно поступать, когда выносится святый потир во второй раз с возглашением: «Всегда, ныне и присно, и во веки веков». По окончании Божественной Литургии полагается три поясных поклона, и младшие обоих крылосов обращаются к старшим, все приветствуют друг друга поклонением. В воскресные и праздничные дни, в субботы и полиелеи земные поклоны в церкви отменяются.[12]

25. Камилавки снимаются с головы и становятся на плечо, так, чтоб крест, образуемый оконечностью клобука, не сходил с плеч в следующие времена богослужения, на Литургии: при входе с Евангелием, при чтении Евангелия, при великом входе, при словах Христовых: «Приимите ядите» до *Достойно* включительно; при пении молитвы Отче наш и при явлении Святых Тайн. На вечерне: при входе. На утрени: при чтении Евангелия и при пении *Честнейшей*. При чтении Апостола на Литургии и паремий на великой вечерне чтец снимает камилавку. Братия снимают камилавки при пении Отче наш пред трапезою и *Достойно* после трапезы[13]. Братия должны как снимать, так и надевать камилавки все в одно время, не предупреждая друг друга.

26. Вообще в церкви Божией должно сохранять всевозможное благоговение и порядок как для славы Божией, так для собственной душевной пользы и для душевной пользы предстоящего народа, который благоговением иноков назидается, а неблагоговением их смущается, соблазняется, повреждается. Не должно выходить из церкви безвременно; не должно позволять себе какого бы то ни было, самомалейшего нарушения правил благочиния и благоговения. От небрежения к малому и ничтожному легко и скоро переходим к небрежению о важнейшем и о всем. Чтоб сохранить внимание к важным обязанностям своим, должно постоянно наблюдать за собою и быть внимательным ко всем, самым мелочным своим действиям[14].

27. При встретившейся нужде излишнюю мокроту должно с осторожностию собирать в платок, а не повергать на пол при непристойном шуме. Не должно кашлять и сморкаться громко, эти и другие подобные естественные необходимости должно исполнять с тихостию и благопристойностью. В церкви табаку не нюхать. Если употреблять пищу, что составляет для человека естественную потребность, не позволяется в церкви: тем

непозволительнее нюхать табак, что совсем не естественная необходимость, но худой навык и прихоть. Да и вообще вступающему в чин монашеский должно отучиться от употребления табаку. Мирские братия наши весьма соблазняются на употребление табаку монашествующими, непременный долг любви требует, чтоб мы не подавали повода к соблазну мирским братиям, которые, соблазнившись чем-нибудь ничтожным, не будут доверять нам и в важном. Тот, кто не может преодолеть привычки, да сознает свою немощь, да восполняет самоукорением недостаток самоотвержения[15], а привычку да не обнаруживает пред братиями, потому что вред, причиненный одному, не столько тяжек, сколько вред, причиняемый многим. Таково мнение отцов о побеждении нашем немощами нашими.

28. Строжайшее благоговение и порядок установлено сохранять в церкви, они да сохраняются и в трапезе. Пребывание в трапезе для подкрепления пищею должно быть как бы продолжением богослужения. Братия, питая тело с благоразумным довольством предлагаемыми яствами, должны в то же время питать душу словом Божиим, которое читается во время трапезы. Для этого соблюдается в трапезе глубокое молчание. Если понадобится что сказать, то говорится весьма тихо и кратко, чтоб не воспрепятствовать слышанию чтения[16].

29. Все братия должны употреблять пищу в общей трапезе, а не по келиям, кроме больных, которым дозволяется употребление пищи в келии, но не иначе, как с ведома и дозволения настоятеля. Старайся быть участником общей трапезы, не избегая ее по какой-нибудь маловажной причине, имеющей личину правды: в свое время увидишь особенную душевную пользу от постоянного участия в общей трапезе.

30. Употребление пищи как в трапезе, так и в келиях должно быть по отношению к количеству самое благоразумное. Новоначальные должны употреблять пищу почти до сытости, но не до пресыщения. Пост, столько полезный монаху впоследствии[17], для новоначального

должен быть умеренный. Если новоначальный не будет употреблять пищи вне трапезы, то такой пост будет вполне удовлетворительным для него. Употребление пищи в трапезе почти до сытости нужно для новоначального по той причине, что он обязан исполнять послушания иногда трудные и для того не ослаблять телесных сил излишне. Для должного ослабления их достаточно качества и количества трапезной монастырской пищи. Страсти умаляются в новоначальных не от усиленного поста, но от исповедания греховных помыслов, от трудов и от удаления от свободного обращения с ближними.

31. Хотя употребление вина и разрешается церковным Уставом на трапезе, но оно разрешается только для тех трудящихся старцев, для которых оно нужно и полезно. Для юных вино вредно, почему, несмотря на то, что оно в некоторых монастырях предлагается в трапезе, весьма полезно для юных совершенно воздерживаться от вина. «Похвала монаху – воздержание от вина», – сказал святой великий Симеон Чудотворец; если же по причине телесной немощи монах и будет принужден употреблять его, то да употребляет мало»[18]. Преподобный Пимен Великий сказал: «Монахам отнюдь не должно пить вина»[19]. «Вина ниже да обоняет юность», – сказал преподобный Марк Подвижник[20].

32. В келиях должно заниматься душеполезным чтением и таким рукоделием, которое не возбуждало бы пристрастия к себе. Иначе все твое внимание отвлечется к рукоделию, к которому имеешь пристрастие: Бог и твое спасение соделаются чуждыми для тебя. Книг светских, тем более вредных для нравственности, отнюдь не читать, даже не иметь в келии.

33. Новоначальным не должно заводить в келии мшелоимства[21], то есть различных предметов прихоти и роскоши. Келейное мшелоимство привлекает к себе ум и сердце новоначального, таким образом, отвлекает их от Бога. Кроме того, оно возбуждает мечтательность, противодействующую преуспеянию духовному. Лучшим украшением иноческой келии служит избранная библи-

отека, которая должна состоять из Священного Писания и писаний отеческих о монашеской жизни. «Необходимо иметь христианские книги, – сказал святой Епифаний Кипрский, – одно воззрение на эти книги отвращает от греха и поощряет к добродетели»[22]. Священные книги должно содержать честно, воздавая честь живущему в них Святому Духу. У старцев, известных по своему особенному благочестию и духовному преуспеянию, Новый Завет помещается при святых иконах[23].

34. Новоначальным воспрещается принимать в келии женщин, даже ближайших родственниц; о принятии родственников и знакомых мужеского пола новоначальные обязываются испрашивать дозволение у настоятеля.

35. Новоначальные не только должны охраняться от принятия в келии мирских людей, но и от безвременного хождения в келии друг к другу. Безвременное посещение друг друга новоначальными служит для них поводом к празднословию, смехословию, к дерзости, чем истребляется в сердце новоначального страх Божий и благое произволение к подвижнической жизни, возбуждается сильнейшее действие страстей, особливо уныния, гнева и блудной страсти. По этой причине великий старец Симеон Благоговейный заповедал ученику своему святому Симеону, Новому Богослову, при вступлении его в монастырь отказаться от всякого знакомства вне и внутри монастыря. Ученик, тщательно исполняя завещание старца, вскоре достиг высокого духовного преуспеяния[24].

36. Новоначальный! Посещай часто келию твоего духовника или твоего старца для духовного твоего назидания и исповедания твоих согрешений и греховных помыслов твоих. Блажен ты, если нашел старца сведущего, опытного и благонамеренного: удовлетворительный наставник в наши времена – величайшая редкость. Почитай святилищем ту келию, в которой ты слышишь оживотворяющее тебя слово Божие[25]. Если же в монастыре не имеется удовлетворительного наставника, то чаще исповедайся в согрешениях пред духовным отцом, а наставления почерпай в Евангелии и книгах, написанных

святыми отцами о подвижничестве. Келия твоя соделается для тебя пристанищем и убежищем от мысленных и сердечных бурь.

37. В келии отнюдь не должно иметь никаких снедей, никаких лакомств, особенно же никаких напитков. Не для увеселения себя исполнением плотских пожеланий, не для земных радостей и утех мы вступаем в монастырь! Мы вступаем в него с тем, чтоб посредством истинного покаяния, непрерываемого развлечением и увеселениями, примириться с Богом и получить от Него неоцененный дар спасения.

38. Одежду должно иметь по возможности простую, но приличную и опрятную, требуемую обычаем и положением монастыря и отношениями его к посещающим мирским братиям, которых может одинаково соблазнить и пышная и неопрятная одежда. Цветных подрясников и подкладок под рясами не иметь: такая одежда нейдет для плачущих о умершей души своей; им идет одежда черная, в которую облекаются человеки в знак своей глубокой печали. Новоначальному необходимо соблюдать это правило, потому что душа его сообразуется состоянием своим состоянию тела и не может удерживать в себе чувство покаяния, когда тело украшено пышною и блестящею одеждою. От роскошной одежды являются в новоначальном тщеславие и ожесточение, плоть его оживает для блудных ощущений и движений[26]. Грешнику неприлично иметь красивую одежду: иначе он будет подобен повапленному и позолоченному гробу, снаружи светлому и богатому, внутри с смердящим трупом.

39. К старшим должно оказывать уважение, к иеромонахам подходить под благословение с благоговением и верою. Уважение это должно иметь по долгу и из любви, а не по человекоугодию или другому какому-нибудь побуждению века сего, чуждому монашеского настроения, чуждому духа Церкви.

40. Братия при взаимной встрече должны приветливо покланяться друг другу, почитая в ближнем образ Божий, почитая Самого Христа (*Мф. 25:40*).

41. Юные должны стремиться к тому, чтоб всех любить одинаково, охраняясь, как от сети диавольской, от исключительной любви к какому бы то ни было сверстнику или светскому знакомому. Такая любовь в юных — не что иное, как непонимаемое ими пристрастие, решительно отвергающее их от обязанностей их к Богу[27].

42. При взаимном свидании должно крайне хранить осязание, хранить до такой степени, что отнюдь не брать брата за руку; равным образом должно удаляться и от прочих приветствий, не идущих для святой иноческой обители. С строгостью наблюдалось это хранение в древних монастырях. Нарушители его подвергались в египетских обителях, лучших в христианском мире, публичному монастырскому наказанию. Поведает это преподобный Кассиан Римлянин[28].

43. Как величайшей опасности должно избегать знакомства с тем братом, который живет нерадиво, не из осуждения его, нет! Другая тому причина: ничто так не прилипчиво, так не заразительно, как слабость брата. Апостол завещал: «Повелеваем вам, братие, о имени Господа нашего Иисуса Христа, отлучатися вам от всякого брата безчинно ходяща, а не по преданию, еже прияша от нас» (*2 Сол. 3:6*). «Аще некий брат именуем будет блудник, или лихоимец, или идолослужитель, или пьяница, или хищник, с таковым ниже ясти» (*1 Кор. 5:11*). Почему? Потому что, — говорит тот же апостол: «Тлят обычаи благи беседы злы» (*1 Кор. 15:33*). Познакомился ли ты коротко с пьяницею? Знай: в его обществе и ты приучишься к пьянству. Часто ли беседуешь с блудником? Знай: он перельет в тебя свои сладострастные чувствования. Друзьями и короткими знакомыми твоими должны быть те, которых все намерение состоит в благоугождении Богу. Так поступал святой пророк Давид. Он говорит о себе: «Перехождах в незлобии сердца моего посреде дому моего»; но, несмотря на такое незлобие, «творящыя преступление возненавидех» богоугодною ненавистию, состоящею в удалении от них: «оклеветающаго тай искренняго своего, сего изгоних: гордым оком и несытым

сердцем, с сим не ядях. Очи мои на верныя земли, посаждати я со мною: ходяй по пути непорочну, сей ми служаше. Не живяше посреде дому моею творяй гордыню; глаголяй неправедная не исправляше пред очима моима» (*Пс. 100:2-27*). «Мне зело честни быша друзи Твои, Боже» (*Пс. 138:17*). Преподобный Пимен Великий говорил: «Заключение (конец, венец) всего наставления новоначальному иноку: удаляйся худого общества (знакомства, дружества) и держись хорошего общества»[29].

44. Не должно ходить по монастырю с открытою головою: в этом — нарушение скромности и благоговения. Также не должно позволять себе крика, нестройных, излишне вольных телодвижений, что расстраивает внутреннее благочиние новоначального, расстраивает порядок монастыря, нарушает спокойствие братства, приводит в соблазн мирских посетителей монастыря.

45. Вне монастырской дачи никуда не ходить, не испросив предварительно дозволения у начальствующих.

46. При прогулках никому не ходить одному, но ходить и всегда непременно вдвоем или втроем. Это постановление существовало как в древних, так и новейших благоустроенных святых обителях. Ими предупреждаются многие соблазны, даже падения. «Горе единому»! (*Еккл. 4:10*) — когда какой-нибудь соблазн начнет увлекать его, некому остановить его! Напротив того брата, вспомоществуемого братом, Божественное Писание уподобляет твердому и высокому граду (*Притч. 18:19*).

47. Не любите ездить в город, не любите посещать мирских селений! Как не повредиться душой юного инока или новоначального, желающего принять на себя обеты иночества, от частого зрения на соблазны и от смешения с соблазнами, к которым сердце его еще живо, которыми оно услаждается и увлекается? Если б оно не услаждалось прелестями мира, то не привлекалось бы к ним. Инок, чувствующий влечение к частым выходам из монастыря в мир, ранен стрелою диавола. Инок, последующий болезненному влечению сердца часто оставлять монастырь и скитаться среди соблазнов мира, приял в

себя произвольно смертоносную, ядовитую стрелу, пущенную в него диаволом, – допустил яду ее разлиться по душе своей, отравить ее. Новоначального, предавшегося скитанию, надо признавать не способным к иноческой жизни, и благовременно извергать из монастыря. Инока, предавшегося скитанию надо считать изменившим Богу, совести, обетам иночества. Для такого инока нет ничего святого; все подлейшие поступки, всякое беззаконие и злодеяние он считает позволительным себе, будучи увлечен и омрачен страстию миролюбия, вмещающею в себе служение всем страстям. Нужна особенная предусмотрительность по отношению к такому иноку, потому что он не остановится сделать всевозможное зло обители при помощи своих непотребных связей среди мира, чтоб оправдать свое поведение и отразить всякое покушение на обуздание его бесчинства.

48. Все зависит от навыка. Если послабим себе, то получим худой навык, который будет властвовать над нами, как жестокий господин над рабами. Если понудим себя, то получим добрый навык, который будет действовать в нас, как благотворное природное свойство. Избери полезное для себя, приучись к нему: навык сделает полезное приятным. Понудим же себя стяжать благой навык к терпеливому пребыванию в монастыре, выходя из него только по крайней нужде, пребывая вне его как можно меньше, возвращаясь в него как можно скорее. Глава монашества, преподобный Антоний Великий сказал: «Как рыбы, замедляя на суше, умирают, так и монахи, пребывая с мирскими людьми, вне келии, теряют расположение к безмолвию. Как рыба стремится в море, так и мы должны стремиться в свои келии, чтоб, замедляя вне, не забыть о внутреннем хранении»[30]. От навыка пребывать в монастыре мы удобно перейдем к другому, еще лучшему навыку, к навыку пребывать в келии. Тогда милосердный Господь приведет нас и к святому навыку пребывать внутри себя.

49. Наблюдающий благоразумное молчание, хранящий зрение и осязание, удаляющийся от особенной

любви к кому бы то ни было из братии и из мирских, удаляющийся от привязанности к земным вещам, удаляющийся от свободного обращения и от всего, чем нарушаются скромность и благоговение, скоро ощутит в себе ту мертвость, из которой воссияет жизнь (*2 Кор. 4:10*). Напротив того, предающийся рассеянности, не бдящий над собою, позволяющий себе пристрастия и свободное обращение, никогда не достигнет ничего духовного, хотя бы провел в монастыре целое столетие.

50. Каждый из братии обязывается ежедневно приложиться к чудотворной иконе или к святым мощам, находящимся в монастыре. Прикладываться должно при трех благоговейных поклонах и при сердечной молитве о том, чтоб святые помогли совершить поприще иночества во славу Божию, во спасение души. Из трех поклонов два полагаются пред целованием иконы или мощей и один после целования. Так поступают благоговейные иноки во всех монастырях, где имеются святые чудотворные иконы или святые мощи. Иноки прикладываются к иконам и мощам обыкновенно после утрени или после вечерни, или же после вечернего правила.

Заключение

Сохранение вышеизложенных правил может привести наружное поведение инока в благоустройство, приучить его к постоянному благоговению и наблюдению над собою[31]. Приведший свое наружное поведение в порядок, подобен хорошо обделанному сосуду, без скважин: в такой сосуд можно влагать драгоценное миро, влагать с уверенностью, что миро сохранится в целости. И монах, благоустроивший свои обычаи, делается способным к душевному деланию, которое хранится в целости благоустроенными телесными обычаями; оно, напротив того, никак не может удержаться в иноке, расстроенном по наружному поведению. Святой Исаак Сирский в начале 56 Слова говорит: «Телесным деланием предваряется душевное, как сотворение тела в Адаме предшествовало вдуновению в него души. Не стяжавший телесного делания не может иметь и душевного: второе рождается от первого, как колос от нагого пшеничного зерна. Не имеющий душевного делания чужд духовных дарований». Этот же преподобный в 46 Слове говорит: «Я видел многих великих и дивных отцов, которые более, нежели о прочих деланиях, заботились о благочинии чувств и навыках тела: от этого благочиния рождается благочиние помыслов. Многое случается с человеком вне его хотения и принуждает его нарушить пределы, себе положенные: почему если б он не находился в непрестанном хранении чувств, то при таких случаях долгое время не мог бы приходить в себя и находить прежнее свое мирное устроение». В 89 Слове: «В присутствии друзей твоих веди себя благоговейно: поступая так, принесешь пользу себе и им, потому что душа часто свергает с себя узду охранения под предлогом любви. Остерегайся бесед: они не всегда полезны. В собраниях предпочитай молчание: оно предохраняет от многих (душевных) утрат. Храни зрение более нежели чрево: потому что своя брань без сомнения легче внешней. Не верь, брат, что внутренние помыслы могут быть удержаны без предварительного приведения тела в благое и благочинное устроение, убойся (дурных) привычек более, нежели бесов».

Когда Василий Великий прибыл в Антиохию, тогда философ Ливаний, наставник Антиохийского училища и товарищ Василия по училищу Афинскому, просил его произнести поучение юным слушателям своим. Святой Василий исполнил это. Сказав им, чтоб они хранили чистоту души тела, и он преподал им подробно правила для наружного поведения: заповедал иметь походку скромную, не говорить громогласно, соблюдать в беседе благочиние, употреблять пищу и питие благоговейно, хранить молчание при старейших, быть внимательными к мудрым, послушными к начальникам, иметь к равным и меньшим нелицемерную любовь, удаляться от злых, от зараженных страстями и любящих угождать плоти, мало говорить, тщательно собирать познания, не говорить, не обсудя прежде то, о чем намерены говорить, не многословить, не быть скорыми на смех, украшаться скромностью, и так далее. Мудрый Василий преподал юношам наставление, наиболее относящееся к их наружному поведению, зная, что благочиние немедленно сообщится от тела к душе и благоустройство тела весьма скоро приведет в благоустройство душу[32].

Особенное внимание должно обратить на то, чтоб отучиться от свободы в обращении с людьми, свободы, столько одобряемой и столько любимой в светских обществах. В наше время многие, привыкши к свободному обращению в мирской жизни, сохраняют его в монастыре; другие, уже поступив в монастырь, стараются приобрести его, находя в нем что-то особенно привлекательное. Вредные последствия свободного обращения не примечаются при развлечении, при невнимании к себе, при непрестанном многоразличном действии бесчисленных соблазнов; но для монашествующего они гибельны. Святые отцы сильно говорят против свободного обращения, которое они называют дерзостию. Однажды к преподобному Агафону, отличавшемуся между отцами Египетского Скита, ему современными, особенным даром рассуждения, пришел брат и спросил его: «Я намерен жить с братиею, скажи, как мне жить с ними?» Старец отвечал: «Все время пребывания с ними проведи так, как первый день твоего прихода. В течение всей твоей жизни сохрани странничество (то есть веди себя в обители, как странник и пришлец, а не как житель и член общества) и не позволяй себе свободного обращения (продерзания)». Авва Макарий[33], тут случившийся, сделал вопрос: «Какое значение имеет дерзость (свободное обращение)?» Старец отвечал: «Дерзость подобна великому зною, который когда наступит, то все бегут от лица его, и портятся плоды на деревьях». Авва Макарий сказал на это: «Так ли вредна дерзость?» Авва Агафон отвечал: «Нет страсти более лютой, как дерзость: она родительница всех страстей; подвижник должен воздерживаться от вольности в обращении»[34]. Преподобный авва Дорофей, приводя эти слова святого Агафона в одном из поучений своих, говорит: «Очень хорошо и очень разумно сказал старец, назвав дерзость матерью всех страстей. Она мать их, потому что изгоняет страх Божий из души. Если «страхом Господним уклонится всяк от зла» (*Притч. 15:27*), то несомненно там всякое зло, где нет страха Божия. Дерзость проявляется различно: может она выразиться и словами, и действиями тела, и одним взором. От дерзости переходят к празднословию, к разговорам о предметах мирских и шуточным, возбуждающим непристойный смех. Причисляется к дерзости и то, когда кто прикоснется к ближнему без нужды, или прострет к устам его руку, чтоб остановить его слово или смех, когда позволит себе вырвать что-либо из рук ближнего или толкнуть его, когда позволит себе посмотреть на ближнего бесстыдно. Все это причисляется к дерзости и происходит оттого, что человек не имеет в душе страха Божия. Из такого состояния можно перейти мало-помалу к совершенному нерадению о себе. По этой «причине Бог, преподавая заповеди, из которых состоит закон, данный Моисею, сказал: «Благоговейны сотворите сыны Израилевы» (*Лев. 15:31*). Без благоговения невозможны ни истинное богопочитание, ни хранение заповедей».

Поступком дерзким высказались некогда сеемые преступные замыслы и залог сердца. Когда Иуда Искариотский уже сговорился с синедрионом о предательстве Господа, а потом бесстыдно возлег на тайной вечери с прочими апостолами; он не остановился протянуть руку к сосуду с солию и взять соли вместе с Учителем и Господом своим. На этот поступок, по наружности маловажный, Господь указал как на знамение предателя (*Мф. 26:23*).

Свободное обращение часто является по побуждениям человекоугодия, двоедушия, от слабости нравственных правил и воли. Охраняя от этих начал свободного обращения, преподобные Варсонофий Великий и ученик его Иоанн Пророк говорят: «Приобрети твердость, и она удалит от тебя свободу в обращении с ближними, причину всех зол в человеке! Если хочешь избавиться от постыдных страстей, не обращайся ни с кем свободно, особенно же с теми, к которым сердце твое склоняется в страсти похотения. Чрез это освободишься и от тщеславия, ибо к тщеславию примешивается человекоугодие, к человекоугодию – свободное обращение, а свободное обращение есть матерь всех страстей»[35]. «Уклонись от дерзости, как от смерти»[36]. Для всех очевидно и понятно, что свободное обращение, весьма легко и часто переходящее в величайшую дерзость и наглость, бывает причиною ссор, гнева, памятозлобия; но не всем известно и понятно, что от свободного обращения возжигается сильнейшая блудная страсть. Да ведают это возлюбленные братия, начинающие невидимое поприще мученичества и предпринявшие сразиться со страстями плоти и духа, с тем, чтоб Божиею благодатию, осеняющею усилие подвижника, победить их и получить за победу венец спасения от руки Христовой. Вообще надо сказать, что монах подлежит совсем другим законам, нежели мирской человек, и нуждается в строжайшем наблюдении за собою, в постоянной осторожности, в постоянной недоверчивости к своему уму, сердцу и телу. Монаха можно уподобить оранжерейному цветку, а мирянина – полевому. Невозможно на поле встретить такие прекрасные и драгоценные цветы, какие встречаются в оранжерее; за то оранжерейные цветы требуют особенного ухода за ними, не могут переносить непогод, при незначительной свежести воздуха повреждаются, между тем как полевые не нуждаются ни в каком уходе и присмотре, растут на свободе и переносят удобно воздушные перемены. Все святые отцы заповедуют монахам строжайшее наблюдение за собою, строжайшее хранение себя. От ничтожного по наружности обстоятельства может для монаха возникнуть величайшее искушение и самое падение. Одно неосторожное прикосновение, один ничтожный взгляд, как доказано несчетными опытами, внезапно переменяли в монахе все душевное расположение его, все сердечные залоги, самый образ мыслей. Надо хранить себя, и хранить. Вышеупомянутый преподобный Агафон говаривал: «Без величайшего наблюдения над собою невозможно преуспеть ни в одной добродетели»[37]. Новоначальным с самого вступления их в монастырь необходимо обратить все внимание на ограждение себя благоговейными навыками и обычаями, изучить их и приложить все усиленное старание к приобретению их, хотя бы это и стоило значительного труда. Благий навык, с трудом приобретенный в юности, обращается в природное свойство и всюду сопутствует стяжавшему его. Оградивший себя благими телесными навыками может накоплять душевное богатство с благонадежностию: оно будет сохраняться в целости, будучи отовсюду ограждено благими телесными навыками. Напротив того, вредный навык может в кратчайшее время отнять все душевное богатство, накопленное в течение продолжительного времени, накопленное при усиленнейшем подвиге, с утратою здоровья и сил, так что новое накопление богатства делается уже крайне затруднительным. Особенно причиною таких душевных бедствий бывает навык к свободному обращению и сопряженные с ним и рождающие его частые отлучки из монастыря и из келии. Братия! Будем молить Господа, соединяя с молитвою и собственное старание, чтоб Он наставил нас заповеданному Им благоговению, положил хранение устом нашим (*Пс. 140:3*) и прочим членам, равно как и чувствам нашим, которые при нехранении соделываются отверстыми дверьми для греха, ими входящего в душу и убивающего ее. Аминь.

СОВЕТЫ ОТНОСИТЕЛЬНО ДУШЕВНОГО ИНОЧЕСКОГО ДЕЛАНИЯ
ВВЕДЕНИЕ

Душевное делание естественно человеку и составляет неотъемлемую принадлежность его.

Человек не может быть без мыслей и чувствований. Мысли и чувствования служат признаком жизни человека. Если б они прекратились на какое-либо время, то это было бы вместе прекращением человеческой жизни, человеческого существования. Жизнь не прекращается ниже на мгновение: и ум не престает ни на минуту от рождения мыслей, а сердце не престает ни на минуту от рождения чувствований. Непрестанное занятие естественно душе. Дать душе занятие богоугодное есть непременная обязанность каждого, вступившего в монастырь. Такое занятие святыми отцами названо душевным деланием, умным подвигом, блюдением ума, хранением сердца, трезвением, вниманием[38].

Как после сотворения тела немедленно была вдунута в него душа, так по принятии новоначальных правил для наружного поведения необходимо ему немедленное усвоение себе богоугодного душевного делания. Как душою оживляется тело, так богоугодным душевным деланием оживляется благоговейное наружное поведение. Без души тело мертво; оставленное ею, оно начинает повреждаться и издавать из себя смрад; так и наружное благоговейное поведение, без благочестивого направления и упражнения души сперва оказывается чуждым духовного плода, потом заражается тщеславием, самомнением, лицемерством, человекоугодием и другими пагубнейшими, трудно замечаемыми и постигаемыми душевными страстями. Душевные страсти очень быстро растут и крепнут под покровом наружного благоговения, когда оно не одушевлено истинным благочестием. Человек, любуясь наружным благоговением своим, неприметно переходит от благоговения к притворству. Притворство очень нравится слепотствующему миру, привлекает к себе похвалу, уважение, доверенность человеков[39], сводит инока с крестного пути, устраивает для него самое выгодное земное, плотское положение. Когда притворство облагодетельствует таким образом своего делателя, тогда делатель, видя, с одной стороны, свое приобретение, с другой – те оскорбления и гонения от мира, которым подвергаются истинные подвижники благочестия, старается более и более преуспеть в притворстве и человекоугодии. Полное преуспеяние в притворстве образует фарисея, держащегося убивающей буквы закона, отвергшего оживотворяющий дух закона. Фарисей хотя и говорит непрестанно о Боге и о добродетели, но вполне чужд Бога и добродетели: он готов и способен на всякое злодеяние, на всякий низкий поступок для удовлетворения своему самолюбию. Такой ход и плод естественны. Душа не может быть без непрестанного упражнения: если не дать ей богоугодного упражнения, то она будет непрестанно упражняться в тех мыслях и чувствованиях, которые родятся в ней самой; иначе: она будет развивать свое падение, развивать в себе ложь и зло, которыми она заражена. Благовременно надо принять меры, чтоб не сделаться фарисеем и за мгновенное наслаждение земными преимуществами и человеческими похвалами не потерять спасения и блаженства в вечности. Сердце наше слабо: оно очень удобно может увлечься пороком, прикрытым благовидною личиною. Тот примет меры предосторожности против фарисейства, кто при вступлении в монастырь озаботится о немедленном доставлении себе правильного душевного делания.

Из того, что ум непрестанно родит мысли, а сердце чувствования, очевидно и делание, которое инок обязан дать душе своей. Уму надо предоставить упражнение в богоугодных мыслях, а сердцу – в богоугодных чувствованиях. Иначе: надо, чтоб ум и сердце приняли и усвоили себе Евангелие. В помощь желающему стяжать спасительное душевное делание предлагаем следующие советы, заимствованные из Священного Писания и писаний отеческих.

ГЛАВА 1. О ИЗУЧЕНИИ ЕВАНГЕЛЬСКИХ ЗАПОВЕДЕЙ И О ЖИТЕЛЬСТВЕ ПО ЕВАНГЕЛЬСКИМ ЗАПОВЕДЯМ

Инок с самого вступления своего в монастырь должен заняться со всевозможною тщательностию и вниманием чтением святого Евангелия, изучить его так, чтоб Евангелие всегда предстояло его памяти и он на каждом нравственном шагу своем, для каждого поступка, для каждого помысла имел в памяти готовое наставление Евангелия. Таково завещание Самого Спасителя. Завещание это сопряжено с обетованием и угрозою. Господь, посылая учеников Своих на проповедь христианства, сказал им: «Шедше убо, научите вся языки, крестяще их во имя Отца, и Сына, и Святаго Духа, учаще их блюсти вся, елика заповедах вам» (*Мф. 28:19, 20*). Обетование для исполнителя евангельских заповедей заключается в том, что он не только спасется, но и вступит в теснейшее общение с Богом, соделается богозданным храмом Божиим. Сказал Господь: «Имеяй заповеди Моя и соблюдаяй их, той есть любяй Мя, а любяй Мя, возлюблен будет Отцем Моим: и Аз возлюблю его, и явлюся ему Сам» (*Ин. 14:21*). Из этих слов Господа видно, что надо так изучить евангельские заповеди, чтоб они сделались достоянием, имуществом ума, тогда только возможно точное постоянное исполнение их, такое исполнение, какого требует Господь. Является Господь исполнителю евангельских заповедей духовно и видит Господа исполнитель заповедей духовным оком, умом, видит Господа в себе, в своих помыслах и ощущениях, осененных Святым Духом. Никак не должно ожидать явления Господа чувственным очам. Это явствует из слов Евангелия, последующих за вышеприведенными: «Аще кто любит Мя, слово Мое соблюдет: и Отец Мой возлюбит его, и к нему приидем, и обитель у него сотворим» (*Ин. 14:23*). Очевидно, что Господь приходит в сердце исполнителя заповедей, соделывает сердце храмом и жилищем Божиим, зрится в этом храме, зрится не телесными очами, а умом, зрится духовно. Образ зрения непостижим для новоначального и необъясним для него словами. Прими обетование верою: в свое время познаешь его блаженным опытом. Угроза небрегущему о исполнении евангельских заповедей заключается в предречении ему бесплодия, отчуждения от Бога, погибели. Сказал Господь: «Без Мене не можете творити ничесоже. Аще кто во Мне не пребудет, извержется вон, якоже розга, и изсышет, и собирают ю, и во огнь влагают, и сгорает. Будите в любви Моей. Аще заповеди Моя соблюдете, пребудете в любви Моей» (*Ин. 15:5-6, 9-10*). «Не всяк, глаголяй Ми: Господи, Господи, внидет в царствие небесное; но творяй волю Отца Моего, Иже есть на небесех. Мнози рекут Мне в день он (в день суда): Господи, Господи, не в Твое ли имя пророчествовахом, и Твоим именем бесы изгонихом, и Твоим именем силы многи сотворихом? и тогда исповем им: яко николиже знах вас, отыдите от Мене делающии беззаконие» (*Мф. 7:21-23*). Податель, учитель и образец смирения, Господь наш, Иисус Христос, назвал Свои всесвятые, всемогущие Божественные заповеди малыми (*Мф. 5:19*), по той простейшей форме, в которой они изложены и по которой они удобоприступны и удобопонятны для всякого человека, самого некнижного. Но вместе с этим Господь присовокупил, что намеренный и постоянный нарушитель одной такой заповеди «мний наречется в царствии небеснем», или, по объяснению святых отцов, будет лишен царства небесного, будет ввергнут в геенну огненную[40]. Заповеди Господа «Дух суть и живот суть»

(*Ин. 6:63*); они делателя своего спасают; из мертвого по душе соделывают живым, из плотского и душевного соделывают духовным. Напротив того, небрегущий о заповедях сам губит себя, оставаясь в плотском и душевном состоянии, в состоянии падения, развивая в себе это падение. «Душевен человек не приемлет яже Духа Божия, юродство бо ему есть» (*1 Кор. 2:14*), и потому для спасения необходимо претвориться из душевного человека в духовного, из ветхого в нового (*1 Кор. 15:49*). «Плоть и кровь царствия Божия наследити не могут» (*1 Кор. 15:50*), и потому для спасения необходимо освободиться не только от влияния плоти, или грубых страстей, но и от влияния крови, посредством которой страсти действуют на душу утонченно. «Удаляющиися от Тебе» (не по телесному положению, но по расположению души, уклонившейся от исполнения воли Божией) «погибнут: потребил еси всякого любодеющаго от Тебе», любодеющего при следовании собственной воле и собственным разумениям, при отвержении евангельских заповедей или воли Божией. Второе по необходимости сопутствует первому. «Мне же», истинному иноку, «прилеплятися Богови благо есть, полагати на Господа упование мое» (*Пс. 72:27-28*).

ГЛАВА 2. ЧЕЛОВЕКИ БУДУТ СУДИМЫ НА СУДЕ БОЖИЕМ ПО ЕВАНГЕЛЬСКИМ ЗАПОВЕДЯМ

По евангельским заповедям мы будем судимы на суде, установленном от Бога для нас, христиан православных, — на том суде, от которого зависит наша вечная участь. Суд бывает частный для каждого христианина немедленно после его смерти, и будет общий для всех человеков при втором пришествии на землю Господа нашего Иисуса Христа. На обоих судах присутствует и судит Сам Бог. На суде частном Он производит суд при посредстве ангелов света и ангелов падших; на суде общем Он произведет суд посредством вочеловечившегося Слова Своего (*Мф. 25*; *Ин. 5:22, 27*). Причина такого разнообразного суда ясна. Человек подчинился падшему ангелу произвольно: следовательно, он должен первоначально окончить расчет свой с падшим ангелом сообразно тому, в какой степени расторгнуто христианином общение с отверженным духом при помощи искупления. На общем суде должны предстать на истязание и падшие духи, и увлеченные ими человеки как согрешившие пред величеством Божества, почему Сам Бог, Само Слово Божие, которое приняло на себя человечество, которым совершено наше искупление и которым подобало бы спастись всем падшим, произведет суд над нами всеми, падшими и не очистившимися покаянием. Кодекс или собрание законов, на основании которого будет производиться суждение и произноситься приговор на обоих судах – Евангелие. Сказал Господь: «Отметаяйся Мене, и не приемляй словес Моих, имат судящаго ему: слово, еже глаголах, то судит ему в последний день. Яко Аз от Себе не глаголах: но пославый мя Отец, Той Мне заповедь даде, что реку, и что возглаголю. И вем, яко заповедь Его живот вечный есть» (*Ин. 12:48-50*). Из этих слов Господа явствует, что мы будем судимы по Евангелию, что небрежение о исполнении евангельских заповедей есть деятельное отвержение Самого Господа. Употребим, братия, все тщание, чтоб соделаться исполнителями евангельских заповедей! Неизвестно, когда придет смерть; могут потребовать нас на суд внезапно, в то время, когда нами наименее ожидается это требование. Блаженны приготовившие себя к переходу в вечность евангельскою жизнию! Горе нерадивым, невнимательным, своевольным, самомнительным! Горе не расторгшим общения с сатаною! Горе не вступившим в общение с Богом! Большее горе вступившим в это общение и отвергшим его!

ГЛАВА 3 МОНАШЕСКОЕ ЖИТЕЛЬСТВО ЕСТЬ ЖИТЕЛЬСТВО ПО ЕВАНГЕЛЬСКИМ ЗАПОВЕДЯМ

Древние преподобные иноки называли монашеское жительство евангельским жительством. Святый Иоанн Лествичник определяет монаха так: «Монах тот, кто во всяком месте и деле, во всякое время, руководствуется единственно Божиими заповеданиями и Божиим словом»[41]. Иноки, подчиненные преподобному Пахомию Великому, обязывались выучить Евангелие на память[42], чтоб иметь узаконения Богочеловека как бы в постоянно отверстой книге, в памяти, чтоб иметь их непрестанно пред очами ума, иметь их начертанными на самой душе для удобнейшего и неуклонного исполнения. Блаженный старец Серафим Саровский говорил: «Надо так приучить себя, чтобы ум как бы плавал в законе Господнем, которым руководствуясь, должно управлять жизнь свою»[43]. Изучая Евангелие, стараясь исполнять его веления делами, словами, помышлениями, ты будешь последовать завещанию Господа и нравственному преданию Православной Церкви. Евангелие в непродолжительное время возведет тебя от младенческого возраста к зрелому возрасту о Христе, и ты соделаешься тем блаженным мужем, которого воспел вдохновенный пророк, который «не иде совет нечестивых, и на пути грешные не ста, и на седалище губителей не сиде: но в законе Господни воля его, и в законе Его поучится день и нощь. И будет яко древо насажденное при исходящих вод, еже плод свой даст во время свое, и лист его не отпадет, и вся, елика аще творит, успеет» (*Пс. 1:1-3*). Наставляет Дух Святой истинных служителей Божиих, человеков, соделавшихся Богу Своими: «Внемлите людие Мои закону Моему, приклоните ухо ваше во глаголы уст Моих» (*Пс 77:1*).

ГЛАВА 4. О НЕПРОЧНОСТИ МОНАШЕСКОГО ЖИТЕЛЬСТВА, КОГДА ОНО НЕ ОСНОВАНО НА ЕВАНГЕЛЬСКИХ ЗАПОВЕДЯХ

Основавший жительство свое на изучении Евангелия и на исполнении евангельских заповедей, основал его на твердейшем камне. В какое бы он ни был поставлен положение обстоятельствами жизни, подвиг его всегда с ним. Он непрестанно делает, он непрестанно подвизается, он преуспевает непрестанно, хотя дело его, хотя подвиг его и преуспеяние неприметны и непонятны для других. Какие бы ни постигли его скорби и искушения, они не могут ниспровергнуть его. Господь сказал: «Всяк, иже слышит словеса Моя сия, и творит я, уподоблю его мужу мудру, иже созда храмину свою на камени: и сниде дождь, и приидоша реки, и возвеяша ветри, и нападоша на храмину ту, и не падеся: основана бо бе на камени» (*Мф.* 7:24-25). Здесь жительство и душевное устроение уподоблены храмине: эта храмина получает необыкновенную прочность от Божественной, неограниченной силы, которою преисполнены слова Христовы. Очевидно, что такой твердости, какую доставляет душе исполнение заповедей Христовых, не может доставить никакое другое средство или пособие: сила Христова действует в заповедях Его. Господь к вышеприведенным словам присовокупил и нижеследующие: «Всяк слышай словеса Моя сия, и не творя их, уподобится мужу уродиву, иже созда храмину свою на песце: и сниде дождь, и приидоша реки, и возвеяша ветри, и опрошася храмине той, и падеся: и бе разрушение ея велие» (*Мф. 7:26, 27*). Удобно разрушается жительство, по-видимому благое, тех, которые полагают в основание ему исключительно какой-либо телесный подвиг, или и многие подвиги, иногда весьма трудные и весьма выставляющиеся, но не обращают должного внимания на евангельские заповеди. Очень часто случается, что подвижники даже не обращают никакого внимания на евангельские заповеди, открыто попирают их, не давая им никакой цены и нисколько не понимая их важности. Такие подвижники при встретившемся неожиданно искушении или при нечаянной перемене в жизни не только колеблются очень скоро, но и подвергаются совершенному нравственному расстройству, названному в Евангелии велиим разрушением храмины душевной. В пример возьмем пустынника, живущего в глубоком уединении, возложившего на это уединение всю надежду своего преуспеяния и спасения. Положим, что внезапно, по насилию обстоятельств, этому пустыннику пришлось оставить уединение и жить среди многолюдства. Он, как нескрепленный в себе самом евангельскими заповедями, непременно должен подвергнуться сильнейшему влиянию соблазнов, встречающихся во множестве в обществе человеческом. Это естественно, у него не было другой силы, его ограждавшей, кроме наружного уединения: лишившись его, он лишился всей опоры своей и по необходимости должен уступить силе иных наружных впечатлений. Сказанное сказано отнюдь не для уничижения пустынного жития, охраняющего от соблазнов и развлечения, особенно способствующего к изучению и исполнению евангельских заповедей; сказано для того, чтоб и пустынник в пустыне своей приложил особенное тщание изучать и исполнять евангельские заповеди, посредством которых вводятся в душу Христос, Божия сила и Божия премудрость (*1 Кор. 1:24*). Истинное христианство и истинное монашество заключаются в исполнении евангельских заповедей. Где нет этого исполнения, там нет ни христианства, ни монашества, какова бы ни была наружность. Праведницы наследят землю и вселятся в век века на ней: праведниками Писание называет тех, которые стараются тщательнейшим образом исполнять истинно и единственно праведную волю Божию, отнюдь не свою, мнимо и ложно праведную. Только исполнители правды Божией могут наследовать землю, то есть возобладать своим сердцем, своею плотию, своею кровью. «Уста праведного поучатся премудрости, и язык его возглаголет суд. Закон Бога его в сердце его, и не запнутся стопы его» (*Пс. 36:29-31*).

ГЛАВА 5. О ХРАНЕНИИ СЕБЯ ОТ СОБЛАЗНОВ

Основывая жительство на евангельских заповедях, вместе с тем должно избрать в местопребывание себе монастырь, наиболее удаленный от соблазнов. Мы немощны и повреждены грехом. Соблазн, находясь пред нами или вблизи нас, по необходимости найдет сочувствие себе в нашем греховном повреждении и произведет на нас впечатление. Впечатление это сначала может быть и непримеченным; но когда оно разовьется и усилится в человеке, тогда возобладает им и может поставить на край погибели. Иногда впечатление соблазна действует и весьма быстро, не дав, так сказать, опомниться или одуматься искушаемому: мгновенно омрачает ум, изменяет расположение сердца, ввергает инока в падение и падения. Преподобный Пимен Великий говорил: «Хорошо убегать причин греха. Человек, находящийся близ повода к греху, подобен стоящему на краю глубокой пропасти, и враг всегда, когда бы ни захотел, удобно ввергает его в пропасть. Но если мы по телу удалены от поводов ко греху, то бываем подобны далеко отстоящему от пропасти; враг, хотя бы и повлек нас в пропасть, но в то время, когда подвергнется влечение, может оказать сопротивление, и Бог поможет нам»[44]. Причины (вины) греха, поводы к нему, соблазны суть нижеследующие: вино, жены, богатство, здравие (излишнее) тела, власть и почести. «Это, – говорит святый Исаак Сирский, – не суть собственно грехи; но наше естество по причине их удобно преклоняется ко греху, почему человек должен тщательно охраняться от них»⁴⁵. Отцы воспрещают избирать в место жительства славный монастырь во мнении мирских людей⁴⁶: тщеславие, общее всему монастырю, необходимо должно заразить и каждого члена. Опыт показывает, что все братство может заразиться духом тщеславия не только по причине вещественных преимуществ своего монастыря, но и по причине высокого мнения мирян об особенном благочестии его устава. Рождающееся отсюда презорство к братиям других обителей, в чем именно и заключается гордость, отнимает возможность иноческого преуспеяния, основанного на любви к ближним и на смирении пред ними. В пример того, каким образом соблазн, действуя мало-помалу на инока, как бы неприметно и нечувствительно, может наконец возобладать им и ввергнуть его в страшное падение, приводим следующую повесть: «В Египетском Ските был некоторый старец, впадший в тяжкую болезнь и принимавший услужение от братии. Видя, что братия трудятся ради его, он задумал переместиться ближе к селениям, чтобы не утруждать братию. Авва Моисей (вероятно, тот, которого преподобный Кассиан называет рассудительнейшим между отцами Скита, вообще отличавшимися обилием духовных дарований) сказал ему: «Не перемещайся в соседство селений, чтоб не впасть в блуд». Старца удивили и огорчили эти слова; он отвечал: «У меня умерло тело, и об этом ли ты говоришь?» Он не послушал аввы Моисея и поместился в соседстве мирского селения. Жители, узнав о нем, начали приходить к нему во множестве. Пришла послужить ему ради Бога и некоторая девица. Он исцелил ее – видится: девица имела какой-нибудь недуг, а старец имел дар чудотворения – потом, по прошествии некоторого времени, пал с нею, и она сделалась беременною. Поселяне спрашивали ее: «От кого она беременна?» Она отвечала: «От старца». Ей не верили. Старец говорил: «Я сделал это, но сохраните дитя, которое должно родиться». Дитя родилось, и было вскормлено грудью. Тогда, в один из праздников Скита, пришел туда старец с дитятею за плечами, и вошел в церковь при собрании всего братства.

Братство, увидев его, восплакалось. Он сказал братии: «Видите дети: это сын преслушания». После этого старец пошел в прежнюю келию свою и начал приносить покаяние Богу»⁴⁷. Такова сила соблазна, когда пред ним встанет инок лицом к лицу. Дар исцелений не остановил от впадения в блуд; тело, умерщвленное для греха старостью, недугом и продолжительным иноческим подвигом, снова ожило, будучи подвергнуто непрестанному или частому действию соблазна. В пример того, как вина греха может мгновенно подействовать на инока, омрачить его ум, превратить сердечное расположение и ввергнуть в грех, приведем опять церковную повесть:

«Епископ некоторого города впал в болезнь, по причине которой все отчаялись в его жизни. Там был женский монастырь. Игумения, узнав, что епископ отчаянно болен, посетила его, взяв с собою двух сестер. В то время как она беседовала с епископом, одна из учениц ее, стоявшая у ног епископа, прикоснулась рукою к ноге его. От этого прикосновения возгорелась в болящем лютая брань блудная. Страсти лукавы. Он начал просить игумению, чтоб она оставила сестру при нем для услужения ему, приводя в причину такой просьбы недостаток в собственной прислуге. Игумения, ничего не подозревая, оставила сестру. По действу диавола епископ ощутил восстановление сил и впал в грех с инокинею, которая сделалась беременною. Епископ оставил кафедру и удалился в монастырь, где окончил жизнь в покаянии, принятие которого Бог засвидетельствовал дарованием покаявшемуся силы чудотворений»⁴⁸. Такова наша немощь! Таково влияние на нас соблазнов! Они низвергли в пропасть падения и святых пророков (*2 Цар. 11*), и святых епископов, и святых мучеников, и святых пустынножителей. Тем более мы, страстные и немощные, должны принимать все меры предосторожности и охранять себя от влияния на нас соблазнов. Страсти в иноках голодны: они если будут оставлены без хранения, то кидаются с неистовством на предметы похотения, подобно хищным зверям, спущенным с цепей.

ГЛАВА 6. БОГОУГОДНОМУ ЖИТЕЛЬСТВУ В БЕЗМОЛВИИ ДОЛЖНО ПРЕДШЕСТВОВАТЬ БОГОУГОДНОЕ ЖИТЕЛЬСТВО В ОБЩЕСТВЕ ЧЕЛОВЕЧЕСКОМ

Для начинающих монашескую жизнь более приличествуют общежительные монастыри как представляющие собою обширное поприще для исполнения евангельских заповедей. Впрочем, если ты вступил и в штатный монастырь, то не унывай; не оставляй его без уважительной причины и в штатном монастыре приложи все старание образовать себя евангельскими заповедями. Общее правило заключается в том, что инок должен сперва обучиться деланию заповедей в обществе человеческом, в котором делание душевное сопряжено с деланием телесным, а потом уже, достигши достаточного преуспеяния, заняться исключительно душевным деланием в безмолвии, если окажется способным к нему. Способны к безмолвию редкие. Новоначальный никак не может вынести одного душевного делания. Душевным деланием мы вступаем в мир духов, для чего именно опытные иноки и удаляются в уединение. В мире духов первоначально встречают христианина падшие духи, как принадлежащего к сонму их душею по причине падения, как долженствующего доказать благое направление своего свободного произволения отвержением общения с падшими духами и принятием общения с Богом, общения, дарованного нам туне Искупителем. Духи удобно убивают вступившего в борьбу с ними без надлежащей опытности и без надлежащего приготовления[49]. Исполнение заповедей в обществе человеческом доставляет исполнителю опытное, самое ясное и самое подробное познание падшего естества человеческого и падших духов, с которыми посредством падения человечество вступило в общение и в один разряд существ отверженных, враждебных Богу, обреченных на погребение в темницах ада. Святые отцы утверждают, что «истинно хотящий спастись должен сперва в сожитии с людьми претерпеть досады, бесчестия, лишения, уничижения, освободиться от влияния чувств своих и тогда уже пойти в совершенное безмолвие, как явил в Себе и Сам Господь наш Иисус Христос, ибо Он, претерпев все сие, взошел, наконец, на Святой Крест, что значит умерщвление плоти и страстей и святое, совершенное успокоение»[50]. То знай наверно, что ты везде преуспеешь, и в общежительном, и в штатном монастыре, если займешься изучением и исполнением евангельских заповедей; напротив того, везде останешься без преуспеяния и чуждым духовного разума, везде придешь в состояние самообольщения и душевного расстройства, если пренебрежешь изучением и исполнением евангельских заповедей. До конца жизни не преставай изучать Евангелие! Не подумай, что ты довольно знаешь его, хотя бы и знал его на память! Заповедь Господня «широка зело» (*Пс. 118:96*), хотя и заключается в малых словах. Заповедь Господня бесконечна, как бесконечен изрекший ее Господь. Делание заповедей и преуспеяние в них беспредельны: самые совершенные христиане, приведенные в состояние совершенства Божественною благодатью, пребывают несовершенными по отношению к евангельским заповедям.

ГЛАВА 7. О ХРАНЕНИИ СЕБЯ ОТ ДОБРА, ПРИНАДЛЕЖАЩЕГО ПАДШЕМУ ЕСТЕСТВУ ЧЕЛОВЕЧЕСКОМУ

Придет ли тебе какая благая мысль, остановись, никак не устремись к исполнению ее с опрометчивостью, необдуманно. Ощутишь ли в сердце какое благое влечение, остановись: не дерзай увлечься им. Справься с Евангелием. Рассмотри, согласны ли со всесвятым учением Господа благая мысль твоя и твое благое влечение сердечное? Вскоре усмотришь, что нет никакого согласия между евангельским добром и добром падшего человеческого естества. Добро нашего падшего естества перемешано со злом, а потому и само это добро сделалось злом, как делается ядом вкусная и здоровая пища, когда перемешают ее с ядом. Хранись делать добро падшего естества! Делая это добро, разовьешь свое падение, разовьешь в себе самомнение и гордость, достигнешь ближайшего сходства с демонами. Напротив того, делая евангельское добро, как истинный и верный ученик Богочеловека, соделаешься подобным Богочеловеку. «Любяй душу свою, – сказал Господь, – погубит ю: и ненавидяй души своея в мире сем, в живот вечный сохранит ю» (*Ин. 12:25*). «Иже хощет по Мне идти, да отвержется себе, и возмет крест свой, и по Мне грядет. Иже бо аще хощет душу свою спасти, погубит ю: а иже погубит душу свою Мене ради и Евангелия, той спасет ю» (*Мк. 8:34, 35*). Господь повелевает полное отвержение падшего естества, ненависть к его побуждениям, не только к явно злым, но и ко всем без исключения, и ко мнимо добрым. Великое бедствие – последовать правде падшего естества: с этим сопряжено отвержение Евангелия, отвержение Искупителя, отвержение спасения. «Кто не возненавидит души своей, не может Мой быти ученик» (*Лк, 14:26*), сказал Господь. Объясняя вышеприведенные слова Господа, Великий Варсонофий говорит. «Как отрекается от себя человек? Лишь тем, что оставляет естественные желания и последует Господу. Посему-то и говорит Господь здесь собственно о естественном, а не о неестественном; ибо если кто оставит только неестественное, то он не оставил еще ничего своего собственного ради Бога; потому что противоестественное не принадлежит ему. А тот, кто оставил естественное, всегда взывает с апостолом Петром; «се мы оставихом вся, и вслед Тебе идохом, что убо будет нам», – и слышит блаженный глас Господа, и обетованием удостоверяется в наследовании жизни вечной (*Мф. 19:27-29*). Что оставил *Петр,* будучи не богат, и чем хвалился, если не оставлением естественных своих желаний? Ибо, если человек не умрет для плоти, живя духом, он не может воскреснуть душою. Как в мертвеце вовсе нет желаний естественных, так нет их и в духовно умершем для плоти. Если ты умер для плоти, то как могут жить в тебе желания естественные? Если же ты не достиг меры духовной, а еще младенчествуешь умом, то смирись пред учителем, – «да накажет тя милостию» (*Пс. 140:5*), и «без совета ничего не делай» (*Сир. 32:21*), хотя бы что и казалось тебе по видимому добрым, ибо свет демонов обращается впоследствии во тьму»[51]. Точно то же должно сказать и о свете падшего человеческого естества. Последование этому свету и развитие его в себе производит в душе совершенное омрачение и вполне отчуждает ее от Христа. Чуждый христианства, чужд Бога: «всяк, отметаяйся Сына, ни Отца имать» (*1Ин. 2:23*) – безбожник.

В наш век, гордый своим преуспеянием, большинство человеков, провозглашающее себя и христианами, и делателями обильнейшего добра, устремилось к совершению правды падшего естества, отвергнув с презрением правду евангельскую. Это большинство да услышит определение Господа; «Приближаются Мне людие сии усты своими, и устнами чтут Мя: сердце же их далече отстоит от Мене. Всуе же чтут Мя, учаще учением, заповедем человеческим» (*Мф. 15:8, 9*). Делатель правды человеческой исполнен самомнения, высокоумия, самообольщения: он проповедует, трубит о себе, о делах своих, не обращая никакого внимания на воспрещение Господа (*Мф. 6:1-18*); ненавистью и мщением платит тем, которые осмелились бы отворить уста для самого основательного и благонамеренного противоречия его правде; признает себя достойным и предостойным наград земных и небесных. Напротив того, делатель евангельских заповедей всегда погружен в смирение: сличая с возвышенностью и чистотою всесвятых заповедей свое исполнение их, он постоянно признает это исполнение крайне недостаточным, недостойным Бога; он видит себя заслужившим временные и вечные казни за согрешения свои, за нерасторгнутое общение с сатаною, за падение, общее всем человекам, за свое собственное пребывание в падении; наконец, за самое недостаточное и часто превратное исполнение заповедей. Пред каждою скорбию, посылаемою Промыслом Божиим, он с покорностью преклоняет главу, ведая, что Бог обучает и образует скорбями служителей своих во время их земного странствования. Он милосердствует о врагах своих и молится о них как о братиях, увлекаемых демонами, как о членах единого тела, пораженных болезнию в духе своем, как о благодетелях своих, как о орудиях Промысла Божия.

ГЛАВА 8. О ВРАЖДЕ И БОРЬБЕ МЕЖДУ ПАДШИМ ЕСТЕСТВОМ И ЕВАНГЕЛЬСКИМИ ЗАПОВЕДЯМИ

Если отречешься и постоянно будешь отрекаться от собственных разумений, от собственной воли, от собственной правды, или, что то же, от разума, воли и правды падшего естества, чтоб насадить в себя разум Божий, волю Божию и правду Божию, преподаваемые нам в Святом Евангелии Самим Богом, то падшее естество откроет внутри тебя лютую брань против Евангелия, против Бога. Падшему естеству придут на помощь падшие духи. Не впади от этого в уныние: твердостью в борьбе докажи основательность и положительность твоего произволения.

Поверженный, вставай; обманутый и обезоруженный, снова вооружайся; побежденный, снова устремляйся на сражение. Тебе в высшей степени полезно увидеть в себе самом как свое собственное падение, так и падение всего человечества! Тебе существенно нужно узнать и изучить это падение в собственных сердечных и мысленных опытах; тебе существенно нужно увидеть немощь твоего разума, немощь твоей воли! Видение своего падения есть видение духовное. Видение своей немощи есть видение духовное[52].

В нем зритель – ум. Видение доставляется благодатию, насажденною в нас крещением: действием благодати разрешается слепота ума, и он начинает на поприще подвига своего ясно видеть то, чего доселе не видел, находясь вне этого поприща; он познает существование того, о существовании чего вовсе не подозревал. С духовным видением человеческого падения сопряжено другое духовное видение – видение падших духов. Это видение – опять видение духовное, дар благодати. В нем зритель ум: ум, от делания заповедей стремясь к самому тщательному исполнению их, начинает мало-помалу усматривать падших духов в приносимых ими помыслах и ощущениях, начинает усматривать горестное общение человеков с падшими духами, подчинение человеков падшим духам, козни и действия духов для погубления человеков.

В духовных видениях нет ничего чувственного: они доставляются тщательностию в исполнении евангельских заповедей и борьбою с греховными помыслами и ощущениями. Человек, не узнавший опытом этих видений, не может иметь о них никакого понятия, даже не знает, что они существуют[53].

Войну и борьбу подвижника Христова со своим падением и с падшими духами превосходно изобразил Святый Дух в Псалтири. Иноки первых времен изучали Псалтирь на память, и словами Духа облекали свои молитвы о извлечении их из рва страстей, о избавлении из челюстей врага, диавола.

ГЛАВА 9. О ЧТЕНИИ ЕВАНГЕЛИЯ И ОТЕЧЕСКИХ ПИСАНИЙ

Из вышесказанного явствует, что главнейшим келейным занятием новоначального инока должно быть чтение и изучение Евангелия и всего Нового Завета. Весь Новый Завет может быть назван Евангелием, как содержащий одно евангельское учение. Впрочем, новоначальный должен сперва изучать заповеди Господа в Евангелиях от Матфея и Луки. От изучения заповедей в сих евангелистах, при исполнении заповедей делами, и прочие Писания, из которых состоит Новый Завет, сделаются удобопонятнее. При чтении евангелистов должно читать и Благовестник, то есть объяснение Евангелия блаженным Феофилактом, архиепископом Болгарским. Чтение Благовестника необходимо: оно способствует правильному пониманию Евангелия и, следовательно, точнейшему исполнению его. Притом правила Церкви требуют, чтоб Писание было понимаемо так, как объясняют святые отцы, а отнюдь не произвольно: руководствуясь в понимании Евангелия объяснением святого отца, объяснением, принятым и употребляемым Церковью[54], мы сохраним предание Святой Церкви. Очень полезны для нашего времени сочинения святого Тихона Воронежского: они не имеют односторонней цели, служат превосходным руководством и для подвижников Христовых, пребывающих посреди мира, и для общежительных иноков, и для иноков, жительствующих в штатных монастырях, и для уединенных безмолвников. Благодать Божия внушила святителю писания, особенно соответствующие современной потребности. В этих писаниях объясняется учение Евангелия. Для жительства по евангельским заповедям нет препятствия ни в каком монастыре, каков бы ни был того монастыря устав, даже каково бы ни было того монастыря благоустройство. Последнее сказано в ободрение и успокоение тех, которые не удовлетворяются благоустройством своего монастыря, правильно или ошибочно. Для каждого инока вернее искать причину неудовлетворения своего в самом себе, нежели в обстановке своей. Самоосуждение всегда приносит сердцу успокоение. Из этого никак не следует, чтоб монастырь благоустроенный не заслуживал предпочтения пред монастырем неблагоустроенным, когда избрание монастыря зависит от нас. Не всегда это бывает.

Положив себе за правило жизни учение и исполнение евангельских заповедей, без увлечения направлениями, доставляемыми разными сочинениями святых отцов, можно начать чтение их для ближайшего и точнейшего ознакомления с монашеским многотрудным, многоболезненным, но и не нерадостным подвигом. В чтении отеческих писаний нужно наблюсти постепенность и никак не читать их поспешно. Сперва надо читать книги, написанные для общежительных монахов, каковы: Поучения преподобного аввы Дорофея, Оглашения преподобного Феодора Студийского, Руководство к духовной жизни преподобных Варсонофия Великого и Иоанна Пророка, начиная с Ответа 216 (предшествовавшие Ответы даны наиболее затворникам и потому мало соответствуют новоначальным), Слова святого Иоанна Лествичника, Творения преподобного Ефрема Сирского, Общежительные постановления и собеседования преподобного Кассиана Римлянина. Потом, по прошествии значительного времени, можно читать и книги, написанные отцами для безмолвников, как-то: Добротолюбие, Патерик Скитский, Слова преподобного Исайи Отшельника, Слова святого Исаака Сирского, Слова Марка Подвижника, Слова и Беседы преподобного Макария Великого, сочинения прозой и стихами преподобного Симеона, Нового Богослова, и другие подобные сим деятельные писания отцов. Все исчисленные здесь книги принадлежат к разряду деятельных или подвижнических, потому что в них изложены делание и подвиг иноческие. Сказал святый Иоанн Лествичник: «Так как ты проводишь жизнь деятельную (подвижническую), то и читай книги деятельные (подвижнические)»[55]. Деятельные книги возбуждают инока к иноческим подвигам, особенно к молитве. Чтение же прочих отеческих святых сочинений приводит к размышлениям и созерцаниям, что для подвижника, недовольно очистившегося от страстей, рановременно[56]

ГЛАВА 10. О ОСТОРОЖНОСТИ ПРИ ЧТЕНИИ ОТЕЧЕСКИХ КНИГ О МОНАШЕСКОЙ ЖИЗНИ

Книги святых отцов о монашеской жизни должно читать с большою осмотрительностью. Замечено, что новоначальный инок никак не может применить книги к своему положению, но непременно увлекается направлением книги. Если книга преподает советы о безмолвии и показывает обилие духовных плодов, собираемых в глубокой пустыни, то в новоначальном непременно явится сильнейшее желание удалиться в уединение, в безлюдную пустыню. Если книга говорит о безусловном послушании под руководством духоносного отца, то в новоначальном непременно явится желание строжайшего жительства в полном повиновении старцу. Бог не дал нашему времени ни того, ни другого из этих жительств. Но книги святых отцов, написанные об этих жительствах, могут подействовать на новоначального так сильно, что он, по неопытности своей и незнанию, легко решится оставить место жительства, на котором имеет всю удобность спастись и духовно преуспеть исполнением евангельских заповедей, для несбыточной мечты совершенного жительства, нарисовавшейся живописно и обольстительно в его воображении. Святой Иоанн Лествичник говорит в Слове о безмолвии: «При трапезе доброго братства постоянно предстоит некий пес, который покушается восхитить с нее хлеб, то есть душу, потом убегает, держа его в пасти, и пожирает в уединенном месте»[57]. В Слове о послушании сей наставник иноков говорит: «Диавол влагает живущим в повиновении желание невозможных добродетелей». Равным образом и пребывающим в безмолвии советует подвиги, несвойственные им. Раскрой образ мыслей неискусных послушников и найдешь там понятие, родившееся от самообольщения: найдешь там желание строжайшего безмолвия и поста, непарительной молитвы, совершенного нетщеславия, непресекаемого памятования смерти, всегдашнего умиления, всесовершенного безгневия, глубокого молчания, превосходной чистоты. Они, обольстившись, напрасно прескочили (перешли из братского общежития в глубокое уединение), не имея в себе при новоначалии своем упомянутых добродетелей по особенному смотрению Божию: враг научил их устремиться к этим добродетелям преждевременно, чтоб они не получили их и в свое время. Обольститель (диавол) ублажает пред безмолвниками страннолюбие послушников, их служение, братолюбие, общежительность, хождение за больными, чтоб вторых, как и первых, сделать нетерпеливыми»[58]. Падший ангел старается обмануть и вовлечь в погибель иноков, предлагая им не только грех в разных видах его, но и предлагая несвойственные им возвышеннейшие добродетели. Не доверяйте, братия, вашим помыслам, разумениям, мечтам, влечениям, хотя бы они казались вам самыми благими, хотя бы они представляли вам в живописной картине святейшее монашеское жительство! Если та обитель, в которой вы живете, дает вам возможность проводить жизнь по евангельским заповедям, если вы не низлагаетесь соблазнами в смертные грехи, то не оставляйте обители. Потерпите великодушно ее недостатки, и духовные, и вещественные; не вздумайте всуе искать поприща подвигов, недарованного Богом нашему времени. Бог желает и ищет спасения всех. Он и спасает всегда всех, произволяющих спастись от потопления в житейском и греховном море; но не всегда спасает в корабле или в удобном, благоустроенном пристанище.

Он обетовал спасение святому апостолу Павлу и всем спутникам апостола; Он и дал это спасение; но апостол и его спутники спаслись не в корабле, который разбило, а с большим трудом, иные вплавь, другие на досках и различных обломках от корабля (*Деян. 27:21-49*).

ГЛАВА 11.
ОБ ОТШЕЛЬНИЧЕСКОЙ ЖИЗНИ

Да не будет сокрытым от возлюбленнейших братии, что возвышеннейшие роды иноческого жительства, как то: отшельничество в глубокой пустыни или безмолвие в затворе, также жительство при духоносном старце с безусловным послушанием ему, устроились не по случаю, не по произволу и разуму человеческому, но по особенному смотрению, определению, призванию и откровению Божию. Антоний Великий, глава монашества, учредитель пустынножития, удалился в пустыню, уже облекшись силою свыше и не иначе как призванный Богом. Хотя этого и не сказано ясно в житии его, но дальнейшие события жизни преподобного доказывают это с ясностью. О том же, что в глубочайшую (внутреннюю) пустыню для строжайшего безмолвия он был наставлен Божественным гласом и повелением, сказано и в житии его[59]. Преподобному Макарию Великому, современнику преподобного Антония, несколько младшему его, явился херувим, показал бесплодную, дикую равнину – впоследствии знаменитый Египетский Скит, – заповедал поместиться в ней на жительство и обетовал, что пустынная равнина населится множеством отшельников[60]. Арсений Великий, находясь в царских палатах, молил Бога, чтоб ему указан был путь спасения, и услышал глас «Арсений! Бегай от человеков, и спасешься». Арсений удалился в упомянутый Скит, снова там умолял Бога наставить его спасению и снова услышал глас: «Арсений! Убегай (человеков), молчи, безмолвствуй: это корни безгрешия»[61]. Преподобная Мария Египетская призвана к отшельничеству в Заиорданской пустыне повелением Божиим[62]. Бог, призывавший к безмолвию и отшельничеству избранных Своих, то есть тех, которых Он провидел способными к безмолвию и отшельничеству, предоставлял им такие пособия и средства для этого жительства, каких человек сам по себе иметь не может. И в те времена, в которые монашество процветало, в который много было духоносных руководителей, редкие признавались способными к безмолвию, в особенности к отшельничеству. «Истинное, разумное безмолвие, – говорит святой Иоанн Лествичник, – могут проходить немногие, и именно только те, которые стяжали Божественное утешение, поощряющее их в подвигах и помогающее в бранях»[63]. «Безмолвие губит неопытных»[64]. Затворники и отшельники часто подвергались величайшим душевным бедствиям: подвергались бедствиям те из них, которые вступили в затвор самопроизвольно, не призванные Богом.

В Прологе читается следующая повесть: «В Палестине был некоторый монастырь при подошве большого и высокого утеса, а в утесе был вертеп (пещера) над монастырем. Монахи того монастыря рассказывали: «За несколько времени пред сим один из нашего братства возымел желание жить в вертепе, что в горе, и просил о том игумена. Игумен имел дар рассуждения. Он сказал брату: «Сын мой, как ты хочешь жить один в вертепе, еще нисколько не преодолев плотских и душевных страстных помыслов? Желающему безмолвствовать должно быть под руководством наставника, а не самому управлять собою. Ты, нисколько не достигши надлежащей меры, просишь у моей худости, чтоб я дозволил тебе одному жить в вертепе, а я думаю, что ты не разумеешь различных сетей диавольских. Гораздо лучше тебе служить отцам, получать от Бога помощь их молитвами, с ними в назначенные часы славить и воспевать Владыку всех, нежели одному бороться с нечестивыми и злохитрыми помыслами. Не слышал ли ты, что говорит Богогласный отец, Иоанн, писатель Лествицы: «Горе жительствующему на едини: если он впадет в уныние или леность, то некому восставить его! А где два или три собраны во имя Мое, там Я посреди их», – сказал Господь. Так говорил ему игумен, но не мог отвлечь инока от душепагубных помыслов. Видя непреодолимое желание брата и неотступные его просьбы, игумен наконец дозволил ему жить в вертепе. Напутствованный молитвою игумена, он взошел в вертеп. В часы употребления пищи приносил ее к вертепу один из монастырской братии, а затворник имел на веревке корзину, которую спускал и принимал пищу. Когда он пробыл несколько времени в вертепе, диавол, всегда борющийся с желающими жить богоугодно, начал смущать его злыми помыслами день и ночь; чрез несколько же дней, преобразившись в светлого ангела, явился ему и сказал: «Да будет тебе известно, что ради твоей чистоты и благонравного жития, Господь послал меня прислуживать тебе». Монах отвечал: «Что сделал я доброго, чтоб ангелы служили мне?» Диавол возразил: «Все, что ты сделал, велико и высоко. Ты оставил красоты мира и соделался монахом, трудишься в посте, молитвах и бдении; опять ты, оставив монастырь, поместился на жительство здесь: как же ангелам не служить твоей святыне?» Этими речами душегубец-змей привел его в надмение, в гордость и начал постоянно являться ему. Однажды некоторый человек, обокраденный ворами, пошел к монаху. Нечистый бес, который, обольщая его, являлся ему в виде ангела, сказал ему: «Этот человек окраден ворами; украденное скрыто в таком-то месте. Скажи ему, чтоб он пошел туда и взял свое». Человек, пришедши к вертепу, поклонился, а монах сверху говорит ему: «Хорошо, брат, что ты пришел! Я знаю, тебя постигла скорбь, потому что к тебе приходили воры, украли то и то. Не печалься! Они положили украденное там-то: поди туда, и найдешь все, а за меня молись». Человек удивился, послушался и нашел украденное. Он прославил монаха во всей стране той, говоря, что монах, живущий в вертепе, пророк. К монаху начало стекаться множество людей; слушая его, они приходили в удивление от учения, которое он преподавал по внушению диавола. Он предсказывал, и предсказания его сбывались. Несчастный провел немалое время в таком обольщении. Во второй день второй недели по вознесении Господа нашего Иисуса Христа скверный бес явился монаху и сказал ему: «Знай, отец, что ради непорочного и равноангельного жития твоего придут другие ангелы, и тебя в теле возьмут на небо; там со всеми ангелами будешь наслаждаться зрением неизреченной красоты Господней». Бес, сказавши это, сделался невидим. Но человеколюбивый и многомилостивый Бог, нехотящий погибели человеческой, вложил в сердце монаху возвестить о случившемся игумену. Когда пришел брат, обычно приносивший пищу затворнику, затворник, выглянув из вертепа, сказал ему: «Брат! Поди, скажи игумену, чтоб пришел сюда». Брат передал это игумену. Игумен поспешил прийти; по лестнице взошел он в вертеп к затворнику, и сказал ему: «По какой причине, сын мой, ты повелел мне прийти сюда?» Он отвечал: «Чем воздам тебе, святой отец, за все, что ты сделал для моего недостоинства!» Игумен сказал: «Что доброе сделал я тебе?» Монах: «Поистине, отец, чрез посредство твое я сподобился многих и великих благ. Тобою я облечен в ангельский образ; при твоем посредстве вижу ангелов и сподобляюсь беседовать с ними; при твоем посредстве я приял дар прозорливства и пророчества». Игумен, услышав это, удивился и сказал: «Несчастный! Ты ли видишь ангелов? Ты ли сподобился дара прозорливства? Горе тебе, несчастный! Не говорил ли я тебе: не ходи в вертеп, чтоб бесы не обольстили тебя». Когда игумен говорил это, брат возражал ему так: «Не говори этого, честный отец! Ради твоих святых молитв я вижу ангелов; завтра же я буду вознесен ими на небеса с телом моим. Да ведает твоя святыня, что я хочу просить у Господа Бога нашего, чтоб и тебя взяли ангелы, чтоб и ты был со мною в небесной славе». Услышав это, игумен грозно сказал ему: «Ты обольщен демоном, несчастный! Однако если я пришел сюда, то не уйду отсюда: останусь здесь посмотреть, что случится с тобою. Скверных бесов, которых ты называешь ангелами, я не увижу; но ты, когда увидишь, что они пришли, скажи мне». Игумен велел взять прочь лестницу и остался в вертепе с прельщенным, пребывая в посте и непрестанном псалмопении. Когда наступил час, в который прельщенный надеялся вознестись на небеса, он увидел пришедших бесов и сказал: «Пришли, отец». Тогда игумен обнял его и возопил: «Господи, Иисусе Христе, Сыне Божий, помоги прельстившемуся рабу твоему и не попусти нечистым бесам возобладать им». Когда игумен говорил это, бесы схватили и начали тащить прельщенного, усиливаясь исторгнуть его из объятий игумена. Игумен запретил бесам. Они, сорвав с прельщенного мантию его, исчезли. Мантия была видена возносящеюся по воздуху на высоту и наконец скрылась. По прошествии довольного времени мантия опять показалась летящею вниз и упала на землю. Тогда старец сказал прельщенному: «Безумный и несчастный! Видишь, как бесы поступили с твоею мантиею: так намеревались они поступить и с тобою. Они намеревались тебя, как Симона-волхва, вознести на воздух и спустить вниз, чтоб ты сокрушился и бедственно изверг окаянную душу». Игумен призвал монахов, велел им принести лестницу, свел прельщенного из вертепа в монастырь и назначил ему служение в пекарне, в поварне и в прочих монастырских послушаниях, чтоб смирились его помыслы. Таким образом он спас брата»[65].

Тяжкому искушению подверглись по причине рановременного вступления в затвор наши соотечественники, преподобные Исаакий[66] и Никита[67] Печерские. Заметно из жизнеописания преподобного Исаакия, современника преподобных Антония и Феодосия, что он вступил в затвор по собственному произволу. Он проходил усиленнейший телесный подвиг; стремление к подвигу, еще более усиленному, внушило ему заключиться в одной из теснейших пещер Киево-Печерского монастыря. Пищею его была просфора, а питием вода, и эту скуднейшую пищу он принимал через день. При таком усиленном телесном подвиге и при недостатке опытных сведений о подвиге и борьбе душевных, невозможно не дать некоторой цены и подвигу своему, и себе. На внутреннем настроении подвижника обыкновенно основывается искушение, наносимое ему бесами. «Если человек, – говорит преподобный Макарий Египетский, – сам собою не даст повода сатане подчинить его своему влиянию, то сатана никак не может возобладать им насильно»[68]. Бесы предстали Исаакию в виде светлых ангелов; один из них сиял более других; бесы назвали его Христом, и требовали поклонения ему от подвижника. Подвижник поклонением, подобающим единому Богу и возданным диаволу, подчинил себя бесам, которые измучили его насильственным телодвижением (плясанием) до полусмерти. Преподобный Антоний, прислуживавший затворнику, пришел к нему с обычною пищею, но увидев, что затворник не подает никакого голоса, и поняв, что с ним случилось что-нибудь особенное, разломал с помощью других монахов вход, наглухо заложенный, в пещеру Исаакия. Его вынесли, как мертвого, и положили пред пещерою; заметив же, что он еще жив, снесли в келию на постель. Преподобные Антоний и Феодосии, один вслед за другим, ходили за ним. Исаакий от искушения расслабел умом и телом: не мог ни стоять, ни сидеть, ни лежа поворотиться со стороны на сторону; он лежал в течение двух лет неподвижно, нем и глух. На третий год он проговорил и просил, чтоб его подняли и поставили на ноги. Потом начал учиться ходить, как дитя, но не выражал никакого желания, ниже мысли посетить церковь; к этому едва и насильно принудили его; он начал мало-помалу ходить в храм Божий. После этого начал ходить и в трапезу и мало-помалу научился употреблять пищу; в те два года, в которые он лежал неподвижно, он не вкусил ни хлеба, ни воды. Наконец, он освободился совершенно от страшного и чудного впечатления, произведенного на него явлением и действием бесов. Впоследствии преподобный Исаакий достиг высоких мер святости. Преподобный Никита был моложе преподобного Исаакия, но современен ему. Увлекаемый ревностию, он просил игумена благословить его на подвиг в затвор. Игумен – был тогда игуменом преподобный Никон – возбранил ему, говоря: «Сын мой! Неполезно тебе, молодому, быть в праздности. Лучше жить с братиею: служа им, ты не погубишь мзды своей. Ты сам знаешь, как Исаакий-пещерник был прельщен бесами в затворе: он погиб бы, если б особенная благодать Божия за молитвы преподобных отцов наших, Антония и Феодосия, не спасла его». Никита отвечал: «Я никак не прельщусь чем-нибудь подобным, но желаю крепко стать против бесовских козней и молить человеколюбца Бога, чтоб Он и меня сподобил дара чудотворения, как Исаакия-затворника, который и поныне совершает многие чудеса». Игумен опять сказал: «Желание твое выше твоей силы; блюди, чтоб, вознесшись, не ниспасть. Я, напротив того, повелеваю тебе служить братии, и ты получишь венец от Бога за твое послушание». Никита, увлекаемый сильнейшею ревностию к затворническому житию, нисколько не хотел внимать тому, что говорил ему игумен. Он исполнил задуманное: заключил себя в затвор и пребывал в нем, молясь и никуда не выходя. По прошествии некоторого времени однажды в час молитвы, он услышал голос, который молился вместе с ним, и обонял необыкновенное благоухание. Обольстившись, он сказал сам себе: если б это не был ангел, то он не молился бы со мною и не было бы слышно благоухание Святого Духа. Затем Никита стал прилежно молиться, говоря: «Господи! Явись мне Сам разумно, да вижу Тебя». Тогда был к нему глас «Ты молод! Не явлюсь тебе, чтоб ты, вознесшись, не ниспал». Затворник со слезами отвечал: «Господи! Я никак не прельщусь, потому что игумен научил меня не внимать бесовской прелести, а сделаю все, что Ты мне ни прикажешь». Тогда душепагубный змей, прияв над ним власть, сказал: «Невозможно человеку, находящемуся во плоти, видеть меня, но вот! Я посылаю ангела моего, чтоб пребывал с тобою: ты исполняй его волю». С этими словами предстал пред затворника бес в виде ангела. Никита пал к ногам его, поклоняясь ему, как ангелу. Бес сказал: «Отселе ты уже не молись, но читай книги, чрез что вступишь в непрестанную беседу с Богом и получишь возможность преподавать душеполезное слово приходящим к тебе, а я буду непрестанно молить Творца всех о твоем спасении». Затворник, поверив этим словам, обольстился еще более: он перестал молиться, занялся чтением, видел беса непрестанно молящимся, радовался, полагая, что ангел молится за него. Потом он начал много беседовать с приходящими из Писания и пророчествовать подобно палестинскому затворнику. О нем пошла слава между мирскими людьми и при великокняжеском дворе. Собственно, он не пророчествовал, а сказывал приходящим, будучи извещаем соприсутствовавшим бесом, где положено украденное, где что случилось в дальнем ему месте[69] (*Авв. 2:5*). Восстанет император христианин, муж превосходный, во жизни краткой. Почему не углубляйся в Фиваиду, не утруждай себя, но тайно отправься навстречу новому императору: ты увидишься с ним на пути, будешь принят им очень благосклонно, и возвратишься к своей Церкви, а его возьмет Бог скоро из этой жизни. Все и случилось так» (Sancti Athanasii opera omnia, tom 2).. Так, он дал знать великому князю Изяславу о убиении новгородского князя Глеба, и совет послать в Новгород на княжение великокняжеского сына. Этого достаточно для мирян, чтоб провозгласить затворника пророком. Замечено, что миряне и самые монахи, не имеющие духовного рассуждения, почти всегда увлекаются обманщиками, лицемерами и находящимися в бесовской прелести, признают их за святых и благодатных. Никто не мог сравняться с Никитою в знании Ветхого Завета, но он не терпел Нового Завета, никогда не заимствовал своей беседы из Евангелия и апостольских Посланий, не позволял, чтоб кто из посетителей его напомнил что-либо из Нового Завета. По этому странному направлению его учения отцы Киево-Печерского монастыря уразумели, что он прельщен бесом. Тогда в монастыре было много святых иноков, украшенных благодатными дарами. Они молитвою своею отогнали беса от Никиты; Никита перестал видеть его. Отцы вывели Никиту из затвора и спрашивали, чтоб он сказал им что-нибудь из Ветхого Завета; но он с клятвою утверждал, что никогда не читал этих книг, которые прежде знал наизусть. Оказалось, что он забыл даже читать от впечатления, произведенного бесовскою прелестию, и едва, с большим трудом, снова выучили его чтению. Молитвами святых отцов приведенный в себя, он познал и исповедал свой грех, оплакал его горькими слезами, достиг высокой меры святости и дара чудотворения смиренным житием посреди братства. Впоследствии святой Никита хиротонисан во епископа Новгородского.

Новейшие опыты подтверждают то, что с ясностью доказывают опыты времен прошедших. И ныне прелесть — так на монашеском языке называется самообольщение, соединенное с бесовским обольщением — бывает непременным последствием преждевременного удаления в глубокое уединение или особенного подвига в келейном уединении. В то время, как писатель этих аскетических советов, юношею, в 1824–1825 годах, посещал Александро-Невскую лавру для совещания о своих помыслах с монахом Иоанникием, свечником лавры, учеником старцев Феодора и Леонида; ходили к этому монаху для духовного совета многие миряне, проводившие аскетическую жизнь[70].

Ходил к нему и Павловского полка солдат Павел, недавно обратившийся из раскола, бывший прежде наставником раскольников, грамотный. Лицо Павла сияло радостью. Но он, по возгоревшемуся в нем сильнейшему усердию, предался неумеренному и несообразному с его устроением телесному подвигу, имея о душевном подвиге недостаточное понятие. Однажды ночью Павел стоял на молитве. Внезапно около икон явился солнцеобразный свет и посреди света сияющий белизною голубь. От голубя раздался глас «Прими меня: я Святой Дух; пришел соделать тебя моею обителью». Павел выразил радостное согласие. Голубь взошел в него чрез уста, и Павел, изможденный постом и бдением, внезапно ощутил в себе сильнейшую блудную страсть: он кинул молитву, побежал в блудилище. Голодная его страсть сделала насыщение страсти ненасыщаемым. Все блудилища и все доступные для него блудницы соделались его постоянным притоном. Наконец он опомнился. Обольщение свое бесовским явлением и осквернение последствиями прелести изложил он в письме к иеросхимонаху Леониду, жившему тогда в Александро-Свирском монастыре. В письме проявлялось прежнее высокое духовное состояние падшего. Упомянутый юноша был тогда келейником иеросхимонаха Леонида (1827–1828 годы) и читал по благословению старца письмо Павла. Иеросхимонах Леонид весною 1828 года переместился из Свирского монастыря первоначально в Площанскую, потом в Оптину Пустыню. Ему сопутствовал его келейник, который при этом случае посетил некоторые монастыри Калужской и Орловской епархий. Когда он был в знаменитой Белобережской Пустыне, тогда, славился там подвижническою жизнию рясофорный монах Серапион, видевший при своем уединенном келейном правиле ангела. Не только миряне, но и монахи – так как у нас в России господствует телесный подвиг, а о душевном почти утрачено самое понятие – прославляли Серапиона и выставляли в образец монашеской жизни. В 1829 году Серапион переместился по причине душевного расстройства в Оптину Пустыню для руководства советами иеросхимонаха Леонида. В одно из совещаний со старцем он вытащил значительную часть бороды у старца. Серапион, помещенный в скиту Оптиной Пустыни по уважению к его подвижнической славе, пришел однажды ночью к начальнику скита иеромонаху Антонию, возвещая, что Иоанн Предтеча сейчас явился ему и велел зарезать сего Антония, иеросхимонаха Леонида, иеромонаха Гавриила и помещика Желябовского, гостившего тогда в скиту. «Да где ж у тебя нож?» – спросил его догадливый и неустрашимый Антоний. «У меня нет ножа», – отвечал прельщенный. «Так что ж ты приходишь резать без ножа?» – возразил Антоний и удалил в келию прельщенного, которого должно было передать в дом умалишенных, где он и скончался. Пред кончиною, как слышно, Серапион опомнился и отошел с надеждою спасения. Должно заметить, что падший дух, желая овладеть Христовым подвижником, не действует властительски, но ищет привлечь согласие человека на предлагаемую прелесть и по получении согласия овладевает изъявившим согласие. Святой Давид, описывая нападение падшего ангела на человека, выразился со всею точностью, сказав: «Ловит еже восхитити нищаго, восхитити нищего, внегда привлещи и в сети своей» (*Пс. 9:30*). Святой Дух действует самовластно, как Бог приходит в то время, как смирившийся и уничиживший себя человек отнюдь не чает пришествия Его. Внезапно изменяет ум, изменяет сердце. Действием своим объемлет всю волю и все способности человека, не имеющего возможности размышлять о совершающемся в нем действии. Благодать, когда будет в ком, не показывает чего-либо обычного или чувственного, но тайно научает тому, чего прежде не видел и не воображал никогда. Тогда ум тайно научается высоким и сокровенным тайнам, которых, по Божественному Павлу, не может видеть человеческое око, ниже постигнуть ум сам собою... «Ум человеческий сам собою, не будучи соединен с Господом, рассуждает по силе своей. Когда же соединится с огнем Божества и Святым Духом, тогда бывает весь обладаем Божественным Светом, соделывается весь светом, воспаляется в пламени Всесвятого Духа, исполняется Божественного разума, и невозможно ему в пламени Божества мыслить о своем, и о том, о чем хотел бы». Так говорил преподобный Максим Капсокаливи преподобному Григорию Синайскому[71]. Напротив того, при демонском явлении всегда предоставляется свобода человеку рассудить о явлении, принять или отвергнуть его. Это явствует из попыток демона обольстить святых Божиих. Однажды, когда преподобный Пахомий Великий пребывал в уединении вне монастырской молвы, предстал ему диавол в великом свете, говоря: «Радуйся, Пахомий! Я Христос, и пришел к тебе как к другу моему». Святой, рассуждая сам с собою, помышлял: «Пришествие Христа к человеку бывает соединено с радостью, чуждо страха. В тот час исчезают все помышления человеческие: тогда ум весь вперяется в зрение видимого. Но я, видя этого, представившегося мне, исполняюсь смущения и страха. Это не Христос, а сатана». После этого размышления преподобный с дерзновением сказал явившемуся: «Диавол! Отыди от меня: проклят ты, и видение твое, и коварство лукавых замыслов твоих». Диавол немедленно исчез, исполнив келию смрада[72].

Невозможно человеку, находящемуся еще в области плотского мудрования, не получившему духовного воззрения на падшее человеческое естество, не давать некоторой цены делам своим и не признавать за собою некоторого достоинства, сколько бы такой человек ни произносил смиренных слов и как бы ни казался смиренным по наружности. Истинное смирение несвойственно плотскому мудрованию и невозможно для него: смирение есть принадлежность духовного разума. Говорит преподобный Марк Подвижник: «Те, которые не вменили себя должниками всякой заповеди Христовой, чтут Закон Божий телесно, не разумея ни того, что говорят, ни того, на чем основываются, потому и мнят исполнить его «делами»[73]. Из слов преподобного отца явствует, что признающий за собою какое-либо доброе дело, находится в состоянии самообольщения. Это состояние самообольщения служит основанием бесовской прелести: падший ангел в ложном, гордом понятии христианина находит пристанище, к этому понятию удобно прививает свое обольщение, а посредством обольщения подчиняет человека своей власти, ввергает его в так называемую бесовскую прелесть. Из вышеприведенных опытов видно, что ни один из прельстившихся не признал себя недостойным видения ангелов; следовательно, признавал в себе некоторое достоинство. Иначе и не может судить о себе плотский и душевный человек. Потому-то святые отцы и сказали вообще о всех подвижниках, недостаточно образованных душевным деланием и не осененных благодатию, что безмолвие губит их.

Поучительно поведение преподобных Варсонофия Великого и спостника его Иоанна Пророка, которые сами были затворниками в общежитии аввы Серида, относительно затворников и безмолвия. Все братия того монастыря, или по крайней мере большая часть братии, руководствовались наставлениями этих великих угодников Божиих, преисполненных Духа Божия; руководствовался их наставлениями и сам игумен Серид, которого Варсонофий Великий называл сыном. Серид и прислуживал святому старцу, пребывавшему безвыходно в келии, принимавшему к себе одного Серида и чрез него дававшему письменные ответы прочим братиям. Братия монастыря, руководимые назиданиями боговдохновенных мужей, оказывали быстрое и обильное духовное преуспеяние. Некоторые из них сделались способными к затворнической жизни, к которой были призваны провидевшим способность их Богом. Так, Великий Варсонофий предвозвестил Иоанну Миросавскому, что ему предназначено Богом безмолвие и, приуготовив этого инока жизнию по евангельским заповедям среди иноческого общества, в горниле послушаний, в свое время, указанное Богом, ввел его в затвор[74]. Из переписки Великого Варсонофия с Иоанном Миросавским видно, что Иоанн и по вступлении в затвор обуревался страстными помыслами. Другие иноки, которым попущен был затвор, возмущались страстями еще более, но затвор им не воспрещался. Напротив того, преподобному авве Дорофею, отличавшемуся и мирскою и духовною мудростью, способностию руководить других иноков, доказавшему этот духовный дар на самом деле, духоносные старцы воспретили затвор, сколько он ни желал его. «Безмолвие, — говорили они ему, — дает повод человеку к высокоумию прежде, нежели он приобретет себя, то есть будет непорочен. Тогда только имеет место истинное безмолвие, когда человек уже понес крест. И так, если будешь сострадать ближним, то получишь помощь, если же удержишь себя от сострадания, желая взойти в то, что выше твоей меры, то знай, что потеряешь и то, что имеешь. Не уклоняйся ни вовнутрь, ни вовне, но держись средины, разумевая, что есть воля Господня, «яко дни лукави суть» (*Еф. 5:16*)[75]. Слова мои значат: не дерзать на безмолвие и не нерадеть о себе, когда находишься среди попечений – вот средний путь, безопасный от падения. В безмолвии должно иметь смирение и при попечениях бдительность над собою и удерживать свой помысл. Все сие не ограничивается каким-нибудь определенным временем. Всякий должен с благодарением терпеть то, что по необходимости постигает его. Чем более человек нисходит в смирение, тем более преуспевает. Пребывание в келии не делает тебя опытным, потому что ты пребываешь в ней без скорби (очевидно: по недостижению брани с бесами, что затворенного в келии приводит в такую тяжкую скорбь и борьбу, каковые вовсе неизвестны общежительному иноку)[76]. А чрез то, что прежде времени оставишь все попечения, враг готовит тебе не покой, а более смущение, так что заставит тебя наконец сказать: лучше бы я не родился»[77]. Преподобный Дорофей, признаваемый вселенскою Церковью святым, один из превосходнейших аскетических писателей, пребыл в общежитии среди братства, а по кончине святых наставников основал свой монастырь и был его настоятелем. Святой Иоанн Лествичник замечает, что наклонные к высокоумию и другим душевным страстям никак не должны избирать для себя жительства уединенного, а пребывать посреди братства и спасаться деланием заповедей[78], потому что всякое жительство, в пустыни ли, в общежитии ли, когда оно согласно с волею Божией и когда цель его – угождение Богу, преблаженно[79]. От преждевременного затвора прозябает бесовская прелесть не только очевидная, но и невидимая по наружности: мысленная, нравственная, несравненно – более опасная, нежели первая, как врачующаяся весьма трудно, а часто и не способная к уврачеванию. Этот род прелести, основывающийся на высокоумии, называется святыми отцами «мнением»[80] и заключается в том, когда подвижник примет ложные понятия о духовных предметах и о себе, сочтет их истинными. Ложным понятиям и созерцаниям, по естественным сочувствию и содействию ума сердцу и сердца уму, непременно сопутствуют обольстительные, сладостные, сердечные ощущения: они не что иное, как действие утонченных сладострастия и тщеславия. Зараженные этою прелестью делались проповедниками ложного аскетического учения, а иногда и ересиархами для вечной погибели своей и ближних. Святой Исаак Сирский в 55 Слове упоминает, что некто Малпас проводил в отшельничестве строжайшую подвижническую жизнь с целью достичь высокого духовного состояния, впал в высокоумие и явную бесовскую прелесть, соделался изобретателем и начальником ереси евктитов. В образец аскетической книги, написанной из состояния прелести, именуемой мнением, можно привести сочинение Фомы Кемпийского под названием «Подражание Иисусу Христу». Оно дышит утонченным сладострастием и высокоумием, которые в людях ослепленных и преисполненных страстями производят наслаждение, признаваемое ими вкушением Божественной благодати. Несчастные и омраченные! Они не понимают, что обоняв утонченную воню живущих в себе страстей, они наслаждаются ею, признают ее в слепоте своей вонею благодати! Они не понимают, что к духовному наслаждению способны одни святые; что духовному наслаждению должно предшествовать покаяние и очищение от страстей; что грешник неспособен к духовному наслаждению; что он должен сознавать себя недостойным наслаждения, отвергать его, если оно начнет приходить к нему, отвергать как несвойственное себе, как явное и пагубное самообольщение, как утонченное движение тщеславия, высокоумия и сладострастия. Подобно Малпасу достигли в отшельничестве сильнейшей бесовской прелести Франциск д'Асиз, Игнатий Лоиола и другие подвижники Латинства[81], признаваемые в недре его святыми. «Когда Франциск был восхищен на небо, – говорит писатель жития его, – то Бог Отец, увидев его, пришел на минуту в недоумение, кому отдать преимущество, Сыну ли Своему по естеству, или сыну по благодати Франциску». Что может быть страшнее, уродливее этой хулы, печальнее этой прелести!

В настоящее время в нашем отечестве отшельничество в безлюдной пустыне можно признать решительно невозможным, а затвор очень затруднительным как более опасный и более несовместный, чем когда-либо. В этом надо видеть волю Божию и покоряться ей. Если хочешь быть приятным Богу безмолвником, возлюби молчание и со всевозможным усилием приучись к нему. Не позволяй себе празднословия ни в церкви, ни в трапезе, ни в келии; не позволяй себе выходов из монастыря иначе, как по самой крайней нужде и на самое краткое время; не позволяй себе знакомства, особливо близкого, ни вне, ни внутри монастыря; не позволяй себе свободного обращения и пагубного развлечения; веди себя как странник и пришлец и в монастыре, и в самой земной жизни соделаешься Боголюбезным безмолвником, пустынником, отшельником. Если же Бог узрит тебя способным к пустыне или затвору, то Сам, неизреченными судьбами Своими, доставит тебе пустынную и безмолвную жизнь, как доставил ее блаженному Серафиму Саровскому, или доставит затвор, как доставил его блаженному Георгию, затворнику Задонского монастыря.

ГЛАВА 12. О ЖИТЕЛЬСТВЕ В ПОСЛУШАНИИ У СТАРЦА

То, что сказано об отшельничестве и затворе, должно сказать и о послушании старцам в том виде, в каком оно было у древнего монашества; такое послушание не дано нашему времени. Преподобный Кассиан Римлянин говорит, что египетские отцы, между которыми особенно процветало монашество и приносило изумительные духовные плоды, «утверждают, что хорошо управлять и быть управляемым свойственно мудрым, и определяют, что это величайший дар и благодать Святого Духа»[82]. Необходимое условие такового повиновения духоносный наставник, который бы волею Духа умерщвлял падшую волю подчинившегося ему о Господе, а в этой падшей воле умерщвлял и все страсти. Падшая и растленная воля человека заключает в себе стремление ко всем страстям. Очевидно, что умерщвление падшей воли, совершаемое так величественно и победоносно волею Духа Божия, не может совершаться падшею волею наставника, когда сам наставник еще порабощен страстями. «Если ты хочешь отречься от мира, – говорил святой Симеон, Новый Богослов, современным ему инокам, – и научиться евангельскому житию, то не предай (не поручи) себя неискусному или страстному учителю, чтоб не научиться вместо евангельского жития диавольскому житию, потому что благих учителей и учительство благое, а злых – злое: от лукавых семян непременно произрастают и лукавые плоды. Всякий, невидящий и обещающийся наставлять других, есть обманщик и последующих ему ввергает в ров погибели по слову Господа: «Слепец слепца аще водит, оба в яму впадут» (*Мф. 15:14*)[83]. При другом случае этот великий сродник Божий, советуя иноку действовать по указанию духовного отца, присовокупляет: «Однако да поступает так только в таком случае, когда знает, что духовный отец его – причастник Духа, что он не будет говорить ему противоположного воли Божией, но, по дарованию своему и по мере повинующегося, возглаголет угодное Богу и полезное для души, чтоб не оказаться повинующимся человеку, а не Богу[84]. В этом смысле завещавает и апостол: «не будите раби человеком» (*1 Кор. 7:23*). Он повелевает самое служение слуг господам совершать духовно, а не в характере человекоугодников, но в характере рабов Христовых, творя волю Божию в наружном служении человекам (*Еф. 6:6*). «Ныне, – говорит апостол, – человека попираю или Бога? или ищу человеком угождати? аще бых человеком еще угождал, Христов раб не бых убо был» (*Гал. 1:10*). «Не весте ли, яко ему же представляете себе рабы в послушание» – человеку плотского мудрования или Богу – «раби есте, его же послушаете, или греха и плотского мудрования в смерть, или послушания в правду» Божию и во спасение (*Рим. 6:16*). Послушание образует повинующегося по образу того, кому он повинуется: «зачинаху овцы по жезлом», – говорит Писание (*Быт. 30:39*). Те старцы, которые принимают на себя «роль», употребим это неприятное слово, принадлежащее языческому миру, чтоб точнее объяснить дело, которое, в сущности, не что иное, как душепагубное актерство и, печальнейшая комедия, – старцы, которые принимают на себя роль древних святых старцев, не имея их духовных дарований, да ведают, что самое их намерение, самые мысли и понятия их о великом иноческом делании – послушании суть ложные, что самый их образ мыслей, их разум, их знание суть самообольщение и бесовская прелесть, которая не может не дать соответствующего себе плода в наставляемом ими. Их неправильное и недостаточное настроение только в течение некоторого времени может оставаться незаметным руководимому ими неопытному новоначальному, если этот новоначальный сколько-нибудь умен и занимается святым чтением с прямым намерением спасения. В свое время оно должно непременно раскрыться и послужить поводом к неприятнейшей разлуке, к неприятнейшим отношениям старца с учеником, к душевному расстройству того и другого. Страшное дело – принять, по самомнению и самовольно, на себя обязанности, которые можно исполнять только по велению Святого Духа и действием Духа; страшное дело – представлять себя сосудом Святого Духа, между тем как общение с сатаною еще не расторгнуто и сосуд не перестает оскверняться действием сатаны! Ужасно такое лицемерство и лицедейство! Гибельно оно для себя и для ближнего, преступно пред Богом, богохульно. Напрасно будут указывать нам на преподобного Захарию, который, находясь в повиновении у неискусного старца, отца своего по плоти, Кариона, достиг иноческого совершенства[85], или на преподобного Акакия, спасшегося в жительстве у жестокого старца, который согнал бесчеловечными побоями ученика своего преждевременно в гроб[86]. Тот и другой находились в послушании у недостаточных старцев, но руководствовались советами духоносных отцов, также назидательнейшими примерами, которые были во множестве пред очами их: единственно по этой причине они могли пребыть в наружном послушании у своих старцев. Эти случаи вне общего порядка и правила. «Образ действия Промысла Божия, – сказал святой Исаак Сирский, – вполне отличается от общего человеческого порядка. Ты держись общего порядка». Возразят: вера послушника может заменить недостаточество старца. Неправда: вера в истину спасает, вера в ложь и в бесовскую прелесть губит, по учению апостола. «Любве истины не прияша, – говорит он о произвольно погибающих, – во еже спастися им. И сего ради послет (попустит) им Бог действо лести, во еже веровати им лжи: да суд приимут вси неверовавшии истине, но благоволившии в неправде» (*2 Сол. 2:10-12*). «По вере ваю буди вама» (*Мф. 9:29*), – сказал Господь, Само-Истина, двум слепцам и исцелил их от слепоты: не имеют права повторять слов Само-Истины ложь и лицемерство для оправдания своего преступного поведения, которым они погубляют ближних. Бывали случаи, очень-очень редкие, что вера, по особенному смотрению Божию, действовала чрез грешников, совершая спасение этих грешников. В Египте старейшина разбойников Флавиан, намереваясь ограбить некоторый женский монастырь, облекся в монашеское одеяние и пришел в этот монастырь. Монахини приняли его как одного из святых отцов, ввели в церковь, прося принести о них молитву Богу, что Флавиан исполнил, против воли своей и к удивлению своему. Потом представлена была ему трапеза. По окончании трапезы монахини умыли его ноги. В монастыре одна из сестер была слепа и глуха. Монахини привели ее, и напоили водою, которою омыты ноги странника. Больная немедленно исцелилась. Монахини прославили Бога и святое житие странного инока, провозглашая совершившееся чудо. Благодать Божия низошла на старейшину разбойников: он принес покаяние, и из старейшины разбойников претворился в знаменоносного отца[87]. В житии святого Феодора, епископа Одесского, читаем, что блудница, будучи принуждена отчаянною супругою Адера, принесла Богу молитву о умершем ее сыне, что младенец воскрес по молитве блудницы. Блудница, приведенная в ужас совершившимся над нею, немедленно оставила греховную жизнь, вступила в монастырь и подвижническою жизнию достигла святости[88]. Такие события – исключения. Созерцая их, мы поступим правильно, если будем удивляться смотрению и непостижимым судьбам Божиим, укрепляться в вере и надежде; поступим очень неправильно, если будем эти события принимать в образец подражания. В руководителя поведению нашему дан нам Самим Богом Закон Божий, то есть Священное Писание и писания отеческие. Апостол Павел решительно говорит: «Повелеваем же вам, братие, о имени Господа нашею Иисуса Христа, отлучатися вам от всякого брата, безчинно ходяща, а не по преданию, яже прияща от нас» (*2 Сол. 3:6*). Преданием здесь названо нравственное предание Церкви. Оно изложено в Священном Писании и в писаниях святых отцов. Преподобный Пимен Великий повелел немедленно разлучаться со старцем, сожительство с которым оказывается душевредным[89], очевидно, по нарушению этим старцем нравственного предания Церкви. Иное дело, когда нет душевного вреда, а только смущают помыслы: смущающие помыслы, очевидно, бесовские; не надо им повиноваться как действующим именно там, где мы получаем душевную пользу, которую они хотят похитить у нас иноческое послушание в том виде и характере, как оно проходилось в среде древнего монашества, есть высокое духовное таинство. Постижение его и полное подражание ему соделались для нас невозможными: возможно, одно благоговейное, благоразумное рассматривание его, возможно, усвоение духа его. Тогда мы вступим на путь правильного суждения и душеспасительного благоразумия, когда, читая опыты и правила делания древних отцов, послушания их, равно дивного и в руководителях, и в руководимых, увидим в современности общий упадок христианства, сознаемся, что мы неспособны наследовать делание отцов в полноте его и во всем обилии его. И то великая милость Божия к нам, великое счастье для нас, что предоставлено нам питаться крупицами, падающими с духовной трапезы отцов. Эти крупицы не составляют собою удовлетворительнейшей пищи, но могут, хотя не без ощущения нужды и голода, предохранить от душевной смерти.

ГЛАВА 13. О ЖИТЕЛЬСТВЕ ПО СОВЕТУ

Крупицами названо в предшествовавшей главе духовное жительство, предоставленное Промыслом Божиим нашему времени. Оно основывается на руководстве в деле спасения Священным Писанием и писаниями святых отцов, при совете и назидании, заимствуемых от современных отцов и братии. В собственном смысле это послушание древних иноков, в ином виде, приспособленном к нашей немощи, преимущественно душевной. Древним послушникам их духоносные наставники возвещали немедленно и прямо волю Божию: ныне иноки должны сами отыскивать волю Божию в Писании, и потому подвергаться частым и продолжительным недоумениям и погрешностям. Тогда преуспеяние было быстрым по свойству делания, ныне оно косно опять по свойству делания. Таково благоволение о нас Бога нашего: мы обязаны покорствовать ему и со благодарением благоговеть пред ним. Наше современное иноческое жительство по Писанию и совету отцов и братии освящено примером главы монашества – преподобным Антонием Великим. Он не был в послушании у старца, но в новоначалии своем жил отдельно и заимствовал наставления из Писания и от разных отцов и братии: у одного научался он воздержанию, у другого – кротости, терпению, смирению, у иного – строгой бдительности над собою, безмолвию, стараясь усвоить себе добродетель каждого добродетельного инока, всем оказывая по возможности послушание, смиряясь пред всеми и молясь Богу непрестанно[90]. Поступай и ты, новоначальный, таким образом!

Оказывай настоятелю и прочему монастырскому начальству нелицемерное и нечеловекоугодливое послушание, послушание, чуждое лести и ласкательства, послушание ради Бога. Оказывай послушание всем отцам и братиям в их приказаниях, не противных Закону Божию, уставу и порядку монастыря и распоряжению монастырского начальства. Но никак не будь послушен на зло, если б и случилось тебе потерпеть за нечеловекоугодие и твердость твои некоторую скорбь. Советуйся с добродетельными и разумными отцами и братиями, но усваивай себе советы их с крайнею осторожностью и осмотрительностью. Не увлекайся советом по первоначальному действию его на тебя! По страстности и слепоте твоей иной страстный и зловредный совет может понравиться тебе единственно по неведению и неопытности твоим или потому, что он угождает какой-либо сокровенной, неведомой тобою, живущей в тебе страсти. С плачем и сердечными воздыханиями умоляй Бога, чтоб Он не попустил тебе уклониться от Его всесвятой воли к последованию падшей человеческой воле, твоей или ближнего твоего, твоего советника. Как о своих помыслах, так и о помыслах ближнего, о его советах, советуйся с Евангелием. Тщеславие и самомнение любят учить и наставлять. Они не заботятся о достоинстве своего совета! Они не помышляют, что могут нанести ближнему неисцельную язву нелепым советом, который принимается неопытным новоначальным с безотчетливою доверенностью, с плотским и кровяным разгорячением! Им нужен успех, какого бы ни был качества этот успех, какое бы ни было его начало! Им нужно произвести впечатление на новоначального и нравственно подчинить его себе! Им нужна похвала человеческая! Прослыть святыми, разумными, прозорливыми, старцами, учителями: им нужно напитать свое ненасытное тщеславие, свою гордыню. Была справедливою молитва пророка всегда, в особенности она справедлива ныне: «Спаси мя, Господи, яко оскуде преподобный, яко умалишася истины от сынов человеческих. Суетная глагола кийждо ко искреннему своему:

устне, льстивыя в сердце; и в сердце глаголаша злая» (*Пс. 11:2-3*). Слово ложное и лицемерное не может не быть словом злым и зловредным. Против такого настроения необходимо принять меры осторожности. «Изучай Божественное Писание, – говорит Симеон, Новый Богослов, – и писания святых отцов, особливо деятельные, чтоб с учением их сличив учение и поведение твоего учителя и сердца, ты мог их видеть (это учение и поведение) как в зеркале и понимать; согласное с Писанием усваивать себе и содержать в мысли; ложное же и худое познавать и отвергать, чтоб не быть обманутым. Знай, что в наши дни появилось много обманщиков и лжеучителей»[91]. Преподобный Симеон жил в десятом столетии по Рождестве Христовом, за девять веков до нашего времени: вот уже когда раздался голос праведника в святой Христовой Церкви о недостатке истинных духоносных руководителей, о множестве лжеучителей. С течением времени более и более оскудевали удовлетворительные наставники монашества; тогда святые отцы начали более и более предлагать руководство Священным Писанием и писаниями отеческими. Преподобный Нил Сорский, ссылаясь на отцов, писавших прежде его, говорит: «Не малый подвиг, – сказали они, – найти непрелестного учителя сему чудному деланию (истинной иноческой сердечной и умной молитве). Они наименовали непрелестным того, кто имеет свидетельствованное Божественным Писанием делание и мудрование и стяжал духовное рассуждение. И то сказали святые отцы, что и тогда едва можно было найти непрелестного учителя таким предметам; ныне же, когда они оскудели до крайности, должно искать со всею тщательностью. Если же не найдется, то святые отцы повелели научаться из Божественного Писания, слыша Самого Господа, говорящего: «Испытайте Писания, и в них найдете живот вечный» (*Ин. 5:39*). «Елика бо преднаписана быша в Святых Писаниях, в наше наказание (наставление) преднаписашася» (*Рим.15:4*)[92]. Преподобный Нил жил в XV столетии; он основал скит неподалеку от Бела Озера, где и занимался молитвою в глубоком уединении. Полезно прислушаться старцам новейших времен, с каким смирением и самоотвержением отзывается преподобный Нил о наставлениях, которые он преподавал братии. «Никто не должен утаивать слова Божия по своему нерадению, но исповедывать свою немощь и вместе не скрывать истины Божией, чтоб не соделаться нам виновными в преступлении заповеди Божией. Не будем утаивать слова Божия, но будем возвещать его. Божественные Писания и слова святых отцов многочисленны, как песок морской: неленостно исследывая их, преподаем приходящим к нам и нуждающимся в них (требующим, вопрошающим). Правильнее же: преподаем не мы, потому что мы недостойны этого, но преподают блаженные святые отцы из Божественного Писания»[93]. Вот превосходный образец для современного наставления! Он вполне душеполезен для наставника и наставляемого; он – правильное выражение умеренного преуспеяния; он соединен с отвержением самомнения, безумной наглости и дерзости, в которые впадают подражающие по наружности Великому Варсонофию и другим знаменоносным отцам, не имея благодати отцов. Что было в тех выражениях обильного присутствия в них Святого Духа, то в безрассудных, лицемерных подражателях служит выражением обильного невежества, самообольщения, гордости, дерзости. Возлюбленные отцы! Будем произносить слово Божие братиям нашим со всевозможным смирением и благоговением, сознавая себя недостаточными для сего служения и охраняя самих себя от тщеславия, которое сильно стужает людям страстным, когда они поучают братию. Подумайте, что мы должны воздать ответ за каждое праздное слово (*Мф. 12:36*), тем тягостнее ответ за слово Божие, произнесенное с тщеславием и по побуждению тщеславия. «Потребит Господь вся устны льстивыя, язык велеречивый, рекшыя: язык наш возвеличим, устны наша при нас суть: кто нам Господь есть?» (*Пс. 11:4, 5*). Потребит Господь ищущих славы своей, а не Божией. Устрашимся прещения Господня. Будем произносить слово назидания по требованию существенной необходимости, не как наставники, а как нуждающиеся в наставлении и тщащиеся соделаться причастниками наставления, преподаваемого Богом в Его всесвятом Слове. «Кийждо якоже прият дарование, – говорит святой апостол *Петр*, – между себе сим служаще, яко добрии строители различныя благодати Божия. Аще кто глаголет, яко словеса Божия, со страхом Божиим и благоговением к словам Божиим, а не как свои собственные слова; аще кто служит, яко от крепости, юже подает Бог, а не как бы из своей собственной: да о всем славится Бог Иисус Христом» (*1 Пет. 4:11*). Действующий из себя, действует для тщеславия, приносит и себя и послушающих его в жертву сатане: действующий из Господа действует во славу Господа, совершает свое спасение и спасение ближних Господом, единым Спасителем человеков. Будем страшиться преподания первоначальному какого-либо необдуманного наставления, не основанного на слове Божием и на духовном разумении слова Божия. Лучше сознаться в неведении, нежели выказать ведение душевредное. Охранимся от великого бедствия превратить легковерного новоначального из раба Божия в раба человеческого (*1 Кор. 7:23*), привлекши его к творению падшей воли человеческой вместо всесвятой воли Божией»[94]. Скромное отношение советника к наставляемому совсем другое, нежели старца к безусловному послушнику, рабу о Господе. Совет не заключает в себе условия непременно исполнять его: он может быть исполнен и не исполнен. На советнике не лежит никакой ответственности за совет его, если он подал его со страхом Божиим и смиренномудрием, не самопроизвольно, а будучи спрошен и понужден. Также и получивший совет не связывается им; на произволе и рассуждении его остается исполнить или не исполнить полученный совет. Очевидно, как путь совета и последования Священному Писанию сообразен с нашим слабым временем. Заметим, что отцы воспрещают давать совет ближнему по собственному побуждению, без вопрошения ближнего: самовольное преподание совета есть признак сознания за собою ведения и достоинства духовных, в чем явная гордость и самообольщение[95]. Это не относится к настоятелям и начальникам, которые обязаны во всякое время, при всякой встретившейся нужде и не будучи спрошены наставлять врученное им братство (*2 Тим. 4:2*). Но при посещении других монастырей они должны руководствоваться советом преподобного Макария Александрийского преподобному Пахомию Великому. Пахомий спросил Макария о наставлении братии и суде над ними. Авва Макарий отвечал: «УЧИ и суди своих подчиненных и не суди никого из посторонних»[96]. Это правило соблюдали и соблюдают все настоятели, желающие благоугодить Богу.

ГЛАВА 14. ЦЕЛЬ МОНАШЕСКОГО ЖИТЕЛЬСТВА ЗАКЛЮЧАЕТСЯ В ИЗУЧЕНИИ ВОЛИ БОЖИЕЙ, В УСВОЕНИИ ЕЕ СЕБЕ, В ПОКОРНОСТИ ЕЙ

Сущность монашеского жительства заключается в том, чтоб исцелить свою поврежденную волю, соединить ее с волею Божией, освятить этим соединением. Воля наша, в состоянии падения, враждебна воле Божией; она по слепоте своей и по состоянию вражды к Богу постоянно усиливается противодействовать воле Божией. Когда усилия ее останутся безуспешными, она приводит человека в раздражение, в негодование, в смущение, в огорчение, в уныние, в ропот, в хулу, отчаяние. В отречении от своей воли для наследования воли Божией заключается отречение от себя, заповеданное Спасителем, составляющее необходимое условие спасения и христианского совершенства, столько необходимое, что без удовлетворения этому условию спасение невозможно, тем более невозможно христианское совершенство. «Живот – в воли Его», – сказал пророк (*Пс. 29:6*).

Чтоб исполнить волю Божию, нужно знать ее. Только при этом познании возможно отвержение своей поврежденной воли и исцеление ее волею Божиею. Воля Божия – Божественная тайна. «Божия никтоже весть, –

говорит апостол, – точию Дух Божий» (*1 Кор. 2:11*). Следовательно, доставление человекам познания воли Божией может совершиться единственно при посредстве Божественного откровения. «Научи мя творити волю Твою, – молился вдохновенный Давид, – яко Ты еси Бог мой. Дух Твой благий наставит мя на землю праву» (*Пс 142:10*). «Открый очи мои и уразумею чудеса от закона Твоего» (*Пс. 118:18*). «Не скрый от мене заповеди Твоя» (*Пс. 118:19*). Воля Божия открыта человечеству в Законе Божием, преимущественно же, с особенною точностию и подробностию она объявлена нам вочеловечившимся Словом Божиим. Как превысшая постижения, она приемлется верою. «Снидох с небесе, – сказал Спаситель, – не да творю волю Мою, но волю пославшаго Мя Отца. Се же есть воля пославшаго Мя Отца, да все, еже даде Ми, не погублю от него, но воскрешу е в последний день. Се же есть воля пославшего Мя, да всяк, видяй Сына, и веруяй в Него, имат живот вечный, и воскрешу его Аз в последний день» (*Ин. 6:38-40*). «Аз от Себе не глаголах: но пославый Мя Отец, Той Мне заповедь даде, что реку и что возглаголю. И вем, яко заповедь Его живот вечный есть» (*Ин. 12:49-50*). Изучение воли Божией – труд, исполненный радости, исполненный духовного утешения, вместе труд, сопряженный с великими скорбями, горестями, искушениями, с самоотвержением, с умерщвлением падшего естества, с спасительным погублением души. Он сопряжен с распятием ветхого человека (*Гал. 5:24; Кол.3:9-10*). Он требует, чтоб плотское мудрование было отвергнуто, попрано, уничтожено: «преобразуйтеся обновлением ума вашего, – говорит апостол, – во еже искушати вам, что есть воля Божия благая и угодная и совершенная» (*Рим. 12:2*). С такою определенностию Сын Божий явил человекам волю Божию, с такими существенными последствиями Он совокупил это явление воли Божией, что Священное Писание именует Его исповедавшим Бога (*Ин. 1:18*), т.е. открывшим в той полноте, в какой способно человечество прияти, способно прияти не само собою, но действием приизобильным Божественной благодати. Такое же значение имеют слова Господа: «Явих имя Твое человеком» (*Ин. 17:6*), «сказах им имя Твое, и скажу, да любы, ею же Мя еси возлюбил, в них будет, и Аз в них» (*Ин. 17:26*)[97]. Явление имени Того, Кто превыше всякого имени, есть совершеннейшее познание Того, Кто превыше всякого познания. Высшее познание, являющееся от освящения человека Божественною волею, вводит в Божественную любовь, в соединение человека с Богом.

Одни из евангельских заповедей научают нас действовать богоугодно; другие научают вести себя богоугодно при постороннем действии на нас. Изучение второго труднее, нежели изучение первого; но и первое тогда поймется удовлетворительно, когда душа изучит и примет второе. Необходимо уверить себя, что Бог управляет участию мира и участию каждого человека. Опыты жизни не замедлят подтвердить и утвердить это учение Евангелия. Следствие принятия верою этого учения — смиренная покорность Богу, отступление смущений, мир души, сила мужества. Кто таким образом примет учение Евангелия, тот воспримет «щит веры, в немже возможет вся стрелы лукавого разженныя угасити» (*Еф. 6:16*). Эта вера называется святыми отцами деятельною, в отличие от догматической[98]. Она является в человеке от исполнения евангельских заповедей, возрастает по мере исполнения их, увядает и уничтожается по мере пренебрежения ими, преобразуется, в свое время, по осенении благодатию, в живую веру, исполняет христианина духовною силою, которою святые Божии «победиша царствия, содеяша правду, получиши обетования, заградиша уста львов, угасиша силу огненную, избегоша острея меча, возмогоша от немощи, быша крепцы во бранех, обратиша в бегство полки чуждих» (*Евр. 11:33, 34*). Необходимо благоговеть пред непостижимыми для нас судьбами Божиими во всех попущениях Божиих как частных, так и общественных, как в гражданских, так и в нравственных и духовных. «Смиритеся, — увещевает святой апостол *Петр,* — по крепкую руку Божию, всю печаль вашу возвергше нань, яко Той печется о вас» (*1 Пет. 5:6-7*). Смиряться подобает по тому превосходному образцу, который представляется нам Священным Писанием в молитве трех святых отроков, подвергшихся в Вавилоне тяжкому испытанию за верность свою Богу и признавших все попущения Божии последствиями праведного суда Божия (*Дан.3*). «Нужда есть приити соблазном», – определил Господь (*Мф. 18:7*); предвозвестив страшные бедствия, долженствующие постигнуть верующих в Него и все человечество, Он сказал: «зрите, не ужасайтеся, подобает бо всем сим быти» (*Мф. 24:6*). Если так, то мы не имеем ни права, ни возможности сказать или помыслить что-либо против определения, произнесенного всеблагим, премудрым, всемогущим Богом. «Предани будете, – предвозвестил нам Господь, – и родители и братиею и родом и други, и умертвят от вас, и будете ненавидими от всех имене Моего ради» (*Лк. 21:16-17*). «Всяк, иже убиет вы, возмнится службу приносити Богу. В мире скорбни будете, но дерзайте, яко Аз победих мир» (*Ин. 16:2, 33*). Изобразив и предвозвестив положение истинных христиан на время их земной жизни, положение, предназначенное им Богом, Господь присовокупил: «И влас главы вашея не погибнет» (*Лк. 21:18*). Это значит: о вас неусыпно будет промышлять Бог; Он будет неусыпно бдеть над вами, содержать вас во всемогущей деснице Своей, и потому, что ни случится с вами скорбное, случится не иначе, как по Его попущению, по Его всесвятой воле, для вашего спасения. Наставление ученикам по отношению к напастям земной жизни, долженствующим постигать их, Господь заключил решительною и определенною заповедию: «В терпении вашем стяжити души ваша» (*Лк. 21:19*). Признайте и исповедуйте Бога правителем мира; благоговейно, с самоотвержением покоритесь и предайтесь воле Его: из этого сознания, из этой покорности прозябнет в душах ваших святое терпение. Известится оно душе тем миром, который оно принесет в душу. Замрет в устах всякое слово против судеб Божиих, умолкнет всякая мысль пред величием воли Божией, как сказал о себе и о своих товарищах святой евангелист Лука: «умолчахом, рекше: воля Господня да будет» (*Деян. 21:14*). Надо знать, что всякий помысл, являющийся с свойством противоречия и противодействия судьбам Божиим, исходит от сатаны и есть его исчадие. Такой помысл как богопротивный должно отвергать при самом появлении его. Пример этого подал нам Господь. Когда Он поведал ученикам о предстоящих Ему страданиях и насильственной смерти, тогда апостол *Петр,* движимый состраданием по свойству ветхого человека, «начат пререцати Ему глаголя: милосерд Ты, Господи, не имать быти Тебе сие». Господь отвечал Петру, обличая начало выраженной им мысли: «иди за Мною, сатано, соблазн Ми еси: яко не мыслиши, яже суть Божия, но человеческая» (*Мф. 16:22-23*). Отчего возмущается дух наш против судеб и попущений Божиих? Оттого, что мы не почтили Бога как Бога; оттого, что мы не покорились Богу как Богу; оттого, что мы не дали себе должного места пред Богом; от нашей гордости, от нашей слепоты; оттого, что падшая, поврежденная, извращенная воля наша не уничтожена и не отвергнута нами. «Тогда не постыжуся, внегда призрети ми на вся заповеди Твоя. Исповемся Тебе в правости сердца, внегда научатимися судьбам правды Твоея» (*Пс. 118:6-7*). «Ты еси Бог Спас мой, и Тебе терпех весь день» (*Пс. 24:5*), перенося благодушно в течение всей земной жизни моей все скорби, какие благоугодно Тебе попускать мне во спасение мое. Святой Иоанн Лествичник определяет дар духовного разсуждения, который ниспосылается от Бога исключительно инокам, шествующим путем смирения и смиренномудрия, следующим образом: «рассуждение, в обширном смысле, состоит и познается в непогрешительном постижении Божественной воли во всяком времени, месте и деле, что свойственно одним чистым по сердцу, телу и устам»[99].

ГЛАВА 15. ЛЮБОВЬ К БЛИЖНЕМУ СЛУЖИТ СРЕДСТВОМ ДОСТИЖЕНИЯ ЛЮБВИ К БОГУ

Спаситель мира совокупил все частные Свои заповедания в две главные общие заповеди: «Возлюбиши Господа Бога твоего, – сказал Он, – всем сердцем твоим, и всею душею твоею, и всею мыслию твоею. Сия есть первая и большая заповедь. Вторая же подобна ей: возлюбиши искренняго твоего, яко сам себе. В сию обою заповедию весь закон и пророцы висят» (*Мф. 22:37-40*). Хотя заповедь о любви к Богу столько возвышеннее заповеди о любви к образу Божию – человеку, сколько Бог возвышеннее Своего образа, однако заповедь о любви к ближнему служит основанием заповеди о любви к Богу. Кто не положил основания, тот тщетно трудится о построении здания: оно никак не может устоять, не имея основания. Любовию к ближнему мы входим в любовь к Богу. Любовь к Богу христианина есть любовь ко Христу (*1 Ин. 2:23*), а любовь к ближнему есть любовь ко Христу в ближнем: полюбив ближнего, полюбив его о Господе, то есть, по заповедям Господа, мы стяжаваем любовь ко Христу, а любовь ко Христу есть любовь к Богу. Союз любви к Богу с любовью к ближнему превосходно изложен в посланиях святого апостола евангелиста Иоанна Богослова. Невозможно возлюбить Бога, по учению Богослова, не возлюбив прежде брата. Любовь же к брату заключается в исполнении относительно него заповедей

Господа (*2 Ин. 1:6*). То же учение возвещается и святыми наставниками монашества. Преподобный Антоний Великий говорил: «От ближнего зависят и жизнь и смерть (души). Приобретая брата, приобретаем Бога; соблазняя брата, грешим против Христа»[100]. Преподобный Иоанн Колов, один из величайших отцов Египетского Скита, сказал: «Нет возможности выстроить дом, начав сверху, но надо начать постройку с основания и возводить к верху». Его спросили: «Что значит основание?» Он отвечал: «Основание есть ближний наш; мы должны приобретать его и начинать с него. На нем основываются все заповеди Христовы»[101]. Преподобный Марк Подвижник: «Невозможно иначе спастись, как чрез ближнего»[102]. Согласно этому рассуждают и научают все святые отцы; это общее христианское учение, учение Церкви, учение Христово. Обрати все внимание на стяжание любви к ближнему твоему как на основание твоего жительства и монашеского подвига. Возлюби ближнего по указанию евангельских заповедей, отнюдь не по влечению твоего сердца. Любовь, насажденная Богом в наше естество, повреждена падением и не может действовать правильно. Никак не попусти ей действовать! Действия ее лишены непорочности, мерзостны пред Богом как жертва оскверненная; плоды действий душепагубны, убийственны. Следующим образом возлюби ближнего: не гневайся и не памятозлобствуй на него; не позволяй себе говорить ближнему никаких укорительных, бранных, насмешливых, колких слов; сохраняй с ним мир по возможности своей; смиряйся пред ним; не мсти ему ни прямо, ни косвенно; во всем, в чем можно уступить ему, уступай; отучись от прекословия и спора, отвергни их как знамение гордыни и самолюбия; говори хорошо о злословящих тебя: плати добром за зло; молись за тех, которые устраивают тебе различные оскорбления, обиды, напасти, гонения (*Мф. 5:21-48*). Никак, ни под каким предлогом не осуждай никого, даже не суди ни о ком, хорош ли он или худ, имея пред глазами того одного худого человека, за которого ты должен отвечать пред Богом, – себя. Поступай относительно ближних так, как бы ты желал, чтоб было поступлено относительно тебя (*Мф. 7:1-12*). Отпускай и прощай из глубины сердца человекам согрешения их против тебя, чтоб и Отец небесный простил тебе твои бесчисленные согрешения, твой страшный греховный долг, могущий тебя низвергнуть и заключить навечно в адские темницы (*Мф 18:2335*). Не стяжи пристрастия, в особенности блудной страсти к ближнему твоему; под именем ближнего разумеется не только мужеский, но и женский пол. Если же, устроенный стрелою врага, как-нибудь неожиданно заразишься ими, то не унывай, зная, что мы в себе самих носим способность заражаться всякими страстями, что это случалось и с великими святыми; приложи все старание уврачевать себя. Наконец, не повреждай брата своего многословием, пустословием, близким знакомством и свободным обращением с ним. Ведя себя так по отношению к ближнему, ты окажешь и стяжешь к нему заповеданную Богом и Богу угодную любовь; ею отворишь себе вход к любви Божией. Святой Симеон, Новый Богослов, сказал: «Особенной любви с каким-либо лицом да не стяжешь, особливо с новоначальным, хотя бы тебе и показалось, что это лице жития весьма хорошего, а не зазорного. Ибо по большей части духовная любовь прелагается в страстную и впадешь в бесполезные скорби. Это наиболее случается с подвизающимися. Тебе должно вменять себя странным по отношению ко всякому брату в общежитии, в особенности по отношению к тем, с которыми ты был знаком в мире, а всех любить равно»[103]. Святой Исаак: «Любовь к юным есть блуд, которым гнушается Бог. Для этой раны нет пластыря. Любящий же всех равно по милосердию и без различия, достиг совершенства. Юный, последуя за юным, приводит рассудительных к плачу и рыданию о них. Старец же, последующий юному, стяжал страсть, которая смраднее страсти юных; хотя бы он беседовал с ними и о добродетели, но сердце его уязвлено»[104].

ГЛАВА 16. СМИРЕНИЕ ПРЕД БЛИЖНИМ СЛУЖИТ СРЕДСТВОМ ДОСТИЖЕНИЯ ЛЮБВИ К БЛИЖНЕМУ

Любви к ближнему предшествует и сопутствует смирение пред ним. Ненависти к ближнему предшествует осуждение его, уничижение, злословие, презрение к нему, иначе гордость. Святые иноки постоянно помнили слова Христовы: «Аминь глаголю вам: еже сотвористе единому сих братий моих меньших, Мне сотвористе» (*Мф. 25:40*). Не входили они в рассматривание, достоин ли ближний уважения или нет; не обращали они внимания на множество и очевидность его недостатков: внимание их обращено было на то, чтоб не скрылось от них каким-нибудь образом понятие, что ближний есть образ Божий, что поступки наши относительно ближнего Христос принимает так, как бы они совершены были относительно Его. Ненавидит такое понятие гордый падший ангел и употребляет все меры, чтоб незаметным образом похитить его у христианина. Несродно это понятие плотскому и душевному мудрованию падшего человеческого естества, и нужно особенное внимание, чтоб удержать его в памяти. Нужен значительный душевный подвиг, нужно содействие Божественной благодати, чтоб усвоить это понятие сердцу, поврежденному грехом, чтоб иметь его непрестанно в памяти при сношениях с братиею. Когда же это понятие, по милости Божией, усвоится нам, тогда оно сделается источником чистейшей любви к ближним, любви ко всем одинаковой. Причина такой любви одна – Христос, почитаемый и любимый в каждом ближнем. Это понятие соделывается источником сладостнейшего умиления, теплейшей, неразвлеченной, сосредоточеннейшей молитвы. Преподобный авва Дорофей говаривал ученику своему, преподобному Досифею, по временам побуждавшемуся гневом: «Досифей, ты гневаешься и не стыдишься, что гневаешься и обижаешь брата своего? Разве ты не знаешь, что он – Христос и что ты оскорбляешь Христа?»[105]. Преподобный великий Аполлос часто говаривал ученикам своим о принятии приходивших к нему странных братий, что подобает воздавать им почтение земным поклонением: кланяясь им, мы кланяемся не им, но Богу. «Увидел ли ты брата твоего? Ты увидел Господа Бога твоего. Это, – говорил он, – мы прияли от Авраама (*Быт. 18*), а тому, что должно братию успокоить (приютить, оказать гостеприимство), научились от Лота, понудившего (уговорившего) ангелов ночевать в его доме» (*Быт. 19*)[106]. Такой образ мыслей и поведения был усвоен всеми иноками Египта, первейшими во всем мире по иноческому преуспеянию и дарованиям Святого Духа. Эти иноки удостоились быть предусмотрены и предвозвещены пророком: «приидут молитвенницы от Египта», – предсказал святой Давид о иноках Египта (*Пс. 67:32*). Преподобный Кассиан Римлянин, церковный писатель IV века, повествует следующее: «Когда мы (преподобный Кассиан и друг его о Господе преподобный Герман), желая изучить постановления старцев, прибыли из стран Сирийских в область – Египет, то приходили в удивление, что там принимали нас с необыкновенным радушием, причем никогда не соблюдалось правило для употребления пищи, для чего назначен известный час, в противность тому, как мы были приобучены в палестинских монастырях. Куда мы ни приходили, разрешалось установленное пощение того дня, за исключением узаконенного (Церковью) поста в среды и пятки. Мы спросили одного из старцев: по какой причине у них упускается без различия ежедневное пощение? Он отвечал: Пост всегда со мною; но вас я должен сряду отпустить и не могу всегда иметь при себе. Хотя пост полезен и постоянно нужен, однако он дар и жертва произвольная, а исполнение делом любви есть непременный долг, требуемый заповедию. Принимая в лице вашем Христа, я должен оказать Ему все усердное гостеприимство; проводив же вас, по оказании любви, которой причина – Он, могу вознаградить разрешение усиленным постом, наедине. Не могут «сынове брачни дондеже жених с ними есть, поститися. Егдаже отымется от них жених, тогда постятся законно» (*Мф. 9:15; Мк. 2:19; Лк. 5:34-35*)[107]. Живя в монастыре с братиею, признавай себя одного грешником, а всех братий без исключения ангелами, всем отдавай предпочтение пред собою. Когда ближнего твоего предпочитают тебе, радуйся этому и одобряй это как деяние самое справедливое. Ты удобно достигнешь такого душевного настроения, если будешь удаляться от близкого знакомства и от свободного обращения. Напротив того, позволяя себе близкое знакомство и свободное обращение, никогда не удостоишься прийти в устроение святых, не удостоишься сказать от искреннего сознания, сказать с апостолом Павлом: «Христос Иисус прииде в мир грешники спасти, от нихже первый есмь аз» (*1 Тим. 1:15*). По причине смирения пред ближним и по причине любви к ближнему отступает от сердца ожесточение. Оно отваливается, как тяжелый камень от входа в гроб, и сердце оживает для духовных отношений к Богу, для которых оно доселе было мертво. Взорам ума открывается новое зрелище: многочисленные греховные язвы, которыми преисполнено все падшее человеческое естество. Он начинает исповедывать свое бедственное состояние пред Богом и умолять Его о помиловании. Уму содействует сердце плачем и умилением. Таково начало истинной молитвы. Напротив того, молитву памятозлобного святой Исаак Сирский уподобляет посеву на камне[108]. То же должно сказать и о молитве осуждающего и презирающего ближних. Молитве гордого и гневливого не только не внимает Бог, но и попускает молящемуся в таком душевном устроении различные унизительнейшие искушения, чтоб ударяемый и угнетаемый ими, он прибег к смирению пред ближним и к любви ближнего. Молитва есть деятельное выражение любви инока к Богу[109].

ГЛАВА 17. О МОЛИТВЕ

Молитва, будучи дщерию исполнения евангельских заповедей, есть вместе и мать всех добродетелей, по общему мнению святых отцов[110]. Молитва рождает добродетели от соединения духа человеческого с Духом Господа. Добродетели, рождающие молитву, различествуют от добродетелей, рождаемых молитвою: первые – душевны, вторые – духовны. Молитва есть по преимуществу исполнение первой и главнейшей заповеди из тех двух заповедей, в которых сосредоточиваются закон, пророки и Евангелие (*Мф. 22:37-40*). Невозможно человеку устремиться всем помышлением, всею крепостию своею, всем существом своим к Богу иначе как при действии молитвы, когда она воскреснет из мертвых[111] и оживится как бы душою, силою благодати. Молитва есть зерцало иноческого преуспеяния[112]. Рассматривая молитву свою, инок познает, достиг ли он спасения, или еще бедствует в волнующемся страстном море, вне священной пристани. К такому познанию он имеет руководителем боговдохновенного Давида, который, молитвенно беседуя к Богу, сказал так: «В сем познах, яко восхотел мя еси, яко не возрадуется враг мой о мне. Мене же за незлобие приял, и утвердил мя еси пред Тобою во век» (*Пс. 40:12-13*). Это значит: узнал я, Господи, что ты меня помиловал, и усвоил Себе, по постоянному победоносному отвержению мною, силою молитвы моей, всех вражеских помыслов, мечтаний и ощущений. Эта милость Божия к человеку является тогда, когда человек ощутит милость ко всем ближним своим и простит всем виновным пред ним (*Мф.*

6:14-15, 7:2; *Лк. 6:37-38*). Молитва должна быть главным подвигом инока. В ней должны сосредоточиться и совокупиться все его подвиги; посредством ее инок прилепляется теснейшим образом к Господу, соединяется во един дух с Господом (*1 Кор. 6:11*). С самого вступления в монастырь необходимо научиться правильной молитве, чтоб преуспеть в ней и посредством ее изработать свое спасение. Правильности молитвы и преуспеянию в ней противодействуют наше поврежденное естество и падшие ангелы, усиливающиеся удержать нас в своем порабощении, в падении и отвержении от Бога, общем человекам и падшим ангелам.

ГЛАВА 18. О ПРИГОТОВЛЕНИИ К МОЛИТВЕ

По важному значению молитвы пред упражнением ею нужно приготовление себя к ней. «Прежде даже не помолишися, уготови себе, и не буди яко человек искушая Господа» (*Сир. 18:23*). «Идя предстать пред Царем и Богом и возглаголить с Ним, – говорит святой Иоанн Лествичник, – не без приготовления совершим это, чтоб Он издалека не увидел, что мы не имеем оружия и одежд, потребных для предстояния пред Царем, и не повелел рабам и служителям Своим связать нас и отогнать куда-либо далеко от лица Его, а прошения наши раздрать и бросить нам в лице»[113].

Первое приготовление состоит в отвержении памятозлобия и осуждения ближних. Это приготовление заповедано Самим Господом. «Егда стоите молящеся, – повелевает Он, – отпущайте, аще что имате на кого: да и Отец ваш, Иже есть на небесех, отпустит вам согрешения ваша. Аще ли же вы не отпущаете, ни Отец ваш, Иже есть на небесех, отпустит вам согрешений ваших» (*Мк. 11:25-26*).

Дальнейшим приготовлением служат: отвержение попечений силою веры в Бога, силою покорности и преданности воле Божией, сознание своей греховности и истекающее из этого сознания сокрушение и смирение духа.

Одна жертва, принимаемая Богом от падшего человеческого естества, есть сокрушение духа. «Аще бы восхотел еси жертвы, дал бых убо», – говорит Богу пророк Его от лица каждого падшего и пребывающего в своем падении человека; но Ты не только какой-либо частной жертвы, телесной или душевной, но и полного «всесожжения не благоволиши. Жертва Богу дух сокрушен: сердце сокрушенно и смиренно Бог не уничижит» (*Пс. 50:18-19*). Святой Исаак Сирский повторяет следующее изречение другого святого отца: «Если кто не признает себя грешником, того молитва неблагоприятна Господу»[114].

Стой на молитве твоей пред невидимым Богом, как бы ты видел Его и с уверенностью, что Он видит тебя, внимательно смотрит на тебя; стой пред невидимым Богом, как стоит уголовный преступник, уличенный в бесчисленных злодеяниях, приговоренный к казни, пред грозным, нелицеприятным судиею.

Точно: ты стоишь пред полновластным Владыкою и Судиею твоим; ты стоишь пред таким Судиею, пред Которым «не оправдится всяк живый» (*Пс 142:2*), Который всегда побеждает, «внегда судити Ему» (*Пс., 50:6*), Который тогда только не осуждает, когда, по неизреченному человеколюбию Своему, простив человеку согрешения его, не внидет «в суд с рабом» Своим (*Пс. 142:2*). Ощутив страх Божий, ощутив от действия страха Божия при молитве твоей присутствие Бога, увидишь безвидно, духовно, Невидимого, познаешь, что молитва есть предстояние на Страшном Суде Божием[115].

Стой на молитве с поникшею главою, с устремленными к земле глазами, на обеих ногах равно и неподвижно: споспешествуй молитве плачем сердца, воздыханиями из глубины души, обильными слезами.

Наружное благоговейное предстояние на молитве весьма нужно и весьма полезно для всякого подвизающегося подвигом молитвы, особливо для новоначального, в котором расположение души наиболее сообразуется с положением тела. Апостол заповедует при молитве благодарение: «в молитве терпите», говорит он, «бодрствующе в ней с благодарением» (*Кол. 4:2*, слич. *Флп. 4:6*). Апостол свидетельствует, что благодарение заповедано Самим Богом: «непрестанно молитеся; о всем благодарите; сия бо есть воля Божия о Христе Иисусе в вас» (*1Сол. 5:17-18*). Что значит благодарение? Это славословие Бога за бесчисленные Его благодеяния, излитые на все человечество и на каждого человека, Таким благодарением вводится в душу чудное спокойствие; вводится радость, несмотря на то, что отовсюду окружают скорби; вводится живая вера, по причине которой человек отвергает все заботы о себе, попирает страх человеческий и бесовский, повергает себя всецело на волю Божию. Такое расположение души есть превосходное приготовительное расположение для молитвы. «Якоже убо приясте Христа Иисуса, Господа», – говорит апостол, – «такожде в Нем ходите (жительствуйте), укоренени и наздани в Нем и известовани верою, якоже научистеся, избыточествующе в ней благодарением», – то есть при посредстве благодарения приобретая обилие веры. «Радуйтеся всегда о Господе: и паки реку, радуйтеся: Господь близ. Ни о чем же пецытеся, но во всем молитвою и молением со благодарением прошения ваша да сказуются Богу» (*Кол. 2:6-7; Флп. 4:4-6*).

Важность умственного подвига – благодарения с особенною подробностию изложена в Руководстве к духовной жизни преподобных отцов Варсонофия Великого и Иоанна Пророка.

ГЛАВА 19. О ВНИМАНИИ ПРИ МОЛИТВЕ

Молитва нуждается в неотлучном соприсутствии и содействии внимания. При внимании молитва составляет неотъемлемую собственность молящегося; при отсутствии внимания она чужда молящемуся. При внимании она приносит обильный плод: без внимания она приносит терние и волчцы.

Плод молитвы состоит в просвещении ума и умилении сердца, в оживлении души жизнию Духа; терние и волчцы – это мертвость души, фарисейское самомнение, прозябающее из сердечного ожесточения, довольствующееся и превозносящееся количеством молитвословий и временем, употребленным на произнесение этих молитвословий.

То внимание, которое вполне соблюдает молитву от развлечения или от посторонних помыслов и мечтаний, есть дар благодати Божией. Искреннее желание получить благодатный дар, душеспасительный дар внимания доказываем принуждением себя ко вниманию при каждой молитве нашей.

Искусственное внимание – так назовем наше собственное внимание, еще неосененное благодатью – состоит в том, чтоб, по совету святого Иоанна Лествичника, заключать ум в слова молитвы. Если ум, по причине новости своей в молитвенном подвиге, выйдет из заключения в слова, то должно опять вводить его в них. Свойственны уму, в его состоянии падения, нестоятельность и расположение парить повсюду. Но Бог может даровать ему непоколебимость и дарует ее в свое время за постоянство и терпение в подвиге[116].

Особенно способствует сохранение внимания во время молитвы весьма неспешное произнесение слов молитвы. Произноси слова не спеша, чтоб ум мог с большим удобством сохранить заключение свое в словах молитвы, чтоб он не ускользал ни из одного слова ее. Произноси слова несколько вслух, когда ты молишься наедине, и это способствует сохранению внимания.

Внимательной молитве с особенною удобностию можно и должно приучаться при совершении келейного правила. Возлюбленный брат! Не отвергни ига некоторой скуки и некоторого понуждения, приучаясь первоначально к иноческим келейным занятиям, особливо к келейному молитвенному правилу. Запасись благовременно всесильным оружием-молитвою: благовременно научись действовать им. Молитва всемогуща по причине действующего в ней всемогущего Бога. Она – меч духовный, иже есть глагол Божий[117]. Молитва по качеству своему есть пребывание человека при Боге и соединение человека с Богом; по действию своему она – примирение человека с Богом, мать и дщерь слез, мост, по которому переходит чрез искушения, стена, защищающая от скорбей, сокрушение браней, бесконечное делание, источник добродетелей, причина духовных дарований, невидимое преуспеяние, пища души, просвещение ума, отсечение отчаяния, указание надежды, разрешение печали, богатство монахов[118].

Сначала нужно понуждаться к молитве; вскоре она начнет доставлять утешение, и этим утешением облегчать понуждение, ободрять к понуждению себя. Но к молитве нужно понуждение в течение всей жизни[119], и редкие подвижники избавились, по причине обильнейшего благодатного утешения, от понуждения себя: молитва действует убийственно на нашего ветхого человека; доколе он жив в нас, дотоле противится молитве как вкушению смерти. Падшие духи, зная силу молитвы и ее благотворное действие, стараются всячески отвлечь от нее подвижника, поучая употреблять время, назначенное для молитвы, на другие дела: или же они стараются уничтожить и осквернить ее суетною и греховною рассеянностью, принося во время совершения ее бесчисленные житейские и греховные помыслы и мечтания.

ГЛАВА 20. О КЕЛЕЙНОМ ПРАВИЛЕ

Келейное правило состоит из известного числа поклонов, известного числа молитв и псалмов, из упражнения молитвою Иисусовою. Оно назначается для каждого сообразно силам души и тела. Как эти силы разнообразны в человеках до бесконечности, то и правило предлагается подвижникам в самых различных формах. Общий устав для молитвенного правила заключается в том, чтоб оно никак не превышало сил подвижника, не истощало этих сил, не расстраивало здоровья и этим не принудило подвижника отказаться от всякого правила. Оставление молитвенного правила обыкновенно бывает следствием правила, принятого или возложенного превыше сил. Напротив того, умеренное, благоразумное правило остается достоянием инока на всю его жизнь, к концу жизни развивается и умножается как бы естественно, принимая и по наружности и по внутреннему достоинству характер, соответствующий преуспеянию. От крепкого и здорового тела требуется при совершении правила большого числа поклонов и большого количества молитвословий, а от слабого тела – меньшего. Тела человеческие так различествуют между собою по отношению к крепости, что иные утомляются от 30 земных поклонов более, нежели другие от 300.

ГЛАВА 21. О ПОКЛОНАХ

Поклоны разделяются на земные и поясные; полагаются обыкновенно на вечернем правиле, пред упокоением сном. Лучше всего положить поклоны прежде чтения вечерних молитв, то есть поклонами начинать правило. От поклонов тело несколько утомится и согреется, а сердце придет в состояние сокрушения: из такого состояния подвижник усерднее, теплее, внимательнее помолится. Ощутится совсем другой вкус в молитвах, когда они будут читаться после поклонов. Поклоны надо полагать весьма неспешно, одушевив этот телесный подвиг в плаче сердца и молитвенным воплем ума. Желая начать коленопреклонения, дай телу твоему самое благоговейное положение, какое должно иметь рабу и созданию Божию в присутствии Господа Бога его. Потом собери мысли от скитания повсюду и с крайнею неспешностью, вслух лишь самому себе, заключая ум в слова, произнеси от сердца, сокрушенного и смиренного, молитву: «Господи Иисусе Христе, Сыне Божий, помилуй меня грешного». Произнесши молитву, сотвори неспешно земной поклон, с благоговением и страхом Божиим, без разгорячения, с чувством кающегося и умоляющего о прощении грешника как бы к ногам Самого Господа Иисуса Христа. Не представь себе в воображении образа или изображения Господня, но имей убеждение в его присутствии; имей убеждение в том, что Он смотрит на тебя, на твой ум и сердце, и что воздаяние Его – в руке Его: первое – непозволительная мечта, ведущая к гибельному самообольщению, а убеждение в присутствии вездесущего Бога есть убеждение во всесвятой истине[120]. Положив земной поклон, опять приведи тело в благоговение и спокойствие, и опять произнеси неспешно вышеуказанную молитву; произнесши ее, опять положи поклон вышесказанным образом. Не заботься о количестве поклонов: все внимание обрати на качество молитвы, совершаемой с коленопреклонениями. Не говоря о действии на дух, на самое тело гораздо сильнее подействует небольшое число поклонов, исполненных вышесказанным образом, нежели большое, исполненное наскоро, без внимания, для счета. Опыт не замедлит доказать это. Утрудившись от коленопреклонений, перейди к поясным поклонам. Мера поясного поклона определяется тем, когда при исполнении его опущенная рука прикоснется земли или полу. Вменив себе в непременную обязанность при совершении поклонов обильное душевное делание, состоящее из внимательности, неспешности, благоговения, намерения принести Богу покаяние, подвижник усмотрит в течение непродолжительного времени, какое количество поклонов выносит его телосложение. Исключив из этого числа несколько поклонов в видах немощи своей и снисхождения себе, из остального числа поклонов он может установить для себя ежедневное правило и, испросив на него благословение духовника или настоятеля или кого из иноков, к которому имеет доверенность и с которым советуется, может отправлять такое правило ежедневно. Для душеназидания возлюбленных братий наших не умолчим о нижеследующем: поклоны, совершаемые для числа, неодушевленные правильным умным и сердечным деланием, более вредны, нежели полезны. Подвижник, исполнив их, начинает радоваться. Вот, говорит он сам себе, подобно упоминаемому в Евангелии фарисею, и сегодня Бог сподобил положить (примерно) триста поклонов! Слава Богу! Легкое ли дело? В нынешние времена триста поклонов! Кто ныне несет такое правило? И так далее. Надо припомнить, что поклоны согревают кровь, а согретая кровь чрезвычайно способствует к возбуждению умственной деятельности;

пришедши в такое расположение, бедный подвижник единственно по той причине, что не имеет понятия о истинном душевном делании, предается душевредной умственной деятельности, предается тщеславным помыслам и мечтаниям, опирающимся на его подвиге, при посредстве которого он думает преуспеть. Подвижник услаждается этими помыслами и мечтаниями, не может довольно насытиться ими, усвояет их себе, насаждает в себя гибельную страсть самомнения. Самомнение вскоре начинает проявляться в тайном осуждении ближних и в явном расположении поучать их. Очевидно, что такое расположение есть признак гордости и самообольщения: если б инок не счел себя выше ближнего, он никак не дерзнул бы учить его. Таков плод всякого телесного подвига, если он не одушевлен намерением покаяния и не имеет целию одно покаяние, если подвигу самому по себе дается Цена.

Истинное иноческое преуспеяние заключается в том, когда инок увидит себя грешнейшим из всех человеков. «Брат сказал преподобному Сисою Великому: «Я вижу, что мысль моя находится постоянно при Боге». Преподобный отвечал: «Это не велико, что мысль твоя находится непрестанно при Боге; велико то, когда инок увидит себя под всякою тварию»[121]. Таков был образ мыслей истинных служителей Бога, истинных иноков: он образовался в них от правильного душевного делания. При правильном душевном делании и телесный подвиг имеет огромное значение, будучи выражением покаяния и смирения действиями тела. «Виждь смирение мое и труд мой, и остави вся грехи моя» (*Пс. 24:18*), – молитвенно вопиет к Богу святой Давид, соединявший в благочестивом подвиге своем телесный труд с глубоким покаянием и с глубоким смиренномудрием.

ГЛАВА 22. О ПРИМЕНЕНИИ КЕЛЕЙНОГО ПРАВИЛА К МОНАСТЫРСКОМУ ПРАВИЛУ

В некоторых российских обителях, в весьма немногих, следующих уставу Саровской Пустыни, отправляется вечернее правило в церкви с поклонами; в некоторых общежительных монастырях отправляется правило без поклонов; в большей части монастырей вечернее правило предоставляется на произвол братства, отправляется желающими в келиях. В Саровской Пустыни и других обителях, следующих ее уставу, труды так значительны, что едва ли кто из братства может сверх церковного правила совершать и келейное. Но иные бывают очень сильны телом, и телесные труды даже Саровской Пустыни и Валаамского монастыря недостаточны для утомления их тела, изобилующего крепостью. Для тех, которые избыточествуют силою или живут в обителях, в которых правило не соединено с поклонами или и вовсе нет общего вечернего правила, предлагаем следующий убогий совет: вечернее правило надо совершать, применяясь к правилу, преподанному ангелом преподобному Пахомию Великому. Применяясь, потому что в настоящее время и по слабости нашей, и по уставам, общепринятым в наших монастырях, нам невозможно исполнять вполне и в точности правило, преподанное ангелом сообразно древнему быту иноков. Сказанным не должно смущаться. И наше монастырское отечественное чиноположение благословлено свыше: оно соответствует нашей немощи и нашему времени. Соображаясь с тем, как законополагает правило, преподанное ангелом[122], можно дать своему келейному правилу следующий порядок: «Слава Тебе, Боже наш, слава Тебе»; Царю небесный; Трисвятое; Отче наш; Господи помилуй – 12 раз; Приидите поклонимся; Псалом 50; Символ Веры; затем молитва Иисусова: «Господи Иисусе Христе, Сыне Божий, помилуй мя грешного». Иные при этой молитве полагают 20 поклонов земных и 20 поясных, иные – 30 поклонов земных и столько же поясныых, другие 40 поклонов земных и столько же поясных, и так далее. Полезно присовокуплять несколько земных и поясных поклонов с молитвою Божией Матери: «Пресвятая Владычице моя, Богородице, спаси меня грешнаго». По совершении положенного числа коленопреклонений и поясных поклонов, никак не должно оставаться в праздности. Не должно предоставлять уму и сердцу свободы уклониться безразборчиво в помышления и чувствования какие бы то ни было: должно немедленно переходить к молитвословию или молитве Иисусовой. Совершив телесный подвиг, согрев им тело и кровь, подвижник получает, как выше сказано, особенное расположение к душевному деланию, и, если не дать немедленно же душе делания правильного и спасительного, то она легко может обратиться к деланию неправильному и пагубному, к размышлениям и мечтаниям пустым и вредным. Надо хранить со тщанием и употреблять с пользою плод, приобретенный правильным телесным подвигом. Невидимые враги и тати не дремлют! Самое падшее естество наше не замедлит дать из себя сродные ему плевелы. Приобретенные при молитве с поклонами чистоту, живость ума и умиление сердца должно тотчас употребить для молитвы без поклонов, неспешно и тихо произносимой устами, вслух себе, при заключении ума в слова молитвы, при сочувствии сердца словам молитвы.

В обителях, где Вечернее правило не отправляется в церкви, а отправляется по келиям, должно прочитывать после поклонов молитвы на сон грядущим. Произволяющие и чувствующие себя довольно сильными, читают сверх того акафисты, каноны, Псалтирь и помянник. Надо помнить, что сущность молитвенного подвига заключается не в количестве прочитанных молитвословий, а в том, чтоб прочитанное было прочитано со вниманием, при сочувствии сердца, и оставило на душе глубокое и сильное впечатление[123]. Количество молитвословий, нужных для правила, узнается так же, как и количество поклонов. Прочитай с должным вниманием и неспешностью некоторые молитвословия, которые ты считаешь особенно питающими твою душу: заметив, сколько нужно времени для чтения их, и сообразив, сколько времени ты можешь отделить на молитвословие, иначе на псалмопение, составь для себя приличествующее келейное молитвенное правило. На новоначальных очень полезно действует чтение акафистов сладчайшему Иисусу и Божией Матери, а на преуспевших и ощутивших уже некоторое просвещение ума – чтение Псалтири. Для внимательного прочтения одной кафизмы нужно времени около 20 минут. Святые отцы совершали молитвенное чтение псалмов и прочих молитвословий с такою неспешностью, необходимою для внимания и для заключения ума в слова молитвы, что они это чтение назвали псалмопением. Псалмопение – отнюдь не пение по гласам или по нотам, но крайне неспешное чтение, протяжностью своею подходящее к пению.

В тех обителях, где вечернее правило совершается в церкви без поклонов, должно в келии, по исполнении правила с поклонами, заняться уже не псалмопением, а молитвою, никак не попустив себе развлечься суетными и душевредными помыслами и мечтаниями. Те иноки, которые по каким-нибудь обстоятельствам принуждены бывают часто пребывать в келии безвыходно, совершают правило с поклонами, восстав от сна, пред утренними молитвами, по причине вышеобъясненного благотворного действия поклонов на тело и душу.

ГЛАВА 23. О МОЛИТВЕ ИИСУСОВОЙ

Собственно молитвою святые отцы называют молитву Иисусову, которая произносится так: «Господи Иисусе Христе, Сыне Божий, помилуй меня грешного». Святый Иоанн Лествичник говорит о безмолвствующих, что «одни из них поют и большую часть своего времени проводят в этом (пении), а другие претерпевают в молитве»; под именем пения здесь надо понимать молитвенное чтение псалмов (тогда еще не было других молитвословий, употребляемых ныне), а под именем молитвы – молитву Иисусову[124]. То же значение имеют и следующие слова того же святого: «Ночью большую часть времени отдавай молитве, а меньшую псалмопению»[125]. Так объясняют значение слов молитва и псалмопение в творении святого Иоанна Лествичника *Лествице*, позднейшие его великие подвижники и наставники монашества, преподобные Симеон, Новый Богослов[126] и Григорий Синаит[127]. Молитва Иисусова разделяется на два вида: на устную и умную. Подвижник переходит от устной молитвы к умной сам собою, при условии: когда устная молитва – внимательна. Сперва должно обучиться устно молитве Иисусовой. Исполняется Иисусова молитва стоя; при изнеможении же сил – сидя и даже лежа. Существенными принадлежностями этой молитвы должны быть: внимание, заключение ума в слова молитвы, крайняя неспешность при произнесении ее и сокрушение духа. Хотя эти условия необходимы при всякой молитве, но удобнее сохраняются и более требуются при совершении молитвы Иисусовой. При псалмопении разнообразие мыслей, в которые облечена молитва, невольно привлекает к себе внимание ума и доставляет ему некоторое развлечение. Но при молитве Иисусовой ум сосредоточивается в одну мысль: в мысль о помиловании грешника Иисусом. Делание по наружности самое сухое, но на опыте оно оказывается самым многоплодным из всех душевных деланий. Сила и достоинство доставляются ему всесильным, всесвятым именем Господа Иисуса Христа. Пророк, пророчествуя о Богочеловеке, предвозвестил: «Всяк, иже призовет имя Господне, спасется» (*Иоил. 2:32*). Слова пророка повторяет святой апостол Павел (*Рим. 10:13*); «аще исповеси усты твоими, – говорит он, – Господа Иисуса, и веруеши в сердце твоем, яко Бог воздвиже Того от мертвых, спасешися» (*Рим. 10:9*). Святой апостол *Петр,* по исцелении хромого от рождения именем Господа Иисуса Христа, засвидетельствовал пред иудейским синедрионом нижеследующее: «Князи людстии и старцы Израилевы! аще мы» (святые апостолы Петр и Иоанн) «днесь истязуеми есмы о благодеянии человека немощна, о чесом сей спасеся: разумно буди всем вам и всем людем Израилевым, яко во имя Иисуса Христа Назореа, Его же вы распясте, Его же Бог воскреси от мертвых, о Сем сей стоит пред вами здрав. Несть бо иного имени под небесем, данного в человецех, о немже подобает спастися нам» (*Деян. 4:8-10, 12*). Употребление всесвятого Божественного имени Иисус в молитве и моление об этом имени установлено Самим Господом нашим, Иисусом Христом. В этом можно убедиться из той возвышеннейшей и глубочайшей беседы, помещенной в Евангелии от Иоанна (*Ин. 13*и гл. 14, 15, 16), которую Господь имел со святыми апостолами после Тайной Вечери, в многознаменательный час, предшествовавший добровольному исшествию Господа на место предания и на страдания, спасительные для рода человеческого. Учение, произнесенное Господом в этот час, имеет характер окончательного, предсмертного завещания, в котором собраны и изложены Им пред учениками Его, а в лице их – пред всем христианством, самые душеспасительные, окончательные заповеди, залоги достоверные и непогрешительные жизни вечной[128]. Между прочими залогами и духовными дарами дано и подтверждено позволение и повеление молиться именем Иисуса. «Еже аще что просите от Отца во имя Мое, – сказал Господь ученикам Своим, – то сотворю: да прославится Отец в Сыне. И аще чесо просите во Имя мое, Аз сотворю» (*Ин. 14:13-14*). «Аминь, аминь глаголю вам, яко елика аще чесо просите от Отца во имя Мое, даст вам. Доселе не просите ничесоже во имя Мое: просите, и приимете, да радость ваша исполнена будет» (*Ин. 16:23-24*). Что ж такое, могущее принявшего преисполнить радости, даровано будет молящемуся именем Господа Иисуса? Будет дарован, – отвечаем словами Господа, – «Дух Святый, Его же послет Отец во имя Мое» (*Ин. 14:26*). Это опытное познание принадлежит святым отцам, и есть их предание.

ГЛАВА 24. О УПРАЖНЕНИИ МОЛИТВОЮ ИИСУСОВОЮ

Если жительствуешь в обители, в которой отправляется вечернее правило с поклонами в церкви, то, пришед в келию, сряду займись молитвою Иисусовою. Если жительствуешь в обители, в которой вечернее правило отправляется в церкви, но без поклонов, то, придя в келию, соверши сперва правило с поклонами, а после него займись молитвою Иисусовою. Если принадлежишь к такой обители, в которой нет общего вечернего правила, а предоставлено каждому совершать его в келии, то во-первых, соверши правило с поклонами, потом займись молитвословием или псалмопением и, наконец, молитвою Иисусовою. Первоначально положи себе произносить сто молитв Иисусовых со вниманием и неспешностью. Впоследствии, если увидишь, что можешь произнести больше, присовокупи другое сто. С течением времени, смотря по надобности, можешь и еще умножить число произносимых молитв. На неспешное и внимательное произнесение ста молитв потребно времени 30 минут, или около получаса; некоторые подвижники нуждаются и еще в более продолжительном времени. Не произноси молитв спешно, одной немедленно за другою; делай после каждой молитвы краткий отдых и тем способствуй уму сосредоточиваться. Безостановочное произнесение молитв рассеивает ум. Переводи дыхание с осторожностию; дыши тихо и медленно: этот механизм охраняет от рассеянности. Окончив моление молитвою Иисусовой, не вдайся в разные размышления и мечтания, всегда пустые, обольстительные, обманчивые, но по направлению, полученному в молитвенном подвиге, проведи время до сна. Склоняясь ко сну, повторяй молитву: засыпай с нею. Приучи себя так, чтоб, проснувшись от сна, первою твоею мыслью, первым словом и делом была молитва Иисусова. Произнесши ее несколько раз, вставай с одра и спеши к утрени[129]

Во время утрени по возможности займись молитвою Иисусовою. Если будешь иметь несколько времени свободного между утренею и литургиею, займись молитвою Иисусовою. Точно так же поступай и после обеда. Отцы советуют после обеда заниматься воспоминанием о смерти[130]. Это вполне правильно, но живая молитва Иисусова неразлучна с живым воспоминанием о смерти[131]: живое воспоминание о смерти сопряжено с живою молитвою ко Господу Иисусу, упразднившему смертию смерть и даровавшему человекам живот вечный Своим временным подчинением смерти. Во время церковных служб полезно упражняться молитвою Иисусовой: она, удерживая ум от рассеянности, способствует ему внимать церковному пению и чтению. Постарайся столько приучиться к молитве Иисусовой, чтоб она сделалась твоею непрестанною молитвою, для чего она очень удобна по краткости своей и для чего неудобны продолжительные молитвы. Отцы сказали: «Инок должен, употребляет ли пищу и питие, пребывает ли в келии или находится на послушании (в монастырской работе и труде), путешествует или что иное делает, непрестанно вопиять: "Господи Иисусе Христе, Сыне Божий, помилуй мя грешного"»[132].

ГЛАВА 25. О НЕПРЕСТАННОЙ МОЛИТВЕ

Непрестанная молитва заповедана Самим Богом. Спаситель мира сказал: «Просите и дастся вам: ищите, и обрящети: толцыте, и отверзется вам» (*Мф. 7:7*). «Бог не имат ли сотворити отмщение избранных Своих, вопиющих к Нему день и нощь, долготерпя о них? глаголю вам, яко сотворит отмщение их вскоре» (*Лк. 18:7-8*). Апостол, повторяя учение Господа, говорит: «Непрестанно молитеся» (*1 Сол. 5:17*). «Хощу, да молитвы творят мужие на всяком месте, воздеюще преподобныя руки без гнева и размышления» (*1 Тим. 2:8*). Под именем мужей апостол разумеет христиан, достигших христианского совершенства. Только совершенным христианам свойственно молиться без гнева и размышления, то есть в глубоком мире, в чистейшей любви к ближнему, без малейшего памятозлобия к ближнему и осуждения его, без развлечения посторонними помыслами и мечтаниями (без размышления). Таковые могут на всяком месте и во всякое время приносить молитву Богу, воздевая и вознося к Нему преподобные руки: ум и сердце, очищенные от страстей, освященные Духом. Очевидно, что непрестанная молитва не может быть достоянием новоначального инока; но, чтоб сделаться способным в свое время к непрестанной молитве, он должен приучиться к частой молитве. Частая молитва в свое время сама собой перейдет в непрестанную молитву. Как при непрестанной молитве всего удобнее совершать молитву Иисусову, то новоначальный должен как можно чаще обращаться к молитве Иисусовой. Выпало ли тебе кратчайшее свободное время? Не убей его, употребив на какое-либо несбыточное и пустейшее мечтание, на какое-нибудь суетное, ничтожное занятие! Употреби его для упражнения молитвою Иисусовою. Если случится, по немощи или, правильнее, по свойству падшего естества, увлечься обольстительными мечтаниями и помыслами, не унывай, не расслабляйся. Раскаявшись пред Богом в твоей легкомысленности и осознав пред Ним твое падшее естество и твое увлечение, припади мысленно пред Его милостию и прими меры предосторожности против обольстительного мечтания и обольстительных помыслов. Кто не приучится к частой молитве, тот никогда не получит непрестанной. Непрестанная молитва – дар Божий, даруемый Богом испытанному в верности рабу и служителю Его. «Иначе как непрестанною молитвою невозможно приблизиться к Богу»[133].

Непрестанная молитва есть признак милости Божией к человеку, есть признак, что все силы души устремились к Богу. «Помилуй мя Господи, яко к Тебе воззову весь день. Возвесели душу раба Твоего, яко к Тебе взях душу мою» (*Пс. 85:3-4*).

ГЛАВА 26. О МОЛИТВЕ ИИСУСОВОЙ УСТНОЙ, УМНОЙ И СЕРДЕЧНОЙ

Желающему непогрешительно заниматься молитвою Иисусовою надо поверять себя, свое упражнение ею, частым чтением следующих отеческих писаний:

1) Слова о трезвении Исихия пресвитера Иерусалимского[134],

2) Глав о трезвении преподобного Филофея Синайского[135],

3) Слова о сокровенном делании во Христе святого Феолипта, митрополита Филадельфийского[136],

4) Сочинений святых Симеона, Нового Богослова, и Григория Синаита, помещенных в первой части Добротолюбия,

5) Слова Никифора Монашествующего и сочинения святых Каллиста и Игнатия Ксанфопулов, помещенных во 2 части Добротолюбия,

6) Предания преподобного Нила Сорского,

7) Цветника священноинока Дорофея, и других.

Читатель найдет в Добротолюбии, в Слове Симеона, Нового Богослова, о трех образах молитвы, в Слове Никифора Монашествующего и в сочинении Ксанфопулов наставление о художественном ввождении ума в сердце при пособии естественного дыхания, иначе, механизм, способствующий достижению умной молитвы. Это учение отцов затрудняло и затрудняет многих читателей, между тем как тут нет ничего затруднительного. Советуем возлюбленным братиям не доискиваться открытия в себе этого механизма, если он не откроется сам собою. Сущность дела состоит в том, чтобы ум соединился с сердцем при молитве, а это совершает Божия благодать в свое время, определяемое Богом. Упомянутый механизм вполне заменяется неспешным произношением молитвы, кратким отдыхом после каждой молитвы, тихим и неспешным дыханием, заключением ума в слова молитвы.

При посредстве этих пособий мы удобно можем достигнуть внимания в известной степени. Вниманию ума при молитве начинает весьма скоро сочувствовать сердце. Сочувствие сердца уму малопомалу начнет переходить в соединение ума с сердцем, и механизм, предложенный отцами, явится сам собою. Все механические средства, имеющие вещественный характер, предложены отцами единственно как пособия к удобнейшему и скорейшему достижению внимания при молитве, а не как что-нибудь существенное. Существенная, необходимая принадлежность молитвы есть внимание. Без внимания нет молитвы. Истинное благодатное внимание является от умерщвления сердца для мира. Пособия всегда остаются только пособиями. Те же святые отцы, которые предлагают вводить ум в сердце вместе с дыханием, говорят, что ум, получив навык соединяться с сердцем, или, правильнее, стяжав это соединение по дару и действию благодати, не нуждается в пособии механизма для такого соединения, но просто, сам собою, своим собственным движением соединяется с сердцем[137].

Это так и быть должно. Разъединение ума с сердцем, противодействие их друг другу произошли от нашего падения в грех: естественно Божественной благодати — когда она прострет перст свой для исцеления сокрушенного и раздробленного на части человека его падением — воссоединять разделенные его части, воссоединять ум не только с сердцем и душою, но и с телом, давать им одно правильное стремление к Богу. Вместе с соединением ума с сердцем подвижник получает силу противостоять всем страстным помыслам и страстным ощущениям. Может ли это быть следствием какого-либо механизма?

Нет! Это последствие благодати, это плод Святого Духа, осенившего невидимый подвиг Христова подвижника, непостижимого для плотских и душевных человеков.

Читая в отцах о сердечном месте, которое обретает ум молитвою, надо понимать словесную силу сердца[138], помещенную Творцом в верхней части сердца, силу, которою сердце человеческое отличается от сердца скотов, имеющих силу воли или желания и силу ревности или ярости, наравне с человеками. Сила словества выражается в совести или в сознании нашего духа, без участия разума, в страхе Божием, в духовной любви к Богу и ближнему, ощущении покаяния, смирения, кротости, в сокрушении духа или глубокой печали в грехах и в других духовных ощущениях, чуждых животным. Сила души — ум, хотя и духовна, но имеет местом пребывания своего головной мозг, так и сила словества, или дух человека, хотя и духовна, но имеет местом пребывания своего верхнюю часть сердца, находящуюся под левым сосцом груди, около сосца и несколько выше его. Соединение ума с сердцем есть соединение духовных помыслов ума с духовными ощущениями сердца. Так как человек пал, так как его помыслы и ощущения изменились из духовных в плотские и душевные, то надо при посредстве евангельских заповедей возвести ум и дух к помышлениям и ощущениям духовным. Когда ум и дух исцелятся, тогда они и соединятся о Господе. Образуется в свое время, в отделе сердца, где помещается сила словества, или дух, чудный, нерукотворенный, духовный храм Божий, Святая Святых: туда нисходит ум, хиротонисанный Святым Духом во священника и архиерея для поклонения Богу Духом и Истиною. Тогда познает христианин блаженным опытом сказанное в Священном Писании: «Вы есть церкви Бога жива, якоже рече Бог: яко вселюся в них, и похожду, и буду им Бог, и тии будут мне людие» (*2 Кор. 6:16*). — Ниже силы словества, в средине сердца, помещается сила ревности; ниже ее, в низшей части сердца, помещается сила желания или воли.

В животных эти две силы действуют очень грубо, как нисколько не связанные словесностью; в людях они действуют сообразно тому, насколько и каким образом развит дух их. Но действовать правильно и быть в полном подчинении духа или силы словеста они могут только в истинном христианине, низложившем не только явно греховные, но и все естественные помыслы и ощущения пред разумом Христовым – Евангелием. Ум и сердце иначе не возмогут соединиться как при посредстве Духа и Истины. Это значит, ум и сердце не возмогут соединиться, если не отвергнутся вполне падшего естества, если не предадут себя вполне руководству Евангелия, если за постоянное и усиленное последование евангельским заповедям не привлекут к себе благодати Всесвятого Духа, не исцелятся и не оживут от прикосновения ее, от осенения ею[139] (*Пс. 118:63*)? Преподобный отвечал: «Это говорит о себе Святой Дух». Алфавитный патерик.. Не только всякое греховное чувствование и всякий греховный помысл, но и все естественные помыслы и ощущения, как бы они ни были тонки и замаскированы мнимою праведностью, разрушают соединение ума с сердцем, поставляют их в противодействие друг другу. При уклонении с духовного направления, доставляемого Евангелием, тщетны все пособия и механизмы: сердце и ум никогда не соединятся между собою.

Исполнение заповедей, предшествующее соединению ума с сердцем, различествует от исполнения заповедей, последующего соединению. До соединения подвижник исполняет заповеди с величайшим трудом, насилуя и принуждая свое падшее естество: по соединении духовная сила, соединяющая ум с сердцем, влечет к исполнению заповедей, делает его удобным, легким, сладостным. «Путь заповедей Твоих текох, егда разширил еси Сердце мое» (*Пс. 118:32*), – сказал псалмопевец.

Делателю Иисусовой молитвы весьма полезно прочитать Примечания (Предисловия) схимонаха поляномерульского Василия на книги святых: Григория Синаита, Исихия Иерусалимского, Филофея Синайского и Нила

Сорского[140]. По прочтении сих примечаний чтение всего Добротолюбия делается более ясным и полезным.

При чтении отцов не должно упускать из виду и того, что меры новоначального их времен суть уже меры весьма преуспевшего в наше время. Применение отеческих наставлений к себе, к своей деятельности должно быть совершаемо с большою осмотрительностью.

ГЛАВА 27. О БОГОМЫСЛИИ

Святые Димитрий Ростовский и Тихон Воронежский занимались богомыслием, то есть святым размышлением о вочеловечении Бога Слова, о дивном пребывании Его на земле, о страшных и спасительных Его страданиях, о преславном воскресении и вознесении на небо, также о человеке, о его назначении, о его падении, о его обновлении Искупителем, и прочих подобных глубоких тайнах христианства. Святые размышления упомянутых святителей превосходно изложены в их сочинениях. Такие размышления святой Петр Дамаскин, согласно с другими аскетическими писателями, относит к видениям духовным и в разряде этих видений дает им четвертую степень[141]. Всякое духовное видение есть зрение известного рода таинств, являющееся в подвижнике соответственно его очищению покаянием, как это можно видеть в книге Петра Дамаскина[142]. Покаяние имеет свою постепенность, и духовные видения имеют свою постепенность. Тайны христианства открываются подвижнику постепенно, соответственно его духовному преуспеянию. Богомыслие, или благочестивые размышления, святителей Димитрия и Тихона служат выражением их духовного преуспеяния. Желающий упражняться в богомыслии пусть читает сочинения святителей. Такое богомыслие будет самым непогрешительным и самым душеполезным. Напротив того, богомыслие соделается самым неправильным и душевредным, если подвижник, прежде очищения покаянием, не имея точного понятия о учении христианском, позволит себе самовольное размышление, которое не может не быть ошибочным и потому не может не принести душевредных последствий и самообольщения, не может не вовлечь в пропасть гибельного заблуждения. Святители были обучены со всею точностью и подробностью православному богословию, потом святою жизнью вознеслись на высоту христианского совершенства: богомыслие было для них естественным. Оно неестественно для подвижника, не имеющего основательных, точных познаний в богословии, не очищенного покаянием. По этой причине святыми отцами оно воспрещено для новоначальных иноков, да и вообще для всех иноков, не приготовленных, к нему наукою, не достигших к нему жительством. Святой Иоанн Лествичник говорит: «Незрима глубина догматов, и уму безмолвника не небедственно погружаться в нее. Очень опасно плавать в одежде: столько же опасно находящемуся в плену у страстей касаться богословия»[143]. Такое делается предостережение безмолвникам: известно, что к безмолвию допускаются монахи, уже преуспевшие. В древности весьма многие из монахов впадали в гибельную пропасть ереси единственно потому, что допускали себе рассматривание догматов, превышавшее их способность понимания. «Смиренномудрый монах, опять наставляет Лествичник, не позволит себе любопытного исследования тайн; гордый, напротив того, стремится испытывать и судьбы Божии»[144]. Очень верно! Желание пускаться в богомыслие не способного и не созревшего к нему есть уже внушение самомнения, есть желание безрассудное и гордое. Упражняйся в молитве, в душеназидательном чтении, и это упражнение будет упражнением в богомыслии правильном, безопасном, богоугодном. Как чувственные глаза, исцелившись от слепоты, видят по естественному своему свойству, так и ум, очистившись от греховной болезненности, естественно начинает видеть тайны христианства[145]. Положись в подвиге твоем на Бога. Если нужно для тебя и для общей пользы христианства, чтоб ты был зрителем глубоких тайн и проповедником их для братии твоей, то Бог непременно подаст тебе этот дар. Если же этого не благоугодно Богу, то стремись к тому, что существенно нужно для твоего спасения и что вполне удовлетворяет требованию этой нужды твоей. Стремись к стяжанию чистой молитвы, соединенной с чувством покаяния и плача, с воспоминанием о смерти, о суде Божием, о страшных темницах адских, в которых пылает вечный огонь и присутствует вечная тьма: такая молитва, соединенная с такими воспоминаниями, есть непогрешительное, превосходное, душеполезнейшее Богомыслие.

ГЛАВА 28. О ПАМЯТОВАНИИ СМЕРТИ

Инок должен воспоминать ежедневно и по нескольку раз в день о предстоящей ему неизбежной смерти, а в свое время достичь и непрестанного памятования смерти. Ум наш так омрачен падением, что мы, если не будем принуждать себя к воспоминанию о смерти, можем совершенно забыть о ней. Когда забудем о смерти, тогда начинаем жить на земле как бы бессмертные, жертвуя всею деятельностью нашею для земли, нисколько не заботясь ни о страшном переходе в вечность, ни о участи нашей в вечности. Тогда с решительностью и бесстрашием попираем заповеди Христовы; тогда совершаем все самые ужасные грехи; тогда оставляем не только непрестанную молитву, но и установленную в известные часы, — начинаем пренебрегать этим существенно и необходимо нужным занятием, как бы деланием маловажным и малонужным. Забывая о смерти телесной, мы умираем смертью душевною. Напротив того, кто часто воспоминает смерть тела, тот оживает душою. Он пребывает на земле, как странник в гостинице, или как узник в темнице, непрестанно ожидая, что его потребуют из нее на суд или для казни. Пред взорами его всегда открыты врата в вечность. Он постоянно смотрит туда с душевною заботою, с глубокою печалью и думою. Постоянно занят он размышлением, что послужит оправданием его на Страшном Суде Христовом и какое произнесено будет о нем определение! Определение это решает участь человека на всю беспредельную загробную жизнь. Никакая земная красота, никакое земное обольщение не привлекает к себе внимания и любви его. Он никого не осуждает, памятствуя, что на Суде Божием изречено будет о нем такое суждение, какое он здесь изрекал на ближних своих. Он прощает всем и все, чтоб и самому получить прощение и наследовать спасение. Он снисходит всем, милосердствует о всех, чтоб и ему оказаны были снисхождение и милосердие. Он с радостью приемлет и лобызает всякую приходящую скорбь как возмездие за грехи его во времени, освобождающее от возмездия в вечности. Если бы пришел ему помысл вознестись своею добродетелью, то памятование смерти немедленно устремляется против этого помысла, посрамляет его, уличает в нелепости, отгоняет. Какое может иметь значение наша добродетель на суде Божием? Какую может иметь цену наша добродетель пред очами Бога, пред которыми и небо нечисто? (*Иов.15:15*). Напоминай и напоминай себе: «Умру, умру непременно! Умерли отцы и праотцы мои: никто из людей не остался всегда на земле, и меня ожидает участь, постигшая и постигающая всех». Не теряй напрасно времени, данного на покаяние! Не заглядывайся на землю, на которой ты – деятель минутный, на которой ты – изгнанник, на которой милосердием Божиим предоставлено тебе одуматься, принести покаяние для избежания вечных темниц ада и вечной муки в них. Краткий срок странничества на земле употреби на приобретение приюта спокойного, приюта блаженного в вечности. Ходатайствуй о стяжании вечного стяжания отвержением всякого временного стяжания, отвержением всего плотского и душевного в области падшего естества! Ходатайствуй исполнением Христовых заповедей! Ходатайствуй искренним раскаянием в содеянных согрешениях! Ходатайствуй благодарением и славословием Бога за все посланные тебе скорби! Ходатайствуй обильным молитвословием и псалмопением! Ходатайствуй молитвою Иисусовою, соединяя с нею воспоминание о смерти. Эти два делания – молитва Иисусова и памятование смерти – удобно сливаются в одно делание. От молитвы является живое воспоминание о смерти, как бы предощущение ее, а от предощущения смерти сильнее возжигается молитва. Необходимо подвижнику помнить смерть! Это воспоминание необходимо для самого подвига. Оно предохраняет подвиг инока от повреждения и растления самомнением, к которому может привести подвижническая и внимательная жизнь, если она не будет ограждена памятованием смерти и Суда Божия. Великое душевное бедствие – дать какую-нибудь цену своему подвигу, счесть его заслугою пред Богом; признавай себя достойным всякого земного наказания, достойным вечных мук. Такая оценка себя будет самою верною, самою душеспасительною, самою богоугодною. Часто исчисляй вечные бедствия, ожидающие грешников. Частым исчислением этих бедствий соделай их как бы предстоящими пред очами твоими. Стяжи предощущение адских мук, чтоб душа твоя при живом воспоминании о них содрогалась, отторгалась от греха, прибегала к Богу с смиренною молитвою о помиловании, в надежде на Его неограниченную благость и в безнадежии на себя[146]. Вспоминай и представляй себе неизмеримую страшную подземную пропасть и темницу, составляющие собою ад. Пропасть именуется бездною: точно такова она относительно человеков. Адская обширная темница имеет множество отделов и множество различного рода томлений и мучений, которыми воздается каждому человеку по делам его, совершенным им в течение земной жизни. Во всех отделах заключение – вечно, муки – вечны. Там господствует томительный, непроницаемый мрак, и вместе горит там огнь неугасающий, всегда одинаково сильный. Нет там дня: там вечная ночь. Там смрад нестерпимый, с которым не может сравниться никакое земное зловоние. Лютый адский червь никогда не усыпает и никогда не дремлет, точит он и точит, снедает адских узников, не нарушая их целости, не уничтожая существования, и сам не насыщаясь. Такое свойство имеют все адские муки: они тяжелее всякой смерти, и не приносят смерти. Смерть во аде столько вожделенна, сколько вожделенна на земле жизнь. Смерть была бы отрадой для адских узников. Ее нет для них: удел их – бесконечная жизнь для бесконечных страданий. Терзаются во аде от нестерпимых казней, которыми преизобилует вечная темница отверженных Богом; терзаются там невыносимою скорбью; терзаются там лютейшим душевным недугом – отчаянием. Признавай себя приговоренным во ад на вечную муку, и из этого сознания родятся в сердце твоем такие молитвенные неудержимые вопли, которые непременно склонят Бога к помилованию тебя, и введет тебя Бог в рай, вместо ада. Признающие себя достойными наград земных и небесных! Для вас опасен ад, более нежели для явных грешников, потому что тягчайший грех между всеми грехами – гордость, самомнение, грех духа, невидимый для чувственных очей, прикрывающийся часто личиною смирения. В воспоминании и размышлении о смерти упражнялись величайшие из преподобных отцов. О Пахомии Великом говорит писатель жития его, что он «содержал себя постоянно в страхе Божием воспоминанием вечных мук и болезней, не имеющих конца, то есть воспоминанием неугасимого огня и того червя, который никогда не умирает. Этим средством Пахомии удерживал себя от зла и возбуждал к лучшему»[147].

ГЛАВА 29. ТЕСНЫЙ ПУТЬ УСТАНОВЛЕН САМИМ БОГОМ ДЛЯ ИСТИННЫХ СЛУЖИТЕЛЕЙ ЕГО

Господь наш Иисус Христос провел земную жизнь Свою в величайшем смирении, подвергаясь непрестанным скорбям и гонениям, преследуемый, оклеветываемый, поносимый врагами Своими, которые, наконец, предали Его позорной, торговой казни вместе с уголовными преступниками. Путь спасения, вводящий в жизнь вечную, установлен Господом тесный и прискорбный (*Мф. 7:13*), установлен и всесвятым примером Господа, и всесвятым учением Господа. Господь предвозвестил ученикам и последователям Своим, что они в мире, то есть во время совершения поприща земной жизни, будут скорбны (*Ин. 16:33*), что мир будет ненавидеть их (*Ин. 15:18-19*), что он будет гнать их, уничижать, предавать смерти (*Ин. 16:2-3*). Господь уподобил положение учеников и последователей Своих посреди порочного человечества положению овец посреди волков (*Мф. 10:16*). Из этого видно, что скорбное положение во время земной жизни есть установление Самого Господа для истинных рабов и слуг Господа. Установления этого как установления Господня невозможно отклонить никаким средством человеческим, никакою мудростью, никаким благоразумием, никакою предусмотрительностью, никакою осторожностью. И потому вступающий в иноческую жизнь должен отдаться всецело воле и водительству Божиим, благовременно приготовиться к терпению всех скорбей, какие благоугодно будет Промыслу Всевышнего попустить рабу Своему во время его земного странствования.

Священное Писание говорит: «Чадо, аще приступаеши работати Господеви Богу, уготови душу твою во искушение: управи сердце твое, и потерпи, и не скор буди во время наведения: прилепися ему, и не отступи, да возрастеши на последок твой. Все, елико нанесено ти будет, приими, и во изменении смирения твоего долготерпи: яко во огни искушается злато, и человецы принятни в пещи смирения» (*Сир. 2:1-5*).

Какая была бы причина того, что Господь предоставил истинным рабам Своим скорби на время их земной жизни, а врагам Своим предоставил благополучие, вещественное преуспеяние и вещественные блага? Плотский разум говорит: следовало бы устроить совершенно противным образом. Причина заключается в следующем: человек есть существо падшее. Он низвергнут на землю из рая, в раю привлекши к себе смерть преступлением заповеди Божией. Смерть немедленно по преступлении поразила душу человека и неисцелимо заразила его тело. Тело, для которого жизнью служит душа, не тотчас по падении разлучилось с душою, но душа, для которой служит жизнью Святый Дух, тотчас по падении разлучилась с Святым Духом, Который отступил от нее как от оскверненной и отравленной грехом, предоставив ее самой себе. С такою-то мертвою душою и с живым телом жизнью животного низвергнут первый человек на землю на некоторое время, а прочие человеки рождаются и пребывают на земле некоторое время. По истечении этого времени, называемого земною жизнью, окончательно поражается смертью и тело, наветуемое ею и борющееся с нею в течение всей земной жизни. Земная жизнь – этот кратчайший срок – дана человеку милосердием Творца для того, чтоб человек употребил ее на свое спасение, то есть на возвращение себя от смерти к жизни. Спасение или оживотворение человека Святым Духом совершается при посредстве Искупителя, или Спасителя, Господа нашего Иисуса Христа.

Человекам, родившимся до Искупителя, предоставлено было спасаться верою в обетованного Искупителя, а получить спасение по совершении Искупителем искупления; родившимся по Искупителе предоставлено спасаться верою в пришедшего Искупителя и получать спасение еще во время земной жизни, а неотъемлемость спасения немедленно по разлучении души с телом и по совершении частного суда. Всякий, верующий в Спасителя, по необходимости должен сознавать и исповедывать свое падение и свое состояние изгнания на земле; он должен сознавать и исповедывать это самою жизнию, чтоб сознание и исповедание были живы и действительны, а не мертвы и бездейственны. Иначе он не может признать, как следует, Искупителя!

Потому что Искупитель и Спаситель нужен только для падших и погибших: Он нисколько не нужен и нисколько не может быть полезным для тех, которые не хотят сознать и исповедать своего падения, своей погибели. Исповедывать самою жизнию свое падение значит переносить все скорби земной жизни как справедливое воздаяние за падение, как естественное, логичное последствие греховности и постоянно отказываться от всех наслаждений как несвойственных преступнику и изгнаннику, прогневавшему Бога, отверженному Богом. Временная земная жизнь есть не что иное, как преддверие к вечной жизни. И к какой жизни? К вечной жизни в темницах адских, среди ужаснейших мук ада, если не воспользуемся в течение временной земной жизни искуплением, дарованным туне – искуплением, которого принятие и отвержение оставлено на произвол каждого человека. Земная жизнь есть место вкушения горестей и страданий, место созерцания горестей и страданий, несравненно больших, нежели страдания земные.

Земная жизнь не представляет ничего радостного, ничего утешительного, кроме надежды спасения.

«Блажени плачущии ныне», ныне, во время земного странствования своего, сказал нам Искупитель наш, и «горе вам, смеющимся ныне» (*Лк. 6:21, 25*). «Все христианское житие на земле есть не что иное, как покаяние, выражаемое деятельностью, свойственною покаянию. Христос пришел призвать нас на покаяние.

Обрати особенное внимание на слова Его: «Приидох призвати на покаяние» (*Мф. 9:13*). Не веселье, не трапезы, не гуляния, не пирования, не лики, но покаяние, но плач, но слезы, но рыдание и крест предлагает нам здесь Господь наш. Видишь, в чем должна проводиться на земле жизнь христианина!

Уидишь это, читая Евангелие Христово. Имеется здесь и для христиан веселие, но духовное. Они радуются не о злате, серебре, пище, питии, чести и славе, но о Бозе Спасе своем, о благости и милости Его к ним, о надежде вечного живота»[148].

Господь, приняв на Себя человечество и все немощи человеческие, кроме греха, принял на себя и деятельное сознание падения, в которое низвергся весь род человеческий: Он провел земную жизнь в непрестанных скорбях, не произнесши против этих скорбей никакого слова, которое выражало бы неудовольствие; напротив того, называл их чашею, поданною Отцем небесным, которую должно пить и испить беспрекословно. Невинный и всесвятый Господь, пострадав принятым им человечеством за виновное и зараженное грехом человечество, предоставил страдания в путь спасения для всех Своих последователей, для всего Своего духовного племени и родства, в деятельное сознание падения и греховности, в деятельное признание и исповедание Спасителя, в деятельное соединение с Ним, усвоение Ему. Вместе с тем Он изливает в страдания рабов Своих из Своих страданий неизреченное духовное утешение, в деятельное доказательство верности спасения и верности пути страдальческого, ведущего ко спасению. Невинный и всесвятый Господь провел земную жизнь в страданиях: тем более виновные должны прстрадать с полным сознанием, что они достойны страдать; они должны радоваться, что кратковременными страданиями избавляются от вечных страданий, становятся в разряд последователей и свойственников Богочеловека. Кто отказывается от страданий, не сознает себя достойным их, тот не признает своего падения и погибели! Кто проводит земную жизнь в наслаждениях, тот отрекается от своего спасения! Кто земную жизнь употребил на одно земное преуспеяние, тот признает безумно кратчайшее время вечностью, а вечность несуществующею и готовит себе в ней вечное бедствие! Кто не признает своего падения и погибели, тот не признает Спасителя, отвергает Его! Признание себя достойным временных и вечных казней предшествует познанию Спасителя и руководит к познанию Спасителя, как видим из примера, представленного нам разбойником, наследовавшим рай (*Лк. 23:40-43*). Может быть, скажут, что разбойник был явным преступником и потому сознание было удобным для него: как приходить к подобному сознанию не сделавшим подобных преступлений? Отвечаем: и другой разбойник, распятый близ Господа, был явным преступником, но не пришел к сознанию своей греховности, потому что сознание есть следствие сердечной милости и смирения, а несознание есть следствие сердечных ожесточения и гордыни. Божии святые постоянно сознавали себя грешниками, несмотря на явные благодатные дары, которыми они обиловали; напротив того, величайшие злодеи всегда оправдывали себя и, утопая в злодеяниях, не останавливались провозглашать о своей добродетели.

Апостол Павел засвидетельствовал о ветхозаветных праведниках, что все они провели земную жизнь «скорбяще, озлоблени», исповедавше самою жизнию, «яко страннии и пришельцы суть на земли» (*Евр. 11:13, 37*). Потом, обращаясь к современным ему истинным служителям Бога и указав им на Начальника веры и Совершителя Иисуса, Который, вместо подобавшей Ему славы, претерпел бесчестие и крест, апостол произносит следующее увещание: «Иисус, да освятит люди Своею кровию, вне врат пострадати изволил: темже убо да исходим к Нему вне стана, поношение Его носяще» (*Евр. 13:12-13*). Вне стана, то есть отвергнув и оставив все, что непостоянный, преходящий мир считает вожделенным; поношение Его носяще, то есть приняв участие в крестном пути, установленном от Господа и пройденном Его страдальческою земною жизнью. На голос этот отозвались все истинные христиане и, оставив стан, во всех отношениях переменчивый и чуждый всякой прочности, прошли стезею страданий к вечному небесному граду. «Аще без наказания есте, – говорит апостол, – ему же причастницы быша вси: убо прелюбодейчищи есте, а не сынове» (*Евр. 12:8*). Здесь должно заметить слово «вси»: все праведники провели земную жизнь в скорбях! Ни один из них не достиг неба, шествуя по широкому пути земного благоденствия. «Егоже любит Господь, наказует: биет же всякого сына, егоже приемлет» (*Евр. 12:6*). «Аз, ихже аще люблю, обличаю и наказую» (*Апок. 3:19*), – сказал Господь в Откровении святого Иоанна Богослова. Наставляемые этими свидетельствами Святого Духа и многими другими, которыми усеяны страницы Священного Писания, мы с дерзновением утверждаем: скорби, посылаемые человеку Промыслом Божиим, суть верный признак избрания человека Богом.

Когда Иисус возлюбил юношу, то предложил ему последование Себе и ношение креста (*Мк. 10:21*). Не отвергнем призвания! Приемлется призвание, когда, при пришествии скорби, христианин признает себя достойным скорби; последует с крестом своим христианин Господу, когда благодарит, славословит Господа за посланные скорби, когда «не имать душу свою честну себе» (*Деян. 20:24*), когда всецело предает себя воле Божией, когда еще с большею ревностью устремляется к исполнению евангельских заповедей, особенно заповеди о любви к врагам. Так верен признак избрания скорбями, что Святый Дух приветствует подвергшихся скорбям приветствием небесным. «Радуйтеся, – возвещает Он им, – радуйтеся! Всяку радость, то есть величайшую радость, имейте, егда во искушения впадете различна» (*Иак. 1:2*). «Блажени есте, егда поносят вам, и изженут, и рекут всяк зол глагол на вы лжуще, Мене ради. Радуйтеся и веселитеся, яко мзда ваша многа на небесех» (*Мф. 5:11-12*). Святой апостол Петр говорит христианам, что их призвание – страдания (*1 Пет. 2:21*). Таково Божественное назначение для человека во время земной жизни его! Он должен уверовать в Искупителя, исповедать Его сердцем и устами, исповедать своею деятельностью, приняв с покорностью тот крест, который благоугодно будет Иисусу возложить на ученика Своего. Не принявший креста не может быть учеником Иисусовым! (*Лк. 14:27*). «Страждущий по воле Божией, – говорит апостол *Петр*, – яко верну зиждителю да предадят души своя во благотворении» (*1Пет. 4:19*). Зиждитель душ наших – Господь: Он зиждет души верующих в Него скорбями.

Отдадимся Его воле и промыслу, как скудель безмолвно предается произволу скудельника, а сами приложим все старание о исполнении евангельских заповедей.

Когда христианин предаст себя воле Божией, возложит с самоотвержением все свои попечения на Бога, будет благодарить и славословить Его за крест, тогда необыкновенная духовная сила веры неожиданно является в сердце; тогда неизреченное духовное утешение неожиданно является в сердце. Иисус печатлеет ученика, принявшего избрание, Духом – и земные скорби соделываются источником наслаждения для раба Божия. Напротив того, бесскорбная земная жизнь человека служит верным признаком, что Господь отвратил от него взор Свой, что он не угоден Господу, хотя бы и казался по наружности благоговейным и добродетельным.

Воспел святой пророк Давид: «многи скорби праведным, и от всех их избавит я Господь» (*Пс 33:20*). Как это верно! Всем истинно служащим Господу, праведным правдою Искупителя, а не своею падшею и ложною, попускается много скорбей, но все эти скорби рассыпаются сами собою; ни одна из них не может сокрушить раба Божия: они воспитывают, очищают, усовершают его. О скорбях грешников, живущих на земле для земных наслаждений и для земного преуспеяния, пророк не сказал ни слова. Скорби им не попускаются. К чему им скорби?

Они не понесут их с благодарением, а только ропотом, унынием, хулою на Бога, отчаянием умножат грехи свои. Господь предоставляет им пользоваться земными благами до самой кончины, чтоб они опомнились хотя по причине благоденствия своего. Он посылает скорби только тем грешникам, в которых предвидит обращение, которые в книге живота, по предвидению Божию, уже внесены в число праведников, оправданных правдою Искупителя. Грешников намеренных и произвольных, в которых нет залога к исправлению и покаянию, Господь не признает достойными скорбей, как не принявших учения Христова, не оказавших никакого усердия последовать Христу, вступивших на путь неправды не по увлечению и не по неведению. Скорби «о Христе» суть величайший дар Христов (*Флп. 1:29*), даруемый тем, которые от всей души предались в служение Христу. Святой Давид, упомянув о многих скорбях, которым подвергаются праведники, ничего не упомянул о скорбях грешников: они, будучи предюбодейчищами, а не сынами, не привлекают к себе наказания Господня. Давид говорит только о смерти их, что она люта (*Пс. 33:22*). Точно: люта смерть грешников, забытая, не изученная ими: она проставляет их внезапно из среды обильных наслаждений в бездну вечного мучения. Давид, обращаясь с утешением к служителю Божию, пребывающему на земле в лишениях и томлении, говорит ему: не ревнуй спеющему в пути своем, человеку, творящему законопреступление. «Не ревнуй лукавствующим, ниже завиди творящим беззаконие: зане яко трава скоро изсшут, и яко зелие злака скоро отпадут» (*Пс. 36:1-2*). Далее пророк говорит от лица подвижника, которого еще колеблет плотское мудрование: «Возревновах на беззаконныя, мир грешников зря: яко несть восклонения в смерти их», то есть никакая скорбь не пробуждает их от душевного усыпления, от сна смертного, от смерти душевной. Они «в трудех человеческих не суть, и с человека не приемлют ран». Человеками здесь названы служители истинного Бога, сохранившие в себе достоинство человека: они упражняются в благочестивых произвольных подвигах и подвергаются невольному наказанию Господню. Отверженные грешники, живя в небрежении, не участвуют ни в подвигах, ни в скорбях. Какое же последствие такого положения отверженных Богом? «Сего ради удержа я гордыня их до конца: одеяшася неправдою и нечестием своим» (*Пс. 72:3-6*). В них уничтожается всякое сознание греховности своей, является неизмеримое, неисцелимое самомнение; греховная жизнь соделывается их неотъемлемою принадлежностью, как бы постоянною одеждою, облачением, обнаружением, и соделывает такою же принадлежностью их нечестие, заключающееся в неведении Бога, в ложных понятиях о Боге и о всем богооткровенном учении. В таком состоянии находит произвольных, нераскаянных грешников смерть, и, восхитив их, представляет на суд Божий.

Священное Писание соединяет понятие о искушении с понятием о обличении: «сыне мой, – говорит оно, – не пренемогай наказанием Господним, ниже ослабей, от Него обличаем» (*Евр. 12:5*). Это же видно из вышеприведенных слов Господа: «Аз, ихже аще люблю, обличаю и наказую». На каком основании обличение соединяется с искушением? На том, что всякая скорбь обнаруживает сокровенные страсти в сердце, приводя их в движение. До скорби человек представляется сам себе спокойным и мирным, но, когда придет скорбь, тогда восстают и открываются невиданные им страсти, особливо гнев, печаль, уныние, гордость, неверие. Существенно нужно и полезно для подвижника обличение греха, гнездящегося в нем втайне. Сверх того, скорби, принимаемые и переносимые как должно, усиливают веру; они показывают человеку его немощь и доставляют смирение, низлагая самомнение. Апостол Павел, упоминая об одном из постигших его искушений, говорит: «Не хощем вас, братия, неведети о скорби нашей, бывшей нам во Асии, яко по премногу и паче силы отяготихомся, яко не надеятися нам и жити. Но сами в себе осуждение смерти имехом, да не надеющеся будем на ся, но на Бога, возставляющаго мертвыя, иже от толикия смерти избавил ны есть и избавляет: Наньже и уповахом, яко и еще избавит» (*2 Кор. 1:8-10*). Сердце наше, обреченное по падении на прозябание терния и волчцов, особенно способно к гордости, если оно не будет возделано скорбями. Не вне этой опасности и самый преисполненный благодатных даров праведник. Апостол Павел открыто говорит, что причиною великих, попущенных ему скорбей, было Божие смотрение с целью охранить его от превозношения, в которое он мог бы впасть не по какому-нибудь суетному поводу, но по поводу множества бывших ему Божественных откровений и видений. Когда апостол еще не ведал причины удручавших его искушений, трикратно молил Бога, чтоб искушения, столько препятствовавшие успеху проповеди, были устранены, но когда узнал причину, – воскликнул: «благоволю в немощех, в досаждениях, в изгнаниях, в теснотах по Христе» (*2 Кор. 12:7-10*). «Мне же да не будет хвалитися, токмо о кресте Господа нашего Иисуса Христа, имже мне мир распятся, и аз миру» (*Гал. 6:14*).

Вступив в святую обитель, уклонимся произвольно от зависящего от нас наслаждения и претерпим великодушно те скорби, которые независимо от нас будут попущены нам Промыслом Божиим. Предадим себя с верою всецело в руки Творца нашего и Зиждителя душ наших. Он не только сотворил нас, но и зиждет души тех, которые восхотели быть Его служителями. Зиждет Он нас Церковными таинствами, зиждет евангельскими заповедями, зиждет многоразличными скорбями и искушениями, зиждет благодатию Своею. «Отец Мой делатель есть, – сказал Господь: всяку розгу о Мне не творящую плода, измет ю: и всяку творящую плод, отребит ю (очищает искушениями и скорбями), да множайший плод принесет» (*Ин. 15:1-2*). Заметьте: плод, взыскуемый и приемлемый Богом от каждой виноградной лозы, которою изображается душа человеческая, есть деятельность ее о Христе, то есть исполнение ею евангельских заповедей, а отнюдь не естественная, то есть отнюдь не исполнение на деле добра естественного, оскверненного смешением со злом. «Розга, – сказал Господь, – не может плода творити о себе, аще не будет на лозе: тако и вы, аще во Мне не пребудете» (*Ин. 15:4*). Только ту душу, которая приносит плод о Христе, Отец небесный очищает; душа, не приносящая плода о Христе, пребывающая в падшем естестве своем, приносящая бесплодный плод естественного добра и довольствующаяся им, не привлекает Божественного попечения о себе: она в свое время отсекается смертью, извергается ею из виноградника – из недра Церкви и из земной жизни, данной для спасения в недре Церкви, влагается в вечный огонь ада, где сгорает, горя и не сгорая вечно (*Ин. 15:6*). Не должно самому подвижнику своевольно и дерзко ввергаться в скорби и искушать Господа: в этом – безумие, гордыня и падение. «Не даждь во смятение ноги твоея, – говорит Писание, – ниже воздремлет храняй тя» (*Пс. 120:3*). «Да не искусиши Господа Бога твоего» (*Втор. 6:16*, *Мф. 4:7*). Такое значение, по свидетельству Господа, имеют те дерзкие и тщеславные начинания, когда подвижник осмелится и покусится самопроизвольно вдаться в напасть. Но те скорби и напасти, которые приходят нам невольно, следовательно, попускаются и устраиваются Промыслом Божиим, должно принимать с величайшим благоговением как дары Божии, как врачевства душевных недугов наших, как залоги избрания и вечного спасения. Плод скорбей, заключающийся в очищении души, в вознесении ее в духовное состояние, должно хранить как драгоценное сокровище. Хранится этот плод, когда подвергшийся искушению и обличению, употребит в это время все тщание пребыть в евангельских заповедях, не увлекаясь страстями, обнаруженными и приведенными в движение искушением. Между евангельскими заповедями и крестом – чудное сродство! Делание заповедей привлекает на рамена делателя крест, а крест усовершает, утончает нашу деятельность по закону Христову, объясняет нам этот закон, доставляет ощущение духовной свободы, несмотря на пригвождение, исполняет нас неизреченною духовною сладостью, несмотря на горечь наружных обстоятельств. Подвергшихся различным скорбям Божественное Писание утешает и увещевает так: «Боящиися Господа, пождите милости Его и не уклонитеся, да не падете: боящиися Господа, веруйте Ему, и не имать отпасти, мзда ваша: боящиися Господа, надейтеся на благая и на веселие века и милости. Воззрите на древние роды и видите, кто верова Господеви и постыдеся? или кто пребысть во страсе Его и оставися? или кто призва Его, и презре и? Зане щедр и милостив Господь, и оставляет грехи, и спасает во время скорби. Горе сердцам страшливым и рукам ослабленным, и грешнику, ходящу на две стези! Горе сердцу ослаблену, яко не верует: сего ради покровено не будет. Горе вам, погубльшим терпение: и что сотворите, егда посетит Господь? Боящиися Господа не сумневаются о глаголех Его, и любящии Его сохранят пути Его; боящиися Господа поищут благоволение Его, и любящии Его исполнятся закона: боящиися Господа уготовят сердца своя, и пред Ним смирят души своя, глаголюще: да впадем в руце Господни, а не в руце человечески: яко бо величество Его, тако и милость Его» (*Сир. 2:7-18*). Тот впадает в руки человеческие, кто, будучи искушаем человеками, не видит Промысла Божия, попускающего человекам искушать и потому, приписывая человекам значение, удобно может склониться к человекоугодию и к отступлению от Бога. Кто видит Промысл Божий оком веры, тот при искушениях, наносимых человеками, не обратит никакого внимания на эти слепые орудия Промысла и духовным разумом своим пребудет единственно в руках Бога, взывая к Нему единому в скорбях своих. Когда игемон Пилат, водимый плотским мудрованием, сказал предстоявшему пред ним Господу: «власть имам распяти Тя, и власть имам пустити Тя», – тогда Господь отвечал ему: «не имаши власти ни единыя на Мне, аще не бы ти дано Свыше» (*Ин. 19:10-11*); ты – столько слепое орудие, что даже не понимаешь и не подозреваешь того дела, на которое употребляешься. «В терпении вашем стяжите души ваша, – сказал Господь, – претерпевый до конца, той спасется»; «праведный от веры жив будет; и аще обинется (если ж кто поколеблется), не благоволит душа Моя о нем» (*Лк. 21:19*, *Мф. 24:13*, *Евр. 10:38*).

ГЛАВА 30. СКОРБИ СУТЬ ПО ПРЕИМУЩЕСТВУ УДЕЛ ИНОКОВ ПОСЛЕДНЕГО ВРЕМЕНИ

Святые отцы, иноки первых времен христианства, совершенные христиане, исполненные Святого Духа, имели откровения свыше о монашестве последнего времени и произнесли о нем пророчество, сбывающееся пред очами нашими. Все предречения отцов схожи между собою и возвещают, что монашество последних времен будет проводить жительство весьма слабое, что ему не будет предоставлено ни тех душевных и телесных сил, ни того обилия благодатных даров, какие были предоставлены первым монахам, что самое спасение будет для него весьма затруднительным.

Некоторый египетский отец однажды пришел в исступление и сделался зрителем духовного видения. Три монаха, видел он, стояли на берегу моря. С другого берега раздался к ним голос: «Примите крылья и придите ко мне». Вслед за гласом два монаха получили огненные крылья и быстро перелетели на другой берег. Третий остался на прежнем месте. Он начал плакать и вопиять. Наконец, и ему даны были крылья, но не огненные, а какие-то бессильные, и он полетел чрез море с большим трудом и усилием. Часто ослабевал он и погружался в море; видя себя утопающим, начинал вопиять жалостно, приподымался из моря, снова летел тихо и низко, снова изнемогал, снова опускался к пучине, снова вопиял, снова приподымался и, истомленный, едва перелетел чрез море. Первые два монаха служили изображением монашества первых времен, а третий – монашества времен последних, скудного по числу и по преуспеянию[149]. Некогда святые отцы Египетского Скита пророчески беседовали о последнем роде. «Что сделали мы?» – говорили они. Один из них, великий авва Исхирион, отвечал: «Мы исполнили заповеди Божии». Спросили его: «Что сделают те, которые будут после нас?» «Они, – сказал авва, – примут (будут исполнять) делание вполовину против нас». Еще спросили его: «А что сделают те, которые будут после них?» Авва Исхирион отвечал: «Они отнюдь не будут иметь монашеского делания, но им попустятся скорби, и те из них, которые устоят, будут выше нас и отцов наших»[150]. Архимандрит Аркадий, настоятель Кирилло-Новоезерского монастыря, скончавшийся в 1847 году, поведал о себе нижеследующее: «Однажды я был в скорби по какому-то случаю. Угнетаемый ею, пришел я к утрени, и, стоя у утрени размышлял о моей скорби. Не знаю, что со мною сделалось: я невольно закрыл глаза, ощутил какую-то забывчивость, но не дремание, потому что слышал внятно каждое слово совершавшегося тогда чтения. Внезапно вижу пред собою преподобного обители нашей, Кирилла. Он говорит мне: «Что ты унываешь? Разве не знаешь, что монахи последних времен должны спасаться скорбями?» Услышав эти слова, архимандрит очнулся. Видение оставило в душе простейшего старца – таков был архимандрит Аркадий – глубокое спокойствие. И так, скорби суть по преимуществу удел наш, удел современного монашества, удел, назначенный нам Самим Богом. Да будет это сведение источником утешения для нас! Да ободряет и укрепляет оно нас при всех постигающих нас разнообразных скорбях и искушениях. Смиримся «убо под крепкую руку Божию, всю печаль (попечение) нашу возвергше Нань, яко Той печется о нас» (*1 Пет. 5:6-7*), и вседушно предадим себя обучению скорбями, при тщательнейшем исполнении евангельских заповедей: такова о нас воля Господа Бога нашего. Наши скорби большею частью весьма утончены, так что при поверхностном взгляде на них нельзя признать их и скорбями. Но это лишь злохитрость врага нашего, стяжавшего в борьбе с немощным человеком необыкновенные опытность и искусство от долговременного упражнения в борьбе. Падший дух усмотрел, что искушения явные, грубые и жестокие возбуждают в человеках пламенную ревность и мужество к перенесению их; он усмотрел это, и заменил грубые искушения слабыми, но утонченными и действующими очень сильно. Они не вызывают из сердца ревности, не возводят его в подвиг, но держат его в каком-то нерешенном положении, а ум в недоумении; они томят, постепенно истощают душевные силы человека, ввергают его в уныние, в бездействие, и губят, соделывая жилищем страстей по причине расслабления, уныния, бездействия. Пред Богом ясны и злохитрость сатаны и тяжесть наводимых им браней на современное иночество. Бог увенчает новейших борцов не менее древних, хотя подвиг первых менее явен, нежели подвиг вторых. Мы не должны предаваться расслаблению, унынию и бездействию; напротив того, обратим все внимание и все усилие на исполнение евангельских заповедей. Это исполнение откроет нам бесчисленные козни врага, ту злохитрую обдуманность, с которою они устроены и расставлены. Мы увидим, что современные, по наружности слабые скорби и напасти стремятся, подобно древним сильным скорбям и напастям, отвлечь человека от Христа, уничтожить на земле истинное христианство, оставив одну оболочку для удобнейшего обмана. Мы увидим, что слабые искушения, но придуманные и исполняемые с адским лукавством, действуют гораздо успешнее в видах сатаны, чем искушения тяжкие, но очевидные и прямые.

Главнейшая причина, по которой скорби особенно тягостны для современного монашества, заключается в нем самом и состоит преимущественно в недостатке духовного назидания. Недостаток духовного назидания должно признать величайшим бедствием. И не скоро усматривается это бедствие. Не скоро оно делается понятным для инока! Новоначальный, объятый ревностью, в которой имеет большое значение кровь и весьма малое значение духовный разум, обыкновенно довольствуется тем назиданием, которое он встретит в монастыре или которое он захочет дать сам себе. Уже впоследствии, при самом тщательном изучении Священного Писания и отеческих писаний, подвижникам, и то немногим, делается мало-помалу ясным, что для иноческого преуспеяния необходимо духовное назидание, что душевное назидание, как бы оно ни было по наружности роскошно и великолепно, как бы ни прославлялось слепотствующим миром, пребывает во мраке, и последующих ему хранит во мрак, в области падших духов (*Иак. 3:15*)[151] единую часть свыше братии твоея, юже взях у Аммореев мечем моим и луком моим» (*Быт. 48:22*). Слово 1. «Не ищи получить совета от кого-либо, чуждого жительству твоему (монастырскому), хотя бы он был и очень учен. Исповедуй помысл твой незнающему наук, но опытно знающему монашество, а не красноречивому философу, беседующему от учености по букве и незнакомому опытно с делом». Слово 78.. Руководство словом Божиим из книги, а не из живых уст, то единственное руководство, которое нам предоставлено, причем инок по необходимости сам делается в значительной степени своим руководителем, несмотря на приносимую существенную пользу, сопряжено с большими и частыми погрешностями и уклонениями, неминуемыми последствиями неведения и состояния под владычеством страстей. Неведение новоначального и преобладание в нем страстей не дают ему возможности понимать Писание как должно и держаться его с должною твердостью. Перелетая чрез греховное море, мы часто ослабеваем, часто в изнеможении падаем и погружаемся в море, подвергаемся опасности потонуть в нем. Состояние наше, по причине недостатка в руководителях, в живых сосудах Духа, по причине бесчисленных опасностей, которыми мы обстановлены, достойно горького плача, неутешного рыдания. Мы бедствуем, мы заблудились, и нет голоса, на который могли выйти из нашего заблуждения: книга молчит, падший дух, желая удержать нас в заблуждении, изглаждает из нашей памяти и самое знание о существовании книги. «Спаси мя, Господи, – взывал пророк, провидя пророческим Духом наше бедствие и приемля лице желающего спастись, – яко оскуде преподобный!» Нет духоносного наставника и руководителя, который непогрешительно указал бы путь спасения, которому желающий спастись мог бы вручить себя со всею уверенностью! «Умалишася истины от сынов человеческих, суетная глагола кийждо ко искреннему своему» (*Пс. 11:1-3*), по внушению душевного разума, способною только развивать и печатлеть заблуждения и самомнение. Мы крайне слабы, окружающие нас соблазны умножились, усилились чрезмерно: в обольстительных разнообразии и привлекательности предстоят они болезненным взорам ума и сердца, притягивают их к себе, отвращают от Бога. Мы столько подчинились влиянию соблазнов, что даже руководство словом Божиим, единственное средство спасения, нами оставлено. При нем необходимо вести самую внимательную жизнь, чуждую рассеянности, а наша поврежденная воля требует совсем противного. Мы устремились к вещественному преуспеянию, к преуспеянию мира! Нам нужны почести, нам нужны изобилие и роскошь! Нам нужны рассеянность и участие в наслаждениях мира! Чтоб достигнуть этого, мы исключительно озабочены развитием падшего естества. Самое понятие о естестве обновленном нами утрачено; евангельские заповеди пренебрежены и забыты; делание душевное нам вовсе неизвестно, а телесным деланием мы заняты настолько и с тою целью, чтоб могли казаться пред миром благоговейными и святыми и получать от него возмездие его. Тесный и прискорбный путь спасения оставлен нами: идем по пути широкому и пространному. «Спаси мя Господи! яко оскуде преподобный». «Умалихомся» мы, иноки, «паче всех язык, и есмы смирены по всей земли днесь грех ради наших. И несть во время сие князя, и пророка, и вождя» (*Дан. 3:37, 38*) для предводительства в невидимой чувственными очами брани не «к крови и плоти, но к началом, и ко властем, и к миродержителем тмы века сего, к духовом злобы поднебесным» (*Еф. 6:12*).

«Горе миру от соблазн: нужда бо есть приити соблазном» (*Мф. 18:7*), – предвозвестил Господь. И пришествие соблазнов есть попущение Божие, и нравственное бедствие от соблазнов есть попущение Божие. К концу жизни мира соблазны должны столько усилиться и расплодиться, что «по причине умножения беззакония, иссякнет любы многих» (*Мф. 24:12*), и «Сын Человеческий пришед обрящет ли веру на земли?» (*Лк. 18:8*), земля Израилева, Церковь, будет низвращена от меча – от убийственного насилия соблазнов – и пуста весьма (*Иез. 38:18*). Жительство по Боге соделается очень затруднительным. Соделается оно таким потому, что живущему посреди и пред лицем соблазнов невозможно не подвергнуться влиянию соблазнов. Как лед при действии на него тепла теряет свою твердость и превращается в мягчайшую воду, так и сердце, преисполненное благого произволения, будучи подвергнуто влиянию соблазнов, особливо постоянному, расслабляется и изменяется. Соделается жительство по Боге очень затруднительным по обширности, всеобщности отступления. Умножившиеся отступники, называясь и представляясь по наружности христианами, тем удобнее будут преследовать истинных христиан; умножившиеся отступники окружат бесчисленными кознями истинных христиан, противопоставят бесчисленные препятствия их благому намерению спасения и служения Богу, как замечает святой Тихон Воронежский и Задонский. Они будут действовать против рабов Божиих и насилием власти, и клеветою, и злохитрыми кознями, и разнообразными обольщениями, и гонениями лютыми. Спаситель мира едва нашел малозначущий и отдаленный Назарет, чтоб укрыться от Ирода и от возненавидевших Его книжников, фарисеев, священников и первосвященников иудейских; так и в последнее время истинный инок едва найдет какой-либо отдаленный и неизвестный приют, чтоб в нем с некоторою свободою служить Богу и не увлекаться насилием отступления и отступников в служение сатане[152]. О, бедственное время! О, бедственное состояние! О, бедствие нравственное, неприметное для чувственных людей, несравненно большее всех вещественных, громких бедствий. О, бедствие, начинающееся во времени и не кончающееся во времени, но переходящее в вечность! О, бедствие из бедствий, понимаемое только одними истинными христианами и истинными иноками, неведомое для тех, которых оно объемлет и губит!

Соделавшись зрителями такого духовного видения, произнесем из пламени соблазнов то исповедание и ту песнь славословия, которые произнесены тремя блаженными отроками из горящей пещи Вавилонской. Любовью нашею соединимся со всем человечеством, рассеянным по лицу земли; от всего человечества, будучи представителями его пред Богом, произнесем исповедание и славословие Богу, прольем пред Ним смиренную молитву о себе и о всем человечестве: «Благословен еси, Господи, Боже отец наших, хвально и прославлено имя Твое во веки. Яко праведен еси о всех, яже сотворил еси нам, и вся дела Твоя истинна, и прави путие Твои, и вси суди Твои истинни, и судьбы истинны сотворил еси по всем, яже навел еси на ны и на град святый отец наших Иерусалим, яко истиною и судом навел вси сия вся грех ради наших. Согрешихом и беззаконновахом отступивше от Тебе, и прегрешихом во всех, и заповедий Твоих не послушахом, ниже соблюдохом, ниже сотворихом, якоже заповедал еси нам, да благо нам будет. И вся, елика сотворил еси нам, и вся, елика навел еси на ны, истинным судом сотворил еси, и предал еси нас в руки врагов беззаконных, мерзких отступников... Не предаждь убо нас до конца имени Твоего ради, и не раззори завета Твоего, и не отстави милости Твоея от нас... Душею сокрушенною и духом смиренным да прияти будем. Не посрами нас, но сотвори с нами по кротости Твоей и по множеству милости Твоея, и изми нас по чудесем Твоим, и даждь славу имени Твоему, Господи» (*Дан. 3:26-43*). Святые отцы сказали о иноках последнего времени: а в последнее время те, которые поистине будут работать Богу, благополучно скроют себя от людей и не будут совершать среди них знамений и чудес, как в настоящее время, но пойдут путем делания, растворенного смирением[153]. В самом деле какой ныне самый благонадежный путь спасения для инока? Тот путь, который способен охранить его от влияния соблазнов извне и внутри. Он заключается по наружности в удалении от знакомства и свободного обращения вне и внутри монастыря, в неисходном по возможности пребывании в монастыре и в келии, а по душе в изучении и исполнении евангельских заповедей, или, что то же, в изучении и исполнении воли Божией (*Рим. 12:2*) и в безропотном и благодушном терпении всех попускаемых Промыслом Божиим скорбей, при признании себя от искренности сердца достойным этих скорбей. Евангельские заповеди научают инока смирению, а крест совершенствует его в смирении[154]. Смирение истребляет из души и тела все греховные страсти и привлекает в нее благодать Божию. В этом и заключается спасение.

ГЛАВА 31. ИСТОЧНИКИ ИНОЧЕСКИХ СКОРБЕЙ

Искушения на инока возникают из следующих четырех источников: из падшего нашего естества, из мира, от человеков и от демонов. Собственно источник искушений один: наше падшее естество. Если б естество не находилось в состоянии падения, то зло не возникало бы в нас самих, соблазны мира не имели бы на нас никакого влияния, человеки не восставали бы друг против друга, падшие духи не имели бы повода и права приступать к нам. Потому-то и говорит Писание: «Кийждо искушается, от своея похоти влеком и прельщаем». (*Иак. 1:14*).

Бесконечная благость и премудрость Божия устроила для спасающихся так, что все искушения, какие бы то ни было, приносят истинным рабам и служителям Божиим величайшую пользу, могущественно вспомоществуют им в деле спасения и духовного преуспеяния. Зло не имеет доброй цели; оно имеет одну злую цель. Но Бог так чудно устроил дело спасения нашего, что зло, имея злую цель, и действуя с намерением повредить рабу Божию во времени и в вечности, способствует этим его спасению. Спасение как духовное таинство, соделывающее человека причастником Божественного добра, непостижимо для зла, которое слепо по отношению к Божественному добру как вполне чуждое его, а понимает только свое, то есть или одностороннее зло, или добро падшего естества, смешанное со злом и отравленное злом. Преподобный Макарий Великий говорит: «Содействует злое благому намерением неблагим»[155]. И апостол Павел сказал: «Любящим Бога вся поспешествуют во благое» (*Рим. 8:28*).

Падшее естество, извергая из себя в разнообразных видах грех — здесь разумеется грех не деятельный, а в помыслах, в ощущениях сердца и тела — и препираясь с Евангелием, доставляет, при свете Евангелия, подвижнику опытное и подробное понятие падения как его собственного, так и общего всему человечеству, доставляет опытное познание необходимости Искупителя, доставляет опытное познание, что Евангелие врачует и оживляет душу, доставляет дух сокрушен и смирен, который водворяется в подвижника по причине видения им бесчисленных язв и немощей, нанесенных человеку и роду человеческому падением. Яд греха, ввергнутый падением в каждого человека и находящийся в каждом человеке, действует по Промыслу Божию в спасающихся к существенной и величайшей пользе их[156].

Мир, искушая подвижника, доставляет ему опытное познание, как земная жизнь превратна и обманчива, что все сладостное, вожделенное и великое ее оканчивается пустотою и горестью; от этих опытных познаний подвижник стяжавает хладность к земной жизни, к гостинице своей — земле, ко всему, что признается на ней вожделенным для сынов мира, обращает взоры ума и сердца к вечности и начинает усерднейшими молитвами ходатайствовать пред Богом о своей загробной участи.

Человеки, искушая подвижника, доставляют ему возможность соделаться исполнителем возвышеннейших заповеданий Евангелия, заповеданий о любви к врагам. Любовь к врагам есть высшая степень узаконенной Евангелием любви к ближнему. Достигший любви к врагам достиг совершенства в любви к ближнему, и ему сами собою отворились врата любви к Богу. Все препятствия отклонены! Вечные затворы и замки расслабели и разверзлись! Уже подвижник не осуждает ближнего; уже он отпустил ему все согрешения его; уже он молится за него как за своего сочлена, принадлежащего одному телу; уже он признал и исповедал, что все скорби, случающиеся рабу Божию, попускаются не иначе, как по мановению Божию; уже он покорился воле Божией во всех обстоятельствах, частных и общественных, и потому со свободою, как наперсник священного мира, как исполнивший относительно ближнего все, повеленное Богом, вступает в объятия Божественной любви. Этого подвижник не мог бы достичь, если б не подвергся различным искушениям от человеков, и по причине искушений не изверг из себя, как бы от действия очистительного врачевства, всей злобы и гордыни, которыми заразилось падшее естество.

Искушения от лукавых духов обыкновенно попускаются после обучения искушениями от падшего естества, от мира и от человеков. Лукавые духи сперва поддерживают падшее естество в борьбе против евангельского учения или принимают участие в искушениях, наносимых подвижнику соблазнами мира и человеками; впоследствии, в свое время, по особенному попущению Божию, открывают лично собою брань против раба Христова, возводящую его в великий подвиг. Победитель в этой брани увенчивается особенными духовными дарованиями, как можно видеть из жизнеописаний преподобного Антония Великого, преподобного Иоанна многострадального и других святых иноков. Не вступив в брань с духами и не выдержав ее как должно, подвижник не может вполне расторгнуть общения с ними и потому не может достигнуть полной свободы от порабощения им в сем и будущем веке. Оставившие земную жизнь в таком состоянии не могут не подвергнуться истязаниям от бесов на воздушных мытарствах. Преподобный Макарий Великий говорит: «Души, скорбми, наносимыми от злых духов, не искушенные, пребывают еще в отрочестве и, да тако реку, не способны к Царству Небесному»[157].

Зло есть причина всех скорбей и искушений. Но премудрость и всемогущество Божии служат причиною того, что на рабов Божиих искушения и скорби действуют душеспасительно, доставляя им возможность совершать возвышеннейшие евангельские заповеди, последовать Христу, взяв крест свой, соделываться ближайшими учениками Господа. Напротив того, скорби и искушения действуют гибельно на сынов погибели! Зло низлагает их; они не умеют победить его и прежние свои законопреступления навершают новыми законопреступлениями. Так, один из разбойников, распятых близ Господа, дополнил на кресте свои злодеяния богохульством (*Лк. 23:39*). Всемогущество и премудрость Божии служат причиною того, что зло, действуя с намерением и целью единственно злыми, исполняет, не ведая того, предначертания Промысла Божия. Так, иудейское духовенство, движимое завистью и ненавистью к Богочеловеку, преследовало Его в течение всей Его земной жизни и устроило Ему позорную смертную казнь, но это духовенство, по бесконечной премудрости Бога и Его всемогуществу, было слепым орудием предопределения Божия, состоявшего в том, чтоб всесвятый Христос, пострадав за виновное человечество, страданиями Своими искупил виновное человечество и проложил для всех желающих спастись спасительный крестный путь, возводящий шествующих по нему на небо (*Деян. 3:18*). Таким же орудием Божиим бывает зло относительно всех служителей Божиих, не приобретая из этого для себя ничего: зло, содействуя по мановению Божию в неведении своем добру, не престает пребывать для себя и для совершающих его тем, что оно есть – злом. Рабы Божии! Знайте наверно, что случающиеся вам скорби приходят не сами собой, а по попущению Божию, и прилагайте возможное тщание, чтоб переносить их с терпением и долготерпением, принося за них славословие и благодарение Богу! Знайте, что противящиеся скорбям и ищущие отклонить от себя скорбный путь, действуют против своего спасения, стремятся в слепоте своей разрушить порядок и способ спасения, установленный Богом для всех рабов Его.

ГЛАВА 32. О НЕОБХОДИМОСТИ МУЖЕСТВА ПРИ ИСКУШЕНИЯХ

Одним из величайших достоинств полководца в бранях мира сего признается то, когда он не упадает духом при всех превратностях счастья, но пребывает непоколебим, как бы каменносердечный, заимствуя из твердости своей самые разумные и полезные распоряжения, приводя этою твердостью в недоумение врагов своих, ослабляя их дерзость, воодушевляя мужеством собственное воинство. Такой характер полководца бывает причиною необыкновенных успехов, – и внезапно целый ряд потерь и несчастий увенчивается решительными победами и торжеством. Таким должен быть ум монаха, этот вождь в невидимой борьбе против греха. Ничто, никакое искушение, нанесенное человеками и духами, возникшее из падшего естества, не должны смутить его. Источником непоколебимости и силы да будет вера в Бога, Которому мы предались в служение, Который – всемогущ. Малодушие и смущение рождаются от неверия, но только что подвижник прибегнет к вере, малодушие и смущение исчезают, как тьма ночи от возшедшего солнца. Если враг принесет тебе различные греховные помыслы и ощущения или если они восстанут из падшего естества твоего, не испугайся, не удивись этому как чему-либо необычайному. Скажи сам себе: «Я в беззакониях зачат и во грехах рожден: невозможно естеству моему, столько зараженному греховным ядом, не обнаруживать из себя своей заразы». Точно: невозможно падшему естеству не давать из себя плода своего, особливо, когда оно начнет возделываться евангельскими заповедями. Когда начнут перепахивать землю плугом, тогда выпахиваются наружу самые корни плевелов и при постоянной перепашке постепенно истребляются, постепенно нива достигает чистоты: так при возделывании сердца заповедями извлекаются из него наружу самые основные помышления и ощущения, от которых произрастает всякого рода грех, и, таким образом, при постоянном и постепенном обнаружении, истребляются мало-помалу. Положим, возникнет в тебе внезапно блудная страсть – не смутись этим. Точно так же: если возникнут гнев, памятозлобие, корыстолюбие, печаль – не смутись этим. Этому должно быть! Но лишь явится какая страсть, нисколько не медля посекай ее евангельскими заповедями. Если не будешь поблажать страстям, узришь умерщвление их. Если же будешь поблажать им, беседовать с ними, питать их в себе и услаждаться ими, то они умертвят тебя. Греховные помыслы и ощущения возникают из падшего нашего естества, но когда греховные помыслы и ощущения начнут постоянно и усиленно приходить, то это служит признаком, что они приносятся врагом нашим, падшим ангелом, или же он понуждает падшее естество наше плодить их особенно. Такие помыслы и ощущения должно исповедывать духовнику, так часто и дотоле, доколе они стужают, хотя бы духовник был муж простосердечный, без славы святого. Вера твоя в святое таинство исповеди спасет тебя: благодать Божия, присущая таинству исповеди, исцелит тебя. Постоянным и усиленным впадением на нас падший дух старается посеять и возрастить в нас семена греха, приучить какому-нибудь виду греха частым напоминанием о нем, возбудить к нему особенное влечение и обратить этот вид греха в навык, как бы в естественное свойство. Греховный навык называется страстью, лишает человека свободы, соделывает его пленником, рабом греха и падшего ангела. Против усиленного и учащенного нападения греховных помыслов и ощущений, называемого на монашеском языке бранию, нет лучшего оружия для новоначального, как исповедь. Исповедь – едва ли не единственное оружие для новоначального во время брани. По крайней мере она – оружие самое сильное и самое действительное. Как можно чаще прибегай к нему во время напасти, нанесенной диаволом: прибегай к нему, доколе диавол и нанесенная им напасть не отступят от тебя. Диавол любит злодействовать тайно; любит быть непримеченным, непонятым[158]. Он «ловит в тайне, яко лев во ограде своей: ловит, еже восхитити нищаго» (*Пс. 9:30*) неопытного и немощного инока. Он не терпит быть обнаруженным и объявленным; будучи обличен и объявлен, кидает добычу свою, уходит. Помыслы, хотя и греховные, но мимоходящие, не усиливавшиеся усвоиться душе, не нуждаются в немедленной исповеди. Отвергай их, не внимай им, заглушай их воспоминанием противоположных им евангельских заповедей; упомяни о них в общих словах, отнюдь не принимая бессмысленной заботы исчислить их, на исповеди пред причащением святым Христовым Тайнам; скажи, что ты сверх значительных грехов, которые должно изложить с точностью, согрешил разными помышлениями, словами и делами, в ведении и неведении.

ГЛАВА 33. УЧЕНИЕ СВЯТЫХ ОТЦОВ О ТЕСНОМ ПУТИ

Учение о тесном пути, преподанное Священным Писанием, излагается святыми отцами весьма сильно, глубоко, ясно, убедительно, в изобилии, как такой род пищи, который имеет важнейшее значение на духовной трапезе духовного слова. «Если хочешь, – сказал преподобный Марк подвижник, – в немногих словах преподать душеспасительное наставление ученолюбивому, то преподай ему молитву, правую веру и терпение встречающихся скорбей. Этими тремя видами добра приобретается все прочее добро». Учение о терпении скорбей признавалось всегда одним из основных христианских нравственных преданий. В настоящее время, когда Промыслом Божиим образование и спасение иноков вверено по преимуществу многоразличным напастям и искушениям, учение о терпении скорбей получает величайшую знаменательность. Делаем достаточное число выписок об этом предмете из творений отеческих с тою целью, чтоб доставить современному иноку подкрепление духовное посреди скорбей, уже наступивших, чтоб доставить ему правильным пониманием скорбей приготовление к правильному принятию скорбей, еще не пришедших – скопляющихся, может быть, грозно вдали, подобно темной громовой туче. Кого они застанут нечаянно, неготовым, невооруженным, того колеблют удобно, часто низлагают. Взятие креста своего, то есть благодушное терпение скорбей, основывается на самоотвержении. Без самоотвержения оно невозможно. Оно является соответственно степени самоотвержения. Самоотвержение основывается на вере во Христа. Этот закон духовный предъявлен Христом (*Мф. 16:24*).

Выписка из творений преподобного Макария Великого

«Желающий быть подражателем Христу, чтоб при посредстве этого получить звание сына Божия, рожденного Духом, прежде всего должен переносить благодушно и терпеливо все случающиеся с ним скорби, как то: телесные болезни, обиды и поругания от человеков и наветы от невидимых врагов, потому что, по Промыслу Божию, распоряжающемуся всем премудро и со всеблагою целью, такие испытания различными напастями попускаются душам, чтоб обнаружилось явственно, которые из них любят Бога искренно. От начала века для святых патриархов, пророков, апостолов и мучеников было знамением избрания то, что они прошли по тесному пути искушений и скорбей и таким образом благоугодили Богу. «Сыне, – говорит Писание, – аще приступавши работати Богу, уготови душу твою во искушение: управи сердце твое, и потерпи» (*Сир. 2:1-2*). И в другом месте: «все, елико аще нанесено ти будет, приими» (*Сир. 2:4*) как благое, зная, что без Бога ничего не случается с нами. И потому душе, желающей благоугодить Богу, прежде всего должно вооружиться терпением и надеждою. К злохитростям диавольским принадлежит и то, что он во время нашедшей скорби ввергает нас в уныние с целью отвратить от упования на Бога. Бог никогда не допускает искушениям столько угнести уповающую на Него душу, чтоб она, доведенная до крайности, пришла в отчаяние. «Верен Бог, – говорит апостол, – Иже не оставит вас искуситися паче, еже можете, но сотворит со искушением и избытие, яко возмощи вам понести» (*1 Кор. 10:13*). И диавол озлобляет душу не столько, сколько хочет, но в такой мере, в какой попускается

Богом. Если людям не неизвестно, какое бремя может нести мул, какое осел, какое верблюд, и на основании этого знания на каждого из упомянутых животных возлагается соответствующая силе его ноша; если знает скудельник, сколько времени должно держать в печи глиняные сосуды, чтоб они, будучи передержаны в ней, не перетрескались или, напротив того, будучи вынуты недостаточно обожженными, не оказались негодными к употреблению, если, говорю, человек одарен таким соображением, то не гораздо ли более, не несравненно ли более предусматривает премудрость Божия, какое бремя искушений должно возложить на каждую душу, чтоб она, будучи испытана им, соделалась способною к Небесному Царству»[159].

«Если стебель конопли не будет продолжительно бит, то не получит способности превращаться в тончайшие нити; чем долее он будет бит, чем более будет чесан гребнями, тем делается чище и способнее. Новослепленный глиняный сосуд, но не скрепленный в огне, не годен для употребления; малолетний отрок не способен к исправлению обязанностей житейских, не способен строить здания, садить древа, засевать приготовленные к тому поля или выполнять что другое из житейских потребностей; так часто и души, будучи причастниками Божественной благодати, будучи преисполнены небесной сладости по благости Божией, снисходящей младенчеству их, и вкушая мир Христов от действия в них Святого Духа, но еще не искушенные различными напастями от злых духов, нисколько не возвысились из состояния и разума детских, и, выражусь так, еще неспособны к Царству Божию. Потому что «аще без наказания есте, – говорит апостол, – емуже причастницы быша вси, убо прелюбодейчищи есте, а не сынове» (*Евр. 12:8*). И искушения, и скорби посылаются человеку к пользе его; они доставляют душе опытность и крепость, и, если она в надежде на Господа понесет их терпеливо до конца, то быть не может, чтоб она не наследовала обетовании Духа и не освободилась от возмущения порочными страстями»[160].

«У врага нашего – бесчисленные козни, которыми он старается повредить нам и отвлечь от Христа. Он наводит или внутренние скорби, действуя духами злобы, или возбуждает в душе скверные страстные помыслы, возобновляя в памяти прежде соделанные согрешения, стараясь в то же время ввергнуть душу в уныние, представляя ей спасение уже невозможным и внушая этим расположение к отчаянию. Он действует так хитро, что такие помыслы кажутся рождающимися в самой душе, а не навеваемыми в ней чуждым ей лукавым духом, который, действуя, вместе хочет и укрыться. Или он поступает вышесказанным образом, или поставляет в трудное положение по телу, или изобретает все средства, чтоб подвергнуть благочестивых людей оскорблениям от людей порочных. Но чем ожесточеннее лукавый враг пускает в нас огненные стрелы, тем более и более должно нам укрепляться в Боге, возлагая на Него надежду и в твердом убеждении, что все это попускается по воле Божией, которой единственная цель заключается в том, чтоб души, любящие Бога, были вполне испытаны искушениями и со всею удовлетворительностью доказали свою любовь к Богу»[161].

«Божии человеки должны приготовить себя к сражениям и борьбе. Юный воин великодушно переносит полученные раны и храбро отражает супостатов; точно так и христиане должны мужественно переносить оскорбления и борьбу как внешние, так и внутренние. Ударяемые скорбями христиане должны восходить в преуспеяние посредством терпения. Таков путь христианского жительства. Где святый Дух, там, как тень за солнцем, последуют гонение и борьба. Воззри на пророков, в которых действовал Дух Святый: каким они подвергались гонениям от соотечественников своих! Воззри на Господа, Который – «путь и истина» (*Ин. 14:6*) и Который претерпел гонение не от какого-либо чуждого народа, но от Своего собственного племени, от израильтян! Они преследовали Господа с неистовством, и распяли на кресте. Подобной участи подверглись и апостолы. С того времени как Господь был пригвожден ко Кресту, отошел Святый Дух Утешитель от Иудеев, переселился в христиан, и никто из Иудеев не подвергся уже гонению: одни христиане предавались на мученичество. Не следует христианам приходить в недоумение при напастях: подвергаться преследованию – неотъемлемая принадлежность истины»[162].

«Мученики, прошедши чрез многие виды мучений, явили силу непобедимого мужества, подчинившись и самой смерти насильственной: после этого они удостаиваемы были венцов. Чем многочисленнее и тягостнее были их страдания, тем большие получили они славу от Бога и дерзновение к Богу. Подобно этому души, преданные разнообразным скорбям или явно наносимым человеками, или возникающим в самих душах от восстания нелепых помыслов, или причиняемым впадением в телесные болезни, если с твердостью до конпа претерпят все, сподобляются одинаковых венцов с мучениками, одинакового дерзновения к Богу. Скорби мучеников, которые претерпели мученики от человеков, понесены этими душами от жестокого нападения и натиска самых лукавых духов, – и чем многочисленнее и тягостнее нападения супостата – диавола, которым они подвергаются, тем обильнейшую получат славу от Бога не только в будущем веке, но и здесь, обогатившись преизобильным утешением Духа»[163].

«Известно со всею достоверностью то, что и узок и тесен путь, ведущий в жизнь вечную, что по этой причине мало идущих по нему, и потому мы должны все искушения, наносимые диаволом, претерпевать с твердостью и постоянством ради надежды на получение благ, уготованных нам на небе. Сколько бы ни понесли мы здесь скорбей, что значит это в сравнении или с обетованными нам благами в будущем, или с причастием Утешителя, всеблагого Духа, которое здесь уже даруется достойным, или с освобождением из тьмы порочных страстей, или с прощением множества долгов наших, то есть грехов? «Недостойны страсти – страдания – нынешняго времени к хотящей славе явитися в нас» (*Рим. 8:18*). И потому мы должны мужественно переносить ради Господа все, подобно храбрым воинам, не отрицаясь, и умереть за нашего Царя. Почему не подвергались мы таким горестям, каким подвергаемся ныне, когда пребывали в мирской жизни и прилежали делам ее? Почему ныне, когда поступили в служение Богу, претерпеваем многоразличные искушения? Очевидно, за Христа наносятся нам наши скорби супостатом, одержимым завистью к нам по поводу благ, уготованных нам, он усиливается ввергнуть души наши в расслабление и уныние, чтоб мы не получили обетованных наград за жительство, проведенное в благоугождении Богу. Но мы сражаемся со Христом, и разрушаются все ухищрения врага против нас. Христос – великий, непобедимый Покровитель и Заступник наш. Рассудим, всмотримся внимательно: и Сам Он препроводил земную жизнь, осыпаемый поношениями, насмешками, преследуемый гонениями, наконец казненный поносною смертью на кресте»[164].

«Хочешь ли переносить удобно всякую скорбь и искушения: смерть за Христа да будет вожделенна тебе, и эта цель обета нашего да предстоит непрестанно очам ума. Так заповедано нам: нам заповедано взять крест наш и последовать Христу, что значит быть постоянно готовым к подъятию смерти. Если будем в таком расположении и настроении духа, то, как сказано, будем переносить с великим удобством всякую скорбь: и внутреннюю, и находящую извне. Может ли встретить с негодованием или досадою случающиеся противности тот, кто желает умереть за Христа? Именно по той причине представляются тяжкими скорби, что мы не расположены умереть за Христа, не сосредоточили в Нем всех сердечных стремлений наших. Вожделевающий иметь в себе Христа и стяжать столь изящное наследство, должен, соответственно этому желанию, подражать страданиям Его. Говорящие, что любят Господа, пусть докажут справедливость слов своих не только великодушным терпением всех случающихся скорбей, но и терпением охотным, с любовью, ради надежды, отложенной в Господе»[165].

«Слово Божие действует в каждом человеке соразмерно и сообразно ему. На сколько кто содержит слово, на столько содержится Им; на сколько хранит Его, на столько сохраняется Им. По этой причине все лики святых, пророки, апостолы, мученики хранили слово в сердцах, не пеклись ни о чем временном, но, презрев земное, пребывали в заповеди Святого Духа, отдав предпочтение боголюбию и добродетели пред всем, отдав это предпочтение не пустыми словами и поверхностным сознанием, но словом, соединенным с делом, самою действительностью. Вместо богатства, они избрали нищету, вместо славы – бесчестие, вместо наслаждения – злострадание; вместо ярости они избрали любовь: ненавидя наслаждения этой жизни, они тем более любили тех, которые отнимали у них средства к наслаждению, и этим содействовали принятому ими направлению. Они удалялись от вкушения запрещенного плода «еже ведети» доброе и лукавое (*Быт. 2:9*), они любили благочестивых и благонамеренных, но не обвиняли и злых, признавая и тех и других посланниками Владычного управления; ко всем имели они правильную любовь. Внимая заповеданию Господа, «отпущайте, и отпустится вам» (*Лк. 6:37*), они признавали обижающих благодетелями, доставляющими обижаемым средство к получению прощения в грехах. Опять: внимая заповеданию Господа, «яко же хощете да творят вам человецы, и вы творите им такожде» (*Лк. 6:31*), они любили и благих, по долгу совести. Оставив свою правду и взыскав правды Божией, они обрели постепенно любовь, сокровенную естественно в правде Божией».

«Господь, преподав многие заповеди о любви, повелел искать правды Божией (*Мф. 5:6*). Эта правда – мать любви. Невозможно спастись иначе, как чрез ближнего.

«Отпущайте, – заповедал Господь, – и отпустится вам» (*Лк. 6:37*). В этом заключается духовный закон, начертываемый на сердцах верующих и служащий исполнением первого закона. «Не приидох, – говорит Господь, – разорити закон, но исполнити» (*Мф. 5:17*). Каким образом исполняется он? Услышь». Первый закон, осуждая сделавшего зло ближнему по благословной причине, осуждал и обиженного, так что каждый, осуждая в чем-либо ближнего, осуждал вместе и себя, а прощавший ближнему доставлял этим прощение и себе. Говорит закон: «Осуждение за осуждение, отпущение за отпущение». Итак, исполнение закона заключается в прощении обид. Упомянули мы о первом законе не потому, чтоб Богом были даны два закона; дан один духовный по естеству, по отношению же к воздаянию произносящий правильное определение: прощающему он прощает, а того, кто требует взыскания, подвергает суду. «С избранными избран будеши, – говорит он, – и со строптивым развратишися» (*Пс. 17:27*). По этой причине исполняющие закон духовно и по мере исполнения соделывающиеся причастниками благодати, любили не только благодетельствовавших, но и поношающих и гонящих, ожидая получить любовь в воздаяние добродетели. Добродетель их состояла не только в том, что они простили нанесенные им обиды, но и в благотворении душам обидчиков, молясь за них Богу, как за те орудия, при посредстве которых они получают блаженство, по свидетельству Писания: «блажени есте, егда поносят вас и иждденут вас» (*Мф.5:11*). Такому образу мыслей научал их духовный закон. Когда они соблюдали терпение и кротость в духе, тогда Господь, видя терпение сердца боримого и не отступающего от любви, разрушал «средостение ограды» (*Еф. 2:14*) и совершенно изгонял из них злобу. С этого времени они уже имели в себе любовь не по насилию над собою, а по благодати Божией, потому что с этого времени их Господь удерживал «обращаемое оружие» (*Быт. 3:24*), воздвигающее страстные помыслы; они входили во внутреннейшие завесы, «идеже Предтеча о нас вниде Иисус» (*Евр. 6:20*), где они наслаждались плодами Духа, откуда увидели ожидающее их блаженство будущей жизни, с совершенным известованием сердца, то есть существенно, а не в зерцале и гадании

(*1 Кор. 13:12*); они свидетельствуют с апостолом: «ихже око не виде, и ухо не слыша, и на сердце человеку не взыдоша, яже уготова Бог любящим Его» (*1 Кор. 2:9*). Но я предложу об этом чудном действии следующий вопрос: если оно не входило на сердце человеку, то вы, апостолы, как знаете его? Как знаете его, исповедав, что вы «человеки нам подобострастные»? (*Деян. 14:15*). УСЛЫШЬ, что отвечает на это блаженный Павел: «Нам Бог открыл это Духом Святым: Дух бо вся испытует, и глубины Божия» (*1Кор. 2:10*) Чтоб никто не мог сказать: «Святый Дух дан был апостолам как апостолам; нам же несвойственно вмещать Его в себе», – Павел говорит, дав словам своим форму молитвы: «да даст вам Бог, по богатству славы Своея, силою утвердитися Духом Его во внутреннем человеце, вселитися Христу в сердца ваша, в любви вкоренени и основани» (*Еф. 3:16-17*). «Господь – Дух есть: а идеже дух Господень, ту свобода» (*2Кор. 3:17*).

«Аще кто Духа Христова не имать, сей несть Егов» (*Рим. 8:9*). Будем молиться и мы, чтоб и нам приять благодать Святого Духа в полном известовании и явственном ощущении, чтоб снова взойти туда, откуда мы изгнаны, чтоб удален был от нас душегубец – змей, дух, непрестанно влагающий в нас тщеславие, дух попечения и объядения, чтоб мы уверовали в Господа живою верою, сохранили заповеди Его и возросли в Нем «в мужа совершенна, в меру возраста исполнения Христова» (*Еф. 4:13*), чтоб нами уже не обладала любовь мира сего (*Иак. 4:4; 1Ин. 2:15*), чтоб мы были твердо убеждены в духе нашем, и веровали несомненно в благоволение благодати Божией о кающихся грешниках. Даруемое благодатию не соразмеряется уже с тою немощью, которая господствовала в человеке прежде приятия благодати, иначе благодать не была бы благодатью. Уверовав всесильному Богу, приступим к Дарующему причастие Святого Духа за веру, а отнюдь не за дела естества и несоразмерно им приступим с простым и не любопытным сердцем: «не от дел закона, – говорит писание, – Духа приясте, но от слуха веры» (*Гал. 3:2*)[166].

Выписка из творений преподобного Марка Подвижника[167]

«Бог есть и начало, и средина, и конец всякого блага. Истинное благо не может быть ни принято верою, ни исполнено на деле иначе, как при посредстве Иисуса Христа и Святого Духа»[168].

«Живая вера – крепкий столп: Христос для верующего в Него такою верою – все»[169].

«Бдение, молитва и терпение постигающих нас скорбей доставляют сердцу безвредное, полезное сокрушение, лишь бы только несоразмерное усиление подвига не отняло у него существенного достоинства. Нерадящий об этих трех видах делания, упражняющийся в них слабо, подвергнется нестерпимой муке при кончине своей»[170].

«Во время кончины сластолюбивое сердце служит для души темницею и оковами; любящее же подвиг – дверью отверстою»[171].

«Железные врата, вводящие в Иерусалим, – образ жестокого сердца: отверзаются они сами собою ведущему подвижническую жизнь и терпящему скорби, как отверзлись апостолу Петру» (*Деян. 12:10*)[172].

«В то время как действует в тебе память Божия, умножай моление, чтоб и Господь воспомянул о тебе, когда забвение о Нем нападает на тебя»[173].

«Милостивое сердце очевидно привлечет к себе милость, противоположное этому естественно должно случиться с сердцем, находящимся в расположении, противоположном милости»[174].

«Закон духовной свободы научает истине, и многие знают его поверхностным разумением, но немногие уразумевают по вере исполнения заповедей делами»[175].

«Совершенство духовного закона сокрыто в кресте Христовом»[176].

«За скорби уготовано человекам благое; злое – за тщеславие и сластолюбие»[177].

«Обижаемый человеками избегает греха и обретает заступление, соразмерное скорби»[178].

«Кто верует Христу, обетовавшему воздаяние, тот усердно, по мере веры, претерпит всякую обиду»[179].

«Кто молится о человеках, обижающих его, тот низлагает бесов; низлагается бесами тот, кто дозволит себе противоборство обижающим его человекам»[180].

«Поношение от человеков приносит скорбь сердцу: оно для терпящего бывает причиною чистоты»[181].

«Живя в довольстве, принимай попущаемые скорби и, как долженствующий дать отчет, воспрещай себе излишества»[182].

«Случившаяся нечаянно скорбь напоминает благоразумному о Боге, уязвляя забывшего о Боге соразмерно вкравшемуся забвению»[183].

«Умственно показывай себя Владыке: человек бо зрит на лице. Бог же на сердце» (*Евр. 4:13*)[184].

«Всякая невольная скорбь да научает тебя обращаться к памятованию Бога, и не оскудеет в тебе побуждение к покаянию»[185].

«Исследывай свои грехи, а не грехи ближнего, и не будет окраден твой духовный подвиг»[186].

«Неудобопростительно нерадение о всех посильных добродетелях; милостыня и молитва восставляют нерадевших»[187].

«Всякая скорбь по Богу есть существенное дело благочестия: истинная любовь искушается противностями»[188].

«Не подумай, что можно стяжать добродетель без скорби: жительствующий в отраде пребывает чуждым духовной опытности»[189].

«Всматривайся в окончательное последствие всякой скорби и найдешь, что оно заключается в истреблении греха»[190].

«Желающий не в осуждение себе принимать похвалу от человеков прежде да возлюбит обличение в грехах своих»[191].

«Подвергшийся бесчестию за истину Христову сторично будет прославлен многими. Но лучше делать доброе в надежде будущего воздаяния»[192].

«Хвалящий ближнего лицемерно в удобное время уничижит его»[193].

«Не знающий козней, устраиваемых врагами, удобно закалается ими и не знающий начал, на которых зиждутся страсти, удобно низвергается в грехопадения»[194].

«Поступивший по заповеди да ожидает искушения вследствие своего поступка: любовь ко Христу искушается противностями»[195].

«Когда явится к тебе помысл, предлагающий славу от человеков, то знай наверно, что он устраивает для тебя бесчестие»[196].

«Враг ведает правдивость духовного закона и ищет только, чтоб человеческий ум изъявил согласие на представший ему греховный помысл. Таким образом, враг или подчиняет покорившегося ему трудам покаяния, или, если побежденный не прибегнет к покаянию, подвергает его страданиям, наводя на него как на покорившегося ему произвольно различные скорби; иногда же поучает его восставать и против наведенных скорбей, чтоб и здесь умножить страдания и выказать неверным по причине нетерпения, при исходе души из тела»[197].

«Многие много поборолись против встречающихся невольно скорбей, но никто не избежал скорби иначе как при посредстве молитвы и покаяния»[198].

«Пороки заимствуют силу один от другого, и добродетели развиваются в человеке одна от другой, возбуждая в причастнике своем движение к преуспеянию»[199].

«Малые согрешения еще уменьшаются диаволом в глазах наших, иначе он не может привести нас к большим согрешениям»[200].

«Гневающийся на ближнего или за деньги, или за славу, или за наслаждение, еще не познал, что Бог управляет тварями праведно»[201].

«Если кто, явно согрешая и не прибегая к покаянию, не подвергся никакой скорби до самого исхода из этой жизни, то понимай из этого, что его постигнет суд без милости»[202].

«Молящийся в разуме терпит встречающиеся скорби, но побуждаемый памятозлобием еще не имеет чистой молитвы»[203].

«Обиженный, обесчещенный, изгнанный кем-либо из человеков, не засматривайся на настоящее, но устреми взоры к последствиям действий этого человека и найдешь, что он был для тебя виновником многих благ не только в настоящем, но и в будущем веке»[204].

«Полезна горькая полынь для тех, у которых испорчено пищеварение, так и злонравным полезно подвергаться злоключениям. То и другое служит врачевством, доставляя телесное здравие первым и приводя к покаянию вторых»[205].

«Ты не желаешь терпеть зла? Не желай и делать зла: первое за вторым последует неизбежно. Каждый жнет то, что посеял»[206].

«Сея зло произвольное, пожиная его невольно, мы должны удивляться правде Божией»[207].

«Определено некоторое время между сеятвою и жатвою: не видя воздаяния вслед за сделанным злом, не будем не верить воздаянию, как некоторые не верят ему по этой причине; придет оно в свое время»[208].

«Похваляющий и вместе порицающий ближнего, выказывает этим, что он недугует тщеславием и завистью: похвалами старается скрыть зависть, а порицаниями старается выставить свое превосходство над порицаемым»[209].

«Невозможно пасти овец и волков на одном пастбище; так невозможно получить милость тому, кто делает зло ближнему»[210].

«Вода и огонь, будучи соединены в одном месте, противодействуют друг другу: противодействуют друг другу в душе словооправдание и смирение»[211].

«Ищущий отпущения грехов, любит смиренномудрие; осуждающий ближнего запечатлевает свою греховность»[212].

«Не оставляй неизглаженным греха, хотя бы он был и самомалейший, иначе он повлечет тебя к большему злу»[213].

«Если хочешь спастись, возлюби правдивое слово и никогда не отвращайся обличений»[214].

«Лучше молиться с благоговением о ближнем, нежели обличать его о всяком согрешении»[215].

«Кающийся истинно подвергается поруганию безумных: это служит для него знаком благоугождения Богу»[216].

«Превознесшись похвалами, ожидай бесчестия»[217].

«Ищущий похвалы вступает в область страстей; плачущий о скорби, нашедшей на него, обнаруживает преобладание в нем сластолюбия»[218].

«Колеблется, как на весах, помысл сладострастного: сладострастный иногда проливает слезы, оплакивая грехи свои; иногда же, защищая свое сластолюбие, ратует против ближнего и вступает с ним в спор»[219].

«Долготерпеливый муж изобилует разумом: будет изобиловать разумом и тот, кто устремится всем сердцем к изучению Божественной премудрости»[220].

«Без памяти Божией разум не может быть истинным: без нее он – ложен»[221].

«Ненавидящий обличения погрязает в страстях произвольно. Любящий обличение, если и увлекается еще страстями, то, очевидно, увлекается по прежде полученному навыку»[222].

«Не желай слышать поведания о согрешениях ближнего: в таком произволении напечатлеваются образы этих согрешений»[223].

«Настоящие скорби променивай в мысли твоей на блага будущей жизни и нерадение никогда не расслабит твоего подвига»[224].

«Сплетение приятных и неприятных приключений принимай равным помыслом (с одинаковым равнодушием); Бог при таком подвиге человека уравнивает неравность событий»[225].

«Душевные перемены и колебания происходят от помыслов, не приведенных в основательное, всегда равное состояние. Богом устроено так, что невольное бывает естественным последствием произвольного»[226].

«Дела, совершаемые телом, суть порождения действий духа, будучи естественными и справедливыми последствиями их, по определению Божию»[227].

«Пребывай непоколебимо в духовном разуме – и не будешь изнемогать при искушениях. Уклонившись же из духовного образа мыслей, ощутишь страдание: претерпи его»[228].

«Молись, чтоб не постигло тебя искушение. Постигшее же искушение прими как свою принадлежность, а не как что-либо чуждое тебе»[229].

«Воздержись от всякого излишества при удовлетворении нуждам тела – и тогда возможешь усмотреть козни диавольские»[230].

«Когда ум оставит телесные попечения, тогда начнет видеть, соразмерно этому оставлению, козни невидимых врагов»[231].

«Иной по наружности исполняет заповедь, но в сущности удовлетворяет своей тайной страсти и растлевает доброе дело греховными помыслами»[232].

«Вводимый в начало зла, не скажи: оно не победит меня. Насколько ты введен в него, настолько уже и побежден»[233].

«Всякое великое согрешение начинается с малого подчинения началам его и возрастает постепенно, будучи питаемо и развиваемо»[234].

«Козни злобы – мрежа многоплетенная! Часто запутывающегося в ней она охватывает со всех сторон, если он попустит себе нерадение»[235].

«Не желай слышать о несчастии, постигшем человека, враждебного тебе. Слушающие произвольно такие поведания, пожинают плоды своего произволения»[236].

«Не думай, что всякая скорбь попускается человекам за грехи их: искушаются и благоугождающие Богу. Говорит Писание: «нечистивый и беззаконницы изженутся» (*Пс. 34:28*); оно же говорит: «вси хотящии благочестиво жити о Христе, гоними будут» (*2Тим 3:12*)[237].

«Во время скорби постарайся заметить действие сластей: они, утешая в скорби, бывают нам приятны»[238].

«Некоторые называют мудрыми понимающих и объясняющих различные предметы в видимом мире: мудры – обладающие своими пожеланиями»[239].

«Если увидишь сильное движение в душе, влекущее к страсти безмолвствующий ум, то знай, что ум предупредил это невольное действие действием произвольным, произвольно приведя в движение страсть и насадив ее в сердце»[240].

«Когда престанешь исполнять на деле плотские похотения, по учению Писания, тогда, при помощи Господа, удобно прекратится и в душе невидимое действие страстей»[241].

«Бог вменяет нам и дела, и намерения. В Писании сказано: «Господь воздаст коемуждо по деянием его» (*Мф. 16:27*); также сказано: «даст ти Господь по сердцу твоему» (*Пс. 19:5*)[242].

«Незанимающийся постоянно рассматриванием своей совести, не возложит на себя и телесных подвигов для стяжания благочестия»[243].

«Невозложивший на себя произвольно подвигов для стяжания благочестия, тем сильнее будет подвергаться скорбям невольным»[244].

«Совесть есть книга естественного закона. Читающий эту книгу исполнением на деле требований ее, опытно познает, что Бог вспомоществует человеку»[245].

«Познавший волю Божию и исполняющий ее по силе малыми трудами избежит трудов великих»[246].

«Хотящий победить искушения без молитвы и терпения не возможет отразить их от себя – запутается в них еще более»[247].

«Благое направление совести приобретается молитвою, и чистая молитва – правильно настроенною совестью. Одно служит последствием другому естественно»[248].

«Иаков устроил Иосифу пеструю одежду, и Господь дарует кроткому разум истины, по свидетельству Писания. «Научит Господь, – говорит оно, – кроткия путем Своим» (*Пс 24:9*)[249].

«Господь сокровен в заповедях Своих, и обретается ищущими Его по мере исполнения ими заповедей Его»[250].

«Мир Христов есть избавление от страстей: он не может быть получен иначе, как действием Святого Духа»[251].

«Господь, научая нас, что исполнение каждой заповеди Его есть долг наш, а усыновление Богу есть дар Его, даруемый вследствие искупления человеков кровию Его, говорит: «егда сотворите вся повеленная вам, глаголите, яко раби неключими есмы, и еже должни бехом сотворити, сотворихом» (*Лк. 17:10*). Из этих слов явствует, что Царство Небесное не есть возмездие за дела, но дар по благоволению Божию уготованный верным рабам»[252].

«Христос умре грех ради наших, по Писанием» (*1 Кор. 15:3*), и тем, которые служат Ему благоугодно, дарует свободу: «добре, рабе благий и верный, – говорит Он, – о мале был еси верен, над многими тя поставлю: вниди в радость Господа твоего» (*Мф. 25:23*)[253].

«Почитающий Господа исполняет повеленное Им. Согрешивший же, то есть прослушавший Господа, терпеливо переносит подущаемые скорби как свойственные себе, как свою принадлежность»[254].

«Искушения, случающиеся с нами неожиданно, научают нас быть трудолюбивыми и привлекают к покаянию при недостаточном произволении к нему. Совершается это по смотрению о нас Божию»[255].

«Скорби, постигающие человеков, суть порождения соделанных ими согрешений и живущих в них страстей. Если будем претерпевать эти скорби при помощи молитвы, то последует за наведенными скорбями наведение благого положения»[256].

«Некоторые, будучи похвалены за добродетель, усладились этою похвалою и наслаждение тщеславием приняли за утешение совести; другие, будучи обличены во грехе, опечалились и полезную печаль сочли действием злобы»[257].

«Желающий преплыть мысленное море возделывает в себе долготерпение, смиренномудрие, терпение, воздержание. Если же он покусится совершить плавание без содействия этих добродетелей, то возмутит лишь сердце свое, а преплыть не возможет»[258].

«Безмолвие заключается в отвержении всех видов зла. Кто при безмолвии совокупит четыре вышеупомянутые добродетели с молитвою, для того они соделаются надежнейшим средством к достижению бесстрастия»[259].

«Невозможно безмолвствовать умом, не безмолвствуя по телу; невозможно уничтожить разъединенные тела с духом без безмолвия и молитвы»[260].

«Молитва без сосредоточенной в нее мысли вниманием не признается совершенною; но мысль, вопиющую безмолвно, то есть без расхищения рассеянностью, услышит Бог»[261].

«Ум, молящийся неразвлеченно, утесняет сердце: «сердце сокрушенно и смиренно Бог не уничижит» (*Пс. 50:19*)[262].

«И молитва называется добродетелью, хотя она – мать всех добродетелей: она рождает их от соединения со Христом»[263].

«Что сделаем без молитвы и не возложа упования на Бога, то оказывается впоследствии вредным и погрешительным»[264].

«Если впадешь в уныние при молитве или подвергнешься многообразным напастям от врага, то приведи себе на память предстоящее тебе исшествие из этой жизни и лютые адские муки. Но лучше прилепляться к Богу молитвою и возложением на Него всех попечений, нежели прибегать к воспоминаниям, нарушающим сосредоточенность, не смотря на пользу их»[265].

«Не признается воздержником тот, кто развлечен разнообразными помыслами, хотя бы они и были полезны: не полезнее они молитвы»[266].

«Кающийся правильно не думает, чтоб его подвиг покаяния служил удовлетворительным возмездием за соделанные грехи, но усиливается подвигом покаяния умилостивить Бога»[267].

«Сколько бы мы ни умножили сегодня добродетель нашу, этим не заслужим воздаяния: это обличение предшествовавшего нерадения»[268].

«Великая добродетель – терпеть приключающиеся скорби и любить ближнего ненавидящего, по заповеданию Господа» (*Мф. 5:44*)[269].

«Знак нелицемерной любви – прощение обид. Так и Господь возлюбил этот мир»[270].

«Невозможно простить от сердца обиду без истинного духовного разума: духовный разум объясняет, что все, постигающее каждого, есть его собственность»[271].

«Ничего не потеряешь из того, что оставишь ради Господа: оставленное возвратится в свое время с великим избытком»[272].

«Истинный разум заключается в терпении скорбей и в том, чтоб в бедствиях своих не обвинять ближнего»[273].

«Делающий добро и ищущий воздаяния служит не Богу, а своей воле»[274].

«Согрешившему невозможно избегнуть воздаяния иначе, как покаянием, соответствующим согрешению»[275].

«Уразумевший, что нашествие злоключений извне попускается нам правдою Божией, нашел, ища Господа, и разум, и правду»[276].

«Если уразумеешь, как научает тому Писание, что «по всей земли судьбы Господни» (*Пс. 104:7*): то всякий случай соделается для тебя учителем Богопознания»[277].

«С каждым встречается должное, соответственно настроению его; попускаемые наведения бывают разнообразны: приличное наведение для каждого ведает един Бог»[278].

«Подвергшись какому-либо бесчестию от человеков, зная, что этим тебе уготовляется слава от Бога, и пребудешь в бесчестии беспечален и несмущен, во славе же, когда она придет, верен и неосужден»[279].

«Похваляемый многими, по благоволению Божию, отнюдь не примеси никакого самохвальства к похвале, устрояемой по смотрению Господню, чтоб не попустилась перемена, чтоб ты не подвергся вместо похвалы бесчестию»[280].

«Когда ум, вооружившись мужеством о Господе, начнет отвлекать душу от долговременных греховных навыков, тогда сердце как бы разрывается, будучи отвлекаемо в две противоположные стороны умом и страстью, действующими подобно двум воинам, враждебным друг другу»[281].

«Никто столько не благ, столько не милостив, как Господь; но и Он не прощает некающемуся»[282].

«Печалимся о грехах, а к причинам их сохраняем привязанность»[283].

«Когда грешная душа не принимает с покорностью попускаемых ей скорбей, тогда говорят о ней ангелы: «врачевахом Вавилона, и не исцеле» (*Иер. 51:9*)[284].

«Ум, предав забвению духовное разумение истины, ратует против человеков за вредное для него, как бы за полезное»[285].

«Страсть, произвольно приведенная в действие, после этого действует уже насильственно и против воли того, кто первоначально попустит ей действовать по произволению»[286].

«Диавол, когда увидит, что ум помолился от сердца, тогда наносит тяжкие и хитросплетенные искушения, желая истребить добродетель в начале ее великими наведениями»[287].

«Имеются три мысленные состояния, в которые входит ум, подвергаясь изменениям: естественное, вышеестественное и нижеестественное, или противоестественное. Войдя в состояние естественное, ум находит себя виновным в злых помыслах и исповедует Богу грехи, усматривая начальные причины страстей. Низойдя в состояние противоестественное, он забывает правду Божию и борется с человеками как с обидевшими его; возведенный в состояние вышеестественное, обретает плоды Святого Духа, исчисленные апостолом: любовь, радость, мир и прочее. Тогда делается ему понятным, что он не возможет остаться в состоянии вышеестественном, если увлечется телесными попечениями! Низойдя из этого состояния, он подвергается греховным падениям и последующим за грехопадениями напастям, если и не вскоре, но в свое время, известное правде Божией»[288].

«Настолько разум бывает истинным, насколько он основывается на кротости, смирении и любви»[289].

«Во всяком деле и обстоятельстве неупустительно прибегай молитвою к Богу, чтоб во всем иметь помощь Божию»[290].

«Ничто так не могущественно по действию, как молитва: Бог ничем не благоугождается столько, сколько благоугождается молитвою»[291].

«Исполнение всех заповедей заключается в молитве, потому что любовь к Богу, выражаемая молитвою, есть высшая из добродетелей и совокупность их»[292].

«Молитва, свободная от рассеянности, есть знамение любви к Богу, составляющей сущность молитвы; нерадение в молитве и рассеянность при совершении ее – признаки сластолюбия»[293].

«Бесскорбно совершающий бдения и молитвы, пребывающий в долготерпении, соделался действительно причастником Святого Духа. И тот получит скоро помощь, кто произвольно понуждает себя к этим благим деланиям, хотя и колеблется в них»[294].

«Хорошо доставлять пользу ближнему словами, но лучше содействовать им молитвою и добродетелью: ими приносящий себя Богу, вспомоществуя себе, вспомоществует и ближнему»[295].

«Возложивший в каком-либо обстоятельстве упование на Бога уже не вступает по поводу этого обстоятельства в столкновение с ближними»[296].

«Если всего невольного служит причиною произвольное, по свидетельству Писания, то лютейший враг человека – сам он»[297].

«Беги от искушения терпением и молитвою. Если будешь бороться с искушением без этих орудий, то оно сильнее угнетет тебя»[298].

«Кроткий по настроению, заимствованному от Бога, премудрее премудрых, и смиренный сердцем сильнее сильных: они носят иго Христово в разуме»[299].

«Скажем ли что или сделаем что, не испросив помощи Божией молитвою, все окажется впоследствии или погрешительным, или вредным; мы подвергаемся таинственному обличению опытно»[300].

«От дел, слов и мыслей Праведник один — Господь Иисус. От веры, благодати и покаяния праведники — многие: все святые человеки»[301].

«Кающемуся чуждо высокомудрствовать: так, напротив, согрешающий произвольно не способен смиренномудрствовать»[302].

«Смиренномудрие заключается не в том, когда совесть обличает человека; оно — благодать Божия; оно — познание духовного милосердия»[303].

«Ненавидящий страсти, отвергает причины их; пребывающий в усвоении к причинам произвольно, подвергается нападение страстей и против воли своей»[304].

«Нелюбящему начал, на которых основываются страсти, не свойственно преклоняться к страстям и мыслью»[305].

«Презирающий стыд увлечется ли тщеславием? Любящий уничижение, возмутится ли от бесчестия? Имеющий сердце сокрушенное и смиренное преклонится ли к плотскому наслаждению? Верующий Христу попечется ли о чем-либо временном, вступит ли в словопрение или столкновение о чем-либо временном?»[306].

«Пренебрегаемый и не вступающий в состязание с пренебрегающим ни словом, ни мыслию стяжал истинный разум и являет самым поведением своим твердую веру в Бога»[307].

«В сущности, ни обижающему нет приобретения от обиды, ни обижаемому лишения: «образом убо ходит человек, обаче всуе мятется» (*Пс. 38:7*)[308].

«Если увидишь кого-либо подвергшимся многим бесчестиям и по причине их предающимся сильной печали, то знай, что он предварительно напитался помыслами тщеславия и потому с горестию пожинает терние, выросшее из семян, посеянных в сердце»[309].

«Насытившийся телесным наслаждением сверх должного вознаградит пресыщение сторичным страданием»[310].

«Находящемуся в послушании наставник его обязан говорить должное и возвещать ему наведение напасти, если он дозволяет себе преслушание»[311].

«Обижаемый и не взыскивающий с обижающего доказывает этим свою веру во Христа, сторично вознаградится в этом веке и наследует жизнь вечную»[312].

«Память Божия заключается в болезновании сердца о стяжании добродетели. Забывающий Бога непременно подвергается влиянию сладострастия и лишается спасительной сердечной болезни»[313].

«Не скажи, что бесстрастный не может печалиться: он должен печалиться если не о себе, то о ближнем»[314].

«Если хочешь непрестанно памятовать о Боге, то не отвергай наводимых скорбей, как бы наводимых несправедливо, но переноси их с терпением как наведенные правосудно. При каждом скорбном случае терпение возбуждает памятование о Боге; от оставления терпения оскудевает духовный разум, а от утешения оправданием себя происходит забвение Бога»[315].

«Хочешь ли, чтоб Господь покрыл грехи твои? Не объявляй человекам добродетелей, которые имеешь. Как поступаем мы в отношении к нашим добродетелям, так Господь поступает относительно наших грехов»[316].

«Не радуйся, когда окажешь ближнему благодеяние: возрадуйся тогда, когда непамятозлобно перенесешь оскорбление, последующее за твоим благотворением. Как ночь за днем, так зло последует за добрыми делами»[317].

«В невольных страданиях сокрыта милость Божия, привлекающая терпящего к покаянию и избавляющего его от муки вечной»[318].

«Страхом вечных мук и вожделением Царства Небесного внушается терпение скорбей, внушается не по одному собственному произволу человека – по дару Взирающего на помышления наши»[319].

«Кто верует будущим воздаяниям, тот произвольно удаляется от наслаждений земных: неверующий и сладострастен, и чужд сердечного сокрушения»[320].

«Если хочешь спастися и в разум истины прийти» (*1 Тим. 2:4*), то старайся всегда пребывать выше чувственного, прилепляясь надеждою к единому Богу. Уклоняясь от всего чувственного, с понуждением себя, откроешь невидимое действие начал и властей, действующих против тебя враждебно посредством различных приражений. Побуждая их молитвою, благою надеждою, получишь благодать Божию, которая избавит тебя от будущего гнева»[321].

«Уразумевший значение таинственного поведания апостолом Павлом, что «наша брань к духовом злобы» (*Еф. 6:12*), уразумей и притчу Господа о том, что подобает всегда молиться, не предаваясь унынию» (*Лк. 18:1-8*)[322].

«Позвавший истину не противоборствует скорбным наведениям: он знает, что скорбные наведения приводят к страху Божию»[323].

«Если хочешь приносить Богу непогрешительное исповедание в грехах, то не поминай по виду грехопадений твоих, мужественно терпи наводимые за них скорби»[324].

«Скорби наводятся за прежде содеянные грехи, принося каждому согрешению сродное ему возмездие»[325].

«Разумный и ведающий истину исповедуется Богу не воспоминанием соделанных грехов, но терпением наводимых на него скорбей»[326].

«Отвергнув страдания и бесчестия, не думай принести покаяние при посредстве других добродетелей: тщеславие и настроение сердца, чуждое сокрушения духа, умеют служить греху и делами правды»[327].

«Добродетели рождаются обыкновенно от страданий и бесчестий: так, напротив, пороки – от наслаждения и тщеславия»[328].

«Всякое проявление плотского сластолюбия происходит от наслаждения, предшествовавшего этому проявлению. Допущение же себе наслаждения происходит от неверия»[329].

«Не примиряющий воли своей с Богом претыкается в начинаниях своих и подвергается преобладанию супостатов»[330].

«Боголюбивый слушатель объемлет пользу с противоположных действий: если добро его свидетельствуется одобрением, то он делается усердней; если же он подвергается обличению во зле, то понуждает себя к покаянию»[331].

«Хорошо держаться главной заповеди, ни о чем в частности не заботиться и ни о чем в частности не молиться, но и молитвою и всею деятельностью искать единственно Царства и Слова Божия. Если же мы еще находимся в таком положении, что должны заботиться о каждой потребности нашей, то и должны молиться о каждой. Делающий что-либо или заботящийся о чем-либо без молитвы, не возможет совершить дела с благим успехом. Об этом засвидетельствовал Господь, сказав: «не можете без Мене творити ничесоже» (*Ин. 15:5*)[332].

«Пренебрегающего заповедь о молитве постигают самые тяжкие нарушения прочих заповедей, передавая его одно другому, как узника»[333].

«Принимающий скорби настоящего времени при посредстве упования на получение будущих благ, обрел разум истины: удобно избавится он от гнева и печали»[334].

«Подвергающийся озлоблениям и бесчестиям за истину, шествует путем апостолов, взяв крест на рамена свои и возложив на себя оковы. Усиливающийся внимать сердцу без этих пособий, не может не скитаться повсюду, не может не впадать в искушения и сети диавольские»[335].

«Боримый грехом никогда не возможет победить помыслов, если не будет действовать вместе и против их начальных причин; также не возможет победить начальных причин, не действуя вместе и против помыслов: отвергнув из двух что-либо одно, по прошествии краткого времени будем увлечены другим в то и другое»[336].

«Препирающийся с человеками из боязни подвергнуться страданиям и поношениям или здесь навлекает на себя самые сильные напасти, или будет мучен без милости в будущем веке»[337].

«Желающий отклонить от себя всякое злоключение должен при посредстве молитвы примирить дела свои с Богом, стяжать в духе своем упование на Бога и пренебрегать по силе попечениями о чувственном»[338].

«Диавол, нашедши, что человек упражняется в телесных делах излишне, без нужды, сперва похищает сокровища разума его — понятия духовные, а потом отсекает надежду на Бога как главу»[339].

«Когда достигнешь непоколебимости и чистоты в молитве, не принимай разумений, приносимых врагом во время молитвы твоей, чтоб не потерять большего. Лучше стрелять стрелами молитвы во врага, поверженного долу и заключенного там, нежели беседовать с ним. Не приносит он благого — злохитро приносит он злое, чтоб отвлечь нас от молитвы»[340].

«Благие помышления полезны человеку во время искушения и уныния; во время же молитвы они вредны»[341].

«Получив жребий учить о Господе и встречая в учимых преслушание, скорби в духе и не смущайся, не вынаруживай смущения. Скорбя, ты не будешь осужден с неповинующимся; смущаясь же, подвергнешься искушению тою же немощью»[342].

«Не дозволь себе обличить в согрешении того, кто не находится в повиновении у тебя: такое обличение — принадлежность власти»[343].

«Не вступи в прение с противящимися истине и не желающими оказать тебе повиновение, чтоб не возбудить в них ненависти к тебе, как свидетельствует об этом Писание» (*Притч. 9:8*)[344].

«Попускающий послушнику противоречить там, где не должно, предает его в таких случаях самообольщению и допускает нарушать обет повиновения»[345].

«Наставляющий и обличающий кого должно со страхом Божиим, стяжавает сам добродетель, противоположную согрешению: напротив того, действующий из памятозлобия и порицающий злонамеренно впадает, по закону духовному, в подобную страсть»[346].

«Иной говорит истину, и безумные ненавидят его, по слову Богослова (*Ин. 8:31, 47*); иной же лицемерствует, и за это любят его. Однако ни то, ни другое из этих воздаяний не бывает долговременным: Господь в свое время воздаст каждому должное»[347].

«Желающий отклонить от себя бедствия будущей жизни должен переносить благодушно бедствия жизни настоящей. Таким образом, променивая в уме своем одно на другое, он избежит великих мучений посредством ничтожных страданий»[348].

«Воспрети уму самохваление и помыслу высокомыслие, чтоб не подвергнуться попущению и не впасть в противоположное тому, чем тщеславишься: благое совершается не одним человеком, но всевидящим Богом и человеком»[349].

«Всевидящий Бог определяет достодолжные наведения как делам нашим, так и произвольным помышлениям и размышлениям»[350].

«Невольные греховные домыслы произрастают от предварившего греха, вольные же от свободной воли: таким образом, вторые делаются причиною первых»[351].

«Греховным помыслам, возникающим против намерения, последует печаль и потому они скоро истребляются. Произвольным греховным помыслам последует радость и потому они изглаждаются с великим трудом»[352].

«Посечения и напасти производят печаль в сластолюбивом; производят ее в боголюбивом похвалы и излишества»[353].

«Не познавающий судеб Божиих умом совершает путь между пропастями и удобно низвергается в них всяким ветром: будучи похваляем, он возносится; будучи порицаем, огорчается; наслаждаясь, увлекается в начинания блуда; подвергаясь страданиям, малодушествует и плачет; уразумев что-либо, хочет выказать это и, не разумея, хочет представиться разумеющим; богатея, он кичится, и, убожествуя, лицемерствует; насытившись, бывает дерзким и, постясь, предается тщеславию; с обличающими он любит препираться и на тех, которые прощают ему, смотрит насмешливо как на помешавшихся в рассудке»[354].

«Кто благодатью Христовою не приобретет разума истины, тот мучится жестоко не только страстями, но и от действия на него внешних обстоятельств»[355].

«Если хочешь разрешить обстоятельство неудобопонятное, то ищи в отношении к нему того, что было бы благоугодно Богу, – и найдешь полезное решение недоумения»[356].

«О чем благоволит Бог, тому и вся тварь содействует служением своим, а от чего отвращается Бог, тому и вся тварь противодействует»[357].

«Противящийся скорбным наведениям противится, не понимая того, повелению Божию: принимающий же их с истинным разумом, терпит Господа»[358].

«Когда придет напасть, не изыскивай, для чего и отчего она пришла: ищи того, чтоб перенести ее с благодарением Богу, без печали и без памятозлобия»[359].

«Чужое зло не приумножает греха, если только мы не примем его с злыми мыслями»[360].

«Если неудобно найти благоугодившего без искушений, то должно благодарить Бога за все случающееся»[361].

«Если бы Петр не оставил ночной ловитвы, то и на дневной не получил бы успеха. Если бы Павел не ослеп чувственно, то не прозрел бы умом, Если бы Стефан не был оклеветан как хулитель Бога, то не отверзлись бы для него небеса, и он не увидел бы Бога»[362].

«Деятельность по заповедям Божиим называется добродетелью, и нечаянная скорбь – искушением»[363].

«Бог искушал Авраама» (*Быт. 22:1*) не для того, чтобы узнать, каков Авраам: потому что ведал его Ведущий всякого человека прежде, нежели человек начнет существовать. Искушал Авраама Бог, то есть посылал ему скорби, для пользы его, чтоб доставить ему возможность усовершиться в вере»[364].

«Всякая скорбь обличает уклонение воли, куда она преклоняется, направо ли, или налево. Открывая сокровенное направление воли, неожиданная скорбь правильно носит название искушения для того, кому она попускается»[365].

«Страх Божий понуждает нас ратовать против злобы. Когда же мы боремся с нею, благодать Божия ратует за нас»[366].

«Мудрость состоит не только в том, чтоб узнать истину, но и в том, чтоб терпеливо переносить злобу человеков, обижающих нас, принимая обиды их как свою принадлежность. Пребывающие исключительно в первом виде мудрости, способны превознестись гордостью; присовокупившие к первому виду второй, приобретают смиренномудрие»[367].

«Хочешь ли, чтоб не беспокоили тебя греховные помыслы? Возлюби уничижение души и содержи тело в скорбном состоянии – при посредстве возможных для тебя лишений. Так поступай не временно, но всегда, во всяком месте и обстоятельстве»[368].

«Если будешь ограждать себя лишениями и подвигами произвольными, то помыслы, противные произволению твоему, не будут обладать тобою. Не подчиняющийся лишениям и подвигам поневоле подчинится насилию помыслов противных произволению его»[369].

«Когда от обиды возмутится внутренность твоя и сердце, не огорчись этим! По смотрению Божию приведено в движение то, что было прежде вложено в душу твою. С радостью низлагай возникшие помыслы! Знай: когда эти помыслы будут истребляемы в самых первоначальных проявлениях, то вместе с ними истребится и злое движение. Оно умножится, если допустим помыслам развиваться»[370].

«Без сердечного сокрушения невозможно избавиться совершенно от заразы греховной. Сокрушается сердце тричастным воздержанием: воздержанием от сна, от пищи и от излишнего телесного успокоения. От нарушения воздержания в этих предметах рождается сладострастие. Сладострастие принимает благосклонно лукавые помыслы, сопротивляется молитве и подобающему служению»[371].

«Приняв жребий начальствовать над братиею, храни возложенную на тебя обязанность, и ради прекословия прекословящих не умалчивай того, что ты обязан сказать. В чем они окажут повиновение, ты получишь мздовоздаяние за их добродетель; если не послушают тебя в чем, – прости им и примешь прошение от Сказавшего: «отпустите и отпустится вам»[372].

«Всякий случай подобен торговле: сведущий в ней приобретает многое, – несведущий терпит убыток»[373].

«Не оказывающего повиновения слову любви не принуждай с любопрением к повиновению; приобретение, отвергнутое им, стяжи и себе: твое незлобие принесет больше пользы, нежели покушение на насильственное исправление»[374].

«Кто впадет в согрешение и не будет печалиться соразмерно согрешению, тот удобно падет снова в ту же сеть»[375].

«Надменное сердце не принимает приязненно печали по Боге»[376].

«Сытость чрева не совокупляется с сердечным болезнованием для зачатия добродетелей»[377].

«Не возможет человек стяжать болезнования и печали по Боге, если не возлюбит предварительно причины их»[378].

«Страх Божий и обличения насаждают в сердце печаль; воздержание и бдение соделывают его причастником болезнования»[379].

«Не внимающий наставлению заповедей и учения, изложенных в Священном Писании, будет погоняем бичем, которым погоняют коня, и рожном, которым погоняют осла. Если он не очувствуется и от этого – востягнуты будут челюсти его браздами и уздою, приведен будет он при посредстве их»[380].

«Удобно побуждаемый в мелочах, поневоле побежден будет в великом; побеждающий в мелочах, и в великом окажет доблесть о Господе»[381].

«Не покушайся обличениями принести пользу тому, кто хвалится добродетелями, потому что любящий выказывать себя не может быть любителем истины»[382].

«Всякое изречение Христово являет и милость, и правду, и премудрость Божию, чрез слух насаждает силу этих добродетелей в слушающих с благим расположением: по этой причине немилостивые и неправедные, слушая с расположением злым, не возмогли познать премудрость Божию, и Учившего этой премудрости распяли. Рассмотрим себя и мы: слушаем ли Его с благим расположением, потому что Он сказал: «любяй Мя, заповеди Моя соблюдет, и возлюблен будет Отцем Моим, и Аз возлюблю его, и явлюся ему Сам» (*Ин. 14:21*). Видишь ли, что явление Свое Он поместил таинственно в заповедях? Любовь к Богу и к ближнему совмещает в себе все заповеди: она образуется от удаления от всего вещественного и из безмолвия помыслов»[383].

«Для того чтоб мы достигли безмолвия помыслов, Господь заповедует: «не пецытеся о утрии» (*Мф. 6:34*). Вполне верно! Не освободившийся от всего вещественного и от попечения о нем как возможет избавиться от злых помыслов? Обладаемый помыслами как увидит ту греховность, которою заражено все существо человека, которая лежит тьмою и мглою на душе, образуется как последствие от произвольных греховных помышлений и действий? Не познавший этой греховности или греха в обширном смысле слова будет ли умолять Бога о очищении от греховности? Неочистившийся как ощутит в себе естества чистое? Не приобретший естества чистого как увидит внутри себя дом Христов? Мы – дом Божий. Возвещают это и пророки, и Евангелие, и апостолы» (*Иез. 37:27*; *Зах. 2:10*; *Ин. 14:23*; *1Кор. 3:16*)[384].

«Вышеизложенным порядком должно стремиться к тому, чтоб найти этот дом: должно стучаться неотступно молитвою, чтоб Владыка отверз нам двери в него или во время этой жизни, или при переходе из этой жизни в вечность. Да не услышим за нерадение наше: «не вем вас, откуда есте» (*Лк. 13:25*). Должно не только просить и получить, но и сохранить данное. Некоторые, приняв духовное сокровище, утратили его. Знание по букве или от слуха о вышесказанном, или же, может быть, и от случайного опыта, имеют и поздно начавшие обучаться духовному подвигу и юные; постоянное же и терпеливое пребывание в нем с трудом приобретено благоговейнейшими и многоопытнейшими из старцев, не раз терявшими его от невнимания и снова взыскавшими трудом, возложенным на себя по благому произволению. Не престанем и мы поступать так, доколе не стяжем сокровище в достоинстве неотъемлемом»[385].

«Может быть, скажешь: не имею денег, как окажу без них милость нищему? Не имеешь денег, но имеешь произволение: отрекись своей греховной воли и этим твори милость. Не можешь подать милостыню рукою? Подай ее благим произволением: «когда согрешит пред тобою брат твой, остави ему» (*Лк. 17:3*), по заповеди Господа, и вменится это тебе в великую милость. Если ищем себе прощения грехов от Бога, то и мы должны так поступать в отношении к ближнему при всяком согрешении его против нас, чтоб над нами совершилось сказанное во Евангелии: «отпущайте, и отпустится вам» (*Лк. 6:37*). Великое дело подавать милостыню убогим, когда имеются деньги; но миловать согрешающего против нас ближнего на столько выше и на столько более способствует к получению прощения во грехах, на сколько душа, по естеству, превосходнее тела. Если же мы, прося прощения грехов у Бога, получив прощение многократно и по причине этого прощения не потерпев здесь никакого зла, не хотим сделать ближних участниками этого дара, то по необходимости уподобляемся тому злому рабу, который, получив от Владыки прощение долга в десять тысяч талантов, не простил ста пенязей своему должнику ближнему. Господь, производя законный суд над лукавым рабом, сказал: «рабе лукавый, весь долг он отпустил тебе, понеже умолил Мя еси: не подобаше ли тебе помиловати клеврета твоего, и простить ему долг, яко же и Аз тя помиловах? И прогневався, – поведает

Евангелие, – предаде его мучителем, дондеже воздаст весь долг свой». К этому Господь присовокупил как вывод, следующие слова: «тако и Отец Мой небесный сотворит вам, аще не отпустите кийждо брату своему от сердец ваших прегрешения их» (*Мф. 18:32-35*). Подобно этому и в другом месте обогатившихся от Него различными благодеяниями, но имеющих немилостивый и несострадательный нрав признает несчастными, говоря: «горе вам, богатым, яко восприемлете утешение ваше» (*Лк. 6:24*). Истинное богатство есть обилие в нас различных дарований, данных нам: горе же нам! Многократно умолили мы Бога и помилованы были Богом, сами же были умоляемы и никого не помиловали. Мы восприемлем утешение наше, удовлетворяя нашей мстительности прочим похотениям»[386].

«Осуждаемся мы не за множество зол, но за то, что не хотим покаяться и познать чудеса Христовы, как свидетельствует сама Истина. «Мните ли, – говорит Она, – яко галилеане сии, ихже кровь смеси Пилат с жертвами их, грешнейши бяху паче всех человек, иже на земли? Ни, глаголю вам; но аще не покаетеся, такожде погибнете». И «они осмьнадесяте, на нихже паде столп Силоамский, и поби их, мните ли, яко грешнейши бяху паче всех человек, живущих во Иерусалиме? Ни, глаголю вам; но аще не покаетеся, такожде погибнете» (*Лк. 13:2-5*). Видишь ли, что осуждаемся за непокаяние»[387].

«Полагаю, что покаяние составляется из следующих трех добродетелей: из очищения помыслов, из непрестанной молитвы и из терпения находящих скорбей. Эти добродетели должны быть совершаемы не только явно, но и умным деланием: этим добродетелям предназначено доставлять бесстрастие тем подвижникам, которые долговременным упражнением стяжут навык в них»[388].

«Взем Крест твой, гряди по Мне» (*Мк. 10:21*), – сказал Господь. Крест – терпение находящих скорбей»[389].

«Без вышеупомянутых трех добродетелей не может быть совершено дело покаяния. Полагаю, что покаяние приличествует всем и всегда, и грешникам и праведникам, желающим получить спасение, потому что самое состояние совершенства не имеет такого предела, на котором бы не требовалось исполнения вышеупомянутых добродетелей. Начинающих они вводят в благочестие, средних – в преуспеяние, совершенных утверждают в совершенстве. Добродетели эти не могут удовлетворительно быть исполнены ни от долговременного упражнения в них, ни от сознания своей праведности»[390].

«Уничижаяй малая по мале упадет» (*Сир. 19:1*). Не скажи: как может пасть духовный? Пребывая таким, он не падает. Когда же примет в себя что-нибудь малое из области греха и не извергнет этого малого из себя покаянием, то оно, укоснев в нем и развившись, уже не терпит пребывать в одиночестве, но влечет и к иному, сродному себе, насильно, как бы цепью, которая образовалась от продолжительного благоприятства первоначальному виду греха, принятому произвольно. Если духовный вступит в борьбу с явившимся злом и отразит его молитвою, то останется в своей вере преуспеяния, утратив, однако, отчасти бесстрастие в такой степени, в какой попущено было пристрастие ко вкравшемуся злу. Если же духовный будет окончательно низвлечен возрастающим насилием возобладавшего им послабления, отвергши труд борьбы и молитвы, то по необходимости подвергнется обольщению и от других страстей. Таким образом, будучи передаваем одною страстью другой и каждою из них мало-помалу увлекаем, лишается Божественной благодати, увлекается уже тогда и в большее зло, даже в противность своему произволению, от насилия видов греха, возобладавших им прежде».

«Непременно возразишь мне на это: неужели духовный не мог, в то время как зло начинало действовать в нем, умолить Бога, чтоб не впасть в столь бедственные последствия? И я говорю, что мог. Но, пренебрегши малым, он произвольно принял его как ничтожное, не позаботясь помолиться о нем и не ведая, что это малое служит причиною большего, вводит в большее, как в добре, так и во зле. Когда же страсть возрастет и, впущенная произвольно, возгнездится в нем, тогда уже и против воли его начинает действовать против него упорно. Уразумев сущность дела, должно прибегать молитвою к Богу, противостоять и сопротивляться врагу, которого прежде защищали, препираясь с человеками. Случается даже и то, что мы, будучи уже услышаны Господом, не получаем помощи ощутительно для нас, потому что она приходит не по тому образу, который предполагается для нее человеком, но так, как устраивает Бог, нам на пользу. Ведая удобопоползновенность нашу ко греху и наклонность пренебрегать грехами, Он помогает нам много скорбями, чтоб мы, избавившись бесскорбно, снова не стали увлекаться и впадать опрометчиво в те же согрешения. Основываясь на этом, мы утверждаем, что необходимо терпеть постигающее нас, что пребывание в покаянии есть состояние, вполне соответствующее нам»[391].

«Мы все – потомки Адама; все родимся во грехе его и по этой причине все определением Божиим осуждены на вечную смерть, не имеем возможности спастись без Христа. Все, и самые праведнейшие между человеками, избавляются от вечной смерти единственно чрез посредство Христа, распявшегося за всех и искупившего всех кровью Своею. По этой причине и Сам Искупитель предлагает для всех одно делание, объемлющее в себе все прочие делания, и повелевает апостолам говорить всем одно: «покайтеся, приближися бо Царствие Небесное» (*Мф. 4:17, 10:7*). Вместе с этим Спаситель преподал многие частные заповеди, от исполнения которых достигается совершенство в покаянии, и исполнение это завещал до самой смерти, сказав: «иже погубит душу свою Мене ради и Евангелия, в живот вечный сохранит ю» (*Мк. 8:35*; *Ин. 12:25*). И опять, повелевая отречься от всего, присовокупляет: «еще же и своея души» (*Лк. 14:26*). Запечатлевая великое значение заповедей, он говорит: «иже аще разорит едину заповедей сих малых, мний наречется в Царствии Небесном» (*Мф. 5:19*). Если Христос, как здесь объяснено, назначил пребывать в покаянии до смерти, следовательно, тот, кто утверждает, что покаяние может быть окончательно исполнено прежде смерти, отвергает заповедь, отрицаясь от погубления души до смерти, является он преступником всех Христовых заповедей. Нет конца покаянию до самой смерти и для малых, и для великих! Никто не возмог на самом деле достичь совершенства в покаянии, такого совершенства, которое не нуждалось бы в приложении или не было уже способно к нему! И потому мы, если и не удостоимся выполнить его как должно, то по произволению будем упражняться в нем, чтоб не причислиться к отвергающим заповедь намеренно, чтоб не подвергнуться за это осуждению. Рассмотри от начала мира жизнь всех, совершивших благополучно странствование земное, и найдешь, что таинство благочестия во всех благоугодивших Богу совершилось чрез покаяние. Был ли кто осужден? Осужден он за пренебрежение покаянием. Был ли кто оправдан? Оправдан он, потому что прилепился к покаянию»[392].

«Самое естество научает нас пребывать в покаянии до смерти. УМ не может быть праздным. Если б ум был и весьма значителен по объему и силе, природным и приобретенным, то он, находясь в состоянии здравия, действует в области добра; если же, возуповав на свое превосходство, оставит упражнение в добре, то по необходимости уклоняется в область зла; и опять, удаляясь от злого, естественно привлекается к деятельности благой и правильной. Такая деятельность для новоначальных, средних и совершенных заключается в молитве, в очищении помыслов и в терпении попускаемых скорбей, без чего невозможно совершать и прочих добродетелей, соделывающих покаяние благоприятным»[393].

«Если покаяние есть прошение милости, то упражняющемуся в покаянии должно озаботиться о том, чтоб не услышать: «се сыти есте» (*1 Кор. 4:8*), должно продолжать неотступное прошение как неимеющему достаточно, потому что «всяк просяй приемлет» (*Мф. 7*)[394].

«Если будет помилован только тот, кто сам милует, то, как думаю, покаянием держится весь мир, человеки содействуют друг другу в покаянии по устроению Божия Промысла»[395].

«Если мы будем подвизаться в покаянии до самой смерти, и тогда не исполним должное, потому что и тогда не принесем ничего равноценного Царству Небесному»[396].

«Как естественно нам есть, пить, говорить, слышать, так естественно и каяться»[397].

«Умерщвляется, по определению закона, однажды заслуживший смерть, если же кто продолжает жить, тот уже живет по вере, ради покаяния, если бы и не за свои грехи, то за грех прародительский, общий всему человечеству»[398].

«Мы очистились крещением; очистившись, получили заповеди. Нарушающий заповеди оскверняет крещение, «забвение прием очищения древних своих грехов» (*2 Пет. 1:9*), которыми не бывает скуден никто, подвергаясь ежедневно согрешениям невольно, хотя бы и стремился к исполнению всех заповедей»[399].

«Покаяние нужно всем: оно показывает нам грехи наши, соделанные прежде произвольно, а ныне, когда мы возненавидели страсти и начали удаляться от них, – служащие причиною согрешений невольных»[400].

«Признающий свое покаяние окончательно исполненным, зрит вспять, в нем обновляются впечатления от прежних согрешений» (*Лк. 9:62*).

«Истинно разумный разумеет и то, что он нуждается в покаянии: разум истины даруется покаянием, и покаяние – разумом истины»[401].

«Христос поручился за нас на условии покаяния: отвергающий покаяние отвергает Спасителя»[402].

«Добрыми делами естества[403] без покаяния мы не можем совершить ничего заслуживающего помилование от Бога; Господь дарует нам великое помилование за расположение души, настроенной покаянием. Принуждающий себя и пребывающий до кончины своей в настроении, доставляемом покаянием, спасется за понуждение себя и за покаяние, хотя бы и подвергся некоторым согрешениям: обетовано это Господом в Евангелиях»[404].

«Провозглашающий о себе, что он не нуждается в покаянии, этим объявляет себя праведником, а Писание именует его порождением ехидны. (*Мф. 3:7*; *Лк. 3:7*). Признающий себя совершившим покаяние по причине мнения о своей праведности сочетается, не ведая того, со сластями страстей, потому что мнение и кичливость принадлежат к таким сластям»[405].

«Зараженный самомнением не возможет спастись: «презорливый же и обидливый муж и величавый ничесоже скончает» (*Авв. 2:5*), говорит Писание»[406].

«Если смиренномудрие не приносит никакого вреда совершенному, то и совершенный да не оставляет начальную причину смиренномудрия – покаяние»[407].

«Насытившийся покаянием не может смиренномудрствовать»[408].

«Если б мы тщательно заботились о смиренномудрии, то не нуждались бы в наказаниях. Все, злое и лютое, постигающее нас, постигает за превозношение. Попущено было ангелу сатаны мучить (*2 Кор. 12:7*) апостола, чтоб апостол не превознесся; тем более нам, увлекающимся превозношением, попустится сатана. Он будет попирать нас, доколе мы не смиримся»[409].

«Побеседуем несколько о бессловесной страсти гнева. Она опустошает, смущает и помрачает всякую душу; она во время движения и действия своего соделывает человека – особливо удобопоползновенного и быстропреклонного к ней – подобным зверю. Страсть эта преимущественно утверждается, укрепляется, пребывает несокрушимою дотоле, доколе диавольское древо огорчения и раздражительности, гнева и ярости напаяется злою водою гордости, дотоле оно возрастает сильно, цветет обильно, приносит множество плодов – преступлений закона Божия. Таким образом, здание, воздвигнутое в душе лукавыми духами, пребывает в неприкосновенной, несчастной целости, утверждаясь и укрепляясь на основании своем – на гордости. Если хочешь, чтоб греховное древо, страсть огорчения и раздражительности, гнева и ярости посохло в тебе и сделалось бесплодным, чтоб секира Духа, приблизившись, срубила его, ввергла в огонь, по определению Евангелия, и истребила со всякою злобою; если хочешь, чтоб дом беззакония, непрестанно и злонамеренно созидаемый диаволом, который, собирая, как камни, различные предлоги и благословные и суетные, или на самом деле, или в помыслах, сооружает здание злобы в душе; если хочешь, говорю, чтоб этот дом был разрушен и разметан, то имей незабвенным в сердце твоем смирение Господа. Рассуждай: кто Господь и чем соделался Он ради нас? С какой высоты Божественного света, откровенного горним существам соответственно их зрительной силе, славимого на небе всеми разумными созданиями: ангелами, архангелами, престолами, господствиями, началами, властями, херувимами, серафимами и не именуемыми Писанием умными силами, которых имена не достигли до нас, по проречению апостола, в какую глубину человеческого смирения Он низошел по неизреченной благости Своей и по всему уподобился нам, седящим во тьме и сени смертней, соделавшимся пленниками при посредстве преступления Адамова, находящимся в насильственной власти демонов, которые действуют в нас страстями нашими. Когда мы находились в этом лютом порабощении, в области невидимой и горькой смерти, не устыдился такого положения нашего Владыка всей твари видимой и невидимой: Он смирил Себя и воспринял человека из страстей бесчестия и из состояния отвержения, куда низвергнут был человек, осужденный определением Божиим. Владыка соделался подобным нам по всему, кроме греха, то есть за исключением страстей бесчестия. Наведенные казни определением Божиим на человека в наказание за преступление заповеди и за впадение в грех, то есть телесную смерть, труды, голод, жажду, все это Он восприял, соделавшись тем, что – мы, чтоб мы соделались тем, что – Он. «Слово плоть бысть» (*Ин. 1:14*), чтоб плоть соделалась Словом; «Богатый обнища нас ради, да мы нищетою Его обогатимся» (*2 Кор. 8:9*), – по великому человеколюбию уподобился нам, чтоб мы уподобились

Ему всеми добродетелями. Точно! С того времени, как пришел Христос, человек изменяется в нового человека, будучи обновляем благодатью и силою Духа, достигая в меру совершенной любви, изгоняющей страх и уже не подвергающейся падению. «Любы николиже отпадает» (*1 Кор. 13:8*): потому что «Бог, – говорит Иоанн, – любы есть, и пребываяй в любви в Бозе пребывает» (*1 Ин. 4:16*). Этой меры сподобились апостолы и все те, которые, подобно им, обучились добродетели основательно и правильно, представили себя Господу совершенными, последовавши Христу в течение всей жизни своей желанием совершенным. Постоянно созерцай, не побеждаясь забвением, смирение, которое Господь восприял на Себя по любви к нам, по неизреченному человеколюбию. Созерцай вселение Бога Слова в ложесна Девы, принятие им человечества, рождение от жены, постепенность телесного возрастания, бесчестия, досады, поношения, поругания, укорения, биения, оплевания, насмеяния, наругания, червленную хламиду, терновый венец, приговор на Него правителей, вопли против Него беззаконных иудеев, Ему единоплеменных – «возми, возми, распни Его» (*Ин. 19:15*) – крест, гвозди, копье, напоение оцтом и желчью, наругания над Ним язычников, насмешки тех, которые, проходя мимо Его распятого, говорили Ему: «аще Сын еси Божий, сниди со креста, и веруем в Тя» (*Мф. 27:40, 42*). Созерцай и прочие страдания, которые Господь претерпел ради нас: распятие, смерть, тридневное погребение во гробе, сошествие во ад. Какие же были за тем плоды страданий? Воскресение из мертвых, пленение ада и смерти, вознесение на небеса душ, исшедших оттуда с Господом, сидение одесную Отца (*Мк. 16:19*) «превыше всякого начала и власти и всякого именуемого имени» (*Еф. 1:21*), честь, слава, поклонение всех ангелов Первенцу из мертвых по причине понесенных Им страданий, как и апостол говорит: «Сие да мудрствуется в вас, еже и во Христе Иисусе, иже во образе Божий сый, не восхищением непщева быти равен Богу, но Себе умалил, зрак раба приим, в подобии человеческом быв, и образом обретеся якоже человек, смирил Себе, послушлив быв даже до смерти, смерти же крестныя. Темже и Бог Его превознесе, и дарова Ему имя, еже паче всякого имене: да о имени Иисусове всяко колено поклонится, небесных, земных и преисподних: и всяк язык исповесть, яко Господь Иисус Христос во славу Бога Отца» (*Флп. 2:5-11*). Вот в какую славу и высоту, по суду правды Божией, вышеисчисленные страдания возвели Господня человека! И потому, если с любовью и усердием будешь памятовать о них незабвенно в сердце твоем, страсть огорчения и раздражительности, гнева и ярости не будет обладать тобою. Когда самое основание этой страсти – гордость – будет выворочено кверху рассматриванием смирения Христова, тогда и все здание беззакония, ярости, гнева и печали разрушится удобно и само собою. Какое жестокое и каменное сердце не смягчится, не увидится, не смирится, если уму будет постоянно соприсутствовать памятование о смирении Единородного Сына Божия, о претерпенных Им страданиях? Не представит ли оно себя, по Писанию, произвольно в попрание всем человекам, как попираются ими земля и пепел? Когда душа, взирая на смирение Христово, будет смиряться и сокрушаться, какая ярость, какой гнев возмогут возобладать ею? Какая печаль возможет одолеть ее?»[410]

«Подобает научиться духовному закону, возложить на себя подвиги[411] о благочестии, и постигающие скорби переносить с терпением, как свои. Без этого никто не может сделаться истинно премудрым. На вопрос, какие бы то были подвиги о благочестии, преподобный Марк отвечал: это заповеди Христовы, из которых первая и величайшая – любовь. Она «не мыслит зла, вся любит, всему веру емлет, вся уповает, вся терпит» (*1Кор. 13:5-7*), по слову Писания. Поступая так, она не судит тех, которые представляются обижающими ее. Любовью мы различаемся один от другого, и все недостаточествуем по отношению к ней, ожидая восполнения этому недостатку от благодати Христовой, если мы ее вознерадим о возделывании любви по нашим силам. Бог знает и сколько мы не можем сделать по немощи, и сколько не совершаем дел любви по нерадению. Любовь укрепляется не от одних произвольных трудов, но и от случающихся скорбей, и потому мы нуждаемся, чтоб Бог ниспослал нам много терпения и кротости. По отношению к этому говорит апостол: «хотяй быти мудр в веце сем, буй да бывает, яко да премудр будет» (*1Кор. 3:18*). Мудрые по букве признают согрешающими одних обижающих, а премудрые по Духу Божию, будучи и обижаемы, порицают себе, когда не переносят обид терпеливо, с благим произволением, с радостию. Порицают они себя не только за это, но и по той причине, что признают скорби возникшими из данного ими некогда повода, из какого-либо прежнего согрешения, хотя согрешения бывают легче и тяжелее одно другого. Кто мстит за себя, тот как бы обвиняет Бога в бессудии, а кто претерпевает нашедшую скорбь как свойственную себе, тот терпением приносит исповедание в прежде соделанных согрешениях, за которые и подвергается страданию от наведенной напасти».

«Имеются три вида благочестия: первый состоит в том, чтобы не согрешать; второй – в том, чтоб, согрешивши, терпеливо переносить приключающиеся скорби; третий – в том, чтоб плакать о недостатке терпения, если не переносим скорби с должным терпением. Если мы здесь не совершим примирения с Богом, установленными от Него средствами, то это по необходимости навлекает на нас подсудимость на будущем суде: разве только Бог, увидев, что мы смирились и плачем, изгладит, как Сам ведает, грехи наши всесильною благодатью Своею. Если же мы не только не смиримся и не восплачем о нерадении в исполнении вышеупомянутых видов благочестия, но и еще будем защищать себя словами мирской премудрости (учености) и ею превозноситься над благоговейными, то как будем помилованы, действуя противоположно условиям помилования?»

Когда преподобный беседовал так, один из учеников его, уповавший на воздержание свое и по этой причине пребывавший вне познания истины, покушавшийся претерпевать все скорбное, но неправильно, думая о себе, что страдает как мученик, возразил старцу: «где говорит Писание, что по вине каждого и по праведному суду Божию находят бедствия на человеков?»

Старец отвечал: «возлюбленный! Найдешь это во многих местах Писания, как в Ветхом, так и в Новом Завете. Впрочем, и мы укажем тебе некоторые из таких мест, если желаешь того. Уразумев истину, отвергни высокомудрие; мало этого, отвергни зломудрие и приобрети смирение, заимствовав его от Бога, Который сказал: «возмите иго Мое на себе и научитеся от Мене, яко кроток есмь и смирен сердцам, и обрящете покой душам вашим» (*Мф. 11:29*).

Ученик остановил преподобного на этом слове и сказал ему: «если каждый из нас подражает смирению Христову тем, что признает постигающие его скорби должным себе воздаянием, как сказано тобою, то из этого очевидно явствует, что и Христос, пострадав, исполнил долг свой. Но я считаю такое мнение богохульством». Авва отвечал: «скажи мне, возлюбленный, берущие в заем деньги при поруке поручителей, одни ли должники? или одинаково с ними должники и поручившиеся за них?» Ученик: «очевидно, что и поручившиеся». На это старец: «будь же убежден со всею достоверностью, что Христос, восприняв нас, соделал Себя должником, как и Божественное Писание свидетельствует о Нем: «Агнец Божий, вземляй грехи мира» (*Ин. 1:29*), «быв по нас клятва» (*Гал. 3:13*). Он восприял смерть за всех нас; Он умер за всех нас: тебя ли одного не восприял Он? объясни это искренно». – Ученик, припав к ногам старца, сказал: «я согрешил, как младенец, сказав в неведении сказанное мною; но отнюдь не отрекаюсь Избавителя и Восприемника всех верующих в Него. Знаю, что, кроме Него, нет иной надежды человекам на спасение, как говорит апостол: «вси согрешиша и лишени суть славы Божия, оправдаеми туне благодатию Его» (*Рим. 3:23-24*). – Братия, присутствовавшие тут, получили пользу, увидев, что брат познал истину и покаялся. Старец продолжал:

«теперь остается нам показать из Писания, что из случающегося с каждым из нас печального ничто не случается несправедливо, все по праведному суду Божию. Иные страдают за свое зло, а иные за ближних: «в недра входят вся неправедным: от Господа же вся праведная» (*Притч. 16:33*). По этой причине сказано: «или будет зло во граде, еже Господь не сотвори?» (*Ам. 3:6*). И еще: «вся дела Господня с правдою» (*Притч. 16:9*). И: «еже сеет кождо, сие и пожнет» (*Гал. 6:7*). И: «аще неправда наша Божию правду составляет, что речем? еда ли не праведен Бог, наводяй гнев? да не будет» (*Рим. 3:5-6*). И три отрока, ввергнутые в разженную печь, учат нас этому образу мыслей, сказав, что они ввергнуты по своей вине и по Божию повелению, хотя они восприняли лице согрешивших соотечественников, будучи сами невинны (*Дан.3:28-31*). И святый Давид, оскорбляемый Семеем, исповедует, что подвергается оскорблениям по повелению Божию и за свою вину (*2 Цар. 16:11*). И Исаия, и Иеремия, и Иезекииль, и Даниил, и другие пророки предвещали народу израильскому и народам языческим, что их постигнут скорби, соответственно грехам, совершенным каждым народом. Пророки объявляли вместе и вины, и наведения за эти вины: за это именно, предрекали пророки, за то, что провозглашалось в среде народа то и то, делалось то и то, и постигнет их то и то. Объясняя это же, блаженный Давид говорит в псалмах своих: «разумех, Господи, яко правда судьбы Твоя, и воистину смирил мя еси» (*Пс. 118:75*). И еще: «поношение безумному дал мя еси. Онемех и не отверзох уст моих, яко ты сотворил еси» (*Пс. 38:9-10*). Эти слова Давида и мы должны произносить к Богу, когда подвергнемся укоризнам от кого-либо, и благодарить Бога за то, что Он послал обличителя сокровенных в нас лукавых мыслей, послал с тою целию, чтоб мы, рассмотрев мысли наши с достоверностью, исправили себя. Большей части наших греховных недугов мы не знаем! потому что только мужу совершенному свойственно содержать в памяти свои недостатки. Если и явные нарушения закона духовного неудобопонятны, тем неудобопонятней нарушения его, совершаемые в области мыслей. Но мы, не ведая бо́льшей части греховности нашей, смущаемся от наведений. Поймем же, как благоразумные, что Господь наводит искушения для пользы нашей и посредством их делает нам много добра: во-первых, посредством их открываем присутствие в себе злых мыслей, сокровенно обладающих нами; по открытии их подается нам истинное, непритворное смиренномудрие; потом избавление от суетного возношения и обнаружение разнообразной злобы, таившейся внутри нас, как говорит Писание: «проникоша вси делающее беззаконие, яко да потребятся в век века» (*Пс. 91:8*). Братия! Наверно знайте следующее: если не будем переносить наведений с терпением, верою и благодарением, то никогда не возможем открыть злобу, сокровенную внутри нас. Если же не откроем ее, то не возможем ни отразить и прочих злых помыслов, борющих нас, ни взыскать очищения от впечатлений, произведенных прежде соделанными грехами, ниже получить твердой уверенности относительно будущего».

«Наводимые скорби и обличения не уподобляются по наружности винам, но в духовном значении отношения одних к другим сохраняют точную правду. Это можно увидеть и из Священного Писания: задавленные упавшею на них башнею Силоамскою не обрушали башни на других: пленники, отведенные на семьдесят лет в Вавилон для покаяния, не брали в плен других для покаяния. Средства наказания не имеют неуклонного сходства с винами: так, воины, уличенные в проступках, подвергаются побоям, но не тому самому злу, которое сделали. Подобно этому, и все мы наказуемся постигающими нас скорбями и благовременно и правильно к покаянию, но не тождественно, то есть не в то самое время, когда согрешаем, и не тем злом, в котором виновны. Это-то и приводит некоторых к неверию правде Божией, то есть отсрочка наказания и несходство наказаний с винами».

Вопрос: «Скорби, наводимые на нас, очень разнообразны. Одни из них истекают от человеков оклеветавающих, злоречащих, ласкательствующих, вводящих в заблуждение, обольщающих, скрадывающих, обижающих, соблазняющих, враждующих, презирающих, ненавидящих, притесняющих, биющих, подвергающих гонению, словом, делающих то зло, которое человеки могут делать человекам. Другие скорби возникают от собственного тела, когда оно бесчинствует, противоборствует духу, ищет неги, впадает в различные недуги и болезни, подвергается падениям, ушибам и прочим разнообразным последствиям немощи своей. Опять иные скорби приходят извне таковы: угрызения псов, ядовитых и плотоядных зверей, также заразительные поветрия, голод, землетрясения, наводнения, морозы, зной, старость, убожество, заточение и тому подобное. Наносятся скорби злыми духами, с которыми мы находимся в войне, по словам апостола; они наблюдают за нашими словами и делами, а по ним заключают о помыслах, которые, естественно, должны быть подобны словам и делам. Справедливо умозаключение демонов! Если наш самовластный ум не будет по причине неверия беседовать с искусительными вражескими приражениями; если он не оставит подобающую ему совершенную надежду на Бога и не начнет плодить помыслов, то не может последовать ни слов, ни дел. Но ты сказал, что всякого рода бедствия постигают падшего соразмерно вине его, привлекая нас в познание правды Божией; покажи же нам и причины скорбей, чтоб мы, таким образом, поверили тому, что мы именно виновны в наводимых нам скорбях и должны терпеливо переносить нападающие на нас скорби. Опасаемся подвергнуться тяжкой муке по определению ожидающего нас загробного суда не только как грешники, но и как отвергшие врачевание».

Ответ: «Причина всякого скорбного случая – помыслы каждого. Я мог бы указать как на причину, на слова и дела; но они не рождаются прежде помыслов, а потому помыслам приписываю все. Предшествует помысл, потом чрез слова и дела образуется общение человека с человеком. Имеются два образа общения: один из злобы, а другой от любви. При посредстве общения мы воспринимаем друг друга, не понимая даже этого; восприятия же не последуют по необходимости скорби, как и Писание говорит: поручайся за друга, врагу предает свою руку (*Притч. 6:1*). Каждый терпит скорби, постигающие его, не только из-за себя, но и из-за ближнего, — в том, в чем восприял ближнего на себя.

«Восприятие от злобы есть непроизвольное. Оно совершается так: отнимающий что-нибудь у ближнего принимает на себя искушение этого ближнего, хотя и не хочет; так же злословящий — злословимого, лихоимствующий — лихоимствуемого, насилующий — насилуемого, оговаривающий — оговариваемого, презирающий — презираемого. Чтоб не перечислять каждого действия отдельно, — всякий обидящий восприемет искушения обидимого, соразмерно обид. Об этом свидетельствует Божественное Писание. «Праведный, — говорит оно, — от лова убегнет: в негоже место предается нечестивый» (*Притч. 11:8*). И еще: «изрывай яму искреннему своему, впадется в ню: и валяяй камень, на себе валит» (*Притч. 26:27*). И: «в недра входят вся неправедным, от Господа же вся праведная» (*Притч. 16:33*). «Если же неправда наша, — как сказал апостол, — Божию правду составляет в отношениях наших одно к другому: то что речем? Еда ли неправеден Бог, наносяй гнев» (*Рим. 3:5*), не только на вразумляемых скорбями, но и на восстающих против скорбей безрассудно и свирепо?»

«Восприятие ближнего на себя предано нам Господом Иисусом. Он совершил это восприятие, исцелив, во-первых, наши душевные немощи, потом «целя всяк недуг и всяку болезнь» (*Мф. 9:35*), «вземля грех мира» (*Ин. 1:29*), возустрояя естество чистое в верующих Ему искренно, избавляя их от смерти, предав истинное Богопочитание, научая благочестию, наставляя словом и примером, что ради любви мы должны переносить страдания даже до смерти, сверх этого соделав нас причастниками Духа и посредством Его даровав терпение и те блага, «ихже око не виде, и ухо не слыша, и на сердце человеку не взыдоша» (*1 Кор. 2:9*). Он восприемлет искушения за нас: поношения, поругания, узы, предательство, биение по ланитам, напоение уксусом и желчию, пригвождение гвоздями, распятие, прободение копием. Таким образом, приобщившись нам плотью и духом и восприяв на Себя страдания за нас, Он предал такое восприятие в закон святым апостолам и ученикам Своим, а прежде их пророкам, праотцам, патриархам, научив вторых Святым Духом, а первых Своим всесвятым вочеловечением. Являя это восприятие, Он говорил: «не бойтеся, Аз победих мир» (*Ин. 16:33*). Также: «Аз за них свящу Себе, да и тии будут священи во истину» (*Ин. 17:19*). И еще: «больши сея любве никто же имать, да кто душу свою положит за други своя» (*Ин. 15:13*). На этом основании святой Павел, подражая Господу, говорил о себе: «ныне радуюся в страданиях моих о вас, яко исполняю лишение скорбей Христовых во плоти моей за тело Его, еже есть Церковь» (*Кол. 1:24*). В этих словах апостол изобразил прикровенно восприятие от любви. Хочешь ли ясней познать, как все апостолы приобщились нам и мыслию, и словом, и делом, и по причине такого общения восприяли искушение за нас? Мыслию вступили они в общение с нами, предлагая нам Писания, объясняя таинственное значение пророчеств, увещевая уверовать Христу как Спасителю, служить Ему как Сыну Божию по естеству, доказывая проповедь поразительными знамениями, молясь за нас, проливая слезы, делая все, что должно делать озаренным истиною в мысли. Вступили они в общение словами, умоляя нас, угрожая нам, уча, обличая, показывая срам маловерия нашего и невежества, объясняя Писание о значении времен, исповедуя Христа, проповедуя, что Он был распят за нас, что Он – вочеловечившееся Слово, что вочеловечившееся Слово – единая личность, а не две личности, хотя и исповедуется в двух естествах, соединенных нераздельно и неслитно, останавливая зловерие и преграждая ему путь во всяком времени, месте и деле, не соглашаясь с ложью, удаляясь от хвалящихся по плоти, с тщеславными не пребывая, кичливых не боясь, уничуждая лицемеров, приемля смиренных, усвояя благоговейных, научая нас такому же поведению. Приобщились они нам делами, подвергаясь гонениям, поношениям, лишениям, оскорблениям, злодеяниям, заключению в темницу, насильственной смерти и прочим страданиям за нас. Вступив в то же общение с нами, они при посредстве его восприяли и искушения ваши. «Аще скорбим, – говорят они, – о вашем спасении; аще ли утешаемся о вашем утешении» (*2 Кор. 1:6, 7*), приняв этот закон любви от Господа, Который сказал: «больше сея любви никтоже имать, да кто душу свою положит за други своя» (*Ин. 15:13*). Такое поведение они предали и нам. «Если Господь положил душу Свою за нас, – говорят они, – то и мы должны есмы души наша по братии полагати» (*1 Ин. 3:16*). Также: «друг друга тяготы носите, и тако исполните закон Христов» (*Гал. 6:2*). Познав, что имеются два образа общения человеков между собою, что за ними последует двоякое восприятие, одно невольное, а другое по любви, не будем любопытствовать при встречающихся с нами искушениях, подвергая подробному исследованию качество восприятия, как, когда, чрез кого пришло искушение: одному Богу свойственно знать соответственность каждого из них с виною, определение на них своего времени, направление всей твари к содействию попускаемому искушению[412]. Наша единственная обязанность веровать правде Божией и знать, что все постигающее нас скорбное, против воли нашей, постигает или по любви, или за греховность, что по этой причине мы обязаны переносить искушения с терпением, не отражая их противодействием им, чтоб не приложить этим нового греха к грехам нашим. Прежде всего прошу вас, братия, быть очень внимательными к сказанному, чтоб и мы, подвергшись искушению за слова наши, не подверглись ему бесплодно и чтоб вам не предать забвению сказанного, приняв сказанное без должного усердия. Забвение – дщерь сердечной хладности (уныние); мать обоих – неверие».

«На это отвечали братия: успокойся, отец, относительно произнесенного тобою поучения. Убежденные свидетельствами Писания, мы выслушали с верою поведание о том, что без праведного суда Божия никакая невольная скорбь не прикасается к человекам, хотя мы, по ограниченности нашей, и не постигаем как таинственного стечения обстоятельств, так и времени, в которое назначается попущение искушения»[413].

«Услышь, душа, словесная сообщница моя в жизни! – такое наставление душе влагает преподобный Марк в уста ума ее, – намереваюсь поведать тебе тайну, которая относится и ко мне, и к тебе. Тайну эту я постиг не потому, чтоб очистился от страстей, но потому, что успокоился немного по Божией благодати от действия их. Достоверно узнал я, о душа, что, как я, так и ты, подвергшись действию противоестественному, вовлекаемые неведением в заблуждение, обвиняем других в согрешениях наших, представляя себе ложно, что злоба находится вне нас. По причине такого ошибочного воззрения мы обвиняем иногда Адама, иногда сатану, иногда человеков, с которыми поставлены в сношение. Вследствие этого вступаем в многообразное ратоборство и, полагая ратовать против иных, ратуем против самих себя; полагая защищать друг друга, нападаем друг на друга; полагая благодетельствовать себе, терзаем себя подобно беснующимся; несем труды, подвергаемся поношениям, которые справедливо делаются для нас бесполезными, будучи последствиями неправильного настроения. Заповеди мы думаем любить, но начала, на которых основано исполнение их, возненавидели по причине нашего самообольщения. Ныне я узнал наверно, что никакая власть не влечет нас неправедно ни ко благу, ни ко злу, что со времени крещения и Бог и диавол поощряют нас в усвоение себе праведно, сообразно тому, какое направление приняло жительство наше по крещении и кому поработили себя произвольно».

«Имеются два вида приражения, которыми мир обманывает нас, если мы не усмотрим их благовременно:

похвала от человеков и отрада тела. Когда они приражаются без предварившего произволения нашего, тогда они не принадлежат ни к злобе, ни к добродетели — служат только обличением для нашей воли, куда она склонится. Господу благоугодно, чтоб мы терпели поношение и жительствовали в лишениях и подвиге; диавол же хочет противного этому. Если мы услаждаемся похвалою человеческою и отрадою тела, то из этого явствует, что мы, преслушая Господа, преклоняемся к духу сластолюбия. Если же не благоволим к похвале человеческой и к наслаждению телесному, то из этого явствует, что мы преклоняемся к Богу, возлюбив тесный путь. Для того и допущено этим двум обольстительным приражениям действовать на человеков, чтоб любящие заповедь и сочувствующие ей вынаружили и доказали преклонение своей воли ко Христу, чтоб Христос, обретши вход в души их, научил умы их истине. Подобно этому, о противном понимай противное. Любящие человеческую славу и отраду тела дают вход диаволу, который этими средствами нашедши свойственный себе вход, уже свободно вводит зло и не престает умножать его на столько, на сколько услаждается влагаемыми им помышлениями. Поступает он так дотоле, доколе мы, опомнившись, не возненавидим от искренности сердца двух вышеупомянутых средств приражения. Но мы любим их! Мы не только предаем за них добродетель, но и их променяем одно на другое, смотря по обстоятельствам: иногда подвергаем тело лишениям и подвигам с целью приобретения славы человеческой, а иногда подчиняем себя человеческому поношению, чтоб удовлетворить сластолюбие; иногда же, оставя всю заботу о них, устремляемся к снисканию тех видов миролюбия, которыми питаются и от которых усиливаются тщеславие и сластолюбие. Для них средством питания и усиления служит сребролюбие, «корень всем злым», по определению Божественного Писания» (*1Тим. 6:10*).

«Непременно возразишь ты мне, душа, что мы и не собираем золота, и не имеем стяжания. На это скажу тебе, что ни золото, ни имущество не вредны сами по себе, – вредно злоупотребление ими, вредно употребление их по пристрастию. Некоторые, бывши богатыми без страсти к богатству, благоугодили Богу: таков был святой Авраам, таковы были праведные Иов и Давид. Напротив того, некоторые из нас и без имения, вскормили в себе страсть любостяжания при посредстве ничтожных мелочей. Таким образом, мы сделались хуже обладавших большим имуществом: оставив жительство, которое должно во всех отношениях состоять в лишениях и подвиге, злохитро допускаем себе в разных случаях наслаждения, как бы думая действовать тайно от Бога; убегая сребролюбия, мы не убегаем сластолюбия; не копим золота, а собираем маловажные вещи; отказываемся от начальнических санов и власти, а славу и похвалу уловляем всеми средствами; оставили имущество – не оставили наслаждений, к доставлению которых имущество служит средством. Некоторые из нас оставляют и наслаждения, но в ложном разуме, не убегая вредных для душеспасения излишеств, но как бы гнушаясь добрых созданий Божиих и думая последовать словам Писания: «не коснися, ниже вкуси, ниже осяжи» (*Кол. 2:21*).

«Душа! Когда услышишь о преступлении Адама и Евы, понимай его так: в начале подверглись ему собственно они: ныне же подвергаемся ему в духе мы, я и ты. «Сия вся образи прилучахуся онем: писана же быша в научение наше, в нихже концы век достигоша» (*1 Кор. 10:11*). Рассмотри следующее! Возродились крещением и водворенные в раю Церкви, мы преступили заповедь Возродившего нас, и каким образом? Господь повелел любить всех единоверных и, при посредстве терпения, вкушать плод, который они приносят нам, сказав: «от всякаго древа, еже в раи, снедию снеси» (*Быт. 2:16*). Но мы, последовав помыслам змея, возлюбили одних как добрых, возненавидели других как злых. В этом и заключается вкушение от древа познания добра и зла (*Быт. 2:9*). Вкусив от него, мы умерщвляемся в духе не потому, чтоб смерть сотворена была Богом, но потому, что она является сама собою в человеке, возненавидевшем ближнего. «Бог смерти не сотвори, ни веселится о погибели живых». (*Прем. 1:11*); Он не приводится к действиям страстию гнева, не вымышляет способов к наказанию за согрешения, не извиняется соответственно достоинству каждого, но «вся премудростию сотворил» (*Пс. 103:24*), предопределив, чтоб все было судимо по духовному закону. По этой причине Он не сказал Адаму и Еве: «в тот день, в который вы вкусите запрещенного плода, Я умерщвлю вас»; но, предостерегая и утверждая их, предъявил им закон правды, сказав: «вонь же аще день снесте, смертию умрете» (*Быт. 2:17*). Вообще Бог установил, чтоб каждому делу, и доброму и злому, последовало естественно надлежащее возмездие. Воздаяние не вымышляется при каждом случае, как думают некоторые не знающие закона духовного. Ведая его отчасти, мы должны быть убеждены в том, что возненавидев кого-либо из единоверных как злого, и сами будем отвергнуты Богом, как злые; не приняв покаяния от ближнего, как от грешника, будем и сами отвергнуты, как грешники, не простив ближнему согрешений, ниже сами получим прощение. Объявляя этот закон, законодатель Христос говорил: «не судите и не судят вам: не осуждайте, и неосудими будете, отпущайте, и отпустят вам» (*Лк. 6:37*). Закон этот ведал святой Павел и сказал, не присовокупив никакой оговорки: «судяй иного, себе осуждаеши» (*Рим. 2:1*). Закон этот ведал пророк и возопил к Богу: «Ты воздаси комуждо по делом его» (*Пс. 61:13*). Другой пророк возвещает от лица Божия: «Мне отмщение, Аз воздам, глаголет Господь» (*Втор. 32:35*; *Рим. 12:19*). Но зачем исчислять Писания, когда всем Божественным Писанием, и Ветхим, и Новым, в особенности же великим псалмопевцем излагается этот закон со всею ясностью, чтоб мы, познав его духовное значение и таинственный устав, страшились во всяком случае отступления от него и старались любить братию не только по наружности, но и в сердце? Этот закон – не закон Моисеев, судивший одно видимое: этот закон духовен;

им обличается и тайное. И Моисеев закон дан Богом на известное, определение время, но он пополнен законом духовным, то есть благодатию Господа нашего Иисуса Христа, Который сказал: «не приидох разорити закон, но исполнити» (*Мф. 5:17*). На этом основании подобает во всяком деле, сказав однажды должное, не продолжать далее прекословия, но прощать тому, кого признаем обидевшим нас, какою бы ни была обида, справедливою или несправедливою. Да ведаем, что возмездие за прощение обид больше возмездия за всякую другую добродетель. Так как мы не можем свободно поступать по предложенному направлению, чему служит причиною преобладание над нами греха, допущенное прежним образом жизни, то мы должны молить Бога, содействуя молитве бдениями и прочими подвигами и лишениями, чтоб получить от Бога милость и принять такую силу. О возлюбленная душа! Во всяком времени, месте и деле будем твердо держаться одной цели, чтоб нам, подвергаясь различным обидам от человеков, радоваться, а не скорбеть – радоваться не просто, не бессмысленно, радоваться на том основании, что обретаем благоприятный случай к получению прощения в наших согрешениях, прощая ближнему. В этом заключается разум истины. Он обильнее всякого иного ведения: из него можем умолять Бога, наверно зная, что будем услышаны; он – плод веры и доказательство веры во Христа: посредством его можем взять крест свой и последовать Христу; он – родитель первых и великих заповедей; при посредстве его можем любить Бога от всего сердца и ближнего, как самого себя; для снискания его мы должны возложить на себя пост, бдение и прочие подвиги и лишения, чтоб сердце и внутреннее расположение наше отверзлись, приняли его в себя и уже не извергали. Тогда за прощение ближнему согрешений его усмотрим в себе действие благодати, таинственно данной нам Святым Крещением; она будет действовать в нас уже не неприметно для нас, но со всею очевидностию, вполне ощутительно».

«Противодействуют этой добродетели две страсти: тщеславие и сластолюбие. От них должно сперва отречься в духе своем, тогда приобретается эта добродетель. Душа! Произвольно предавши себя этим двум страстям, никого не обвиняй: ни Адама, ни сатану, ни человеков, но вступи в борьбу с волею твоею и не пренебреги этою борьбою. Она внутренняя и междоусобная. В ней боремся не с братиею нашею – боремся сами с собою. В ней Споборник у нас один, Споборник непобедимый, от Которого ничто не может укрыться – Христос, таинственно насажденный в нас крещением. Он укрепляет нас, если мы соблюдаем заповеди Его по силе нашей. Борются же против нас, как я уже сказал, расположение к наслаждению, которым заражено наше тело, и тщеславие, которое обладает и мною, и тобою. Эти две страсти прельстили Еву и обольстили Адама: сластолюбием представлено древо «яко добро в снедь, и красно есть, еже разумети» (*Быт. 3:6*); тщеславием же произнесено: «будете яко бози, ведяще доброе и лукавое» (*Быт. 3:5*). Первозданные Адам и Ева устыдились друг друга, увидев себя нагими; так и мы, утратив непорочность незлобия в духе, стыдимся друг друга в совести. Тогда сшиваем себе одежду из листьев смоковницы: облекаясь пустыми словами и образами лживого словооправдания. В противоположность мягкой одежде из листьев, Господь устраивает нам суровую одежду из кож, знаменующую жительство подвижническое, и говорит: «в терпении вашем стяжите души ваши» (*Лк. 21:19*). Он преподает наставление, соответственное данной одежде: «обретый душу свою в злопомнении или в каком другом грехе, погубит ю: а иже погубит душу свою, не дозволяя ей ни злопомнения, никакого другого греха в живот вечный сохранит ю» (*Мф. 10:39*)[414].

Выписка из жития
святою Андрея, Христа ради юродивого

Однажды святой Андрей ходил посреди народа на торговой площади, находящейся у башни, которую построил император, святой Константин Равноапостольный. Тут была и некоторая жена по имени Варвара. Она, по действию Духа Божия, пришла в исступление и видела, что блаженный Андрей ходит посреди многолюдства подобно огненному блистающему столпу. Одни толкали его пинками, другие били; многие, смотря на него говорили: «Этот человек не принадлежит себе: он сошел с ума! Не желаем такого состояния и врагам нашим». За Андреем ходили бесы в образе черных эфиопов и говорили между собою: «Не дай Бог другого такого на земле: никто не изжег сердец наших так, как этот, притворившийся сумасшедшим по нежеланию служить господину своему: теперь он издевается над всем миром». Варвара видела, что эфиопы налагали знаки на тех, которые били святого, и говорили друг другу: «По крайней мере служит нам утешением то, что его бьют без милости: биющие угодника Божия, без всякой на то причины, будут осуждены за это в час кончины их, и нет им спасения». Блаженный, услышав это, устремился на них действом Духа Божия, как пламень, силою страшною рассыпал знаки, наложенные демонами, и грозно выговорил им: «Вы не имеете права налагать знаков на тех, которые бьют меня, потому что я молюсь моему Владыке, чтоб не вменены были в грех наносимые мне побои тем, которые наносят их. Они поступают так в неведении, и по причине их неведения получат прощение». Когда произнес это святой, отверзлось небо, как отверзаются врата, и вылетело оттуда к преподобному множество ласточек прекрасных: посреди них был белоснежный голубь, державший в клюве златой масличный лист. Он сказал святому человеческим голосом: «Прими этот лист, посланный тебе Господом Вседержителем из рая в знамение благодати Божией, за то, что ты милостив и человеколюбив, как милостив и человеколюбив Сам Господь. Он прославит тебя, возвеличит милость Свою над тобою, потому что и ты прощаешь и милуешь бьющих тебя, молясь о оставлении им этого греха». Сказав это, голубь сел на главе святого. Смотря на это, благочестивая жена удивлялась, и, пришедши в себя по окончании видения, размышляла: «Сколько светильников имеет Бог на земле, и никто не знает их». Несколько раз покушалась Варвара пересказать другим виденное ею, но сила Божия возбраняла ей. После этого встретил ее в городе святой Андрей и сказал ей: «Варвара! Храни тайну мою, и никому не поведай виденного тобою до того времени, как я «пройду в место селения дивна, даже до дому Божия» (*Пс. 41:5*). Она отвечала ему: «Светильник и угодник Божий! Случалось, что я намеревалась поведать, но мне возбраняла невидимая сила Божия»[415]. О мнящих оправдаться делами, гл. 102.

Выписка из Лествицы святого Иоанна Лествичника

«Вера, соединенная с твердым убеждением, – мать отречения от мира; неуклонная надежда – дверь к беспристрастию; любовь к Богу – причина странничества; воздержание – мать здравия; воздержания мать – размышление о смерти и постоянное памятования желчи и уксуса, которые вкусил наш Владыка и Бог; целомудрия помощник и причина – безмолвие; разжение плоти погашается постом; супостат лукавых и блудных помыслов – сокрушение сердца; прилежною молитвою уничтожается уныние, а от воспоминания о суде рождается усердие к подвигам»[416].

«Любление бесчестий исцеляет от ярости и раздражительности; песнопение, милосердие и нестяжение уничтожают печаль»[417].

«Молчание и безмолвие противодействуют тщеславию; если же находишься посреди человеков, то пройди путем бесчестий»[418].

«Наружную гордость исцеляет наружное скорбное положение, образуемое скудостью и лишениями; невидимую – Невидимый»[419].

«Губитель чувственных змей – олень, мысленных – смирение»[420].

«Невозможно змею совлечь с себя старой чешуи иначе, как пролезши сквозь тесную скважину: и нам невозможно свергнуть с себя греховные навыки и впечатления, невозможно свергнуть ветхость души и одежду ветхого человека, если не пройдем по узкому пути поста и бесчестия»[421].

«Тучные птицы не могут летать высоко, и угождающий плоти своей не возлетит на небо»[422].

«Высохшее болото уже не приманивает к себе свиней – и плоть, иссушенная подвигами, уже не упокоивает в себе бесов»[423].

«Облаками закрывается солнце – лукавые помышления омрачают ум и служат для него причиною погибели»[424].

«Преступник, выслушавший приговор и идущий на казнь, не беседует о народных празднествах, так и плачущий истинно не будет угождать чреву»[425].

«Магниту невольно повинуется железо, подобно этому, греховные навыки и впечатления, обратившиеся в качество, уже насилуют заразившихся ими»[426].

«Вода, будучи сжата, подымается вверх: так часто случается и с душою. Она, будучи стеснена бедствиями, восходит к Богу и спасается»[427].

«Ветры возмущают бездну – и ярость больше всех страстей возмущает ум»[428].

«В те места, где сложено царское оружие, воры приходят с особенною осторожностию: так и мысленные воры употребляют особенную злохитрость, чтоб окрасть имеющего сердечную молитву»[429].

«Огонь не рождает снега – и ищущий славы земной не получит небесной»[430].

«Невозможно убить зверей без оружия; невозможно стяжать безгневия без смирения»[431].

«Восходящие по гнилой лестнице по необходимости подвергнутся бедствию: подобно этому честь, слава, власть вредны для смиренномудрия»[432].

«Вода смывает буквы, и слеза очищает согрешения»[433].

«За неимением воды изглаждаются буквы и другими способами: так и души, не имеющие слез, изглаждают и выскабливают согрешения свои печалью, воздыханиями, великим сетованием»[434].

«Немощный по телу, подвергшийся тяжким согрешениям, да идет путем смирения и теми путями, которые ведут к смирению: другого средства к спасению он не найдет»[435].

«Нет причины для страждущего горячкою к самоубийству: так никому, ни в каком случае, даже до последнего издыхания, не должно отчаиваться»[436].

«Если б похоронивший отца своего, немедленно по возвращении с похорон, пошел на брак, то поступок его был бы бесчестным. Так и плачущим о грехах неприлично искать в этом веке чести, покоя и славы от человеков»[437].

«Того воина, которого лицо изъязвлено жестокими ранами на войне, царь не только не повелевает исключать из воинства, но и возбуждает значительными наградами к большей ревности: и небесный Царь венчает инока, терпящего от бесов многие напасти»[438].

«Увидев кого-либо из сподвижников наших, пораженного телесным недугом, не позволим себе объяснять недуг его судом лукавым и злобным; напротив того, примем его с простотою и любовию нелюбопытною, как свой член, как воина, раненного на войне, – позаботимся о уврачевании его»[439].

«Иногда посылается болезнь для очищения от согрешений, иногда же, чтоб смирить вознесшуюся мысль»[440].

«Благий и всеблагий Владыка и Господь наш, усмотрев, что некоторые ленивы к подвигу, обуздывает плоть их недугом как таким подвигом, который отрадней других, нередко вместе с этим очищает и душу от лукавых страстей и помыслов»[441].

«Немощные душою да познают благоволение Господа к ним из телесных болезней и из внешних напастей и искушений, а совершенные по наитию на них Святого Духа и по приложению новых дарований к дарованиям прежде полученным»[442].

«Покаяние – впрочем, покаяние тщательное – плач, очищенный от всякой скверны, и преподобное смирение новоначальных столько различаются друг от друга, сколько различаются между собою мука, тесто и печеный хлеб. Душа истончается и стирается истинным покаянием; соединяется она некоторым образом и, так сказать, смешивается с Богом водою плача неложного: от плача возжигается огнь Божественный, тогда хлеботворится и образуется смирение безквасное и чуждое дмения»[443].

«Первое и изящное свойство этой благой и досточудной троицы духовного подвига состоит в радостнейшем подъятии уничижений: душа принимает и объемлет их распростертыми руками как врачевства, которыми исцеляются недуги ее и очищаются грехи великие. Второе свойство, после изложенного, заключается в совершенном истреблении ярости и, по утолении ее, в правильном настроении души. Третья и превосходнейшая степень состоит в утвердившемся неверовании своему добру и в постоянном желании научаться»[444].

«В том, кто стяжал смирение, не проявляется ни ненависть, ни прекословие; не слышится из него вони непокорства»[445].

«Соединившийся теснейшим союзом с добродетелью смирения соделывается тихим, кротким, удобопреклонным к умилению, милосердым, спокойным, радостным, благопокорливым, беспечальным, бодрым, неленостным и – что много говорить – соделывается безстрастным. Соделывается таким, потому что «во смирении нашем помяну ны Господь, избавил ны есть от врагов наших» (*Пс. 135:23, 24*), от страстей и скверн наших»[446].

«Возлюбленный! Ведай, что «удолия умножат пшеницу» (*Пс. 64:14*) и духовный плод на почве своей. Долиною названа смиренная душа, чуждая возношения, пребывающая постоянно и непоколебимо, как бы среди гор, среди подвигов и добродетелей. «Не постился я, – говорит святой Давид, – не бдел, не лежал на голой земле; но «смирихся, и спасе мя» Господь вскоре» (*Пс. 114:5*)[447].

«Покаяние возставляет; плач ударяет в небеса; преподобное смирение отверзает врата небесные»[448].

«Иное – превозноситься, иное – не превозноситься и иное – смиряться. Находясь в первом устроении, мы судим и осуждаем ближних в течение всего дня; находясь во втором – не судим и не осуждаем ни других, ни себя; в третьем, будучи оправданы Богом, осуждаем себя непрестанно»[449].

«Желая достигнуть самопознания, не престанем рассматривать и истязывать самих себя. Если от искренности сердца сознаем, что каждый ближний превосходнее нас, то близка к нам милость Божия»[450].

«Очень многие называют себя грешными, даже признают себя такими; но истинное понятие человека о себе, тайно живущее в сердце его, вынаруживается нечаянно нанесенным бесчестием»[451].

«Поспешающий в тихое, не страшащееся бурь пристанище смирения, не престанет прибегать к всевозможным средствам, к словам, к помышлениям, к различным действиям, избирая соответствующий образ жительства, принося многие молитвы и моления, доколе содействием Божиим и смиреннейшим, уничиженнейшим подвижничеством не освободит ладии – души своей – от бури, постоянно свирепствующей на море превозношения»[452].

«Некоторые удержали до конца жизни воспоминание о прежде содеянных согрешениях, уже получив прощение в них, приводя себя этим воспоминанием к смиренномудрию и заушая им суетное превозношение (*Пс. 50:5*). Иные, устремляя постоянно взоры ума к страданиям Христовым, признали себя должниками, никогда не могущими выплатить долга. Иные уничижают себя, усматривая в себе ежедневные упущения и недостатки. Иные ниспровергли превозношение по причине попущенных им искушений, болезней и падений. Иные усвоили себе мать духовных дарований молением о том, чтоб бремя духовных дарований не было возложено на них. Имеются и такие – имеются ли они ныне, не знаю, – которые нисходят в смирение при посредстве самых Божественных дарований, признавая себя недостойными этого богатства и смотря на умножение его как на умножение своего долга»[453].

«Если увидишь кого или услышишь о ком, что он в немногие годы достиг высшего бесстрастия, то знай, что он шествовал блаженным и кратким путем смирения, никаким иным»[454].

«Не нам, Господи, не нам, – говорит некто от искренности сердца, – но имени Твоему даждь (*Пс. 113:9*). Говоривший это знал, что падшее естество человеческое не может принимать похвал безвредно для себя. «От Тебе похвала моя в Церкви велицей» (*Пс. 21:26*), в будущем веке: прежде этого времени я не могу переносить ее безбедственно»[455].

«Свойственно лимонному дереву, когда оно страждет бесплодием, высоко выгонять свои ветви кверху. Когда же ветви будут наклонены вниз соразмерною тяжестью, тогда дерево из бесплодного делается плодоносным»[456].

«Устрашаются птицы, лишь завидят ястреба, и делатели смирения устрашаются, услышав даже один голос прекословия»[457].

«Кротость есть неколеблющееся устроение духа, пребывающее одинаковым и при похвалах и при поношениях»[458].

«Кротость состоит в том, чтоб при оскорблениях от ближнего не чувствовать оскорбления и чисто молиться о нем»[459].

«Кротость – утес, возвышающийся над морем ярости и разбивающий все волны, которые ударяют о него»[460].

«Кротость есть твердыня, в которой жительствует терпение, дверь к любви, правильнее же, матерь ее, начальная причина духовного рассуждения. «Научит Господь кроткия путем Своим» (*Пс. 24:9*). Она доставляет отпущение грехов и дерзновение в молитве. Она – вместилище Святого Духа. «На кого возрю, – говорит Господь, – токмо на кроткого и молчаливого» (*Ис. 66:2*)[461].

«В сердцах кротких почиет Господь; душа возмущенная – обитель диавола»[462].

«Кротции наследят землю» (*Мф. 5:5*): они возобладают землею, сердцем; но предающиеся гневу уведутся в плен с земли их»[463].

«Кроткая душа – престол простоты, ум гневливый – делатель лукавства»[464].

«Душа правая – наперсница смирения; душа лукавая – служительница гордости»[465].

«Души кротких исполнятся познания истины; ум гневливый пребывает во тьме и неразумии»[466].

«Простота есть усвоившееся душе качество, чуждое сложности, не способно к помышлениям злым о ближнем»[467].

«Лукавство есть обширное знание, правильнее же извращение знаний по подобию знания бесов, утратившее истину и покушающееся утаиться от людей»[468].

«Лицемерство есть противоположное настроение души с телом, переплетенное всевозможными вымыслами»[469].

«Незлобие есть тихое настроение души, свободное от всякого умысла»[470].

«Правота состоит в настроении ума, нелюбопытном и неподозрительном, в искренности обращения с ближними, в слове непритворном, не обдумываемом благовременно»[471].

«Лукавство есть превращение правоты, обольщение ума ложными понятиями, доставляющими ему ложное воззрение на управление мира Богом, допущение себе клятв, повинных муке, хитросплетение слов, глубина сердца, бездна лести, ложь, обратившаяся в душевное качество, превозношение, соделавшееся естественным свойством, противодействие смирению, лицемерство, облекающееся в личину покаяния, устраняющее от себя плач, враждебное исповеди грехов своих, составившее о вере свое разумение и упорно держащееся его, причина падений, препятствие к восстанию покаянием, коварная улыбка при обличениях, притворное благоговение, житие бесовское»[472].

«Бог как называется любовью, так называется и правотою. Премудрый говорит чистому сердцем в Песни Песней: «правость возлюби тя» (*Песн. 1:3*). Отец же премудрого сказал: «благ и прав Господь» (*Пс. 24:8*), – и признает спасающимися тех, которые соименны Богу, «спасающему правыя сердцем» (*Пс. 7:11*). И опять: «правоты душ виде и посетило лице Его» (*Пс. 10:7*)[473].

«Все хотящие привлечь к себе Господа! Приступим к Нему в простоте, непритворно, недвоедушно, нелукаво, приступим, как приступают ученики дети к учителю в училище. Будучи прост и несложен, Он благоволит, чтоб приступающие к Нему души приступали в простоте и незлобии. Простота всегда соединена со смирением»[474].

«Порабощенный тщеславию по необходимости идолослужитель, считая себя служителем Бога, он стремится угождать не Богу, а человекам»[475].

«Льстец есть служитель бесов, руководитель к гордости, истребитель умиления, наветник пути ко спасению. «Людие мои, – говорит Господь чрез пророка, – блажащие вас льстят вы, и стези ног ваших возмущают» (*Ис. 3:12*)[476].

«Свойственно достигшим высокого преуспеяния претерпевать огорчения мужественно и с радостию; выслушивать похвалу безвредно для себя свойственно одним святым и преподобным»[477].

«Никтоже весть, яже в человеце, точию дух человека» (*1 Кор. 2:11*): да постыдятся же и заградят уста свои покушающиеся хвалить вас в лице»[478].

«Если услышишь, что ближний и друг твой сказал худо о тебе в отсутствии или и в присутствии твоем, то покажи любовь к нему, похвалив его»[479].

«Велико отразить от души похвалу человеческую, больше – похвалу бесовскую»[480].

«Доказывает свое смиренномудрие не тот, кто говорит о себе худо, но тот, кто не прекращает любви к ближнему, говорившему о нем худо, кто не стерпит поношения от самого себя?»[481]

«Не прими тщеславного помысла, когда он будет предлагать тебе саны епископа, или игумена, или учителя, потому что трудно отогнать пса от стола, на котором продается мясо»[482].

«Тщеславие приводит человека к гордости, когда его предпочитают другим, и к памятозлобию, когда его презирают»[483].

«Тщеславие нередко было для тщеславных причиною бесчестия вместо чести, которой они искали, дав им повод к гневу и выставив их в безобразии пред человеками»[484].

«Если будем стремиться к богоугождению, то непременно вкусим и Божественную славу. Вкусивший Божественную славу непременно будет презирать славу земную. Сомневаюсь, чтоб кто-либо презрел вторую, не вкусив первой»[485].

«Не повинуйся суетному тщеславию, получающему объявлять добродетели твои для пользы слышащих: «кая бо польза человеку, если он принесет пользу всему миру, душу же свою отщетит» (*Мф. 16:26*). Ничто не может принести такой пользы ближним, как смиренный и непритворный нрав, смиренное и непритворное слово»[486].

«Есть слава, происходящая от Господа, Который говорит: «прославляющая Мя прославлю» (*1 Цар. 2:30*). И есть слава, устрояемая злохитростью диавольскою; о ней сказано: «горе, егда добре рекут вам вси человецы» (*Лк. 6:26*). Познаешь ясно первого рода славу, когда, признавая славу вредною для себя, будешь устранять ее всеми средствами, когда постоянно и везде будешь скрывать подвижничество и добродетели твои. Познаешь в себе стремление ко второй славе, когда сделаешь что-либо и самомалейшее, «да видим будешь человеки» (*Мф. 23:5*)[487].

«Скверное тщеславие подучает нас принимать на себя личину добродетели, которой не имеем, опираясь, для обмана нашего, на слова, Господа: «тако да просветится свет ваш пред человеки, яко да видят добрая ваша дела» (*Мф. 5:16*)[488].

«Господь нередко отвлекает от тщеславия тщеславных, попуская им бесчестие»[489].

«Возносяй себе непременно смирится и здесь, в земной жизни, прежде будущего века»[490].

«Когда льстецы, правильнее же, обольстители начнут хвалить нас, тогда поспешим привести себе на память множество беззаконий наших, найдем себя недостойными произносимых нам похвал или воздаваемых нам почестей»[491].

«Червь, достигши надлежащего возраста, получает крылья, возлетает на высоту; и тщеславие, достигши исполнения своего, преобразуется в гордость. Гордость – и начало, и совершенство всех зол»[492].

«Окончательное преуспеяние в тщеславии – начало гордости; средина гордости – уничижение ближнего, бесстыдное проповедание и вынаружение своих подвигов, хваление самого себя в сердце, ненависть к обличениям; конец гордости – отвержение Божией помощи, высокомерное упование на собственные умыслы и действия, нрав демонский»[493].

«Кого постигло грехопадение, в том прежде вселилась гордость: предтеча первого – второе»[494].

«Высокомудрый монах прекословит сильно; смиренномудрому прекословие неизвестно»[495].

«Муж высокосердый желает начальствовать, иначе он и не может погубить себя, правильнее же – не хочет»[496].

«Бог гордым противится» (*Иак. 4:6*): кто ж помилует их? «Нечист пред Господом всяк высокосердый» (*Притч. 16:5*); кто же очистит его?»[497]

«Отвергающий обличение обнаруживает этим присутствие в себе гордости; ищущий обличения разрешился от уз гордости»[498].

«Гордость – погубление богатства и понесенных подвигов: «воззваша, и не бе спасаяй», конечно, потому, что взывали с гордостию; «воззваша ко Господу, и не услыша их» (*Пс. 17:42*), потому, без всякого сомнения, что не хотели расстаться с начальными причинами того, против чего молились»[499].

«Не предавайся беспечности и не возуповай на непоколебимость своего состояния, доколе не последует о тебе окончательное изречение Судии после исхода души из тела. Имей в виду того, который уже возлег в чертоге, но изгнан из него во тьму кромешную с связанными руками и ногами»[500].

«О ты, сотворенный из персти земной, не возвышай главы, потому что многие святые и невещественные свергнуты были и с неба»[501].

«Когда демон гордости оснует себе обитель в людях, порабощенных гордости, тогда начинает являться им во сне или даже наяву, принимая вид святого ангела или кого-либо из мучеников и как бы преподавая откровения и духовные дары. Делается это с тою целью, чтоб несчастные прельстились и подверглись решительному умоповреждению (сумасшествию)»[502].

«От забвения грехов образуется гордость; памятование грехов – причина смирения»[503].

«В сердцах гордых прозябнут глаголы хулы, а в душах смиренных – небесные видения»[504].

«Большинство гордых, не познав себя, возомнили о себе, что они достигли бесстрастия, но при исходе из этой жизни они увидели свое убожество»[505].

«Вода, мало-помалу возливаемая на огонь, совершенно угашает его: так и слеза истинного плача потушает пламень ярости и вспыльчивости»[506].

«Безгневие есть ненасыщаемое желание бесчестия; оно встречается и в тщеславных людях от непомерного желания похвал человеческих. Безгневие есть победа над естеством, потеря ощущения оскорбления, приобретенная подвигами и потами»[507].

«Кротость есть непоколеблющееся устроение души, пребывающее одинаковым и при поношениях и при похвалах»[508].

«Начало безгневия – молчание уст при смущении сердца; средина – молчание помыслов при тонком смущении души; конец же – тишина при веянии нечистых ветров, насажденная и утвержденная в душе благочестивым навыком и Божественною благодатию»[509].

«Гнев есть проявление сокровенной ненависти и памятозлобия. Гнев – желание отомстить оскорбившему. Вспыльчивость есть безвременное воспаление сердца. Огорчение есть состояние, противоположное приятному расположению духа, вступившее в душу и пребывающее в ней. Ярость есть изменившееся настроение нрава и безобразие души»[510].

«При появлении света исчезает тьма, когда разольется в душе благоухание смирения, истребляются из нее и огорчение, и ярость (раздражительность)»[511].

«Некоторые, удобопреклонные к раздражительности, нерадят об укрощении и врачевании этой страсти, не обратив внимания на слова Писания; устремление ярости его – падение ему»[512].

«Движение жернова бывает столько быстрым, что в одно мгновение стирает и истребляет пшеницы и прочего зерна душевного более, нежели в иной целый день: по этой причине мы должны постоянно пребывать в благоразумном внимании себе. Случается, что только что вспыхнувший пламень, раздуваемый сильным ветром, попаляет и опустошает душевную ниву скорей, нежели огонь, давно, но медленно действующий»[513].

«О други! Не должно быть тайно от нас и то, что лукавые демоны скрывают себя и прячутся на время, чтоб мы, вознерадев о великих страстях, как бы о малозначущих, соделали свою болезнь уже неисцелимою»[514].

«Угловатый и жесткий камень, сталкиваясь с другими камнями и ударяясь о них, стирает угловатость по всему объему своему, несмотря на естественную жесткость и твердость, и получает вид округлый. Подобно этому и человек свирепый и жестокий, жительствуя и обращаясь с людьми такого же нрава, приобретает, одно из двух: или исцеляет язву свою терпением, или, удалившись из такого общества, непременно познает свою немощь, которую показало ему, как бы в зеркале, его бегство»[515].

«Склонный по временам к раздражительности, если будет позволять себе произвольное увлечение яростью, то будет побеждаться и сокрушаться ею впоследствии, и невольно, от предшествовавшего произвольного повиновения ей»[516].

«Ничто так не противосвойственно кающимся, как ярость, возмущающая душу, потому что покаяние требует великого смирения, а ярость – признак величайшей гордости»[517].

«Если высшая степень кротости заключается в том, чтоб сохранять тишину сердца и залог любви и в присутствии раздражающего нас, то высшая степень ярости познается из того, когда мы свирепствуем и гневаемся на огорчившего нас в отсутствие его»[518].

«Если мир души служит признаком пришествия в нее Святого Духа, а гнев есть возмущение сердца, то ничто не заграждает так вход в наши души Святому Духу, как ярость»[519].

«Борьба с гневом требует, особенного прилежания, потому что страсти гнева содействует естество, подобно тому, как оно содействует страсти плотского вожделения»[520].

«Подверженный страсти гнева часто возмущает все стадо, как волк: неистовством своим он приводит многие души в расстройство и недоумение»[521].

«Великий вред – возмущать око сердца яростию, как о том свидетельствует псалмопевец: «смятеся от ярости око мое» (*Пс. 6:8*), – говорит он. Вред больший – выразить словами душевное волнение. Если же дело дойдет до рук, то это уже вполне чуждо монашескому ангельскому и Божественному жительству, враждебно ему»[522].

«Намереваясь или предполагая изъять сучец ближнего, не употреби для этого, вместо врачебных орудий, бревна. Бревно – жесткие слова и грубое обращение, а врачебные орудия – кроткое наставление и выговор, соединенный с долготерпением»[523].

«Начало блаженного незлобия заключается в том, чтоб претерпевать бесчестия с горестью и болезнию души; средина – в том, чтоб пребывать в них без печали; совершенство, если только оно есть, – в том, чтоб поношения вменять в благохваления»[524].

«Преставший от гнева убил и памятозлобие: доколе жив отец, не прекращается чадородие»[525].

«Стяжавший любовь устранился от вражды; пребывающий во вражде сам собирает для себя труды и скорби суетные»[526].

«Трапеза любви разрушает ненависть, а дары чистые смягчают душу. Но трапеза невнимательная – мать дерзости, и чрез окно любви вскакивает чревообъядение»[527].

«Злопамятствуй и злопамятствуй на бесов; враждуй, враждуй постоянно на твое тело. Плоть – неблагодарный и льстивый друг: будучи угождаем, тем более вредит»[528].

«Познаешь, что избавился от памятозлобия – этой внутренней гнилости – не тогда, когда помолишься об оскорбившем, не тогда, когда воздашь ему за зло дарами; ниже тогда, когда пригласишь его к твоей трапезе, познаешь тогда, когда, услышав о его телесном или душевном заключении, пожалеешь и прослезишься о нем, как бы о себе»[529].

«Воспоминание страданий, понесенных Иисусом, исцелит от памятозлобия, посрамив его незлобием Иисуса»[530].

«Внутри гнилого дерева зарождаются черви, и гнев прививается к кротким и молчаливым не в истинном разуме. Тот, кто извергает из себя гнев, получит отпущение: тот, кто питает в себе гнев, лишится милости»[531].

«Чтоб получить прощение в грехах, некоторые возложили на себя и подвиги; но прежде них достиг этого муж непамятозлобный по обетованию Господа; отпустите немногое, и отпустится вам безмерно многое» (*Лк. 6:37*)[532]

«Знамение истинного покаяния заключается в отвержении памятозлобия, а кто не престает памятозлобствовать и вместе мнит о себе, что приносит покаяние, тот подобен спящему и видящему себя во сне быстробегущим»[533].

«Никто да не признает страсть памятозлобия маловажною: нередко вкрадывается она и в духовных мужей»[534].

«Уязвляемые обличениями, будем воспоминать грехи наши, доколе Господь не призрит на насилие насилующих себя ради Его, не изгладит грехов наших и болезнь, грызущую нас в сердце нашем, не претворит, в радость. «По множеству болезней моих в сердце моем, соразмерно им, утешения Твоя возвеселиша душу мою» (*Пс. 93:19*) в свое время, – так говорил псалмопевец. Не забудем и следующего, сказанного им Господу: «елики явил ми еси скорби многи и злы, и обращься оживотворил мя еси, и от бездн земли, по падении моем, снова возвел мя еси» (*Пс. 70:20*)[535].

«Блажен тот, кто, укоряемый и уничижаемый ежедневно, понудил себя к терпению ради Бога: он примет участие в вечном празднике мучеников и вступит дерзновенно в общение с ангелами»[536].

«Блажен монах, признавший себя достойным всякого бесчестия и уничижения»[537].

«Блажен монах, окончательно умертвивший свою волю: он встанет одесную Распятого»[538].

«Отвергший справедливое или несправедливое обличение отвергся от своего спасения»[539].

«Видел я в той обители[540] послушников о Господе, которые в разуме по Богу, сами себя поносили и подвергали всевозможным уничижениям с тою целью, чтоб этим приготовить себя к оскорблениям, приносимым извне, и уже встречать их благодушно»[541].

«Сын мой! Если с самого поступления твоего в монастырь предашь себя терпению бесчестий, то не нужен будет тебе многолетний труд для приобретения блаженного покоя в душе твоей»[542].

«Усердно пей поругание, как воду жизни, от всякого человека, покушающегося напоить тебя чистительным врачевством, изгоняющим из сердца сладострастие. Если будешь руководствоваться этим правилом, то глубокая чистота воссияет в душе твоей, и свет Божий не оскудеет в сердце твоем»[543].

«Небольшим огнем смягчается воск, и часто случившееся ничтожное бесчестие внезапно смягчило, усладило сердце, истребило из него свирепость, нечувствие и ожесточение»[544].

«Усердные к монашескому подвижничеству и преуспевающие в нем должны особенно внимать себе и остерегаться от осуждения живущих нерадиво, чтоб не подвергнуться большему осуждению, нежели какому должны подвергнуться нерадивые. И Лот, полагаю, привлек к себе милость Божию тем, что, живя посреди людей развратных, никогда не осуждал их»[545].

«Оскорбления, уничижение и прочее подобное этому производит в душе послушника действие, подобное действию полыни, а похвалы, почести и одобрения, как мед, производят в сладострастных великую радость. Рассмотрим свойство каждого из этих действий: первое очищает все нечистоты в желудке, а второе умножает в нем желчь»[546].

«Не руководствующийся истинным разумом, подвергаясь поношениям или обличениям, огорчается или спешит скорей поклониться делающему выговор, не по причине смирения, но желая скорей прекратить выговор. Когда поражают тебя выговором, молчи и принимай прижигания, правильней – средства, доставляющие светлую чистоту; когда же духовный врач престанет обличать тебя, тогда уже проси прощения у него»[547].

Святой, духоносный настоятель Александрийского общежития, описанного святым Иоанном Лествичником, подвергал унизительным наказаниям подчиненных ему иноков, даже весьма преуспевших и старцев; этим охранял их от превозношения и доставлял им возможность достигать глубочайшего смирения. «Праведный Господь, – повествует Лествичник, – послал для обители той эконома, заведывавшего имуществом ее, соответственно духовному, богоданному достоинству пастыря и наставника словесных овец. Эконом был муж необыкновенного целомудрия, редкой кротости. Такого инока повелел однажды великий выгнать из церкви безвременно и без всякой причины, представясь разгневанным на него. Зная, что эконом невинен в том, в чем обвинял его пастырь, я, будучи наедине с великим, оправдывал пред ним эконома. Руководимый духовною мудростью пастырь отвечал мне: «Отец! И я знаю, что он невинен, но отнять хлеб из рук голодного дитяти было бы делом неправедным и немилостивым! Подобное этому дело совершает и пастырь, вредя и себе, и подвижнику, если не доставляет ему случаев к получению венцов, которые подвижник может заслужить, по усмотрению пастыря, чрез перенесение оскорблений, бесчестий, уничижений, поруганий. От этого происходит троякий, великой важности ущерб. Во-первых, сам настоятель лишается мздовоздаяния за обличение и наказание благонамеренные. Во-вторых, настоятель, имея возможность доставить пользу братии добродетелью собрата их, этого не сделал. Третий и тягчайший ущерб заключается в том, что часто и те самые, которые представляются переносящими скорбь и терпеливыми, будучи оставлены на время без внимания как усовершившиеся добродетели, не обличаемые и не поношаемые настоятелем, утрачивают приобретенную кротость и терпение. Земля эта доброкачественна, плодоносна и тучна, но оскудение воды бесчестия соделывает ее способною к произращению плевелов: прозябает на ней терние кичения и блуда». Зная это, великий апостол писал в послании к Тимофею: «настой, обличи, запрети им благовременне и безвременне» (*2Тим. 4:2*). В опровержение этих слов я представил пастырю слабость современного поколения и то, что многие могут отторгнуться от паствы его по причине напрасного или ненапрасного строгого взыскания; на это этот, исполненный духовной мудрости, муж сказал: «Душа, привязавшаяся ради Христа верою и любовью к пастырю, не отступает от него, хотя бы и пришлось пролить кровь по причине этой привязанности. Такое расположение появляется в душе особенно тогда, если она была когда-либо облагодетельствована пастырем и получила при посредстве его исцеление от язв греховных. Она помнит слова апостола: «ни власти, ни начала, ниже силы[548], ни ина тварь кая возможет нас разлучити от любве» (*Рим. 8:38-39*) Христовы. Если же душа, таким образом, не привязалась, не прилепилась, не стяжала такого основного, твердого залога: то удивляюсь, если она пребывает в этом монастыре не напрасно, находясь к пастырю и пастве в отношении притворном и самообольстительном». Точно! Не обманулся великий: он собрал, наставил, совершил и принес Христу многие непорочные жертвы»[549].

Необходимо заметить здесь, что поведение мужа бесстрастного, исполненного Божественной благодати, никак не может служить точным образцом подражания для настоятелей и наставников, которых преуспеяние очень умеренно, которые еще борются со страстями. Но кроткое обличение подчиненных братий, благоразумное, основанное на слове Божием указание им недостатков их, воздержание от зловредного и лукавого человекоугодничества и ласкательства в обращении с подчиненными при искренней любви к ним, должны принести несомненную существенную пользу и братству, и самому настоятелю. Главная цель делаемых здесь выписок заключается в том, чтоб показать и объяснить великое Божие таинство, драгоценное духовное богатство, которое сокрыто и преподается Промыслом Божиим в различных скорбях и уничижениях, попускаемых служителю Божию во время его земного странствования.

«Однажды, – продолжает повествовать святой Иоанн Лествичник, – когда я сидел за трапезою близ великого этого настоятеля, он приклонил святые уста свои к моему уху и сказал:

«Хочешь ли, чтоб я показал тебе действие Божественного разума в муже глубокой старости?» Я просил его об этом. Преподобный вызвал сидевшего за вторым столом инока Лаврентия, который провел в той обители около сорока восьми лет и был вторым соборным иеромонахом. Он подошел к игумену и, поклонившись ему до земли, принял от него благословение. Но когда Лаврентий встал от поклонения, игумен не сказал ему ничего, а оставил стоять пред трапезою. Обед только что начинался, и Лаврентий не успел еще нисколько вкусить пищи. Так стоял он с час или более, мне сделалось даже стыдно взглянуть на этого подвижника, который был весь сед, и вступил уже в восьмидесятый год своей жизни. Он простоял таким образом до окончания обеда. Когда мы встали из-за стола, преподобный сделал ему некоторое поручение. Я не упустил выведать у Лаврентия, что помышлял он, стоя пред трапезою. Он отвечал: «Облекши пастыря во образ Христа, я признал, что нахожусь в повиновении у Бога, а не у человека, И потому, отец Иоанн, я стоял не пред трапезою человеческою, а пред жертвенником Божиим и молился Богу. Никакого лукавого помышления не составилось во мне против пастыря по причине моей веры и любви к нему, как некто сказал: «любы не мыслит зла» (*1 Кор. 13:5*). Знай, отец, и то, что демон не овладевает ни на час тем, кто предаст себя произвольно простоте и незлобию»[550].

«Македоний, перводиакон обители, муж, прилежно работавший Господу, однажды за два дня до святого Богоявления испросил у пастыря позволения сходить в Александрию по некоторой своей надобности, обещая, впрочем, скоро возвратиться из города, чтоб принять участие в совершении празднества. Ненавистник добра, диавол устроил препятствие перводиакону, и Македоний не поспел в обитель на святой праздник, по приказанию, полученному от настоятеля при отпуске своем. Он пришел чрез день после праздника. Пастырь отлучил его от священнослужения и назначил проходить низшие послушания с новоначальными. Перводиакон, этот ревностный служитель терпения и долготерпения, принял определение отца с таким благодушием, как бы подвергался наказанию кто другой, а не он. Македоний провел сорок дней в таком уничижении; по истечении этого срока премудрый пастырь возвратил к служению диакона. Пробыв один день в этом служении, перводиакон начал умолять пастыря, чтоб снова дозволено ему было пребывать в уничижении и в занятиях новоначальных послушников. «Я, – говорил он, – сделал в городе непростительный грех». Преподобный, поняв, что перводиакон выражается приточно и ищет этого для того, чтоб усовершиться в смирении, исполнил его благое желание. Представилось удивительное зрелище! Старец, украшенный почтенными сединами, пребывал в числе новоначальных и искренно просил всех молиться за него. «Я, – говорил он, – впал в блуд преслушания». Но мне, грешному, великий этот Македоний открыл причину, по которой он произвольно устремился к такому смиренному положению. «Никогда, – сказал он, – я не чувствовал такого облегчения от внутренней борьбы и не видел в себе сладостного Божественного света, как ныне. Несвойственно, – прибавил он, – и даже, как утверждают некоторые, невозможно падать ангелам; человекам свойственно падать и скорей восставать, сколько бы раз ни случилось пасть; принадлежность одних бесов – пребывание в падении по падении»[551].

«Находясь в той обители, я удивлялся вере и терпению некоторых новоначальных, их постоянству в этих добродетелях, с которым они неутомимо переносили выговоры и укоризны и другие поношения от настоятеля, и не только от настоятеля, но и от самой меньшей братии. С целью душеназидания моего спросил я одного из братии, жившего уже пятнадцать лет в той обители, по имени Аввакира, которого почти все обижали, а служители едва не каждый день выгоняли из трапезы – этот брат был от природы несколько невоздержен на язык: «Брат Аввакир! За что выгоняют тебя каждый день из трапезы, и ты ложишься спать без ужина?» Он отвечал: «Поверь, отец, что эти отцы мои искушают меня, намерен ли я в точности быть монахом. Но как они делают это, лишь искушая меня, то и я, зная образ мыслей Великого и их, переношу все терпеливо, без смущения. Пятнадцать лет поддерживаю себя таким размышлением; да и они говорили мне, при вступлении моем в монастырь, что они искушают отрекшихся от мира до тридцати лет. Справедливо поступают они, отец Иоанн! Золото, не побывши в огне, не может получить чистоты». Этот мужественный Аввакир пробыл в монастыре, по пришествии моем туда, еще два года и преселился ко Господу. Умирая, он сказал отцам: «Благодарю, благодарю Господа и вас за то, что вы искушали меня во спасение мое, я провел вот семнадцать лет, не пострадав ничего от искушений бесовских». Исполненный духовного разума пастырь повелел положить его с почивающими там святыми как достойного, как исповедника»[552].

«Господь, не хотя меня лишить молитвы одного из преподобных отцов, за неделю до исшествия моего из того святого места, взял к себе мужа чудного, второе лицо по управлению монастырем после пастыря, по имени Мину. Он провел пятьдесят лет в общежитии и прошел все послушания. В третий день, когда мы совершали обычное молитвенное исследование о усопшем, внезапно наполнилось благоуханием все место, где лежало тело преподобного. Великий отец повелел нам открыть гробницу его, и, когда это было исполнено, все мы увидели, что из честных стоп его истекает благовонное миро двумя источниками. При этом учитель сказал собору иноков: «Вот! Труды и подвиги его, которых образом служат ноги, принесли Богу миро». Отцы того места, поведая о многих добрых делах Мины, рассказывали и следующее: однажды настоятель захотел искусить богодарованное ему терпение, и когда вечером Мина, пришедши по обычаю в келию игумена, чтоб получить от него приказание на следующий день, просил об этом и положил пред игуменом земной поклон, – игумен оставил его простертым на земле даже до времени правила. Тогда уже восставил пастырь Мину от земного поклонения, благословив и укорив его, как любящего выказываться и нетерпеливого. Так поступил преподобный в назидание всех, зная, что Мина перенес мужественно сделанное ему бесчестие»[553].

Выписка из творений преподобного аввы Дорофея

«Справедливо сказал авва Пимен, что отличительный признак монаха обнаруживается в искушениях. Монах, приступающий истинно работать Господу, должен, по завещанию Премудрого, уготовать «душу свою во искушение» (*Сир. 2:1*), чтоб ему никогда не прийти в недоумение или смущение по причине какого бы то ни было встретившегося с ним приключения. Он должен веровать, что не случается ничего без Промысла Божия. Где действует Промысл Божий, оттуда истекает всевозможное добро, всевозможная польза для души: потому что все, что ни делает с нами Бог, делает ко благу нашему, делает любя и милуя нас, и мы должны о всем благодарить (*Еф. 5:20; 1 Сол. 5:18*) благость Его, по наставлению апостола, никогда не предаваясь печали и малодушию по причине случающегося с нами. Все, что ни постигнет нас, будем принимать без смущения, с смиренномудрием и упованием на Бога, веруя, как я сказал, что все, что ни делает с нами Бог, делает по благости Своей, любя нас и во благо нам, что иначе не может быть нам пользы, как тем способом, которым устраивает Бог».

«Бог – источник премудрости. Он ведает полезное нам и, сообразно этому ведению, устраивает все, относящееся к вам, даже до мелочей. Богу все возможно; для Него нет ничего невозможного. Зная, что Бог любит и милует создание свое, что Он – источник премудрости, что Он ведает, каким образом должно устроить наши обстоятельства, что нет ничего невозможного для Него, что все служит воле Его, также зная, что все, что Он ни делает, делает к нашей пользе, мы обязаны принимать все, попускаемое нам, хотя бы то было и скорбное, как от Благодетеля, как от Владыки, с благодарением. Все совершающееся совершается по праведному суду Божию, и Бог, бесконечно милостивый, не презрит нас ни в какой скорби нашей, и самомалейшей».

«Некоторые приводятся в недоумение следующим размышлением: «Если кто, при встретившейся напасти, согрешит, побежденный скорбию, то как возможет он пребыть в убеждении, что напасть попущена ему для пользы его?» Подвергаясь напастям, мы согрешаем единственно по причине нетерпеливости нашей, потому что не хотим перенести ниже малой скорби, не хотим пострадать что-нибудь против воли нашей, тогда как Бог не попускает нам искушений, превышающих силу нашу. Засвидетельствовал это апостол, сказав: «верен Бог, иже не оставит вас искуситися паче, еже можете» (*1 Кор. 10:13*). Мы, мы не имеем терпения! Мы не хотим перенести ниже малейшей скорби! Мы не хотим принять со смирением ничего! По этой причине напасти низлагают нас, и, чем усиленнее стараемся избавиться от них, тем они более опутывают нас; мы приходим в изнеможение, но освободиться не можем (по неправильности средств, употребляемых к освобождению). Плавающие по морям для исправления нужд своих, если знакомы с искусством мореплавания, когда видят восходящую на них волну, то склоняются под нее: она проходит вдоль корабля и разрезывается им; пловцы не претерпевают никакого вреда. Напротив того, если б пловцы вздумали воспротивиться волне, то она отбрасывает их и относит на значительное расстояние; при дальнейшем плавании находит на них другая волна, и если они воспротивятся и этой, то и эта отбрасывает их и устраняет с предпринятого пути: пловцы подвергаются лишь бесполезному утомлению. Если же, как я сказал, они будут склоняться под волны и приноровляться к направлению волн, то волны будут обходить их, не причиняя им никакого вреда, пловцы совершат благополучно плавание и то дело, для которого предпринято плавание. Так и при напастях. Если кто перенесет напасть с терпением и смирением, то она пройдет безвредно для него. Если же предастся печали, смущению, будет обвинять каждого, то обременит себя невыносимою тягостью, усугубляя действие на себя напасти, не получит от напасти никакой пользы, получит вред. Напасти тогда приносят великую пользу, когда переносятся терпеливо, без смущения».

«Если и страсть тревожит нас, то мы не должны смущаться ниже этим. Смущение, являющееся при действии в нас страсти, происходит от неразумия и гордости, от того, что не понимаем нашего душевного устроения и убегаем труда, как сказали отцы. Мы не преуспеваем по той причине, что не знаем нашей меры, не имеем терпения в начинаемых нами делах, но хотим без труда приобрести добродетель. Чему дивится страстный, будучи тревожим страстью? Зачем смущается? Ты образовал ее в себе, имеешь в себе и смущаешься! Ты принял в себя залоги ее и говоришь: отчего она тревожит меня? Лучше терпи, подвизайся и моли Бога. Невозможно не иметь скорби от страстей тому, кто образовал их в себе, исполняя их на деле. Имущество их, сказал авва Сисой, сложено внутри тебя: отдай им этот залог, и они уйдут. Имуществом страстей, находящимся у нас в залоге, названы начальные причины страстей и произвольная любовь к страстям. Мы увлеклись начальными причинами страстей, возбудили страсти к действию, и потому невозможно нам не искушаться страстными помышлениями: они понуждают нас к исполнению страстей против воли нашей, потому что мы предали себя в руки страстей произвольно».

«Изображается состояние произвольно подчинившегося страстям поведанием пророка о Ефреме: «соодоле Ефрем, – говорит пророк о племени Ефрема, – соперника своего – совесть – попра суд» (*Ос. 5:12*), обратился к Египту, и насильственно отведен в Ассирию. Под образом Египта отцы разумеют волю плоти, влекущую нас к упокоению плоти наслаждением и сообщающую душе сладострастное настроение; под образом ассириян они разумеют страстные помышления, которые возмущают и волнуют ум, наполняют его нечистыми идолами, приводят его насильно, против воли его, к исполнению греха на самом деле».

«Если кто произвольно предается плотскому наслаждению, тот и против воли, насильственно, пленником уводится в Ассирию, в работу Навуходоносору. Ведая это, пророк болезновал и уговаривал иудеев, чтоб они с возвышенной местности, занимаемой Иудеею, не нисходили в низменный Египет (*Иер. 42*). Что делаете, несчастные? Смиритесь хотя сколько-нибудь, приклоните выю вашу, служите царю Вавилонскому и останьтесь на земле отцов ваших. Потом он ободряет их, говоря: «не убойтесь от лица царя Вавилонского, рече Господь, яко Аз с вами есмь, еже избавляти вас и спасати вас от руки его» (*Иер. 42:11*). Далее предсказывает скорбь, долженствующую постигнуть их, если они не окажут повиновения Богу: «аще вы, – говорит он, – дадите лице ваше во Египет, и внидете тамо жити, будете в непроходимая и подручни, и в клятву и во укоризну, и не узрите ктому места сего» (*Иер. 42:15, 18*). Но они отвечали пророку: «не сядем на земли сей, но в землю Египетску внидем, и не узрим рати, и гласа трубнаго не услышим, и о хлебех не взалчем, и тамо вселимся» (*Иер. 42:13-14*). Иудеи исполнили это намерение свое, сошли в Египет, произвольно вступили в служение фараону, потом были насильно взяты в Ассирию и служили ассириянам против воли»[554].

«Вникните глубже в то, что говорю вам. Прежде нежели начнет кто исполнять страсть на деле, он в своем городе, он свободен, хотя бы и восставали противные помыслы; сверх того, имеет Бога помощником себе. Если он смирится пред Богом и понесет с благодарением иго скорби и искушения, то помощь Божия изъемлет его из затруднительного положения. Если же он, избегая подвига, низойдет к удовлетворению сладострастным требованиям тела, то насильственно и против воли отведен будет в землю ассириян и будет работать им против желания своего. Пришедшим в это состояние пророк говорит: «молитеся за житие Навуходоносора», потому что в жизни его ваше спасение (*Вар. 1:11-12*). Повелением молиться о жизни Навуходоносора изображается обязанность человека, впадшего в грехи на самом деле: он не должен предаваться малодушию в то время, как действует в нем печаль, произведенная случившимся искушением, не уклоняться от томления, производимого страстными помыслами[555], но переносить со смирением это состояние, признавая, что он должен был подвергнуться ему; пусть положит в ум, что он даже недостоин избавиться от тяжести состояния своего, что это состояние должно продолжаться и развиться. Видит ли он в себе причину случившейся напасти или еще до времени не усматривает, должен веровать, что ничего не бывает без суда Божия, что от Бога не исходит ничего неправедного. От некоторого брата Бог отъял тяготевшее над ним искушение, и он говорил, скорбя и плача об этом; «Господи! Я недостоин и поскорбеть немного».

Повествуется также, что ученик великого старца подвергся искушению от восставшей против него блудной страсти. Старец, видя его страдание, сказал ему: хочешь ли, я помолюсь Богу, и Он освободит тебя от брани? Ученик отвечал: отец! хотя мне и трудно, но я вижу в себе итог от этого состояния, посему помолись лучше о том, чтоб Бог даровал мне терпение. Таковы истинно хотящие спастись! Вот что значит носить иго со смиренномудрием и молиться о жизни Навуходоносора! Потому-то и говорит пророк, что в жизни его спасение ваше. Два изречения сходствуют между собою: сказанное братом: «вижу в себе плод от борения страстию», — подобно сказанному пророком: «в жизни его заключается ваше спасение»; и подтвердил это и старец, сказав в ответ брату: «Теперь я познал, что ты находишься в преуспеянии большем, чем я».

«Когда кто вступит в подвиг против всех действий греха и начнет бороться против страстных помыслов, приходящих на ум, тогда он смиряется, сокрушается, трудится и скорбями подвига очищается мало-помалу, восходит в естественное состояние. Из этого следует, как мы сказали, что тревожимый страстью, если смущается этим, смущается от неразумия и гордости. Лучше ему познать смиренно свою меру, пребывать в терпении и молиться, доколе Бог сотворит с ним милость. Если кто не подвергнется искушениям, не испытает скорби от страстей, тот не будет и подвизаться о том, чтоб когда-нибудь очиститься от них. Об этом говорит псалмопевец: «внегда прозябоша грешницы яко трава, и проникоша вси делающий беззаконие, яко да потребятся в век века» (*Пс. 91:8*). Грешники, прозябающие яко трава, суть страстные помышления. Немощна трава, не имеет никакой силы. Когда прозябнут страстные помышления в душе, тогда проникают, то есть обнаруживаются «вси делающий беззаконие», то есть страсти, «яко да потребятся в век века»: страсти тогда истребляются подвижниками, когда соделаются явными для них. Вникните в порядок дела: во-первых, прозябают страстные помышления; чрез это вынаруживаются страсти; будучи вынаружены, они истребляются. Все это относится к подвизающимся; но мы, согрешающие на самом деле, всегда исполняющие страсти наши, даже не знаем, когда прозябают страстные помышления, когда возникают страсти. Не зная этого, мы и не думаем вступить в подвиг борьбы против страстей: мы повержены непрестанно долу, мы находимся еще во Египте, в злосчастном плинфоделании у фараона. Кто дал бы нам прийти по крайней мере в ощущение горького рабства нашего, чтоб мы смирились, чтоб мы озаботились о снискании помилования!»

«Когда сыны израилевы были во Египте, в порабощении у фараона, тогда занимались они приготовлением кирпича[556]. Делающие кирпич всегда находятся в положении, наклоненном вниз, всегда смотрят в землю: подобно этому случается и с душою. Когда овладеет ею диавол, когда она совершает грех на самом деле, тогда она попирает разум и не помышляет ни о чем духовном; она помышляет постоянно об одном, земном, действует единственно для земли. Израильтяне из кирпичей, сделанных ими, построили фараону три крепкие города: Пифон, Рамессин и Он, или Илиополь, то есть Солнечный город. Этими городами означаются сластолюбие, славолюбие и сребролюбие. От этих страстей рождаются все грехи».

«Бог послал Моисея вывести израильтян из Египта и избавить их от рабства. Тогда фараон еще более обременил их работою, говоря: «праздни есте, сего ради глаголете: да идем, и пожрем Господу Богу нашему» (*Исх. 5:17*). Подобно этому диавол, когда увидит, что Бог милостиво призрел на душу, что благоволит помиловать ее и даровать ей облегчение от страстей или посредством слова Своего, или при посредстве кого-либо из рабов Своих, тогда еще более отягощает ее напором страстей и нападает на нее тем сильней. Отцы, зная это, укрепляют человека учением своим и не допускают его погрузиться в боязнь и недоумение. Один из отцов говорит: «Ты пал? Восстань. Ты пал опять? Опять восстань», – и так далее.

Другой отец говорит: «Крепость желающих приобрести добродетели заключается в том, чтоб они не малодушествовали, когда падут, чтоб не приходили в отчаяние, но продолжали подвизаться». Короче сказать: каждый из отцов различным образом, один так, другой иначе, подает руку подвижникам, которых обижает враг. Отцы заимствовали такой образ действования из Священного Писания. Оно говорит: «еда падаяй, не возстает? или отвращаяйся не обратится?» (*Иер. 8:4*) «Возвратитеся ко Мне, сынове, и исцелю сокрушения ваша, – глаголет Господь, – и тому подобное» (*Иер. 3:22*).

«Когда отяготела рука Божия над фараоном и над подданными его, тогда он решился отпустить сынов Израилевых. фараон сказал Моисею: «идите, послужите Господу Богу вашему: токмо овцы и волы оставите» (*Исх. 10:24*). Под именем овец и волов разумеются помышления, составляющие достояние ума[557], которыми фараон хотел обладать, надеясь посредством их снова привлечь к себе сынов Израиля. Моисей отвечал фараону: «ни, но и ты даси нам жертвы и всесожжения, яже сотворим Господу Богу нашему» (*Исх. 10:25*). Моисей, изведши сынов Израиля из земли Египетской, переправил их чрез Чермное море. Бог, вознамерясь привести их к месту, где было семьдесят фиников и двенадцать источников воды, сперва привел их в Мерру. Здесь народ скорбел, не находя, что пить, потому что воды Мерры были горьки. Уже чрез Мерру пришли они к семидесяти финикам и двенадцати источникам воды. Так и душа, престав совершать грехи на самом деле и переправившись чрез мысленное море, сперва должна потрудиться в подвигах и подвергнуться многим скорбям, потом уже чрез скорби взойти в святой покой: «яко многими скорбьми подобает нам внити в Царствие Божие» (*Деян. 14:22*). Скорбями направляется в душу милость Божия, подобно тому, как ветрами нагоняются дождевые облака. Дождь, идущий в течение долгого времени, гноит хлебные посевы, если они еще молоды и нежны, уничтожает на них плод; ветры же постепенно сушат и укрепляют всходы. Так бывает и с душою. Послабление, недостаток в скорбях, довольство в средствах вещественных лишают ее силы, приводят в состояние изнеженности, искушения же скрепляют ее и усвояют Богу, как и пророк говорит: «Господи! в скорби помянухом Тя» (*Ис. 26:16*). И потому, как мы уже сказали, нам не должно смущаться, не должно унывать в искушениях: нам должно терпеть скорби, благодарить за них Бога и молиться непрестанно, со смирением, Богу, чтоб Он сотворил милость с немощью нашею и покрыл нас от всякой напасти, во славу Его»[558].

«Кто сделает дело ради Бога, того непременно постигнет искушение, потому что всякому добру или предшествует, или последует искушение. Даже не может быть прочным делаемое ради Бога, если оно не искусится напастию».

«Будучи страстными, мы никак не должны верить нашему сердцу: кривым правилом искривляется и то, что само по себе прямо».

«Кто не отречется в душе своей от всего, кто не отречется от славы, от телесных наслаждений и, сверх того, от оправданий, тот не возможет ни отсечь своих пожеланий, ни избавиться от гнева и печали, ни сохранить ненарушимым спокойствие ближнего».

«Не велико – не осуждать благорасположенного к нам или миловать его, когда он находится в скорби. Велико – не осуждать того, кто действует против нас, не мстить ему по влечению страсти, не соглашаться с осуждающими его; велико – сочувствовать радости предпочтенного нам».

«Не ищи любви от ближнего. Ищущий любви, если не увидит ее, смущается. Лучше ты покажи любовь к ближнему. Поступив так, и сам успокоишься, и приведешь ближнего к любви».

«Во всем, случавшемся со мною, я никогда не пожелал уладить дело исключительно по соображению и усилию человеческому в чем бы то ни было, действую по силе моей, предоставляя все остальное Богу».

«Не уничижать подаяния ближнего принадлежит к делам смиренномудрия: должно принимать такое подаяние, хотя бы оно было и скудно, и маловажно».

«Тот, кто не стремится исполнять влечений собственной воли, действует всегда согласно с своею волею. Не имея отдельных пожеланий, он всегда исполняет свое желание и бывает доволен всем, что бы ни случилось с ним: он не хочет, чтоб дела совершались так, как он желает; он хочет, чтоб дела совершались так, как они совершаются».

«Несвоевременно – исправлять кому-либо брата в то самое время, как брат согрешит против него. (Нужно дать время брату, чтоб брат мог одуматься и успокоиться). И во всякое время не должно делать этого, если чувство мщения за себя служит начальною причиною нашего действия».

«Не делай зла даже и в шутку: случается, что иной делает сначала для шутки зло, а впоследствии и против воли влечется к нему».

«Не должно желать избавления от страсти, избегая производимой ею скорби: должно желать этого по совершенной ненависти к ней, как сказано в Писании: «совершенною ненавистию возненавидех я, во враги быша ми» (*Пс. 138:22*).

«Невозможно разгневаться кому-либо на ближнего, если сперва не вознесется над ближним сердце его, если он не уничижит ближнего пред собою, если не признает себя высшим ближнего».

«Признаков того, что кто-либо исполняет страсть произвольно, служит смущение его в то время, когда его обличают в ней или исправляют. Если же кто переносит обличение в страсти без смущения, то есть без смущения подчиняется мерам исправления, то это служит признаком, что он поступил по страсти в неведении, или по увлечению»[559].

«Новоначальный! Никогда не поверь своему сердцу, оно находится в состоянии слепоты от действия пристрастий по ветхому человеку».

«Понуждай себя ко всему доброму и отсекай свою волю (то есть волю ветхого человека): благодатию Христовою и собственным подвигом придешь в навык отсечения воли и уже будешь отсекать ее без принуждения и скорби, так что все случающееся будет случаться как бы по твоей воле и по твоему желанию».

«Не желай, чтоб делалось все по твоему желанию, желай, чтоб делалось как делается, таким образом, будешь мирен ко всему. Впрочем, это относится к тому, в чем нет преступления заповеди Божией или отеческой».

«Потщись привести себя в такое устроение, чтоб во всем находить себя достойным укорения».

«Постоянно хранись от того, чтоб не образовалось в тебе мнение о себе и собственное умствование о чем-либо».

«Веруй, что все, относящееся до нас, до самомалейшего, состоит под Промыслом Божиим, – и будешь претерпевать встречающиеся тебе скорби без смущения».

«Веруй, что бесчестия и досады суть врачевства от гордости, которою заражена душа твоя».

«Молись об укоряющих тебя как об истинных врачах твоих, при убеждении несомненном, что ненавидящий бесчестие, ненавидит смирение, и убегающий от огорчений, убегает от кротости».

«Не желай знать пороков и согрешений ближнего твоего и не принимай на него подозрений, внушаемых врагом. Если они и насеваются в нас по причине собственной порочности нашей, то старайся превращать их в добрые помышления».

«За все благодари, стяжи благость и святую любовь».

«Со всевозможным трезвением будем хранить совесть нашу во всех отношениях: к Богу, к ближнему, к вещам».

«Прежде нежели сказать или сделать что, рассмотрим, согласно ли это с волею Божией. Рассмотрев и помолившись, скажем или сделаем, повергая немощь нашу пред Богом, и благость Божия будет споспешествовать нам во всем»[560].

«От мелочей, от того, что говорим: «что значит это?», «что за важность в этом?», образуется в душе злой навык, и начинает она нерадеть и о великом. Знаете ли, какой тяжкий грех осуждать ближнего? И что тяжелее этого? Что столько ненавистно Богу? От чего Он столько отвращается? Ничего нет хуже осуждения, сказали отцы. Однако и в это великое зло человек приходит от начинаний, представляющихся ему ничтожными, приняв ничтожное зазрение на ближнего, сказав себе: «что за важность, если услышу, что рассказывает такой-то брат?», «что за важность, если и я скажу одно слово?», «что за важность, если посмотрю, что будет делать такой-то брат или такой-то странник?» — начинает ум оставлять внимание к своим грехам и замечать грехи ближнего, а от этого переходить к осуждению, злословию и укорению ближних. От осуждения ближних приходим к тому, что сами впадаем в погрешности, за которые осуждали ближних. Если кто не заботится постоянно о своих грехах, не оплакивает своего мертвеца, как сказали отцы, тот не может преуспеть в чем-либо добром; он всегда наблюдает за делами ближнего. Ничто не прогневляет столько Бога, ничто так не обнажает человека, ничто столько не служит причиною оставления его Богом, как злословие, осуждение и укорение им ближнего».

«Иное — злословить, иное — осуждать и иное — уничижать. Злословить — это сказать о ком-либо: такой-то солгал, или разгневался, или впал в блуд, или сделал что-либо подобное. Сказавший так впал в злоречие, то есть сказал пристрастно о согрешении брата. Осудить — это сказать: такой-то лжец, гневлив, блудник. Выразившийся так, осудил самое расположение души, произнес приговор на всю жизнь, сказав о всем человеке: он таков-то. Это — тяжко. Иное — сказать «он разгневался», и иное — сказать «он гневлив», выразившийся таким образом, произнес, как я сказал, приговор на всю жизнь. Грех осуждения столько тягостен, столько тягостнее других грехов, что Сам Христос сказал: «лицемере, изми первее бревно из очесе твоего, и тогда прозриши изъяти сучец из очесе брата твоего» (*Лк. 6:12*). Здесь грех ближнего уподоблен сучку, а осуждение — бревну. Почему вместо осуждения ближних мы не осуждаем самих себя и наши согрешения, которые известны нам достоверно и за которые мы должны дать ответ Богу? Зачем восхищаем суд над человеками, принадлежащий единому Богу? Чего хотим от создания Его? Чего хотим от ближнего нашего? Чего хотим от тяготы чужой? Братия! Имеем, о чем заботиться! Каждый да внимает себе и своему злу. Оправдывать и осуждать человеков принадлежит единому Богу, Который знает устроение, силу, обстоятельства, дарования, телосложение, способности каждого и соразмерно этому судит каждого судом, постижимым единому Богу».

«Иногда мы не только осуждаем ближних, но и уничижаем их. Иное – осуждать, как уже сказал я, и иное – уничижать. Уничижение состоит не только в осуждении ближнего, но и в презрении его, когда гнушаемся ближним, когда отвращаемся от него, как от мерзости. Это гораздо хуже и пагубнее осуждения. Хотящие спастись не обращают внимания на недостатки ближнего; внимание их постоянно устремлено к своим собственным недостаткам: по этой причине они и преуспевают. Мы же, окаянные, нисколько не рассмотрев дела, осуждаем, гнушаемся, уничижаем, если увидим что-либо или услышим, даже если что-либо представится нам только в воображении. Что еще хуже, мы не удовлетворяемся одним собственным вредом, но, встретив другого брата, тотчас говорим ему: случилось то, и то, и то. Мы повреждаем брата, влагая грех и в его сердце: мы не боимся угрозы Писания: «горе напаяющему подруга своего развращением мутным» (*Авв. 2:15*); мы совершаем дело бесовское и нерадим об этом. В чем заключается деятельность бесов? Только в том, что они смущают человеков и вредят им. Мы оказываемся помощниками бесов на погибель свою и ближнего! Кто вредит душе, тот содействует и помогает бесам; напротив того, кто доставляет пользу душе, тот помогает святым ангелам. Отчего мы подвергаемся этому? Единственно оттого, что не имеем любви. Если б мы имели любовь, то смотрели бы с милостью и состраданием на недостатки ближнего, как и Писание говорит: «любы покрывает множество грехов» (*1 Пет.*

4:8): «любы не мыслит зла, вся терпит» (*1 Кор. 13:4-5, 7*). Если б мы имели любовь, как я сказал, то эта любовь покрывала бы каждое согрешение брата, как поступают и святые, видя недостатки человеческое. Неужели святые слепы? Неужели они не ненавидят согрешений? И кто столько ненавидит грех, как святые? Ненавидя грех, они не ненавидят согрешающего, не осуждают его, не отвращаются от него. Они состраждут согрешающему, наставляют его, утешают, врачуют как член немоществующий, делают все, чтоб спасти его. Святые привлекают брата к добродетели долготерпением и любовью, а не отвращаются от него, не гнушаются им. Как мать, имея безобразного сына, не гнушается им и не отвращается от него, но с любовью заботится искусственными украшениями загладить природный недостаток и делает все, чтоб украсить сына: так и святые постоянно покрывают, украшают согрешающего, заступаются за него с тою целью, чтоб его исправить со временем, чтоб не допустить других до повреждения по причине его и чтоб самим еще более преуспеть в любви Христовой».

«Стяжем любовь, стяжем милостивое сердце к ближнему, чтоб при посредстве этого качества оградить себя от лютого злоречия, от осуждения и уничижения, чтоб при посредстве его помогать друг другу, как собственным членам. Кто, имея рану на руке, или на ноге, или на каком другом члене, гнушается собою? Неужели он отсечет член свой, хотя бы этот член и загноился? Напротив того, не очищает ли его, не омывает ли, не прикладывает ли к нему пластыря, не кропит ли освященною водою, не молится ли о исцелении, не просит ли святых помолиться о нем? Короче сказать, он не оставляет телесного члена своего в небрежении, не гнушается ни безобразием, ни зловонием его, но употребляет все средства к исцелению его. Подобным образом мы должны сострадать друг другу, должны помогать друг другу, и сами, и посредством отцов и братии, более преуспевших, нежели мы; мы должны придумывать и делать все, что служит к взаимному вспоможению и себе и братиям; мы члены в отношении один к другому, как и апостол говорит: «все мы едино тело есмы, а по единому друг другу уди» (*Рим. 12:5*); «аще страждет един уд, с ним страждут вси уди» (*1 Кор. 12:26*). Что значат общежития, как вы думаете? Не одно ли это тело? Не члены ли этого тела все, живущие в общежитии? Каждый член да служит телу по силе своей! Старайтесь всегда помогать друг другу: или учением, влагая слово Божие в сердце брата, или утешая его во время скорби, или подавая ему руку помощи в каком-либо деле. Одним словом, каждый соответственно силе, да сближается любовью с ближним».

«Чем более сближаемся мы друг с другом, тем более приближаемся к Богу. Подобное совершается и в отношении отдаления. Удаляющиеся от Бога, настолько оставят любовь к Богу, что удалятся от Бога, насколько удалятся и друг от друга; также, насколько удалятся друг от друга, настолько удалятся и от Бога. Таково свойство любви. Насколько находимся вне ее, насколько не любим Бога, настолько мы удалены и от ближних. Если же возлюбим Бога, то насколько приближаемся к Нему любовью, настолько соединяемся любовью и с ближним, соединяемся любовью и с Богом»[561].

«Иногда, услышав оскорбительное слово, мы не обращаем на него внимания и переносим его без смущения, как будто вовсе не слыхали его, иногда же только что услышим, тотчас смущаемся. Какая причина такого различия? Одна ли причина такого различия или их много? Нахожу, что имеется много причин, но есть одна такая, которая, так сказать, служит началом для всех других причин. Случается кому-либо подвергнуться искушению после того, как он занялся молитвою или безмолвием, и в то время находится в благом настроении: по этой причине он переносит оскорбительный поступок брата без смущения. Опять, случается, что оскорбляемый имеет пристрастное расположение к оскорбляющему и потому не огорчается действиями его. Опять, иной питает презрение к оскорбляющему и потому вменяет обиды его ни во что, не обращает на него никакого внимания, как бы не признавая его даже человеком и не делая никакого ответа на его слова, что бы он ни говорил».

«Главная причина всякого смущения, если основательно исследуем, заключается в том, что мы не укоряем самих себя: отсюда проистекает всякое расстройство! По этой причине мы никогда не можем прийти в состояние спокойствия! После этого нечего удивляться, когда слышим от всех святых, что нет другого пути, кроме пути самоукорения. Но мы, видя, что ни один из святых не нашёл покоя, идя другим путем, надеемся получить спокойствие, или идти правым путем, не желая никогда укорять самих себя! Поистине, если человек совершит тьмы добродетелей и не будет держаться этого пути, то никогда не престанет оскорбляться и оскорблять других, погубляя этим все труды свои. Напротив того, какую радость, какое спокойствие ощущает тот, кто укоряет самого себя! Укоряющий себя, куда бы ни пошел, как сказал авва Пимен, что бы ни случилось с укоряющим себя, утрата ли чего или бесчестие, или какая бы то ни было скорбь, он никогда не смутится, постоянно предваряя смущение признанием себя достойным напасти. Какое другое настроение может быть свободнее от печали!»

«Случается, что иной, как представляется ему, пребывает в мире и безмолвии. Но вот пришел брат, сказал ему неприятное слово, и он смутился. На этом основании полагая скорбь благословною, он говорит: «Если б такой-то не пришел, не сказал мне оскорбительного слова и не смутил меня, то я не пришел бы в расстройство. Это смешно! Это – прелесть! Неужели вложил в него страсть тот, кто сказал ему неприятное слово? Сказавший такое слово только обнаружит таившуюся в нем страсть, чтоб он покаялся в ней, если хочет. Руководствующийся такими суждениями подобен гнилому хлебу, который с виду хорош, а внутри заплесневел. Когда разломят его, обнаруживается гнилость его[562]. Так и этот пребывал, как представлялось ему, в мире, имея живущую внутри себя страсть, и не ведал этого. Одно слово сказал ему брат его и извлек гнилость, скрывавшуюся внутри его!

Пусть же он покается, если хочет быть помилован; пусть очистится, пусть преуспеет, пусть увидит, что он должен благодарить брата, а не скорбеть на него: брат доставил ему величайшую пользу».

«Обвинение самих себя, а не кого другого, в случающихся с нами скорбях доставляет нам великое благо, доставляет глубокое спокойствие и значительное преуспеяние. Тем более мы должны так поступать, что ничего не совершается с нами без Промысла Божия. Если кто по правде достоин спокойствия, то Бог известит Сарацынскому сердцу сотворить милость с ним соответственно нужде его. Если же кто недостоин успокоения, или оно неполезно ему, то он не найдет его, хотя бы сотворил и новое небо, и новую землю. При всяком приключении, встречающемся с нами, мы должны взирать горе. Сделают ли нам добро, пострадаем ли зло, мы должны устремлять душевные очи горе и благодарить Бога за все, случающееся с нами, держась постоянно самоукорения. По наставлению отцов, мы должны говорить, если случится с нами что доброе: "Это случилось по смотрению Божию". Если же случится что злое, должны говорить: "Это случилось за грехи наши. Поистине, все скорби, которые мы претерпеваем, претерпеваем за грехи наши"»[563].

«Будем трезвиться, братия, и при содействии Божием усильно бороться против всепагубной страсти памятозлобия, чтоб избавиться от обладания ею. Бывает следующее: при возникшем смущении или неудовольствии между братиями, брат поклонится брату, но и по поклонении продолжает скорбеть и питать неприязненные помышления против брата. Он не должен пренебречь такими помышлениями, но отвергнуть их как можно скорее: это – памятозлобие. Требуется особенное внимание, чтоб не закоснеть в нем и не погибнуть. Отсекайте страсти, доколе они юны, прежде нежели они укоренятся в вас, окрепнут и начнут насильно властвовать над вами. Тогда придется вам много пострадать, исторгая их: иное дело вырвать из земли былинку, и иное – искоренить большое древо».

«Воздать злом за зло можно не только делом, но и словом, и видом. Иной думает о себе, что он не воздает злом за зло. На деле же оказывается, что он воздает словом или видом: он принимает такой вид, делает такое движение, бросает такой взгляд, которые смущают и уязвляют брата. В этом – воздаяние злом за зло. Другой старается не воздавать злом за зло ни при посредстве дела, ни при посредстве слова или вида, или движения, но питает в сердце скорбь на брата, питает огорчение, которое имеет характер также памятозлобия. Видите, какое различие настроений!»

«Опять иной не сохраняет даже никакой скорби на брата в сердце. Если же услышит, что кто-нибудь оскорбил этого брата, или что сделан ему выговор, или что уничижили его, то, слыша это, он не престает радоваться. Оказывается, что таким образом он воздает злом за зло в тайне сердца своего. Другой не питает злобы в сердце, также не радуется, слыша о уничижении оскорбившего, даже сетует, если нанесут оскорбившему оскорбление, но и не радуется его благополучию: если увидит, что его прославляют или успокаивают, то скорбит. И это вид памятозлобия: он легче вышеисчисленных, но принадлежит к ним. Каждый из вас должен радоваться благополучию брата, содействовать по силе этому благополучию, делать все, зависящее от него, к угождению и успокоению брата».

«Каким средством можно получить исцеление от памятозлобия? Молясь от всего сердца о оскорбившем и говоря: «Боже! Помоги брату и мне молитв ради его». Таким образом, страждущий памятозлобием, во-первых, молится за брата своего, что служит знамением милования и любви, во-вторых, смиряется пред братом, прося себе помощи ради молитв его. Где присутствуют милость, любовь и смирение, возмогут ли там развиться ярость, или памятозлобие, или какая другая страсть? Справедливо сказал авва Зосима: «Если диавол, пригласив к содействию себе всех демонов, приведет в действие все ухищрения злобы своей, то от смирения заповеди Христовой упразднится и сокрушится коварство его, каково бы оно ни было». И другой старец сказал: «Молящийся за врага будет непамятозлобен». Вникнув основательно в то, что слышите, исполняйте на деле. Говорю истину: если не будете исполнять на деле, то не возможете научиться от одного слышания слов. Кто, желая научиться какому либо художеству, научается ему от одного объяснения словами? Непременно он принимается за самое упражнение в деле; сперва упражнение его сопряжено с погрешностями: он и делает, и портит свое дело; но постоянно трудясь и терпя, мало-помалу научается художеству, при помощи Бога, презирающего на труд и произволение его. Мы же, не принимаясь за дело, хотим изучить художество, превысшее всех художеств, от одного слышания? Возможно ли это? Братия! Доколе имеем время, будем внимать себе и трудиться тщательно»[564].

«Настоятель братии! Пекись о них с сокрушенным сердцем, исполненным благости и милости, наставляя их добродетели делом и словом, а более делом, потому что пример действительней слов. Если имеешь достаточные телесные силы, будь образцом для братства в телесных трудах: если же ты немощен, то действуй на него благим душевным устроением и плодами Духа, исчисляемыми апостолом: любовью, долготерпением, радостию, миром, благостию, милосердием, верою, кротостию и воздержанием от всех страстей (*Гал. 5:22, 23*). По причине случающихся проступков не тревожься излишне, но без смущения объясняй вред, происходящий от проступка. Если окажется нужным подвергнуть выговору или наказанию, то обращай внимание на лице и выбирай удобное время. Не очень истязывай за малые согрешения, как бы праведник, чуждый всякой погрешности. Не обличай часто: это обременительно; привычка выслушивать частые обличения приводит обличаемого в ожесточение и небрежение. Не повелевай властительски, но предлагай со смирением, как бы советуясь с братом: такое слово принимается удобней, более располагает к повиновению и благоприятно действует на ближнего».

«Во время смущения, когда брат окажет тебе сопротивление, удержи язык твой, чтоб не сказать ему чего с гневом; не допусти сердцу твоему вознестись на него: вспомни, что он – брат твой, член одного с тобою тела о Христе, образ Божий, искушаемый от общего врага; умилосердись над ним, чтоб диавол не уязвил его твоею яростию и, пленив, не умертвил памятозлобием, чтоб не погибла от нерассмотрительности наша душа, за которую умер Христос. Вспомни, что и ты, если разгневаешься, подлежишь осуждению за гнев; сознавая собственную свою немощь, окажи сострадание брату твоему и благодари Бога за то, что Он преподал тебе случай простить брата твоего, и тем получить прощение в твоих согрешениях, более важных и более многочисленных, нежели согрешения брата. «Отпущайте, и отпустится вам» (*Лк. 6:37*), – сказал Господь. Не представляется ли тебе, что долготерпение твое послужит причиною повреждения для брата? Но апостол заповедует побуждать благим злое, а не злым благое (*Рим. 19:21*). И отцы говорят: «Делая вразумление ближнему, если сам увлечешься гневом, то этим ты удовлетворишь только своей страсти». Никто из благоразумных не разоряет собственного дома, чтоб построить дом ближнего. Если смущение будет продолжаться, то удержи сердце твое в пределах кротости насильно и помолись так: «Боже милосердый и человеколюбивый! Ты, по неизреченной благости Твоей, сотворил нас из ничего для наслаждения Твоими благами! Ты воззвал нас к Себе кровью единородного Сына Твоего, Спасителя нашего, когда мы отпали от Тебя преступлением заповеди Твоей! И ныне прииди и помоги немощи нашей, запрети возмущению сердец наших, как некогда ты запретил волнующемуся морю, чтоб оба мы в один час не лишились усыновления Тебе, будучи умерщвлены грехом, чтоб Ты не сказал нам: «кая польза в крови Моей, внегда сходити Ми во истление?» (*Пс. 29:10*). «Аминь глаголю вам, не вем вас», потому что светильники ваши угасли от недостатка елея» (*Мф. 25:12*). После этой молитвы, когда укротится сердце, уже возможешь разумно и со смирением, по наставлению апостола (*Гал. 6:12*; *1 Тим. 4:2*), обличить, вразумить, исцелить и исправить с милованием, как свой немоществующий член. Тогда и брат, поняв свое ожесточение, примет исправление с доверенностью: ты умиротворишь сердце его твоим миром. Ничто да не разлучит тебя от святой Христовой заповеди: «научитеся от Мене, яко кроток есмь и смирен сердцем» (*Мф. 11:29*). Прежде и более всего должно заботиться о мирном устроении души и никак не допускать сердце до смущения, ни под мнимо справедливыми предлогами, ни ради заповеди. Да ведаем достоверно, что именно для достижения любви и чистоты сердца мы стараемся со всевозможным тщанием исполнять заповеди. Управляя так братиею, и ты услышишь Божественное определение, возвещающее: «аще изведеши честное от недостойного, яко уста Моя будеши» (*Иер.15:19*)[565].

Выписка из творений преподобного Исаии Отшельника

«Прежде всего мы нуждаемся в смиренномудрии. Слово «прости» да будет у нас непрестанно готовым в ответ на всякое неприятное слово, на всякий неприятный поступок относительно нас. Смиренномудрием расторгаются все сети супостата нашего, диавола»[566].

«Не вменяй себя за нечто в каком бы то ни было деле, и пребудут несмущенными помыслы твои»[567].

«Добродетели рождаются от нелюбопрительности, от злострадания, от смирения, от постоянного отсечения своей воли в духовном разуме, от неповиновения оправданию своему, от внимания, непрестанно обращенного на грехи свои»[568].

«Если погрешишь в чем-либо, не прикрывай погрешности ложью. Положи поклон, скажи: «Прости меня». Этим изгладится погрешность»[569].

«Если кто скажет тебе жестокое слово, то не попусти сердцу твоему вознестись на брата. Принудь себя поклониться оскорбившему, прежде нежели воздействует в тебе гнев. Гневу предшествует уничижение ближнего»[570].

«Если тебя укорят в чем-либо, то ты не попусти себя разгорячиться на оскорбившего. Не входя в рассмотрение, правильно ли или неправильно сделанное обличение, поклонись укорившему, говоря: «Прости меня». Такое поведение приводит юного в преуспеяние»[571].

«Если пожелаешь чего-либо, а живущий брат не хочет этого, отсеки пред братом волю твою, чтоб не возникло между вами спора и чтоб брат твой не оскорбился на тебя»[572].

«Если брат, пришедши к тебе в келию, начнет произносить неполезные слова, останови его. Скажи ему с любовью: «Прости меня! Я немощен и не могу выносить таких слов»»[573].

«Если услышишь о погрешности брата твоего, не передай такого сведения кому-либо другому: таким поступком нанесешь смертельную язву душе твоей»[574].

«Если кто в присутствии твоем начнет порицать брата, то не промолчи пред порицателем, не устыдись его, не согласись с ним, не согреши пред Богом. Со смирением скажи порицателю: «Брат, прости меня: и я грешник, достойный всякого сожаления. Тот порок, о котором говоришь, принадлежит мне, и я не могу выслушивать обличение в нем»[575].

«Если брат сделает тебе зло, и кто-либо в присутствии твоем, начнет злословить его — озаботься охранить сердце твое, чтоб не возобновилось в нем чувство злобы на брата. Вспомни множество согрешений твоих пред Богом, и, если хочешь, чтоб они простились тебе, не воздай злом за зло ближнему твоему»[576].

«Если услышишь, что брат отнесся о тебе худо и после этого встретишься с ним где-либо, или он придет к тебе, прими его благосклонно, с радостным приветствием и видом. Не скажи ему того, что слышал о нем, не спроси его: «Зачем говорил ты то и то?» Написано в притчах: помнящий безчестия, законопреступен»[577].

«Безмолвствуя в келии, если вспомнишь о ком-либо, сделавшем тебе зло, то встань и помолись от всего сердца

Богу, чтоб Бог простил сделавшему зло, и помысл мести отойдет от тебя»[578].

«Безмолвствуя в келии, если впадешь в болезнь, не впади в малодушие, но благодари Бога. Если увидишь, что по причине болезни смущение вкрадывается в душу твою, то скажи ей в увещание и утешение: «Эта болезнь полезнее той болезни, которая ожидает тебя в геенне и в которую впадешь, если не будешь тверд и постоянен в терпении». От такого размышления умолкнет в тебе смущение»[579].

«Внимай прилежно, чтоб, приступая к причащению Святым Тайнам, не иметь злобы на брата твоего: иначе нанесешь вред сам себе»[580].

«Если брат, увлекшись малодушием, скажет тебе грубое слово, перенеси его с радостию. Исследовав помыслы твои на суде Божием, найдешь, что ты подал повод твоим согрешением к оскорблению тебя»[581].

«Если кто порицает и уничижает брата своего в присутствии твоем, то не дозволь себе внимать словам злоречия. Иначе постигнет и тебя неприятность»[582].

«Не питай в сердце твоем злобы ни на кого. Иначе все труды твои о благочестии будут тщетны»[583].

«Да будет сердце твое чисто и благосклонно по отношению ко всем, и узришь в себе мир Божий»[584].

«Яд скорпиона разливается по всему телу и повреждает самое сердце того, кто ужален скорпионом: таково действие злобы на ближнего. Ядом ее уязвляется душа; лукавая злоба губит зараженного ею. Желающий сохранить подвиг и добродетель свою от конечного повреждения, старается скорее отразить от себя скорпиона – злобу и лукавство»[585].

«Три добродетели сообщают непрестанно свет уму – невидение злобы ни в одном человеке, благотворение нанесшим обиды, перенесение постигающих скорбей без смущения»[586].

«От этих трех добродетелей рождаются три большие: невидение злобы человеческой рождает любовь; от благотворения делающим зло стяжавается мир; невозмущенным терпением попускаемых скорбей доставляется кротость»[587].

«Четыре добродетели ограждают душу и доставляют ей отдохновение от смущения, производимого врагами – демонами: милость, безгневие, долготерпение и забвение обид»[588].

«Четыре порока помрачают душу – ненависть к ближнему, уничижение ближних, зависть и ропот»[589].

«По четырем причинам усиливается в человеке страсть гнева: от расположения принимать подаяние и раздавать его, от последования своей воле, от желания учить других, от признания себя разумным»[590].

«Если кто укорит тебя за что-либо, сделанное или не сделанное тобою и ты промолчишь, то поступишь сообразно естеству Иисуса. Если же начнешь возражать, говоря: "Что я сделал?" – то поступишь уже не в свойствах этого естества. Если же воздашь равным за равное, то это уже будет вполне противоположно естеству Иисуса»[591].

«Приобучи язык твой говорить "Прости меня", и вселится в тебя смирение»[592].

«Бог показал святому апостолу Петру, что ни одного человека не должно признавать скверным или нечистым» (*Деян. 10:15*)[593].

«Чье сердце стяжало святость, тот видит всех человеков святыми. Чье сердце погрязло в страстях, тот не почитает чистым никого. Он мнит, что все подобны ему; он ощущает немедленно неудовольствие в сердце своем, когда при нем отнесутся о ком-либо одобрительно. На этом основании остерегайтесь порицать кого бы то ни было ни явно, ни в сердце»[594].

«Чем нерадивее жительство человека, тем сильнее в нем самомнение, и признает он себя в сердце своем другом Божиим. Когда же он вступит в подвиг, и освободится от страстей, тогда не дерзает возвести очей на небо»[595].

«Во всяком подвиге, во всякой скорби мы не должны предаваться унынию и расслаблению. Потрудимся от всей души, и, верую, Бог сопричислит нас сонму святых Своих»[596].

«Необходимо, чтоб человек издавал обильные молитвы пред Богом с великим смирением по душе и по телу, чтоб ни к какому делу его не примешивалось тщеславное мнение о себе, чтоб он не соглашался с приносимыми ему похвалами человеческими, чтоб не оскорблялся людским поношением, чтоб умиротворял сердце – в отношении к порицающим – воспоминанием грехов своих»[597].

«Не дозволь устам твоим извергнуть горькое слово о порицателях твоих, ниже пред возлюбленными твоими»[598].

«Не порицай и не хвали никого[599]. (То и другое – суд, воспрещенный Богом (*Лк. 6:37*), и выражение превозношения над ближним)».

«Будем тщательно рассматривать себя, чтоб не иметь ненависти или вражды, при которых благоугождение Богу невозможно»[600].

«Кто постоянно размышляет о последнем дне жизни своей и о тех казнях, которым должен подвергнуться за грехи свои, тому не приходит на мысль осуждение других. Болезненным ожиданием вечных мук снедается сердце его. Томления адские предстоят взорам ума его и не допускают развлекаться любопытством суетным. Поучение его растворено горестью. Нет слов у него для гордого наставления ближних, как бы жительство их ни было нерадивым. Не заботится он о пище. Окажет ли ему кто милость, он не ощущает утешения от этой милости по причине глубокого сознания греховности своей. Подвергшись поношению, он не отвечает с гневом. С терпением переносит обиды, признавая себя достойным их, смех не видится никогда на устах его. Колеблет он главою, произносит тяжкие стенания, вспоминая о том грозном судилище, пред которое должен предстать. Если услышит суждение о чем-либо, не подает своего мнения, хорошо ли оно или худо; не привлекает оно к себе ни внимания его, ни слуха. Очи его источают обильно слезную воду, по причине тяжкой болезни, объемлющей сердце его. Если он – сын благородных родителей, тем более предается печали, потому что тем большее посрамление ожидает его на суде пред множеством зрителей, которым он известен. Созерцая уготованный престол суда, он не обращает внимания на то, кто между людьми добр и кто зол. Если содержатся с ним в темнице другие узники, он не входит ни в какое общение с ними, не вступает в рассуждение, что бы сказать и сделать в своё оправдание и избавление: «кийждо бо свое бремя понесет» (*Гал. 6:5*). Когда влекут его на смертную казнь, мрачно лицо его, и глаза опущены к земле. Никто из человеков не дерзает замолвить слова в защиту его; каждый трепещет за себя; а он произносит исповедь и признание в соделанных согрешениях, признает себя заслужившим осуждение и наказание»[601].

«Стяжавшим смиренномудрие Бог открывает грехи их, чтоб они познали их и покаялись в них. Если к смиренномудрию присоединится плач, то изгонятся из души седмь бесов, и доставится возможность души преуспевать при посредстве подвигов и добродетелей ее. Пришедшие в такое настроение не смущаются от поношений человеческих. Зрение грехов своих служит для них всеоружием. Оно сохраняет их от гнева и мстительности, доставляет силу претерпевать встречающиеся скорби. Какое оскорбление может прикоснуться их, когда они постоянно занимаются рассматриванием грехов своих пред лицем Божиим?»[602].

«Напротив того, если допустишь себе победиться, не понесешь слово ближнего твоего, но воздашь ему жестким словом, то воздвигнутся брани в сердце твоем. Они отнимут у тебя мир, напоминая слово, сказанное тебе, и принося сожаление о том, что ты решился сказать вопреки. Размышление об этом будет мучить тебя: ты ублажишь отшельников, живущих наедине, и ожесточится сердце твое к ближним как к неимеющим любви»[603].

«Постарайся приобрести терпение и любовь: терпением побеждается гнев, а любовью исцелишься от печали. Моли Бога, чтоб Он даровал тебе эти добродетели. Любовь и долготерпение погашают гнев, движущийся противоестественно, оставляют естественное действие гнева, который тогда восстает против демонов. Имея в себе смиренномудрие и плач, всегда будешь сохранять мир с ближними»[604].

«Кто ради Бога, для сохранения мира перенесет жестокие слова человека грубого и невежественного, тот наречется сыном мира. Он соделается способным привести в состояние взаимного мира дух, душу и тело свои. Когда эти три составные части человека вступят во взаимное согласие между собою, тогда прекратится действие всех, вооружающихся на закон ума, и разрушится плотское мудрование. Пришедший в это состояние сын мира соделывается обителью Святого Духа, соделавшись предварительно принадлежностью Святого Духа, Который уже не отлучится от него»[605].

«Смиренномудрием доставляется способность переносить уничижения»[606].

«Червь, точащий древо, губит его, злоба, питаемая в сердце, отравляет его»[607].

«Кто повергает душу свою пред Богом, тот получает силу переносить несмущенно порицания. Слезы такого подвижника не оскверняются никакою примесью из побуждений человеческих»[608].

«Оставление самоукорения приводит к оставлению безгневия»[609].

«Не питай вражды ни к какому человеку. Иначе Бог не будет принимать молитвы твоей. Имей мир со всеми и стяжешь дерзновение в молитве»[610].

«Не желай слышать о искушении, постигшем того человека, который оскорбил тебя, чтоб не совершить мести в сердце»[611].

«Внимай себе: если совесть упрекает тебя в том, что брат твой скорбит на тебя, то не пренебреги этим напоминанием совести, но поклонись брату и смиренным голосом попроси у него прощения. Постарайся получить прощение»[612].

«Остерегись: не будь жесток и суров к брату твоему. Все мы терпим насилие от врагов демонов»[613].

«Если борет тебя зависть, то вспомни, что все мы – члены Христовы. На этом основании честь и бесчестие каждого из нас принадлежат вообще всем нам. Такое размышление успокоит тебя»[614].

«Если помысл понуждает тебя сказать что-нибудь худое о брате твоем, то подумай, как опечалится брат, услышав твой отзыв о нем, как тебе стыдно будет встретиться с ним после этого. Таким размышлением возможешь удержать себя от злоречия»[615].

«Если почувствуешь порочное желание уничижить брата, то вспомни, что за это Бог предаст тебя врагам твоим. Этим остановишь себя в начинании твоем»[616].

«Господь сказал в Евангелии: «аще отпущаете человеком согрешения их, отпустит и вам Отец ваш небесный. Аще ли же не отпущаете человеком согрешения их, ни Отец ваш отпустит вам согрешений ваших» (*Мф. 6:14-15*). Страшно и грозно слово Господа! Если ты видишь, что сердце твое не ко всем чисто, то остерегись просить чего-либо у Бога. Ты выкажешь неуважение к Богу, когда, будучи грешником и питая в себе огорчение на подобного тебе человека, осмелишься просить Взирающего на сердца о прощении грехов твоих. Молящийся в таком устроении не может молиться умною молитвою: он молится одними устами, не разумея сам себя и не принадлежа себе»[617].

«Желающий молиться истинною умною молитвою, действуемою Святым Духом в чистом сердце, должен, прежде нежели приступить к молитве, тщательно рассмотреть себя, не гнездится ли в душе его неприязнь к кому-либо. Если же движутся в нем и возмущают его ненависть и гнев и он молится в таком настроении, то лишь обольщает сам себя. Бог не внемлет ему, потому что ум его, волнуемый и расхищаемый страстью, не молится; мнящий молиться исполняет только по наружности обычное правило»[618].

«Желающий принести чистую молитву должен, во-первых, подвергнуть тщательному испытанию ум свой и рассмотреть, не усвоил ли он себе помыслов злобных. Необходимо тебе простить ближнего и помиловать его, прежде нежели обратишься с прошением к Господу, чтоб Он помиловал тебя. Надо, чтоб ты забыл оскорбления и обиды, нанесенные тебе ближним, прежде нежели начнешь просить Господа, чтоб Он не помянул грехов твоих, в которые ты впал волею и неволею. Если не исполнишь этого, то будешь молиться тщетно. Бог не будет внимать тебе»[619].

«Ты получишь прощение в грехах в той мере, в какой простишь ближним»[620].

«Рассмотри сердце твое. Очистил ли ты его от памятозлобия в отношении ко всем человекам? Бог – истина и требует служения Себе истиною, а не одними словами, произносимыми языком. И потому возделай сердце свое так, чтоб в нем изгладилось всякое памятование обид и оскорблений добровольным забвением их»[621].

«Каждый человек сам себя приготовляет к геенне или разрешает от нее: ничего нет тверже воли, и она, по данной ей свободе, преклоняется или к жизни, или к смерти. Блаженны возлюбившие вечную жизнь! Этою любовью они охраняются от преткновений»[622].

«Должно подвизаться в труде и поте лица в глубине самого сердца против насилующих его помыслов памятозлобия, чтоб они не нанесли тяжкой язвы, исцеление которой будет очень затруднительным. Вспомоществует в этом подвиге постоянное созерцание грехов своих. Находясь в таком настроении, если узнаешь, что нанесено тебе оскорбление, удобней возможешь изгнать из души твоей всякое желание мести»[623].

«И страх геенны обуздывает насилуемого гневом, намеревающегося воздать каким-либо злом оскорбившему. Он говорит: «Несчастный! Ты умоляешь Бога о прощении грехов твоих, и даже до ныне долготерпит тебе Бог, не обличая грехов твоих, а ты гневаешься на брата твоего и без милосердия объявляешь грехи его. Знаешь ли, что явствует из этого? Из этого явствует, что ты находишься еще во грехах твоих и не получил в них ни малейшего прощения»[624].

«Если смягчится сердце твое и соделается чуждым злобы на ближнего, то получишь милость от Бога. Если ж лукавое сердце твое пребывает в ожесточении относительно ближних, то ведай, что ты еще не помянут Богом. Прости меня!»[625]

«Человек, не достигший первобытного непорочного естественного состояния по образцу Сына Божия, да признает свой подвиг еще не принесшим никакого плода»[626].

«Каждый человек, принявший Святое Крещение, обязан распять все противоестественные лукавые влечения, которыми заразился Адам при падении, по причине которых он лишился святой славы, низвергся в поношение и срам вечные»[627].

«Да подвизается ум мужественно! Да презрит и возненавидит все, что ценится высоко плотскими человеками! Да враждует враждою непримиримою до конца жизни против всего суетного! Повергают в рабство греховное сынов Адама следующие вожди и предводители зла: тленный прибыток, земная слава и честь, наслаждение и нега тела, украшение себя одеждами и забота о телесном благообразии. Этим питаются чувственность и сластолюбие, – те страсти, которые влил змей в уста Евы и по которым познаем себя, что мы – сыны Адама. Присутствие в нас страстей обличается лукавыми помыслами, кипящими в нас и соделывающими нас врагами Божиими»[628].

«Блажен тот, кто со Христом распялся, умер, погребен и воскрес в естестве обновленном, кто последует святым стопам Иисуса. Сын Божий отделялся человеком, чтоб последователи Его уподоблялись Ему смиренномудрием, нестяжанием, уничиженным положением в мире, перенесением обид и поруганий, беспопечительностью о теле, пренебрежением наветами лукавых демонов. Кто, победив страсти, придет в это состояние, тот – Христос, тот – сын Божий и брат Иисуса»[629].

«Господь сказал: «аминь, аминь глаголю вам, аще не обратитеся и будете яко дети, не внидете в Царство Небесное» (*Мф. 18:3*). Какие дела дитяти? Дитя, когда наказывают его, плачет; с радующимися оно радуется; если укорят его, оно не гневается; похвалами не превозносится; если предпочтут ему другого, оно не тревожится ревностью; если возьмут у него что-либо, принадлежащее ему, оно не смущается; если оставят ему наследство, оно пребывает к этому равнодушным; оно не судится ни с кем, не вступает ни в какие споры, не ненавидит никого из человеков. Дитя, находясь в нищете, не печалится об этом, находясь в богатстве, не превозносится; увидев женщину, не ощущает вожделения, сластолюбие и попечительность не обладают им; оно не осуждает никого, никем не владеет, никому не завидует, не хвалится тем, чего не знает; не насмехается над ближним по причине его телесных недостатков, не питает вражды ни к кому; не лицемерствует; не ищет мирских почестей, не собирает богатства, чуждо сребролюбия, дерзости, любопрительности; не учит других по страстному побуждению высокоумия; ни о чем не печется; если снимут с него одежду, не скорбит об этом; не последует собственной воле; не боится ни голода, ни злодеев, ни зверя, ни войны, ни гонения. Таковы и те, о которых сказал Господь наш Иисус Христос: «аминь, аминь глаголю вам: аще не обратитеся и будете яко дети, не внидете в Царство Небесное»[630].

«Каких дел по свойству младенцев требует от нас Господь? Это объясняет апостол в следующих словах: «отложше всяку злобу и всяку лесть и лицемерие и зависть и вся клеветы, яко новорождени младенцы словесное и нелестное млеко возлюбите, яко да о нем возрастете во спасение» (*1 Пет. 2:1*). Понял ли, ты, брат, из этого значение слов Господа нашего Иисуса: «аминь, аминь глаголю вам: аще не обратитеся и будете яко дети, не внидете во Царство Небесное». Страшны эти слова, сказанные Господом с клятвенным подтверждением: «аминь, аминь», то есть истинно, истинно «глаголю вам». Сказавший эти слова Сам есть Истина. «Бог, – как говорит апостол, – понеже ни едином имяше большим клятися, клятся Собою» (*Евр. 6:13*). Вникнем тщательно в эти слова и будем заботиться со страхом и трепетом, будем заботиться непрестанно о исполнении этих слов. Какое бы ни приблизилось искушение к душе нашей, будем стараться о том, чтоб вспомнить слова Господа, подтвержденные клятвою: «аминь, аминь глаголю вам: аще не обратитеся и будете яко дети, не внидете в Царство Небесное». Слова эти да будут щитом для нас, сколько бы раз ни уязвил нас диавол стрелою злобы на ближнего, сколько бы раз ни уязвил нас сам ближний или укоризною, или оболганием, или отречением от послушания нам, хотя б это послушание и было обязанностью его. Слова Господа да будут для нас щитом, когда воздействует в нас лукавое огорчение, усиливаясь возбудить в нас злобное воспоминание о том, что сделано нам скорбного ближними, чтоб помрачить душу нашу гневом и ненавистью. Кто, приводя себе на память слова Господа, не убоится их? Кто мудрый, кто желающий спасти душу свою, кто, желающий избежать огня геенского, не извергнет из сердца своего всякое негодование против ближнего? Кто не извергнет из сердца всякой ненависти, чтоб не быть извергнутым из Царства Небесного? Страшное и краткое определение произнесено Господом Иисусом: «аминь, аминь глаголю вам: аще не обратится, и будете яко дети, не внидете в Царство Небесное». Тяжким представляется это определение для последующих воле своего падшего естества, для любящих мир, для не признающих, что и ныне Святой Дух нисходит на избранных Божиих и исполняет их дарованиями Своими. Дух, нисшедши на них, преподает им забвение всякого зла и вместе преподает им учение из Себя: Он преподает им кротость и заменяет ею гнев; Он преподает мир, которым заменяет вражду; Он преподает смиренномудрие, которым заменяется расположение к спорам и сварливости; Он преподает любовь, заменяя ею ненависть; Он преподает долготерпение, заменяя им малодушие. Получают такие качества те, которые удостоились возрождения»[631].

«Тщательно внимай себе и утверждайся верою, взирая очами ума на Господа нашего Иисуса Христа, Который, будучи Бог, имея неисповедимую славу и величество, соделался человеком ради нас, и оставил нам «образ, да последуем стопам Его» (*1 Пет. 2:21*). «Он, зрак раба приим, смирил Себе» (*Флп. 2:7, 8*) неизреченно. Он явился к нам в положении нищего и переносил равнодушно это состояние уничижения. Он претерпел многие и тяжкие поношения и бесчестия. Совершилось над Ним предречение Писания: «яко овча на заколение ведеся, и яко агнец пред стригущим его безгласен, тако не отверзает уст своих. Во смирении суд Его взятся» (*Ис. 53:7, 8*). Он принял за нас смертную казнь, которую предварили и сопровождали страшные наругания, побои и пытки. Последуя Ему, во исполнение заповеди Его, во очищение грехов наших, мы должны терпеливо и усердно переносить, если подвергнемся справедливо или несправедливо укоризнам или клеветам. Зачем говорить много? Если будут преследовать нас до смерти, то пойдем на смерть, как овцы ведутся на заколение, как бессловесный скот на убой, не противореча и не сопротивляясь. УМОЛЯЙ о пощаде, если то окажется возможным. Если же окажется невозможным, то храни молчание в великом смирении»[632].

«Тщательно внимай себе и веруй, что укоризны и бесчестия, переносимые ради Господа, составляют великое приобретение для души твоей, служат ей средством спасения. Претерпевай их усердно, не смущаясь. Помышляй, что ты достоин пострадать несравненно больше за грехи твои. Говори сам себе: «Велико для меня, что удостаиваюсь понести эти страдания и огорчения ради Господа. Многие скорби и уничижения, которым подвергаюсь, соделают меня, может быть, в некоторой степени последователем пострадавшего за меня Бога». Каждый раз, как ни вспомнишь об оскорбивших тебя, не поропщи на них: помолись о них искренно, от души как о благодетелях, исходатайствовавших тебе великие приобретения»[633].

«Тщательно внимай себе и возгнушайся любоначалием, исканием славы, почестей и похвал человеческих, вменяемостью, побуждающею признавать себя значущим что-либо или исполнившим какую добродетель, или лучшим брата твоего, или даже равным ему; возненавидь все это совершенною ненавистью как причину душепогибели, вечной смерти, вечной муки. Отсекай мерзкую похоть и плотскую сласть даже в самомалейших проявлениях. Не позволяй себе свободного обращения ни с кем; не прикоснись к телу ближнего твоего, и даже на лицо его не посмотри без особенной нужды; не съешь безвременно ниже малейшего количества пищи. Так, соблюдая и утверждая себя в мелочах, не впадешь и в тяжкие согрешения. Пренебрегающий мелочами, мало-помалу нисходит в гибельное падение»[634].

«Тщательно внимай себе и признавай себя искренно, от души, последнейшим из всех христиан и величайшим грешником. Содержи непрестанно душу в плаче, в смирении, в стенаниях. Пребывай всегда в молчании, как недостойный говорить и не знающий ничего; никак не говори без требования нужды»[635].

«Тщательно внимай себе, постоянно помни, постоянно имей пред очами огонь вечный и вечные муки, смотри мысленно на грешников, осужденных туда, и там терзающихся, считай себя более принадлежащим к ним, нежели к числу живущих на земле»[636].

«Тщательно внимай себе и помышляй, что Господь наш Иисус Христос умер за нас, искупил нас Своею кровию, воскрес и совоскресил нас с Собою. По этой причине и ты уже должен жить не в падшем твоем естестве, но в Господе. Веруй, что находишься всегда пред Ним и что Он смотрит на твое сердце»[637].

«Тщательно внимай себе и содержи себя в непрестанной готовности оказать полное повиновение воле Божией, хотя бы с этим повиновением сопряжена была малая или великая скорбь, даже если б подвергалась опасности жизнь, если б последовала насильственная смерть. Всегда ожидай великих и страшных искушений, скорбей, напастей, смерти лютой, чтоб они не застали тебя неготовым»[638].

«Тщательно внимай себе, и никак не попускай размышлять о чем-либо, не благоугодном Богу: Бог присутствует везде и видит все. Желая сказать что-либо, или сделать, или вступить с ближним в какое-либо сношение, или вкусить пищи и пития, или уснуть – словом, намереваясь приступить к какому бы то ни было начинанию, рассмотри прежде, согласно ли оно с заповедью Божией, взвесь причину, побуждающую тебя действовать так, говори и поступай, как пред взорами Бога, с целью говорить и делать одно благоугодное Ему. Таким образом, ты стяжешь близость к Богу и великое дерзновение к Нему»[639].

«Тщательно внимай себе, и если кто-либо оскорбит тебя, а в тебе от этого возбудится печаль, или гнев, то сохрани молчание, никак не дозволь себе сказать в это время что-либо неприличное. Когда же молитва успокоит твое сердце, тогда объяснись кротко и мирно с братом. Если встретится нужда обличить брата и в это время усмотришь, что ты сам волнуешься гневом и находишься в расстройстве, то никак не говори чего-либо брату, чтоб не возмутиться еще более. Когда же придешь и брат придет в благое и кроткое устроение, тогда скажи, не обличая и укоряя, но объясняя дело с великим смиренномудрием»[640].

«Тщательно внимай себе и отнюдь не ищи удовлетворения твоей воле и твоему покою ни в каком деле, ни в каком слове, ни в какой мысли: старайся во всяком случае исследовать и найти с точностью то, что согласно воле Божией, и исполнить это с решительностью и вполне, хотя бы исполнение и сопряжено было с великим трудом. Поступающие так действуют и терпят в истине, ради Царства Небесного. Веруй от всего сердца, что последование воле Божией несравненно полезней для тебя всех действий по умышлениям мудрости человеческой. Заповеди Божии заключают в себе жизнь вечную. «Взыскающии Господа не лишатся всякого блага» (*Пс. 33:11*)[641].

«Тщательно внимай себе, как находящийся непрестанно пред Богом. Не возлагай надежды ни на кого, устреми всю веру к Богу, уповай на Него единого. Если нуждаешься в чем, моли Бога, чтоб Он доставил нужное тебе по святой воле Его. За все, что имеешь, благодари Бога непрестанно. Признавай все, что имеешь, полученным от Бога, не от кого другого. Терпишь ли в чем недостаток? Не печалься, не ропщи ни на кого, переноси лишение усердно и без смущения, помышляя, что ты достоин многих скорбей за грехи твои. Не прибегни к средствам человеческим, скажи сам себе: «Если Бог благоволит помиловать меня, то может сделать это». Бог посылает все нужное тому, кто руководствуется этим образом мыслей»[642].

«Тщательно внимай себе и никак не прими чего-либо, не удостоверясь, что предлагаемое тебе приобретено средством праведным и посылается тебе Промыслом Божиим. Такое даяние возьми, нисколько не сомневаясь. Если же узнаешь, что предлагаемое тебе приобретено путем неправды, насилием, обманом, лукавством, отвергни приношение. «Лучше частица малая со страхом Господним, нежели сокровища велия без боязни» (*Притч. 15:16*)[643].

«Тщательно внимай себе и с понуждением себя приобучайся к молчанию, чтоб Бог даровал тебе силу подвизаться и преуспевать в добродетели. Когда представится нужда говорить, то размысли прежде, уважительна ли эта нужда и что будет благоугодней Богу: то ли, что вступишь в разговор, или хранение молчания? Убедившись, что ты должен говорить, отверзи уста со страхом Божиим, имея лицо опущенным долу, и слово твое произнеси скромно и почтительно. Вступив в разговор с возлюбленным твоим, поговори немного и спеши замолчать. Спрошенный, отвечай, сколько требует существенная нужда: сверх необходимого не говори ничего»[644].

«Тщательно внимай себе и, как воздерживаешься от блуда, так воздерживайся от увлечения похотью очей, слуха, языка и осязания. Глаза твои да будут постоянно устремлены на рукоделие твое; да не видят они лица человеческого, без благословной нужды. Особенно остерегайся смотреть на женщин и даже на красивых мужчин. Не позволь себе слушать того разговора, в котором пересуживаются чужие дела. Брат, если найдешь эти советы душеполезными, то постарайся последовать им, и Бог поможет тебе и защитит тебя в час искушения»[645].

Святая Церковь, между прочими наставлениями, завещавает принимающему пострижение иноку нижеследующее: «Да не предпочтеши что паче Бога: да не возлюбиши ниже отца, ниже матерь, ниже братию, ниже кого от своих, ниже самого себе возлюбиши паче Бога, – ниже царствия мира, или упокоения коего-либо буди или чести. Нищеты да не отвращаешися, ниже озлобления, ниже уничижения человеческого, ниже иного чесого, еже непщуеши быти неудобно, и возбранен будеши тещи за Христом; но присно взирай на яже во упованиих по Богу живущих благая, и вся от века помышляй мученики и преподобныя, иже многими поты и труды, и бесчисленными кровьми и смертьми сия стяжаша. Трезвися во всех, злопостражди, яко добр воин Христов: Сам бо Господь и Бог наш, богат сый в милости, нас ради обнища, быв по нам, да мы обогатимся царствием Его. Подобает убо и нам подражателем Его быти, и Его ради вся претерпети, преспевающим в заповедех Его день и нощь. Сам бо Господь рече: «аще кто хощет вслед Мене ити, да отвержется себе, и да возмет крест свой, и да последует Мне», еже есть готову присно быти, даже до смерти, на всякое исполнение заповедей Его. Ибо и алкати имаши, и жаждати, и нагствовати, досадитися же и укоритися, уничижитися и изгнатися, и иными многими отяготитися скорбными, ими же сущий по Богу живот начертавается. И егда сия вся постраждеши, радуйся, глаголет Господь, «яко мзда твоя многа на небесех» во Христе Иисусе, Господе нашем, Ему же слава во веки, аминь». Святая Церковь, произнесши это изложение своего духовного образа мыслей (мудрования, разума), в котором показано чудное сочетание заповедей Христовых с крестом Христовым, требует от принимающего пострижение, чтоб он, во-первых, исповедал истину этого изложения, во-вторых, дал обет последовать ему. Она вопрошает вступающего в иночество: «Сия вся тако ли исповедуеши в надежди силы Божия, и в сих обетех пребывати обещаешилися даже до конца живота благодатию Христовою?» Затем пострижение дается только тому, кто признает произнесенное здесь учение Святой Православной Церкви истинным и даст обет доказывать всей жизненною деятельностью услышанную, признанную, исповеданную им истину»[646].

Таков разум Святой Церкви! Таков разум всех святых отцов Православной Церкви! Мы удовольствовались здесь немногими выписками: их можно сделать несравненно больше, но это было бы повторением одного и того же учения в различной форме. Заключим советы отцов нашим убогим советом, основанным на самых благотворных и благодетельных опытах. При встретившейся скорби полезно повторять следующие краткие изречения, повторять со вниманием и от всей души, повторять, доколе не прольется в сердце от повторения их спокойствие, даже утешение и сладость:

1) «Достойное по делам моим приемлю: помяни мя, Господи, во царствии Твоем».

2) «Господи! да будет святая воля Твоя над мною грешным ныне и во веки».

3) «Господи! я – создание и раб Твой; хочу или не хочу, нахожусь во власти Твоей: твори с созданием Твоим по святой воле Твоей и по великой милости Твоей».

4) «Слава Тебе, Господи, за все, что Ты навел на меня, слава Тебе! Праведен и многомилостив суд Твой надо мною, заслужившим все временные и вечные казни».

5) «Благодарю и славословлю Тебя, Господь и Бог мой, за те малые и ничтожные скорби, которые Ты попускаешь мне всеблагим и премудрым Промыслом Твоим, которыми Ты обличаешь неведомые мною страсти мои, которыми облегчаешь мне ответ на страшном суде Твоем, которыми искупуешь меня от вечных мук ада».

Очевидно, что эти изречения заимствованы из Священного Писания и отеческих писаний; при внимательном, неспешном повторении их они действуют весьма скоро, сильно, благотворно, спасительно.

ГЛАВА 34. О ТРЕЗВЕНИИ

Между прочими всесвятыми и спасительными завещаниями Своими Господь заповедал нам непрестанную молитвенную бдительность над собою, состояние, называемое в деятельных отеческих писаниях священным трезвением. «Бдите и молитеся, да не внидете в напасть» (*Мф. 26:41*), – сказал Господь ученикам Своим, – «а яже вам глаголю, всем глаголю: бдите» (*Мк. 13:37*). Преподобный Исихий Иерусалимский определяет трезвение так: «Трезвение есть путь всякой добродетели и заповеди Божией»[647]. Из этого явствует, что трезвение основано на тщательнейшем и постоянном изучении евангельских заповедей, а впоследствии и всего Священного Писания. Трезвение стремится непрестанно пребывать в исполнении всех евангельских заповедей делами, словами, помышлениями, чувствованиями. Чтоб достигнуть своего намерения, оно непрестанно бодрствует, непрестанно поучается в законе Божием, непрестанно вопиет к Богу о помощи усиленнейшею молитвою. Трезвение есть непрестанная деятельность. «Трезвение, – говорит преподобный Исихий, – есть духовное художество, совершенно избавляющее, при помощи Божией, человека от лукавых дел, от страстных слов и помышлений, если оно проходится усердно и в течение продолжительного времени. Оно доставляет упражняющемуся в нем твердое разумение непостижимого Бога, насколько Он может быть постигнутым, разрешение Божественных сокровенных тайн; оно совершает всякую заповедь Божию Ветхого и Нового Завета, оно подает всякое благо будущего века. Оно, собственно, чистота сердца и, по величеству своему и достоинству, или, правильнее сказать, по нерадению нашему, ныне очень оскудевает в монахах[648]. Трезвение есть непрестанное безмолвие сердца от всякого помысла, всегда, непрерывно и непрестанно призывающее Христа Иисуса, Сына Божия и Бога, Тем Единым дышущее, с Ним мужественно ополчающееся против врагов, исповедующееся Ему, Единому имеющему власть прощать согрешения, часто объемлющее Христа, Единого Тайноведца сердец, при посредстве призывания Его. Таковая душа старается всячески утаить от человеков свою сладость и внутренний подвиг, чтоб лукавый не ввел тайно злобы и не истребил доброго делания. Трезвение есть твердое устроение ума и стояние его при сердечной двери: оно видит приходящие к нему помыслы хищников, слышит, что они говорят, познает, что делают эти убийцы, и какие образы начертываются и воздвигаются бесами, чтоб прельстить ум мечтанием»[649]. «Великий законодатель Моисей, паче же Святый Дух, показывая непорочность, чистоту, многовмещение и высокотворность этой добродетели (трезвения) и уча нас, как должно начинать и совершать ее, говорит: «Внемли себе, да не будет слово тайно в сердце твоем беззакония» (*Втор. 15:9*) Словом тайным названо единопомысленное представление какой-нибудь лукавой и богоненавистной вещи, что отцы называют прилогом, приносимое сердцу диаволом; этому прилогу последуют наши помыслы, немедленно, по представлении его уму, и вступают в страстную беседу с ним»[650]. Трезвение противодействует самым началам греха; помыслу и чувствованию греховным. Трезвение совершает заповеди в самых началах человека: в помыслах и чувствованиях. Трезвение открывает трезвящемуся его падшее естество, открывает падших духов, открывает ту зависимость человека от падших духов, в которую ниспал человек от исполнения воли их, в которую он еще глубже ниспадает, исполняя волю их и свою греховную волю. Падение наше укрепляется, печатлеется, соделывается нашею неотъемлемою собственностью, неотъемлемым залогом вечной погибели от последования нашей падшей воле и воле демонов. Трезвение есть необходимая, принадлежность истинного душевного делания, при которой вся видимая и невидимая деятельность инока совершается по воле Божией, единственно в благоугождение Богу, охраняется от всякой примеси служения дьяволу. Трезвение есть причина чистоты сердца, а поэтому и причина Боговидения, даруемого благодатию чистым, возвышающего чистоту сердца до блаженного бесстрастия. Трезвение неразлучно с непрестанною молитвою, оно рождается от нее и рождает ее: от взаимного рождения друг другом эти две добродетели сочетаваются между собою неразрывным союзом. Трезвение есть духовное жительство; Трезвение есть жительство небесное; Трезвение есть истинное смирение, сосредоточившее надежду свою в Боге, отрекшееся от всякой самонадеянности и от надежды на человеков; по этой причине оно представляется им ужаснейшею гордостию, хулится, с ожесточением преследуется ими. Не лишним будет здесь заметить, что преподобный Исихий говорит о заповедях Ветхого Завета в значении духовном, а не иудейском. Когда о Христе уничтожится покрывало (*2 Кор. 3:14*), лежащее на душевных очах, и иудей соделается христианином, тогда Ветхий Завет получает для чтущего то же значение, какое имеет и Новый. Закон, изложенный в Новом Завете открыто, изложен в Ветхом в образах и иносказаниях. Новоначальный инок должен сперва заняться изучением Нового Завета; духовное понимание Ветхого Завета придет в свое время: оно – достояние преуспевших.

Трезвение приобретается постепенно; стяжавается долгим временем и трудом; рождается преимущественно от внимательных чтения и молитвы, от навыка наблюдать за собою, бодрствовать, обдумывать каждое предлежащее нам слово и дело, быть внимательным ко всем своим помыслам и ощущениям, наблюдая за собою, чтоб не соделаться каким-либо образом ловитвою греха. Трезвитеся, бодрствуйте, говорит святой апостол *Петр,* зоне супостат ваш диавол, яко лев, рыкая, ходит, искай кого поглотити, ему же противитеся тверди верою (*1 Пет. 5:8, 9*). «Будь, подобно херувиму, весь око, сказал Евфимий Великий иноку, подвергшемуся диавольскому искушению, ограждая себя отсюду величайшею осторожностью: потому что ходишь посреди сетей»[651]. Преподобный Варсонофий Великий и Иоанн Пророк преподали желающим проводить трезвенную, богоугодную жизнь превосходный совет деятельного трезвения. Они советовали пред каждым начинанием, то есть пред вступлением в беседу или началом дела, возносить мысль к Богу с прошением от Него вразумления и помощи[652]. Для того чтоб пребывать в трезвении, надо со всею тщательностью хранить свежесть и светлость ума. УМ помрачается от неблагоразумного употребления пищи, пития и сна, от многоглаголания, рассеянности и житейских попечений. Внемлите себе, сказал Господь, да не когда отягчают сердца ваша объядением и пиянством и печалъми житейскими, и найдет на вы внезапу день той (день страшного суда Христова, последний день мира): яко сеть бо приидет на вся живущыя лицы всея земли. Бдите убо на всяко время молящеся, да сподобитеся убежати всех сих, хотящих быти, и стати пред Сыном Человеческим (*Лк. 21:34-36*). Как внезапно придет день общего суда всех человеков, так внезапно приходит для каждого человека день частного суда его, день смерти его. Неизвестен час, в который мы будем позваны. Иной, начав только путь земной жизни, восхищается с него в вечность; иной поемлется по совершении весьма немногого пути; иной с средины пути; иной, значительно не кончив его. Редкий достигает полноты дней и оставляет свою земную хижину – тело, когда она сделается не способною для жительства в ней. Во время совершения нами земного странствования, оно, по извращенному в нас падением ощущению бессмертия, представляется нам бесконечным, исполненным обильнейшей, плодоноснейшей деятельности. Это ощущение имеют и дитя, и юноша, и муж, и старец: все они созданы бессмертными, бессмертными по душе; они должны бы быть бессмертны и по телу! Падения своего, поразившего смертью и душу и тело, они или вовсе не знают, или знать не хотят, или знают его вполне недостаточно. Оттого взгляд ума и ощущение сердца по отношению к земной жизни ложны и исполнены самообольщения; оттого она обманчиво представляется всякому возрасту вечным достоянием человека. По совершении земного странствования, во вратах смерти, путь, представлявшийся бесконечным в будущности, в прошедшем является самым кратким, а обширная деятельность, совершенная не для вечности, является пагубнейшею, безвозвратною потерею времени и всех средств, данных для спасения. Очень верно выражают свое обольщение люди века сего, обыкновенно называя смерть неожиданным, бедствием, в каком бы возрасте ни постигла она их родственников и друзей. И для дряхлого старца, обремененного летами и недугами, давно склонившегося во гроб, но не думавшего о смерти, удалявшего от себя всякое напоминание о ней, она – неожиданное бедствие. В полном смысле она – бедствие для всех, не приготовившихся к ней. Напротив того, *блаженни раби тии, ихже пришед Господь обрящет бдящими*, трезвящимися, правильно смотрящими на земную жизнь, помнящими смерть и готовящимися к ней как к могущей прийти при всяком возрасте и при всяком состоянии здоровья (*Лк. 12:37-39*). Надо совершать путь земного странствования с величайшим вниманием и бодрствованием над собою: надо совершать его, непрестанно взывая к Богу молитвою о помощи. Светильником нашим при путешествии да будет Евангелие, как воспел Давид: *светильник, ногама моима закон Твой, и свет стезям моим.* (*Пс. 113:105*). Идем не только по тесному пути: идем ночью (*2 Пет. 1:19*)[653]. Постоянное трезвение ума вам необходимо, чтоб не увлечься нашим падшим естеством, чтоб не увлечься увлеченными им отцами и братиями нашими, чтоб избежать всех козней и препятствий, устраиваемых многочисленными и разнообразными соблазнами мира, устраиваемых неистовою злобою и непостижимым для человека лукавством падших ангелов. Оградив себя от рассеянности и попечений, обратим внимание на наше тело, от которого трезвенность ума находится в полной зависимости. Тела человеческие по крепости своей и здоровью бесконечно различествуют между собою[654]. Иные крепостью своею подобны меди и железу; другие слабы, как трава. По этой причине каждый должен управлять своим телом с большим благоразумием, исследовав силы своего тела. Крепкому и здоровому телу свойственны особенный пост и. бдение: оно делается от них легче, доставляет уму особенную бодрость. Слабое тело должно подкреплять пищею и сном, сообразно требованию тела, но никак не до пресыщения. Пресыщение весьма вредно и для слабого тела, расслабляет его, и сообщает ему восприимчивостьк болезням. Благоразумное воздержание чрева есть дверь ко всем добродетелям. Удержи чрево, и войдешь в рай. Если ж будешь угождать чреву и излишне питать себя, то низвергнешься в пропасть блудной скверны[655], в огнь гнева и ярости, одебелишь и омрачишь ум, приведешь кровь свою в разгорячение, в особенную способность к волнению, чем будет наветываться и разрушаться твое внимание к себе, твое трезвение. Трезвение непременно требует физического спокойствия крови, доставляемого первоначально благоразумным воздержанием. Кровь приводится в весьма разнообразное движение страстями, которые, в свою очередь, так разнообразны, что нередко противодействуют одна другой, причем одно движение крови уничтожается другим; ни все эти разнообразные движения крови непременно сопряжены с рассеянностью, мечтательностью, обильным нашествием помыслов и ласкательствующих самолюбию картин. Обильное нашествие помыслов и мечтательность всегда сопутствуются приведением крови в усиленное движение, неестественное. Это движение есть движение греховное, плод и явление падения. Об этом движении крови сказано, что оно неспособно наследовать Царство Небесное (*1 Кор. 15:50*)[656]: то есть человек, позволяющий себе приводить кровь свою в такое движение и услаждающийся им, не способен к приятию Божественной благодати. Тем опаснее это движение крови, что оно понимается весьма немногими. Напротив того, многие принимают греховное движение крови в себе за действие добра и последуют своему ошибочному влечению, как бы влечению, внушенному святой, богоугодной истиною. Замечай, при появлении обильных, вне обыкновенного порядка, помыслов и мечтаний, то состояние, в которое придет тогда кровь твоя, и научишься понимать ее греховное движение и охраняться от него. Воды Силоамские истекают тихо из своего источника (*Ис. 6:6*): богоугодные добродетели истекают из повиновения Богу, сопровождаются смирением, а не разгорячением, не порывами, не самомнением и тщеславием, неразлучными спутниками греховного кровяного разгорячения. Кровь движется иначе при гневных помыслах и мечтаниях и иначе при блудных, иначе при тщеславных, и иначе при корыстолюбивых; иначе при помыслах и мечтаниях печали и уныния, иначе при ожесточении, иначе при гордости, и так далее. По этой причине пост есть начальное орудие всех добродетелей. Как должно остерегаться от пресыщения, точно так должно остерегаться и от излишнего воздержания. Излишнее воздержание ослабляет тело, уничтожает в нем бодрость и свежесть, необходимые для трезвения, которое увядает и ослабевает в то время, когда телесные силы изнемогают и увядают. «Если понудишь немощное тело, сказал преподобный Исаак Сирский, на дела, превышающие его силы, то ввергаешь душу твою в сугубое омрачение, и доставляешь ей смущение (а не пособие). Но если предашь покою и праздности тело крепкое, то в душе, живущей в нем, усиливаются все страсти. (При этом), если б кто и очень желал добра, мало-помалу отнимается у него и самая мысль о добре, которого он желал... Мера и известные пределы в жительстве просвещают мысль и отгоняют смущение. Смущением мысли от беспорядочного (безрассудного) жительства производится в душе омрачение, а омрачением – расстройство»⁶⁵⁷. Благоразумным воздержанием доставляется неуклонное пребывание в трезвении. Неуклонное пребывание в трезвении дозволяет неуклонно последовать учению Евангелия. Евангельское учение есть единственный источник всех истинных, христианских, богоугодных добродетелей.

ГЛАВА 35. О ПОЛЬЗЕ И ВРЕДЕ ОТ ТЕЛЕСНЫХ ПОДВИГОВ

В раю, по преступлении праотцами заповеди Божией, в числе казней, которым подвергся человек, упоминается казнь – проклятие земли. «Проклята земля в делех твоих, – изрек Бог Адаму, – в печалех снеси тую вся дни живота твоего. Терния и волчцы возрастит тебе, и снеси траву сельную. В поте лица твоего снеси хлеб твой» (*Быт. 3:17-19*). Проклятие доселе лежит на земле, и явно – для всех. Не престает она давать из себя плевелы, хотя никто не сеет их. Орошается она потом земледельца, и только при посредстве потового, часто кровавого труда, доставляет те травы, которых семена служат пищею для человека и называются хлебом.

Изреченная Богом казнь имеет и духовное значение. Столько же верно исполняется карающее человека определение Божие в духовном отношении, как и в вещественном[658]. Святые отцы под именем земли разумеют сердце. Как земля, по причине поразившего ее проклятия, не престает из поврежденного естества своего, сама собою, производить волчцы и терние: так и сердце, отравленное грехом, не престает рождать из себя, из своего поврежденного естества греховные ощущения и помышления. Как о посеве и насаждении плевелов никто не заботится, но их производит само собою извращенное естество, так и греховные помыслы и ощущения сами собою зачинаются и прозябают в человеческом сердце. В поте лица добывается вещественный хлеб: при усиленном труде, душевном и телесном, насевается хлеб небесный, доставляющий вечную жизнь, в сердце человеческое; при усиленном труде он растет, пожинается, соделывается способным к употреблению, сохраняется. Хлеб небесный – Слово Божие. Труд при насаждении Слова Божия в сердце требует таких усилий, что он назван подвигом. Человек обречен снедать в печалех землю вся дни земной жизни своей, а хлеб в поте лица: здесь под именем земли должно разуметь плотское мудрование, которым человек, отступивший от Бога, обыкновенно управляется во время земной жизни своей, подвергаясь по причине плотского мудрования непрестанному попечению и помышлению о земном, непрестанным скорбям и огорчениям, непрерывному смущению; только один Христов служитель питается во время пребывания на земле небесным хлебом в поте лица, при постоянной борьбе с плотским мудрованием, при постоянном труде возделывания добродетелей. Земля для обработки нуждается в различных железных орудиях, плугах, боронах, лопатах, которыми она переворачивается, разрыхляется, смягчается: так и наше сердце, средоточие плотских ощущений и плотского мудрования, нуждается в обработке постом, бдением, коленопреклонениями и прочими удручениями тела, чтоб преобладание плотского страстного ощущения уступило преобладанию ощущения духовного, а влияние плотских, страстных помыслов на ум лишилось той непреодолимой силы, которую оно имеет в людях, отвергших подвижничество или небрегущих о нем. Кто вздумал бы посеять семена на земле, не возделав ее, тот лишь погубит семена, не получит никакой прибыли, причинит себе верный убыток: точно так и тот, кто, не обуздав плотских влечений сердца и плотских помышлений ума подобающими телесными подвигами, вздумал бы заняться умною молитвою и насаждением в сердце заповедей Христовых, не только будет трудиться напрасно, но и может подвергнуться душевному бедствию, самообольщению и бесовской прелести, навлечь на себя гнев Божий, как навлек его пришедший на брачный пир в небрачной одежде (*Мф. 22:12*). Земля, возделанная самым тщательным образом, сильно удобренная, мелко разрыхленная, но оставленная незасеянною, тем с большею силою родит плевелы: так и сердце, возделанное телесными подвигами, но не усвоившее себе евангельских заповедей, тем сильнее произрастает из себя плевелы тщеславия, гордыни и блуда. Чем лучше возделана и удобрена земля, тем она способнее к произращению густых и сочных плевелов: чем сильнее телесный подвиг инока, небрегущего о евангельских заповедях, тем сильнее и неизлечимее в нем самомнение. Земледелец, имеющий у себя много превосходных земледельческих орудий, восхищающийся этим, но не возделывающий ими земли, только обольщает и обманывает себя, не получая никакой прибыли: так и подвижник, имеющий пост, бдение и другие телесные подвиги, но небрегущий о рассматривании себя и управлении собою при свете Евангелия, только обманывает себя, надеясь тщетно и ошибочно на подвиги; он не получит никакого духовного плода, не накопит духовного богатства. Тот, кто вздумал бы возделать землю, не употребляя земледельческих орудий, потрудится много и потрудится напрасно: так и тот, кто без телесных подвигов захочет стяжать добродетели, будет трудиться напрасно, потеряет время невознаградимое, невозвращающееся, истратит душевные и телесные силы, не приобретет ничего. Кто вздумает постоянно перепахивать свою землю, тот никогда ничего не посеет и не пожнет: так и тот, кто непрестанно будет заниматься одним телесным подвигом, утратит возможность заняться душевным подвигом, насаждением в себя евангельских заповедей, от которых в свое время рождаются духовные плоды. Телесные подвиги необходимы для того, чтоб землю сердечную соделать способною к принятию духовных семян и к принесению духовных плодов: оставление подвигов или небрежение о них соделывает землю неспособною к посеву и плоду; излишество в них, упование на них столько же или и более вредно, чем оставление их.

Оставление телесных подвигов соделывает человеков подобными скотам, давая свободу и простор телесным страстям: излишество их делает человеков подобными бесам, способствуя распложению и усилению душевных страстей. Оставляющие телесный подвиг подчиняются чревообъядению, блуду, гневу в грубых его проявлениях; несущие неумеренный телесный подвиг, безрассудно употребляющие его или возлагающие на него все упование свое, видящие в нем свою заслугу пред Богом, свое достоинство, впадают в тщеславие, самомнение, высокоумие, гордость, ожесточение, в презрение ближних, уничижение и осуждение их, в памятозлобие, ненависть, хулу, раскол, ересь, в самообольщение и бесовскую прелесть. Дадим всю должную цену телесным подвигам как орудиям, необходимым для стяжания добродетелей, и остережемся признать эти орудия добродетелями, чтоб не впасть в самообольщение и не лишиться духовного преуспеяния по причине ложного понятия о христианской деятельности. Телесный подвиг нужен даже и для святых, соделавшихся храмами Святого Духа, чтоб тело, оставленное без обуздания, не ожило для страстных движений и не послужило причиною появления в освященном человеке скверных ощущений и помыслов, столько несвойственных для нерукотворенного, духовного храма Божия. Это засвидетельствовал святой апостол Павел, сказав о себе: «Умерщвляю тело мое и порабощаю, да не како, иным проповедуя, сам неключим буду» (*1 Кор. 9:27*). Преподобный Исаак Сирский говорит, что разрешение, т.е. оставление поста, бдения, безмолвия и прочих телесных подвигов, этих пособий к благочестивой жизни, дозволение себе постоянного покоя и наслаждения, повреждает и старцев, и совершенных[659].

ГЛАВА 36. О РЕВНОСТИ ДУШЕВНОЙ И ДУХОВНОЙ

Иноку надо весьма остерегаться плотской и душевной ревности, представляющейся по наружности благочестивою, в сущности – безрассудной и душевредной. Мирские люди и многие монашествующие, по незнанию своему, очень похваляют такую ревность, не понимая, что ее источники суть самомнение и гордость. Эту ревность они величают ревностью по вере, по благочестию, по Церкви, по Богу. Она заключается в более или менее жестком осуждении и обличении ближних в их нравственных погрешностях и в погрешностях против церковного благочиния и чиноположения. Обманутые ложным понятием о ревности, неблагоразумные ревнители думают, предаваясь ей, подражать святым отцам и святым мученикам, забыв о себе, что они, ревнители, – не святые, а грешники. Если святые обличали согрешающих и нечестивых, то обличали по Повелению Божию, по обязанности своей, по внушению Святого Духа, а не по внушению страстей своих и демонов. Кто ж решится самопроизвольно обличать брата или сделать ему замечание, тот ясно обнаруживает и доказывает, что он счел себя благоразумней и добродетельней обличаемого им, что он действует по увлечению страсти и по обольщению демонскими помыслами. Подобает помнить заповедание Спасителя: «Что же видиши сучец, иже во оце брата твоего, бревна же, еже есть во оце твоем, не чуеши? Или како речеши брату твоему: остави, да изму сучец из очесе твоего: и се бревно во оце твоем? Лицемере, изми первее бревно из очесе твоего: и тогда узриши изъяти сучец из очесе брата твоею» (*Мф. 7:3-5*). Что такое – бревно? Это плотское мудрование, дебелое, как бревно, отъемлющее всю способность и правильность у зрительной силы, дарованной Создателем уму и сердцу. Человек, водимый плотским мудрованием, никак не может правильно судить ни о своем внутреннем состоянии, ни о состоянии ближних. Он судит о себе и о других так, как представляется себе он сам и как представляются ему ближние по наружности, по его плотскому мудрованию, ошибочно, и потому Слово Божие весьма верно наименовало его лицемером. Христианин, по исцелении себя словом Божиим и Духом Божиим, получает правильный взгляд на свое душевное устроение и на душевное устроение ближних. Плотское мудрование, поражая бревном согрешающего ближнего, всегда смущает его, нередко губит, никогда не приносит и не может принести пользы, нисколько не действует на грех. Напротив того, духовное мудрование действует исключительно на душевный недуг ближнего, милуя ближнего, исцеляя и спасая его. Достойно замечания, что по стяжании духовного разума, недостатки и погрешности ближнего начинают казаться весьма маловажными как искупленные Спасителем и удобно врачуемые покаянием – те самые погрешности и недостатки, которые плотскому разуму казались необъятно великими и важными. Очевидно, что плотское мудрование, будучи само бревном, придавало им такое огромное значение. Плотское мудрование видит в ближнем и такие грехи, каких в нем вовсе нет: по этой причине увлекавшиеся безрассудною ревностью часто впадали в оклеветание ближнего и соделывались орудием и игралищем падших духов. Преподобный Пимен Великий рассказывал, что некоторый инок, увлекшийся ревностью, подвергся следующему искушению: он увидел другого инока лежащим на женщине. Долго боролся инок с помыслом, понуждавшим его остановить согрешающих, и, наконец, побежденный, толкнул их ногою, сказав: перестаньте же! Тогда оказалось, что это были два снопа[660]. Преподобный авва Дорофей рассказывает, что в бытность его в общежитии аввы Серида, некоторый брат оклеветал другого брата, будучи увлечен безрассудною ревностью, которая всегда сопряжена с подозрительностью и мнительностью, очень способна к сочинениям. Обвинявший винил обвиняемого в том, что этот рано утром крал из сада смоквы и ел их: по произведенному игуменом исследованию оказалось, что оклеветанный в указанное утро находился не в монастыре, а в одном из соседних селений, будучи послан туда экономом, и возвратился в монастырь только к тому времени, как оканчивалась Божественная Литургия[661]. Если хочешь быть верным, ревностным сыном Православной Церкви, то достигай этого исполнением евангельских заповедей относительно ближнего. Не дерзни обличать его, не дерзни учить его, не дерзни осуждать и укорять его! Это деяние не веры, а безрассудной ревности, самомнения, гордыни. Спросили Пимена Великого: что такое вера? Великий отвечал: «Вера заключается в том, чтоб пребывать в смирении и творить милость[662], то есть смиряться пред ближними и прощать им оскорбления и обиды, все согрешения их». Так как безрассудные ревнители в начальную причину своей ревности выставляют веру, то да знают они, что истинная вера[663], а следовательно, и истинная ревность должны выражаться в смирении пред ближними и в милости к ним. Предоставим суд над человеками и обличение человеков тем человекам, на которых возложена обязанность судить братии своих и управлять ими.

«Имеющий ложную ревность, – сказал святой Исаак Сирский, – недугует великим недугом. О человек, мнящий износить ревность против чужих недугов, ты отрекся от здравия души твоей! Потрудись со тщанием о здравии души твоей. Если же желаешь уврачевать немощных, то знай, что больные нуждаются более в уходе за ними, нежели в жестких обличениях. Но ты, иным не помогая, сам себя ввергаешь в тяжкую и мучительную болезнь. Эта ревность в человеках не признается одним из видов премудрости, но причисляется к недугам души, есть к скудости (духовного) разума, признак крайнего невежества. Начало премудрости Божией – тихость и кротость, свойственные великой и крепкой душе, основательнейшему образу мыслей, и носит человеческие немощи. «Вы бо сильнии, – говорит Писание, – немощи немощных носите» (*Рим. 15:1*), и: согрешающаго «исправляйте духом кротости» (*Гал. 6:1*). Мир и терпение причисляет апостол к плодам святого Духа»[664]. В другом слове преподобный Исаак говорит «Не возненавидь грешного, потому что мы все грешны. Если ты ради Бога подвизаешься против него (грешника), то пролей о нем слезы, для чего же ты и ненавидишь его? Возненавидь грехи его, а о нем помолись и тем уподобишься Христу, Который не негодовал на грешников, но молился о них. Не видишь ли, как Он плакал о Иерусалиме? И мы во многих случаях служим посмешищем для диавола. Зачем же ненавидим того, над кем посмевается посмевающийся и над нами, диавол? Зачем ты, о человек, ненавидишь грешника? За то ли, что он не так праведен, как ты? Где же твоя правда, когда у тебя нет любви! Отчего ты не восплакал о нем, но гонишь его? Некоторые, мнящие о себе, что они здраво судят о делах грешников, и (по этому поводу) гневаются на них, действуют так из своего невежества»[665]. Великое бедствие – самомнение! Великое бедствие – отвержение смирения! Великое бедствие – то душевное устроение или состояние, при котором инок, не будучи призван или вопрошаем, по собственному сознанию своего достоинства, начинает учить, обличать, укорять ближних! Будучи спрошен, или откажись дать совет и сказать свое мнение как ничего не знающий, или, при крайней нужде, скажи с величайшею осторожностию и скромностию, чтоб не уязвить себя тщеславием и гордостию, а ближнего – словом жестким и безрассудным. Когда за труд твой в вертограде заповедей Бог сподобит тебя ощутить в душе твоей ревность Божественную, тогда ясно увидишь, что эта ревность будет побуждать тебя к молчанию и смирению пред ближними, к любви к ним, к милованию их, к соболезнованию о них, как сказал святой Исаак Сирский[666]. Божественная ревность есть огонь, но не разгорячающий крови! Он погашает в ней разгорячение, приводит в спокойное состояние[667]. Ревность плотского мудрования всегда сопряжена с разгорячением крови, с нашествием многочисленных помыслов и мечтаний. Последствиями слепой и невежественной ревности, если ближний ей воспротивится, обыкновенно бывают негодование на него, памятозлобие, мстительность в различных видах, а если покорится – тщеславное довольство собою, возбуждение и умножение наших высокоумия и самомнения.

ГЛАВА 37. О МИЛОСТЫНИ

Новоначальный инок не должен подавать вещественной милостыни нищим, исключая какого-нибудь особенного случая, когда необходимо оказать ближнему пособие, и этому ближнему нет другого средства получить пособие[668]. Подаяние милостыни нищим есть добродетель мирских людей, которых добродетель сообразна жительству, то есть вещественна и не чужда примеси. Преуспевшие иноки, стяжавшие дар рассуждения или призванные на то Богом, могут подавать милостыню нищим. Они обязаны удовлетворять служению этому как своему долгу, признавая себя орудиями Промысла Божия, признавая себя облагодетельствованными доставлением средства благодетельствовать, признавая себя облагодетельствованными более тех, которым они благодетельствуют. Новоначальный монах, подавая самопроизвольно милостыню нищим, непременно увлечется тщеславием и впадет в самомнение. Если имеешь, какой избыток, то раздай его нищим, доколе ты еще не вступил в монастырь. Так повелевает евангельская заповедь. Господь сказал юноше, желавшему достигнуть совершенства добродетелей: «Аще хощеши совершен быти, иди, продаждь имение твое, и даждь нищим: и имети имаши сокровище на небеси: и прииди, и ходи вслед Мене, взем крест» (*Мф. 19:21*; *Мк. 10:21*). Раздаянием имения предваряется взятие креста. При сохранении имения невозможно принятие и ношение креста (*Лк. 14:33*): крест будет постоянно сниматься с рамен и заменяться средствами, доставляемыми имением, а вера в единого Бога и зрение

Бога верою будут уничтожаться упованием на имение и вниманием к нему. Святые мученики и иноки старались со всею точностью исполнить вышеприведенную заповедь Господа пред началом своего подвига. Первые пред исшествием на видимые муки расточали имение нищим или, по недостатку времени, завещавали богозаповеданное распоряжение имуществом родственникам и друзьям. Вторые поступали точно так же пред исшествием на невидимое мученичество. Подвиг иноческий есть невидимое, но в полном смысле мученичество для того, кто проходит этот подвиг как должно. Предварим вступление в монастырь раздаянием нашего имущества, запечатлеем вещественною милостию, одною из величайших вещественных добродетелей, наше вещественное жительство посреди мира. Для вступившего же в монастырь предлежит другого рода милостыня: милостыня невещественная. Она заключается в том, чтоб мы не осуждали ближних, когда они согрешают, но миловали их, чтоб даже не судили о ближних, говоря о одних хорошо, а о других худо; такой суд непременно сопряжен с отвержением смирения, с гордынею, присвоивающею человеку то, что принадлежит единому Богу. Невещественная милостыня заключается в том, чтоб мы не воздавали злом за зло, но за зло воздавали добром; невещественная милостыня заключается в том, чтоб мы прощали все оскорбления и обиды, наносимые нам ближними, а по отношению к себе признавали эти оскорбления и обиды истинными благотворениями, очищающими нас от греховной скверны. Короче: иноческая милостыня заключается в последовании Христу, то есть в тщательном исполнении евангельских заповедей и в ношении креста, то есть в благодушном терпении и в тщательном понуждении себя к терпению всех скорбей, которые благоволит Божий Промысл попустить нам во время нашего земного странствования во спасение наше. Без второго не может состояться первое: последование Христу не может состояться без приятия креста и признания в нем новозаветной правды и оправдания Божиих. Для преуспевших и призванных на то Богом иноков невещественная милостыня заключается в преподавании ближним слова Божия. Невещественная милостыня столько выше вещественной, по учению святых отцов, сколько душа выше тела[669]. Для того чтоб подавать вещественную милостыню, должно стараться приобретать вещественное имущество; для того чтоб подавать невещественную милостыню, должно стараться и заботиться о обогащении себя духовным богатством – учением Христовым. Если каким-нибудь образом достанется тебе имущество по вступлении в монастырь, то постарайся немедленно переместить его на небо посредством милостыни. Вручи доставшееся тебе имущество настоятелю или какому другому, известному тебе своею добросовестностью, лицу и предоставь ему раздаяние твоего имущества. Не дерзни распорядиться сам и самопроизвольно! Иначе нанесешь вред душе твоей. По передаче имущества твоего распорядителю, не подозревай его, не проверяй его: предоставь дело его совести, а себя не ввергай в попечения и подозрения во вред душе твоей. Ты исполнил свою обязанность, и никакого нет тебе дела до того, как исполняет обязанность свою распорядитель: он «своему Господеви стоит, или падает» (*Рим. 14:4*)[670].

ГЛАВА 38. О НЕСТЯЖАНИИ

Всякий, поступивший в монастырь и принявший на себя благое иго Христово, должен непременно пребывать в нестяжательности, довольствуясь самонужнейшим и охраняясь от излишества в одежде, в келейных принадлежностях, в деньгах. Имуществом, богатством, сокровищем инока должен быть Господь наш, Иисус Христос. К Нему должны быть обращены и постоянно устремлены взоры ума и сердца; в Нем должна сосредоточиваться надежда наша; на Него должно быть возложено все упование наше: мы должны быть сильны верою нашею в Него. Такого душевного настроения невозможно иноку сохранить при имуществе – заповедь о нестяжательности дана Самим Господом. «Не скрывайте себе сокровищ на земле, – повелевает Он нам, – идеже червь и тля тлит, и идеже татие подкопывают и крадут: скрывайте же себе сокровище на небеси, идеже ни червь, ни тля тлит, и идеже татие не подкопывают, ни крадут» (*Мф. 6:19-20*). Постановив заповедь, Господь изложил и причину постановления ее. Он сказал: «Идеже бо есть сокровище ваше, ту и сердце ваше будет» (*Мф. 6:21*). «Не можете Богу работати и мамоне» (*Мф. 6:24*). Если инок имеет деньги или какие дорогие вещи, то невольно, по каким-то неотложным и неотразимым необходимости и закону, надежда его нисходит от Бога к имуществу. На имущество он возлагает свое упование, в имуществе он видит свою силу, в нем видит средство уклониться от влияния превратностей, могущих встретиться на поприще земной жизни; в имущество сосредоточиваются его любовь, его сердце и ум, все существо его. И делается сердце веществолюбца жестким и чуждым всякого духовного ощущения, как жестко и бесчувственно вещество. Копление денег и другого имущества иноком есть поклонение идолу, по определению апостола (*Еф. 5:5*). Идолопоклонство непременно сопряжено с отречением от Бога. Омраченный веществолюбец не замедлит пожать плоды своего самообольщения: приходит смерть, о которой в омрачении своем и упоении земным благосостоянием он совсем забыл, восхищает его из среды богатства его; капиталы и наполненные кладовые, на которые он уповал, остаются для других, не принесши ему даже никакой временной пользы, отчуждивши его от Бога (*Лк. 12:15-22*). Дух Святой оплакивает состояние человека, обманутого обольщением богатства, в страшной и гибельной нищете духа вступающего в вечность, – говорит: «Се, человек, иже не положи Бога помощника себе, но упова на множество богатства своего, и возможе суетою своею» (*Пс. 51:9*). Каким образом от пристрастия к тленному имуществу совершается в глубине души отречение от Бога, которое при удобном случае не преминет вынаружиться, можно видеть из следующей повести, сохраненной нам церковною историей:

«Некто Павел, пресвитер, пребывал в пустынной горе, скрываясь от идолопоклонников-гонителей. Он имел при себе значительное количество золота. К нему присовокупились пять дев-инокинь, также избегавших преследования. Эти девы сияли добродетелями и были исполнены благоуханием Святого Духа. Они жили при пресвитере Павле, упражняясь с ним в молитвах и в исполнении Божественных заповедей. Некоторый неблагонамеренный человек, узнав о их местопребывании, известил начальника волхвов при персидском царе Сапоре, что христианский пресвитер, имеющий много золота, скрывается в горе с пятью девами-инокинями. «Если хочешь, – говорил доноситель вельможе, – приобрести себе золото, то вели взять их и представить пред тебя на суд; когда же они не захотят отречься от своей веры, тогда ты отрубишь им головы, а золото возьмешь себе». Вельможа немедленно исполнил данный ему совет: представил пресвитера с инокинями и его золотом на суд пред себя. Тогда пресвитер сказал вельможе: «По какой причине ты отнимаешь у меня имение мое, между тем как я ни в чем не виноват пред тобою?» Вельможа: «По той причине, что ты христианин и не повинуешься повелению царя». Павел: «Господин мой! Прикажи мне что хочешь». Вельможа: «Если ты поклонишься солнцу, возьми твое и иди куда знаешь. Павел посмотрел на свое золото и сказал: «Что приказываешь мне сделать, то сделаю». И немедленно он поклонился солнцу, вкусил идольских жертв и пил идоложертвенную кровь. Вельможа, видя, что намерение его не удалось, сказал: «Если ты уговоришь и постниц твоих, чтоб они, так же как и ты, поклонились солнцу, потом вышли замуж или вдались в прелюбодеяние, тогда, взяв свое золото и постниц, иди с ними куда желаешь». Павел пошел к постницам и говорит им: «Вельможа взял имение мое и вам повелевает исполнить волю царя. Вот я поклонился солнцу и ел идоложертвенное. Приказываю и вам сделать то же самое». Инокини сказали как бы едиными устами: «Несчастный! Не довольно ли для тебя твоей погибели? Как ты осмелился говорить с нами? Ныне ты сделался вторым Иудою и, как он, ради золота предал Учителя своего и Владыку на смерть. Иуда, взявши золото, пошел и удавился. И ты, окаянный, соделался вторым Иудою по нравственности твоей! Ради золота ты погубил душу твою, не вспомнив о том богаче, который, получив большое богатство, сказал душе своей: «душе, имаши много блага, лежаща на лета многа: почивай, яждь, пий, веселися», – и за это услышал: «безумне, в сию нощь душу твою истяжут от тебе: а яже уготовал еси, кому будут?» (*Лк. 12:19-20*). Говорим тебе, как бы предстоя Самому Богу, что над тобою совершится и то и другое; и то, что случилось с Иудою и то, что случилось с богачом». Сказав это, они плюнули в лицо отступника. Тогда, по повелению вельможи, инокини были биты жестоко и долго. Под ударами они вопияли: «Мы поклоняемся Господу нашему Иисусу Христу, а повелению твоего царя не повинуемся; ты же делай что делаешь». Вельможа, изыскивая все средства, как бы завладеть золотом, повелел Павлу собственноручно отсечь головы истинномудрым тем девам, думая, что Павел не захочет этого сделать, и тогда вельможа взял бы золото. Несчастный Павел, услышав это и опять посмотрев на свое золото, сказал вельможе: «Что приказываешь мне сделать, сделаю». Взяв меч, он подошел к постницам. Увидев это, святые девы ужаснулись и единогласно сказали ему: «Окаянный! До вчерашнего дня ты был нашим пастырем, а ныне пришел, как волк, пожрать нас. Таково ли твое учение, которое ты ежедневно повторял нам, увещавая, чтоб мы охотно умерли за Христа! Ты сам нисколько не захотел пострадать за Него, но, не задумавшись ни на минуту, отвергся Его. Где святые Тело и Кровь, которые мы принимали от нечистой руки твоей? Знай, что меч, который ты держишь в руке, есть ходатай для нас живота вечного. Мы отходим к Учителю нашему, Христу: ты же, как мы предрекли тебе, скоро будешь удавлен веревкою и соделаешься сыном геенны вместе с учителем твоим Иудою». Сказав ему это и присовокупив еще нечто, они помолились. Павел отсек им головы. Тогда вельможа сказал ему: «Ни один из христиан не исполнил воли царя так, как исполнил ты. По этой причине не могу отпустить тебя без личного царского повеления. Когда я расскажу ему и он узнает о том, что ты сделал, то сподобит тебя великих почестей. Теперь возвеселись с нами и пребудь близ нас в помещении, которое отведут тебе. Завтра доложим о тебе царю». Отступник отвечал: «Да будет по слову твоему». Ночью вельможа послал рабов своих тайно удавить Павла веревкою в отведенном ему помещении, а сам с наступлением утра, притворяясь ничего не знающим, пришел посетить его. Нашедши его висящим на веревке и удавленным, он осудил его, признав самоубийцею, велел вынести за город, а там подвергнуть на съедение псам, а имение его присвоил себе»[671].

Инок, проводящий трезвенную жизнь и рассматривающий в себе самом грехи или падение человечества, удобно заметит, что при получении по какому-нибудь случаю ценной вещи или значительного числа денег тотчас же является в сердце упование на это имущество, а упование на Бога хладеет и ослабевает. Если не остеречься, то не замедлит явиться и привязанность к имуществу. Привязанность или пристрастие к имуществу легко могут обратиться в страсть, по причине которой совершается незаметным образом отречение от Христа в сердце, хотя уста и продолжают исповедывать Его, призывать Его в молитвах, проповедывать учение Его. Когда одна какая-либо убийственная страсть возобладает человеком, тогда прочие страсти умолкнут в нем; диавол престает наносить ему брани и искушения, храня в нем как свое сокровище, как верный залог его погибели заразившую его смертоносную страсть. Человек, убитый грехом в тайне сердца, привлеченный им к самым вратам ада, часто представляется для других святым и назидательным, как представлялся инокиням Павел, доколе опыт не разоблачит его, как разоблачил Павла. Кто желает сосредоточить в Боге упование и любовь свою, тот должен стараться о том, чтоб пребывать в нестяжании, а подающие ему деньги и ценные вещи употреблять на приобретение богатства в вечности (*Лк. 16:9*). Начало всех духовных благ – вера во Христа, в Евангелие, вера живая, доказываемая исполнением евангельских заповедей делами, жизнью: естественно, что «сребролюбие», искореняющее из сердца веру, «есть корень всем злым» (*1 Тим. 6:10*).

ГЛАВА 39. О ЧЕЛОВЕЧЕСКОЙ СЛАВЕ

Подобно сребролюбию и корыстолюбию, тщеславие уничтожает веру в сердце человеческом; подобно им, оно делает сердце человека не способным для веры во Христа, для исповедания Христа. «Како вы можете веровати, – говорил Господь современным ему представителям иудейского народа, – славу друг от друга приемлюще; и славы, яже от единого Бога, не ищете» (*Ин. 5:44*).

Многие из важнейших иудеев уверовали в Господа, «но, – свидетельствует евангелист, – фарисей ради не исповедоваху, да не из сонмищ изгнани будут: возлюбиша бо паче славу человеческую, неже славу Божию» (*Ин. 12:42-43*). Иудеи сделали постановление, которым воспрещалось участвовать в собраниях синагоги всякому, исповедующему Богочеловека обетованным Мессиею (*Ин. 9:22*). Тщеславие питается похвалою человеческою и преимуществами, изобретаемыми плотским мудрованием и возникающими из нашего падения.

Оно питается богатством, знатностью рода, громкими именами, которыми увенчиваются служение и угодливость миру, и прочими суетными почестями. По такому свойству своему слава земная и человеческая прямо противоположна славе Божией. Начала славы человеческой и пути к ней совсем другие, нежели начала Славы Божией и пути к достижению ее. Начала тщеславия и славолюбия основываются на ложных понятиях о мнении и силе человеческих, суетных, кратковременных, переменчивых, ничтожных. Путь искателя славы человеческой – постоянное и разнообразное человекоугодие.

Правильно или неправильно, законно или беззаконно это человекоугодие, до того дела нет искателям человеческой славы, лишь бы оно достигало своей цели. Начало вожделения славы Божией и стремления к ней основываются на живой вере во всемогущество Божие и в неизреченную милость Его к падшему человеку. Падший человек посредством покаяния и исполнения евангельских заповедей может примириться с Богом, стяжать у Бога, выразимся так для ясности, благое о себе мнение, как сказано в Писании, от лица Божия человеку, которого дела оказались угодными Богу: «Добре, рабе благий и верный, о мале Ми был еси верен, над многими тя поставлю, вниди в радость Господа твоего» (*Мф. 25:23*). Сообразно начальной причине своей, деятельность человека, желающего стяжать славу Божию, заключается в тщательном и постоянном богоугождении, или в последовании Господу: с крестом своим на раменах, в угождении ближним, допускаемом и установляемом евангельскими заповедями. Такое угождение отнюдь не удовлетворяет и даже приводит в негодование сынов мира, которые ищут и требуют неограниченного угождения страстям своим и своему самообольщению, за что и награждают земною славою человекоугодника, враждебного Богу и истинному благу ближних.

«Аще кто Мне служит, – сказал Господь, – Мне да последует, и идеже есмь Аз, ту и слуга Мой будет: и аще кто Мне служит, почтит его Отец Мой» (*Ин. 12:26*). Между прочими нравственными правилами Богочеловека, чертами Его всесвятого характера находится отвержение славы человеческой. «Славы от человек не приемлю», – сказал Господь о Себе (*Ин. 5:41*). Хотя Он – Царь царей, но «царство Его несть от Мира сего» (*Ин. 18:36*). Когда народ хотел провозгласить Его царём, то Он удалился в пустынную гору, научая и нас, по объяснению, блаженного Феофилакта Болгарского, убегать почестей и славы (*Ин. 6:15*). Когда во время собеседования после Тайной Вечери ученики сказали Господу: «ныне вемы, яко веси вся и не требуеши, да кто Тя вопрошает: о сем веруем, яко от Бога изшел еси»: тогда Господь не выразил никакого сочувствия к этим словам, заключающим в себе похвалу человеческую и одобрительное мнение человеческое. Напротив того, ведая близкое малодушие учеников и научая необновленного человека не уповать на свое падшее естество, способное к неожиданной, внезапной переменчивости, Он возразил им: «Ныне ли веруете? Се, грядет час, и ныне прииде, да разыдется кийждо во своя и Мене оставите единого» (*Ин. 16:30-32*). Христос, принявший на себя человечество, страданиями и крестом взошел, ко человечеству, во славу Свою (*Лк. 24:26, 46*), которая по Божеству, всегда была Его славою (*Ин.17:5*). Мы должны последовать Христу: исполнением заповедей и терпением всех попускаемых нам скорбей соделаться причастниками славы Христовой в сем и будущем веке. Христос «Себе умалил, зрак раба приим, в подобии человечестем быв, и образом обретеся якоже человек, смирил себе, послушлив быв до смерти, смерти же крестныя. Тем же и Бог Его превознесе и дарова Ему имя, еже паче всякого имене, да о имени Иисусове всяко колено поклонится небесных и земных и преисподних: и всяк язык исповесть, яко Господь Иисус Христос в славу Бога Отца» (*Флп. 2:6-11*); так и мы должны смириться извне и внутри себя, чтоб соделаться причастниками славы Христовой, в сем и будущем веке. Залоги славы, даруемые Богочеловеком последователю Его во время земного странствования, состоят в различных дарах Святого Духа; в будущем веке Божественная слава обымет последователей и учеников Христовых извне и внутри в такой полноте и в таком величии, каких ум человеческий представить себе не может (*1 Кор. 2:9*). По этой причине преподобные отцы наши, святые иноки, старались избегать, как смертоносного яда, всего, что приводит к тщеславию, доставляет человеческую славу. Самый Божественный Промысл, как это со всею ясностью можно усмотреть из жизнеописаний угодников Божиих, не попускает избранным Божиим во время их земного странствования пребывать в отраде, в постоянном земном благополучии и в земной славе. Земное странствование их всегда преисполнено скорбей вольных и невольных. Как сладкая пища, постоянно употребляемая, повреждает желудок, так слава человеческая, нерастворенная скорбями, повреждает душу. Как от постоянной ясной погоды, непрерываемой дождями, увядают и сохнут хлеб и травы, в плодах заводятся черви, так от постоянного земного счастья слабеют и уничтожаются в человеке добрые качества, зарождаются в его сердце самомнение, гордыня и блудные вожделения.

Святой Исаак Сирский сказал: «Едва ли найдется человек, который мог бы понести честь, а может быть, и вовсе не найдется такого: это происходит от способности скоро подвергаться изменениям»[672].

Способность скоро изменяться, доказанная опытами[673], служит причиною, что Бог, уготовавший рабам Своим вечную, непременяющуюся честь и славу на небеси, не благоволит, чтоб они в сем непостоянном и превратном мире были почитаемы постоянно суетным и временным почитанием, как заметил блаженный Симеон Метафраст в жизнеописании великомученика Евстафия Плакиды[674].

Те из святых мужей, которым Бог, сообразно их значительным естественным способностям и духовному преуспеянию, предоставил высокое служение в Церкви, подвергались особенным гонениям, бесчестиям, поруганиям, озлоблениям, страданиям: в этом удостоверяют жизнеописания и Афанасия Великого, и Григория Богослова, и Василия Великого, и Иоанна Златоустого, и других светильников Церкви. Попускаемые им напасти предохраняли их от душевного повреждения, которое легко могло бы появиться от величия сана и почитания человеческого[675]. «Прилежно внимай себе, – сказал преподобный Исаия Отшельник, – чтоб тебе удаляться желания власти, чести, славы и похвалы как язвы, смерти и погибели душевной, как вечной муки»[676]. Если посмотреть внимательно на себя и на человечество, то невозможно не убедиться в справедливости совета, преподанного святым отшельником, невозможно не увидеть, что стремление к славе человеческой и к человеческим почестям сводит инока с тесного спасительного пути, проложенного Богочеловеком и пройденного всеми последователями Его. Мало этого! Самое учение о тесном и прискорбном пути делается для сочувствующих человеческой славе странным, диким, безрассудным; они насмехаются над ним и над возвещающими его, как насмехались фарисеи, будучи миролюбцами, над учением Господа о самоотвержении. Но Господь дал это учение как необходимое врачевство и пособие в стране изгнания и самообольщения для освобождения нас от лжи, от пленивших и пленяющих нас посредством лжи (*Лк. 16:14*). Нет иного ключа, который бы отверзал врата в Царство Божие, кроме креста Христова. Ключ этот подается десницею Божией тем, которые произволяют войти в Царство Божие, и они сами стараются приобрести его, о приобретенном радуются и веселятся как о залоге вечного, неизреченного блаженства. Говорит преподобный Симеон, Новый Богослов: «С несомненною верою в Бога отрекшийся мира и всего принадлежащего миру, верует, что Господь щедр и милостив, приемлет приступающих к Нему с покаянием, воздает почесть рабам своим чрез бесчестие, обогащает их посредством нищеты, прославляет при посредстве досаждений и уничижений, соделывает их причастниками и наследниками вечной жизни посредством смерти. Верующий спешит, как жаждущий елень, восходит сими ступенями к бессмертному и горнему началу, как по лестнице, по которой восходят и нисходят ангелы, на вершине которой – человеколюбивый Бог, ожидающий от нас посильного подвига и тщания, не увеселяясь зрением труда нашего, но желая дать нам мзду, как заслуженную»[677].

Возлюбленные братия! Будем убегать тщеславия и славолюбия как отречения от креста Христова. Отречение от креста Христова есть вместе и отречение от Христа: «иже не носит креста своего и вслед Мене грядет, не может мой быти ученик» (*Лк. 14:27*), – сказал Господь.

Падшие человеки! Мы не можем иначе познать и исповедать Христа с искренностью, деятельно, как с креста нашего, познав и исповедав наперед наше падение и необходимость крестного пути для достижения неба и хранимого в нем вечного блаженства. Будем убегать всех поводов к тщеславию и славе человеческой, как убегали их святые отцы, чтоб не утратить сочувствие к учению Христову, не соделаться гробами повапленными, христианами по наружности, отступниками в сущности. Малая пылинка, попавшая в глаз, нарушает правильность зрения: ничтожное по видимому пристрастие лишает правильности разум, повреждает, изменяет образ мыслей подвижника. Сильные духом и телом отцы боялись малейшего греха, малейшего уклонения от евангельского учения, тем более мы, немощные по духу и телу, должны страшиться греха, который имеет надежное пристанище и пособие в нашей немощи, который, входя в нас, принимает вид ничтожной мелочи, а вошедши, превращается в страшное чудовище[678]. Не без причины святые отцы наблюдали крайнюю простоту в одежде, в келейных потребностях, в монастырских зданиях, в строении и украшении самых храмов[679]. Мысль и сердце слабого человека сообразуются, что непонятно для неопытных и невнимательных, с его наружным положением. Если на иноке блестящие одежды, если келия убрана тщательно, со вкусом и роскошью, если даже храмы монастыря великолепны, сияют золотом и серебром, снабжены богатою ризницею, то душа его непременно тщеславна, исполнена самомнения и самодовольства, чужда умиления и сознания своей греховности. Упоенная тщеславным удовольствием, представляющимся ей духовною радостию, она пребывает в омрачении, самообольщении, ожесточении и мертвости, как бы среди торжественного празднества. Напротив того, когда одежда на иноке проста, когда он, подобно страннику, живет в келии как бы в шатре или куще, когда в этой куще имеется одно необходимое, когда храм Божий служит для него местом молитвенного исповедания и плача, не развлекая и не восхищая его своим блеском, тогда душа его заимствует от наружной обстановки смирение, отделяется от всего вещественного, переносится мыслями и чувствованиями в предстоящую всем человекам неизбежную вечность; душа старается покаянием и исполнением евангельских заповедей благовременно приготовить себе в вечности прием благосклонный. В скромную келию, убранную просто, входит наравне с вельможею простолюдин; в келию, тщательно убранную, нет входа для простолюдина, могущего приходом своим нарушить отчетливость убранства в келии. В лице убогого простолюдина, часто богатого в вере, отвергается Христос (*Иак. 2:1-6*). Пагубно собственное тщеславие: тем пагубнее слава человеческая. Слава инока от чад мира и плотского мудрования есть признак, что этот инок — сосуд, отвергнутый Богом, так как, напротив того, поношения и гонения от человеков составляют для инока верный признак избрания его Богом. То и другое засвидетельствовано Самим Господом: «Горе, — сказал Он, — егда добре рекут вам вси человецы: по сим бо творяху лжепророком отцы их». Напротив того, «блажени будете, егда возненавидят вас человецы, и егда разлучат вы и поносят, и пронесут имя ваше яко зло, Сына человеческого ради. Возрадуйтеся в той день и взыграйте: се бо мзда ваша много на небеси. По сим бо творяху пророком отцы их» (*Лк. 6:26, 22-23*).

Последуем вышеприведенному совету святого отшельника! Если же по судьбам Божиим иноку придется носить тяжкое бремя земных санов и почестей, то да умолит он прилежными и слезными молитвами Бога, чтоб земное величие не имело влияния на образ его мыслей, не вселило в его душу гордыни, не доставило ему высокого ока на ближних, от чего предостерегал и предостерегает Господь учеников Своих: «Блюдите, да не презрите единого от малых сих: глаголю бо вам: яко Ангели их на небесех выну видят лице Отца Моего небесного. Прииде бо Сын Человеческий взыскати и спасти погибшаго» человека. Он пролил за всех и каждого бесценную кровь Свою и тем установил для всех человеков одну, одинаковую, равную цену, одно равное значение (*Мф. 18:10-11*. Слич. *1 Кор. 6:20*).

ГЛАВА 40. О ПАМЯТОЗЛОБИИ

Глубокая и сокровенная тайна – падение человека! Никак не познать ее человеку собственными усилиями, потому что в числе последствий падения находится и слепота ума, не допускающая уму видеть глубину и тьму падения. Состояние падения обманчиво представляется состоянием торжества, и страна изгнания – исключительным поприщем преуспеяния и наслаждения. Постепенно раскрывает тайну Бог пред тем подвижником, который искренно и от всей души служит Ему. Какое, братия, разнообразное и страшное зрелище является нам при раскрытии тайны! Когда обнажатся по повелению Божию адские пропасти в бездне сердечной, как не исполниться страха! Как не исполниться страха особливо по той причине, что немощь наша доказана нам бесчисленными горькими опытами! Как не исполниться ужаса от мысли, что какая-либо убийственная страсть может долгое время жить тайно в сердце, внезапно явиться и навсегда погубить человека! Это справедливо, но кто боится греха, кто не доверяет себе, тот безопаснее от греха. И потому, желая ознакомить возлюбленных братии с тайнами греха для предохранения от него, мы не упускаем здесь указать на то страшное, невидимое опустошение, которое производит в душе страсть памятозлобия. «Бог любы есть» (*1Ин. 4:8*), – сказал святой Иоанн Богослов: следовательно, отвержение любви, или памятозлобие, есть отречение от Бога. Отступает Бог от памятозлобного, лишает его своей благодати, решительно отчуждается от него, предает его душевной смерти, если он не потщится благовременно исцелиться от убийственного нравственного яда, от памятозлобия.

В Антиохии, столице Востока, в первые века христианства жили два друга, Саприкий, пресвитер, и гражданин Никифор. Долгое время пребывали они в теснейшей дружбе; потом сеятель зла, диавол, посеял между ими вражду, которая, возрастая, обратилась в непримиримую, ожесточенную ненависть. Из двух друзей Никифор опомнился, в себя пришел, сказано в жизнеописании, и, уразумев, что ненависть посеяна и укреплена диаволом, искал примириться с Саприкием. Саприкий упорно отвергал предложение о примирении, не раз повторенное. При таком взаимном отношении этих двух лиц внезапно восстало в Антиохии гонение на христиан, в царство императоров Римских Валериана и Галлиена. Саприкий как христианин и пресвитер был схвачен и представлен пред антиохийского игемона. Принуждаемый к принесению жертвы идолам, Саприкий исповедал Христа и, исповедуя Его, претерпел вышеестественно страшные муки. Когда разнообразные пытки не возмогли поколебать твердости Саприкия в исповедании Богом Иисуса Христа, тогда игемон повелел отрубить ему голову. Никифор, услышав о подвиге Саприкия, и желая получить прощение и благословение мученика, совершившего свой подвиг и уже шедшего увенчать его смертью от руки палача, поспешил встретить мученика. Он пал мученику в ноги, говоря: «Мученик Христов! Прости меня, согрешившего пред тобою». Но Саприкий не дал даже ему никакого ответа, потому что имел сердце, объятое злобою. Сколько ни повторял Никифор молений, ожесточенный и ослепленный Саприкий отвечал на них одним исполненным ненависти молчанием и отвращением взора. Они достигли места казни. Здесь Никифор снова умолял Саприкия о прощении. «УМОЛЯЮ тебя, мученик Христов, говорил он, прости меня, если я как человек согрешил пред тобою. Писание говорит: «просите и дастся вам». (*Мф. 7:7*). Вот я прошу: даруй мне прощение». И на эту предсмертную мольбу не преклонился Саприкий.

Внезапно благодать Божия, укреплявшая его в мученическом подвиге, отступила от него. Когда мучители хотели отсечь ему голову, он вдруг обратился к ним с вопросом: «За что хотите вы казнить меня?» Они отвечали: «За то, что ты отказался принести жертвы богам и презрел царское повеление ради некоторого человека, называемого Христом». Несчастный Саприкий сказал им: «Не убивайте меня; сделаю то, что повелевают цари; поклонюсь богам, и принесу им жертву». Услышав эти ужасные слова Саприкия, святой Никифор умолял его со слезами, говоря: «Не делай этого, возлюбленный брат, не делай! Не отвергайся Господа нашего Иисуса Христа, не теряй венца небесного, который ты сплел себе терпением многих мук. Вот! У дверей стоит Владыка Христос, Который немедленно явится тебе и воздаст тебе вечным воздаянием за временную смерть, для принятия которой ты пришел на это место». Саприкий не обратил никакого внимания на эти слова и устремился всецело в вечную пагубу. Тогда святой Никифор, видя, что пресвитер окончательно пал и отвергся Христа, истинного Бога, начал, подвигнутый Божественною благодатию, взывать к мучителям громким голосом: «Я — христианин! Я верую в Господа нашего Иисуса Христа, Которого Саприкий отвергся! Мне отрубите голову!» Желание святого Никифора было исполнено[680]. Очевидно: одному отвержение заповеди евангельской вменено Святым Духом, мгновенно отступившим от несчастного, в сердечное отвержение Христа; без сердечного исповедания Христа не возмогло устоять одно устное исповедание; другому тщательное исполнение заповеди доставило высокое достоинство мученика. В это достоинство внезапно возвела Никифора благодать Святого Духа, объяв его сердце, предуготованное для Духа Божия, исполнением заповеди Божией.

Вот и другая повесть. В Киево-Печерской лавре два инока, иеромонах Тит и иеродиакон Евагрий, жили в единомыслии и духовной дружбе. Их взаимная любовь была предметом назидания и удивления для прочих братий. Ненавидящий добра враг, обыкший сеять плевелы посреди пшеницы и превращать пшеницу в плевелы, осо́ливо когда человеки спят, то есть не внимают себе и не опасаются быть скраденными, полагая прочным и неотъемлемым приобретенное ими добро, превратил любовь иноков во вражду. Тит и Евагрий столько расстроились один против другого, что не могли даже смотреть друг на друга. Братия много раз упрашивали их, чтоб они помирились, но они и слышать не хотели о мире. По прошествии значительного времени их ссоры иеромонах Тит тяжко заболел. Болезнь была так трудна, что отчаялись в его выздоровлении. Тогда он начал горько плакать о своем согрешении и послал к иеродиакону просить прощения, со многим смирением возлагая на себя вину. Тот не только не захотел простить, но и произнес о иеромонахе много жестоких слов, даже проклятий. Однако братия, видя Тита умирающим, насильно привели к нему Евагрия для примирения. Больной, увидев его, приподнялся на постели, поклонился пришедшему, упав к ногам его и сказав со слезами: «Прости меня, отец, и благослови». Евагрий отворотился от него и произнес пред всеми следующие страшные слова: «Никогда не примирюсь с ним, ни в сей век, ни в будущем». Сказав это, Евагрий вырвался из рук братии, державших его, и упал. Братия хотели поднять его, но он оказался умершим: они не могли ни согнуть рук его, ни затворить уст, ни сомкнуть ресниц, а болевший иеромонах Тит встал с постели здравым, как бы никогда не был болен. Всех присутствовавших объял ужас, и они начали спрашивать исцелевшего пресвитера, каким образом совершилось его исцеление. Блаженный Тит отвечал им: «Когда я был тяжело болен, то увидел ангелов, что они удаляются от меня и плачут о погибели души моей, отравленной памятозлобием, а бесов, радующихся тому, что я гибну по причине гнева моего: почему я начал умолять вас, чтоб вы пошли к брату и испросили у него мне прощение. Когда же вы привели его ко мне и я поклонился ему, а он отвратился от меня, то я увидел, что один из грозных ангелов, державший огненное копие, ударил им непростившего, от чего тот упал и умер, а мне этот же ангел подал руку и восставил меня, и, вот, я здоров». Братия много плакали о умершем страшною смертию Евагрие и похоронили его в том положении, в каком он окостенел, с отверстыми устами и распростертыми руками[681].

Братия! Устрашимся нашей немощи! Устрашимся греха, удобно обольщающего нас, удобно вкрадывающегося в нас, пленяющего, оковывающего нас! Устрашимся нашего падшего естества, не престающего произрастать из себя греховные плевелы. Надо постоянно внимать себе, поверять свое поведение и душевное состояние по Евангелию, никак не допускать никакому греховному увлечению усиливаться и плодиться в душе, признавая это увлечение маловажным. «Вводимый в начало зла, не скажи себе: оно не победит меня. Насколько ты введен, настолько уже и побежден», – говорит преподобный Марк Подвижник[682]. И то надо знать, что «малые согрешения диавол представляет еще меньшими, ибо иначе он не может привести к большим согрешениям», – сказал тот же преподобный[683]. Никак не должно пренебрегать плевелами, возникающими из сердца, или греховными помыслами, являющимися уму. Помыслы должно немедленно отвергать и отгонять, а греховные чувствования искоренять и уничтожать, противопоставляя им евангельские заповеди и прибегая к молитве. Плевелы удобно исторгаются, когда они бессильны и молоды. Когда же они укоренятся от времени и навыка, тогда исторжение их сопряжено с величайшими усилиями. Помысл греховный, будучи принят и усвоен уму, входит в состав образа мыслей или разума и лишает его правильности, а греховное чувствование, закосневши в сердце, делается как бы его природным свойством, лишает сердце духовной свободы. Стяжем несомненное убеждение в непреложной истине; Бог печется неусыпно о иноке и о всяком православном христианине, предавшем себя всецело в служение Богу и воле Божией, хранит его, зиждет, образует душу его, приуготовляет его для блаженной вечности. Все скорби, наносимые нам человеками, постигают нас не иначе, как по Божию попущению, к нашей существенной пользе. Если б эти скорби не были нам необходимо нужны, Бог никак не попустил бы их. Они нам необходимы для того, чтоб мы имели случай прощать ближних и тем получить отпущение собственных своих согрешений. Они нам необходимы, чтоб мы усмотрели Промысл Божий, бдящий над нами, и стяжали живую веру в Бога, являющуюся в нас тогда, когда мы научимся из многочисленных опытов, что из скорбей и затруднительных обстоятельств изъемлет нас всегда всесильная десница Божия, а не наши ухищрения. Они нам необходимы для того, чтоб мы приобрели любовь к врагам, чем окончательно очищается сердце от яда злобы и соделывается способным к любви Божией, к приятию особенной, обильной благодати Божией. Союз любви к ближнему с любовью к Богу ясно усматривается в приведенных двух повестях. Из этих повестей видно, что любовь к врагам есть та высшая ступень в лестнице любви к ближнему, с которой мы вступаем в необъятный чертог любви к Богу. Всеусильно понудим сердце наше, чтоб оно отпускало ближним все роды обид, какие они ни нанесли бы нам, чтоб получить отпущение наших бесчисленных согрешений, которыми оскорбили мы величество Божие. Не будем, побеждаясь неверием, предаваться многообразным попечениям, соображениям, мечтаниям, ухищрениям для охранения себя от врагов наших, для действования против их злонамеренности. Это воспрещено Господом, сказавшим: «не противитеся злу» (*Мф. 5:39*). Прибегнем, утесняемые скорбными обстоятельствами, с молитвою к всесильному Богу, у Которого в полной власти и мы, и враги наши, и наши обстоятельства, и обстоятельства всех человеков, Который может самовластно распорядиться всем, мгновенно преодолеть и уничтожить все величайшие трудности. Будем тщательно молиться о врагах наших, изглаждая этою молитвою злобу из сердец наших, прививая к нему любовь. «Молящийся о человеках, обижающих его, сокрушает бесов; сопротивляющийся же первым, уязвляется вторыми», – сказал преподобный Марк Подвижник[684]. «Паче всего, – говорит апостол, – возмите щит веры, которым возможете угасить все раскаленныя стрелы лукавого» (*Еф. 6:16*). Эти стрелы суть различныя действия в нас демонов, приводящих в движение недуги падшего естества: воспаление сердца гневом, разгоряченные помыслы и мечтания, порывы к мщению, многопопечительные и многочисленные соображения, большею частью несбыточные и нелепые, о сопротивлении врагу, о побеждении и унижении его, о доставлении себе самого прочного, неподверженного никаким опасностям положения. Стяжавший веру стяжал Бога деятелем своим, встал превыше всех ухищрений не только человеческих, но и демонских. Стяжавший веру получает возможность коснуться истинной, чистой молитвы, не расхищаемой никакими попечениями о себе, никакими опасениями, никакими мечтаниями и картинами, представляемыми воображению лукавыми духами злобы. Верою своею в Бога благочестивый инок вручил себя Богу; он жительствует в простоте сердца и беспопечительности; он мыслит и заботится только об одном: о том, чтоб соделаться во всех отношениях орудием Бога и совершителем воли Божией.

ГЛАВА 41. ЗНАЧЕНИЕ СЛОВА «МИР»

Слово мир имеет два значения в Священном Писании. Словом мир обозначается все человечество в следующих, и им подобных, выражениях Писания: «Тако возлюби Бог мир, яко и Сына Своего единородного дал есть, да всяк веруяй в Онь, не погибнет, но имать живот вечный. Не посла бо Бог Сына Своего в мир, да судит мирови, но да спасется им мир» (*Ин. 3:16-17*). «Се, Агнец Божий, вземляй грехи мира» (*Ин. 1:30*). Словом мир обозначаются те человеки, которые проводят греховное, противное воле Божией жительство, живут для времени, а не для вечности. Так надо понимать слово мир в следующих, и им подобных, выражениях: «Аще мир вас ненавидит, ведите, яко Мене прежде вас возненавиде. Аще от мира бысте были: мир убо свое любил бы. Якоже от мира несте, но Аз избрах вы от мира, сего ради ненавидит вас мир» (*Ин. 15:18-19*). «Не любите мира, ни яже в мире. Аще кто любит мир, несть любве Отчи в нем: яко все, еже в мире, похоть плотская и похоть очес и гордость житейская, несть от Отца, но от мира сего есть. И мир преходит, и похоть его: а творяй волю Божию пребывает во веки» (*1 Ин. 2:15-17*). «Прелюбодеи и прелюбодейцы! не весте ли яко любы мира сего вражда Богу есть? иже бо восхощет друг быти миру, враг Божий бывает» (*Иак. 4:4*). Блаженный феофилакт Болгарский определяет мир так: «Обычно Писание называет миром житие грешных и пребывающих в нем людей плотского мудрования, почему и Христос сказал ученикам Своим: «вы несте от мира». Они составляли часть живущих в мире человеков, но, не пребывая в грехе, не были от мира»[685]. Большинство человеков проводило и проводит жизнь греховную, мерзостную пред Богом, враждебную Богу; по этой причине и потому, что большинство врагов Божиих несоразмерно велико в сравнении с числом верных служителей Бога, большинство называется в Писании миром, относящееся к большинству приписывается всему человечеству. Так надо понимать слова евангелистов: «Бе Свет Истинный, иже просвещает всякого человека, грядущаго в мир. В мире бе, и мир Тем бысть, и мир Его не позна. Во своя прииде, и свои Его не прияша» (*Ин. 1:9-11*). «Сеи же есть суд, яко Свет прииде в мир, и возлюбиша человецы паче тму, неже Свет: беша бо их дела зла» (*Ин. 3:19*). «Блажени будете егда возненавидят вас человецы, и егда разлучат вы, и поносят, и пронесут имя ваше яко зло, Сына человеческаго ради. Горе, егда добре рекут вам вси человецы: по сим бо творяху лжепророком отцы их» (*Лк. 6:22, 26*). Не познало Спасителя большинство человеков, ненавидит и преследует злословиями и гонениями истинных слуг Божиих большинство человеков, и так велико это большинство, что слово Божие признало правильным приписать отвержение Богочеловека и гонение служителей Его всему человечеству. Что очень мало человеков, живущих богоугодно, и очень много угождающих греховным и плотским похотениям, засвидетельствовал Господь: «Пространная врата и широкий путь, вводяй в пагубу, и мнози суть входящии им. Что узкая врата, и тесный путь, вводяй в живот, и мало их есть, иже обретают его» (*Мф. 7:13-14*; слич. *Лк. 13:23-24*). «Оправдися Премудрость Божия от весьма немногих чад своих» (*Мф. 11:19*); немногие избранники познали ее, немногие отдали ей должную справедливость.

Истинные служители истинного Бога! Изучите и узнайте установленное для вас Промыслом Божиим положение на время вашего земного странствования. Не попустите падшим духам обольстить и обмануть вас, когда они будут в приманчивой ложной картине представлять вам земное благосостояние и внушать желание его, стремление к нему, чтоб, таким образом, украсть и похитить у вас вечное сокровище ваше. Не ожидайте и не ищите похвал и одобрения от общества человеческого! Не ищите известности и славы! Не ожидайте и не ищите жительства бесскорбного, пространного, вполне удобного! Это не ваш удел. Не ищите и не ожидайте любви от человеков! Ищите всеусильно и требуйте от себя любви и соболезнования к человекам. Довольствуйтесь тем, что немногие истинные служители Божии, с которыми по временам вы будете встречаться на пути жизненном, полюбят вас, с любовью и участием одобрят ваше поведение, прославят за вас Бога. Такие встречи не были часты и в цветущие времена христианства; в последнее время они сделались крайне редки. «Спаси мя, Господи, яко оскуде преподобный, яко умалишася истины от сынов человеческих. Суетная глагола кийждо ко искреннему своему» (*Пс. 11:1-3*).

Преподобный авва Дорофей превосходно объясняет слова святого апостола Павла: «мне мир распятся, и аз миру» (*Гал. 6:14*). Монашествующим существенно нужно знать это объяснение. Вот оно: «Апостол говорит: «мне мир распятся, и аз миру». Какое между этим различие? Как мир распинается человеку и человек миру? Когда человек отрекается от мира и делается иноком, оставляет родителей, имения, приобретения, торговлю, даяние другим и приятие от них, тогда распинается ему мир, ибо он оставил его. Это и значат слова апостола: «мне мир распятся». Потом он прибавляет: «и аз миру». Как же человек распинается миру? Когда, освободившись от внешних вещей, он подвизается и против самых услаждений, или против самого вожделения вещей, против своих пожеланий и умертвит свои страсти, тогда и сам он распинается миру и сподобляется сказать с апостолом: «мне мир распятся, и аз миру». Отцы наши, как мы сказали, распяв себе мир, предались подвигам и себя распяли миру. А мы думаем, что распяли себе мир, потому что оставили его и пришли в монастырь, себя же не хотим распять миру, ибо любим еще наслаждения его, имеем еще пристрастия его, сочувствуем славе его; имеем пристрастие к снедям, к одеждам: если у нас есть какие-нибудь хорошие рабочие орудия, то мы пристрастны и к ним, и позволяем какому-нибудь ничтожному орудию производить в нас мирское пристрастие, как сказал авва Зосима. Мы думаем, что, вышедши из мира и придя в монастырь, оставили все мирское; но и здесь, ради ничтожных вещей, исполняем пристрастия мирские. Это происходит с нами от многого неразумия нашего, что оставив великие и многоценные вещи, мы посредством каких-нибудь ничтожных удовлетворяем страстям нашим. Каждый из нас оставил, что имел: имевший великое, оставил великое, и имевший что-нибудь, и тот оставил, что имел, каждый по силе своей. И мы, приходя в монастырь, как я сказал, маловажными и ничтожными вещами питаем пристрастие наше. Однако мы не должны так делать, но как мы отреклись от мира и вещей его, так должны отречься и от самого пристрастия к вещам»[686]. После этого объяснения очень понятна причина, на основании которой святой Исаак Сирский, писавший свои наставления инокам самого возвышенного жительства, то есть безмолвникам, затворникам и отшельникам, определяет мир так: «мир есть общее имя для всех страстей. Если человек не узнает прежде, что есть мир, то он не достигнет узнать и то, сколькими членами он удалился от мира и сколькими привязан к нему. Находится много таких, которые двумя или тремя членами отрешившись от мира, и в них отказавшись от общения с ним, возомнили о себе, что они чужды мира жительством своим. Это случилось с ними оттого, что они не уразумели и не усмотрели премудро, что они умерли для мира только двумя членами, а прочие члены их живут внутри плотского мудрования, принадлежащего миру. Впрочем, они не возмогли даже ощутить страстей своих: не ощутив их, не могли позаботиться о исцелении себя от них. По исследованию (духовного) разума, для составления общего имени, объемлющего отдельные страсти, употребляется слово мир. Когда хотим наименовать страсти общим именем, именуем их миром: когда же намереваемся распределить их по частным названиям их, тогда именуем их страстями. Каждая часть есть частное действие по началам мира (*Кол. 2:8*). Где, престают действовать страсти, там остаются без действия начала мира. Страсти суть следующее: вожделение богатства, стремление к собранию разных вещей; телесное наслаждение, от которого блудная страсть; вожделение чести, от которого происходит зависть; желание начальствовать; кичение благолепием власти, украшение себя пышными одеждами и суетными утварями; человеческая слава, служащая причиною памятозлобия; страх телесный. Где эти страсти престают действовать, там мир умер. И насколько некоторые из этих частей оставлены, настолько подвижник пребывает вне мира, который настолько уничтожается, будучи лишен составных частей своих. Некто сказал о святых, что они, живя, были мертвы, ибо живя во плоти, жили не для плоти. И ты всмотрись в себя, для каких из вышесказанных страстей ты жив? Тогда познаешь, насколько ты жив для мира, и насколько умер для него. Когда уразумеешь, что значит мир, тогда уразумеешь из вышеприведенных частных указаний, в чем ты связался с миром и в чем отрешился от него. Короче сказать: мир есть плотское жительство и плотское мудрование[687]. Мир есть блудница, привлекающая к любви своей тех, которые устремляют взоры к ней с вожделением ее красоты. Тот, кто хотя отчасти увлечен любовью к миру и опутан им, не может избавиться из рук его, доколе мир не лишит его жизни (вечной). Когда мир вполне обнажит человека и вынесет его из дому его в день его смерти: тогда познает человек, что мир – льстец и обманщик. Подвизающийся выйти из тьмы мира, доколе находится еще среди него, не может видеть оплетений его. Мир держит в оковах не только учеников, чад и пленников своих, но вот! Он и нестяжателей, и подвижников, и возвысившихся превыше его начал уловляет на дела свои различными образами, попирает их и повергает под свои ноги»[688].

Основываясь на этих понятиях о мире, преподаваемых нам Священным Писанием и святыми отцами, мы повергаем пред возлюбленными братиями нашими, иноками, совет и убедительнейшее моление: убоимся служения миру! Этому служению могут подпасть даже подвижники, не внимающие себе строго: это служение может совершаться при посредстве ничтожных пристрастий к ничтожным предметам. Примем все меры, все предосторожности к предохранению себя от миролюбия! Не сочтем маловредным никакого, по-видимому ничего не значащего пристрастия! Не сочтем маловажным никакого самомалейшего уклонения от евангельских заповедей. Не предадим забвению грозного изречения, которым возгремел святой апостол Иаков: «прелюбодеи и прелюбодейцы! не весте ли, яко любы мира сего вражда Богу есть? иже бо восхощет друг быти миру, враг Божий бывает» (*Иак. 4:4*). Всякое пристрастие есть в духовном смысле прелюбодеяние для инока, долженствующего любовь свою всецело устремить к Богу, как и псалмопевец возвестил: «Возлюбите Господа вси преподобнии Его» (*Пс. 30:24*). «Удаляющии себе от Тебе погибнут: потребил еси всякаго любодеющаго от Тебе» (*Пс. 72:27*). При служении миру невозможно служение Богу, и нет его, хотя бы оно и являлось болезненному взору рабов мира, представлялось существующим. Его нет! А то, что представляется, есть не что иное, как лицемерство, притворство, обман себя и других. Друг мира соделывается непременно, может быть, незаметно для себя, злейшим врагом Бога и своего спасения. Миролюбие вкрадывается в душу, как тать, пользующийся мраком ночи, – нерадением и невниманием себе. Миролюбие способно совершать величайшие беззакония, величайшие злодеяния. Ужасный пример этого видим в иудейском духовенстве, современном земной жизни Богочеловека. Оно впало в миролюбие: оно заразилось расположением к почестям, к славе, к похвалам человеческим; оно пристрастилось к сребролюбию и любоимению; оно впало в сластолюбие и разврат; оно предалось грабительству и всякого рода неправдам, а для того чтоб охранить свое положение в народе, оно облеклось в личину строжайшего богоугождения, самого мелочного исполнения обрядовых постановлений и старческих преданий. Что было последствием миролюбия? Решительное отчуждение от Бога, перешедшее в ослепленную и исступленную ненависть к Богу. Иудейское духовенство противостало с ожесточением Богочеловеку, когда Он явил Себя миру; оно противостало Ему, имея полное убеждение в его Божественности, как это засвидетельствовал Никодим, один из членов верховного иудейского собора – синедриона (*Ин. 3:2*). Иудейское духовенство решилось на богоубийство и совершило его, зная наверно, что оно действует против Мессии и, в омрачении своем, высказывая это сознание в тех насмешках, которыми оно осыпало мироспасительную Жертву на Ее жертвеннике – кресте. «Иные спасе, Себе ли не может спасти?» – говорили архиереи, книжники, старцы и фарисеи (*Мф. 27:42*), не замечая того, что они произносят осуждение на самих себя: они сознаются, что предали на распятие Того и ругаются Тому, Кто чудесным образом, Божественною силою и властью спасал других[689].

Иудейское духовенство едва услышало весть о рождении Богочеловека, как возненавидело Его, приняло меры избавиться от Него. Это ясно видно из Евангелия. Когда волхвы принесли в Иерусалим весть о рождении Царя Иудейского – Христа, тогда смутился наличный иудейский царь Ирод, смутилась вместе с ним и вся столица иудейская (*Мф. 2:3*). Естественно было смутиться, замечает блаженный Феофилакт Болгарский, наличному государю иудейскому вестью о рождении нового Царя Иудейского, который, следовательно, должен был завладеть его престолом и лишить власти или его, или потомство его. Но к чему смущаться Иерусалиму при вести о рождении Мессии, Иерусалиму, который в течение многих веков ожидал обетованного Мессию, своего Избавителя, свою славу, – Иерусалиму, которого вся религия состояла в вере в грядущего Мессию и в приготовлениях к принятию Его? Иерусалим смутился оттого, что нравственность иерусалимлян была растленная. Столица поняла, достойно тонкому столичному чутью, что новый Царь, Царь правды, потребует отвержения безнравственности, потребует истинной добродетели, не обольстясь и не удовлетворясь добродетелью притворною, лицемерством. По причине миролюбия иерусалимлян для них был сноснее, приятнее Царя-Бога чудовище Ирод. Угадывая с верностью душевное отношение тирана, лицемера и лицедея, какими были и члены синедриона, они при первом вопросе о месте рождения Мессии, решительно, нисколько не остановившись и не задумавшись, указывают Ироду с точностью на место рождения Мессии, предают Мессию в руки убийцы. «Христос рождается в Вифлееме иудейском», – говорят они, чтоб усилить отзыв, присовокупляют: «тако бо писано есть пророком», – и объявляют поразительной ясности пророчество (*Мф. 2:5*). Противное этому расположение заставило бы их дать ответ уклончивый, скрыть место[690]. Евангелие приписывает миролюбцам все злодеяния, совершенные человеками, начиная от убийства Каином Авеля (*Мф. 23:35*). Миролюбцы во время земной жизни Богочеловека навершили свои злодеяния отвержением Христа и богоубийством (*Мф. 23:32*), а в последние времена мира навершат принятием антихриста и воздаянием ему божеской чести (*Ин. 5:43*). Страшно миролюбие! Оно входит в человека неприметным образом и постепенно, а, вошедши, соделывается его жестоким и неограниченным владыкою. Постепенно приготовились человеки и стяжали душевное настроение, способное к богоубийству, постепенно они приготовляются, стяжавают настроение и характер, способные к принятию антихриста (*2 Сол. 2:7*). Превосходно изложил суетность миролюбия и пагубные его последствия святой мученик Севастиан в беседе к тем мученикам, которые любовью к родственникам и семейству поколебались в подвиге. Святой Севастиан говорил им: «О крепкие воины Христовы! Вот, великодушием вашим вы мужественно уже приблизились к торжеству, а ныне хотите уничтожить вечный венец ради окаянного ласкательства ваших свойственников! Ныне да научится вами мужество Христовых воинов вооружаться не железом, а верою. Не повергайте знамений победы вашей ради женских слез, и не послабляйте вые врага (диавола), находящейся под ногами вашими, чтоб он, восприяв силу, не восстал снова на брань. Если первое его восстание на вас было лютым, то последующее будет лютее. Он разъярен и раздражен (первым своим побеждением). Воздвигнете от земных пристрастий славную хоругвь подвига вашего и не лишайтесь ее, ради пустого рыдания детей. Те, которых вы видите плачущими, радовались бы ныне, если б знали то, что знаете вы. Но они полагают, что только и есть та жизнь, которая в сем мире и что по окончании ее смертью тела нет жизни для души. Если б знали, что существует другая жизнь, бессмертная и безболезненная, в которой царствует непрестанная радость, то поистине они потщались бы с вами перейти к ней и, вменив ни во что временную жизнь, возжелали бы вечной. Сия настоящая жизнь скоротечна и столько непостоянна и неверна, что не возмогла никогда соблюсти верности ниже к своим любителям. Всех, от начала мира надеявшихся на нее, она погубила; всех, желавших ее, обольстила; всем гордящимся ею, наругалась; всем солгала; никого не оставила в надежде своей необманутым и в уповании непосрамленным, но вполне явила себя ложною. О, если б она только обманывала, а и не вводила в лютые заблуждения! Горестней всего то, что она любителей своих приводит ко всем беззакониям. Она услаждает для чревоугодников объядение и пьянство, сластолюбивых подвизает к любодеянию и всякого рода осквернениям. Она научает вора красть, гневливого яриться, лжеца обманывать. Она посевает разлучение мужа с женою, вражду между друзьями, ссоры между кроткими, неправды посреди праведных, соблазны посреди братии. Она отъемлет правосудие у судей, чистоту у целомудренных, разум у разумных, благонравие у нравственных. Воспомянем и лютейшие злодеяния, к которым она приводит своих любителей. Если когда брат убил брата, сын отца, друг умертвил друга, то по чьему наущению совершились таковые беззакония? По чьему мановению? При каких надежде и уповании? Не ради ли настоящей жизни, которую человеки, любя попремногу, ненавидят друг друга и злодействуют друг другу, каждый ища самому себе благополучнейшего пребывания. По какой причине разбойник закаляет путешественника, богатый насилует убогого, гордый обижает смиренного, и всякий повинный злу гонит неповинного? Поистине все это злое делают служащие этой жизни и желающие долгое время пребывать и наслаждаться в любви ее. Она, советуя все злое своим рачителям и служителям, предает их своей дщери, от нее рожденной, вечной смерти, в которую низверглись первые человеки по той причине, что, будучи созданы для вечной жизни, вдались в любовь к временной, поработились чревоугодию, сласти и похотению очей, а оттуда ниспали во ад, не взяв туда с собою ничего из земных благ. Эта-то временная жизнь, – продолжал святой Севастиан, обратясь к родственникам мучеников, – обольщает вас возвращать вспять неправедным вашим советом ваших друзей, грядущих к вечной жизни. Она научает вас, о честные родители, отвлекать вашими безумными рыданиями ваших сыновей отшествия к небесному воинству, к чести нетленной и к дружеству с вечным Царем. Она убеждает вас, о целомудренные жены святых, чтоб вы ласканиями вашими развратили умы мучеников, отвели их от доброго намерения, доставили им советами вашими вместо жизни смерть, вместо свободы – рабство. Если они соизволят советам вашим, то поживут с вами малое время, потом должны же будут разлучиться с вами смертью, и разлучиться так, что свидание вам сделается возможным только в вечных муках, где пламень пожигает души неверных, где тартарские змеи снедают уста богохульные, где аспиды терзают груди идолопоклонников, где слышатся горький плач, тяжкие воздыхания, непрестанное рыдание в муках. Дайте им избежать этих мук, и самих себя потщитесь избавить от них! Допустите их снова устремиться к венцу, уготованному им. Не бойтесь: они не разлучатся от вас, они идут уготовать вам на небесах светлые обители, в которых вы, вместе с ними и чадами вашими, будете наслаждаться вечными благами. Если вас утешают здесь каменные красивые домы, то сколько более будет утешать красота горних домов, где столы блистают чистым золотом, где чертоги сияют славою, будучи выстроены из красивых камней и убраны камнями драгоценными, где цветут сады присноцветущие цветами неувядающими, где злачные поля, кипящие сладкими потоками, где всегда воздух благорастворен, живительные ветры, облагоухающие чувства неизреченным благовонием, где день не меркнет, свет не заходит, радование не прерывается. Нет там ни воздыхания, ни плача, ни скорби, ниже какого-либо неблаголепия, оскорбляющего взоры; не обоняется там никакое зловоние, не слышится никакого печального, плачевного и страшного голоса; взорам представляется все прекрасное, обонянию одни ароматы, уху одно веселое. Там непрестанно воспевают лики ангелов и архангелов, согласно славословя бессмертного Царя. По какой причине такая жизнь бывает презираема, а временная любима? Для богатства ли? Но богатство скоро истощается. Тот же, кто хочет иметь его вечно при себе, да слышит, что говорит богатство. Вы так любите меня, говорит оно, что желаете, чтоб я никогда не разлучалось с вами. По смерти вашей я не могу идти вслед за вами, но при жизни вашей могу вам предшествовать. Если вы пошлете меня пред собою, то да послужат вам примером корыстолюбивый заимодавец и прилежный земледелец. Один дает золото ближнему, чтоб с него получить свои деньги в двойном количестве; другой посевает различные семена в землю, чтоб взять их сторично умножившимися. Должник отдает заимодавцу золото в двойном количестве, а земля возвращает сеятелю семена его сторично умноженными. Если вы вверите ваше богатство Богу, то Он не воздаст ли вам его умноженным бесчисленно? Туда пошлите, вперед вас, богатство ваше, и сами туда же тщитесь скорей прийти. Какая польза в этой временной жизни? Если б кто прожил и сто лет, но когда наступит последний день жизни, не оказываются ли тогда все прошедшие годы и все житейские сласти как бы никогда не бывшими? Остаются только следы ничтожные, воспоминание, подобное воспоминанию о путешественнике, пробывшем у нас в продолжение одного дня. О, по правде, тот, кто не любит превосходной вечной жизни, безумен, совершенно чужд познания истинных благ! О, по правде безрассуден тот, кто боится потерять скоропреходящую жизнь для восприятия другой, присносущей, в которой наслаждения, богатство, радости так начинаются, что никогда не оканчиваются, но пребывают бесконечными вовеки. Кто не хочет быть любителем этой присносущей жизни, тот всуе погубляет и временную жизнь, впадает в вечную смерть, держится связанным во ад, где неугасимый огнь, всегдашняя скорбь, непрестающие муки, где живут лютые духи, которых глаза сверкают огненными стрелами, которых зубы величиною подобны слоновым, которых хвосты угрызают подобно хвостам скорпионов, которых гласы подобны гласам львов рыкающих, которых одно видение приносит великий страх, лютую болезнь и горчайшую смерть. О, если б было возможно умереть посреди этих страшилищ и мук! Но что всего лютей: там не престают жить для того, чтоб умирать непрестанно; не уничтожаются до конца, чтоб мучиться без конца; пребывают целыми, чтоб вечно пожираться угрызающими змиями; снедаемые уды снова обновляются, чтоб снова служить снедью для ядовитых змей и неусыпающего червя»[691]. Правильное употребление земной жизни заключается в приготовлении себя во время ее к жизни вечной.

Братия! Совершим наше земное кратковременное странствование, занимаясь единственно богоугождением, заимствуя от мира только одно необходимое. «Есть, — сказал апостол, — снискание велие благочестие с довольством. Ничтоже бо внесохом в мир сей, яве, яко ниже изнести что можем. Имеюще же пищу и одеяние, сими довольны будем. А хотящии богатитися, впадают в напасти и сеть, и в похоти многи несмысленны и вреждающия, яже погружают человеки во всегубительство и погибель» (*1 Тим. 6:6-9*). К такому же нравственному бедствию, к какому приводят человека сребролюбие, приводят славолюбие и сластолюбие: из этих трех главных страстей составляется миролюбие.

ГЛАВА 42. О ХРАНЕНИИ ОТ ЗНАКОМСТВА С ЖЕНСКИМ ПОЛОМ

Преподобные отцы наши, святые иноки всех времен, тщательно хранили себя от знакомства с женским полом. Вход женскому полу в древние монастыри был воспрещен. Этот святой и благодетельный обычай сохраняется и ныне во всей Афонской горе. Те из иноков, которые проводили особенно внимательную жизнь, с особенною тщательностию хранились от знакомства и обращения с женщинами, что видно из жития преподобных Арсения Великого, Сисоя Великого, Иоанна Молчальника и других возвышеннейшей святости отцов. Так поступали они не единственно по произволу, но по указанию необходимости, усмотренной ими, как в зеркале, в их внимательной жизни.

Некоторые иноки утверждают о себе, что они, находясь часто в обществе женщин, не чувствуют вреда. Этим инокам не должно верить: они или говорят неправду, скрывая свое душевное расстройство, или проводят жизнь самую невнимательную и нерадивую и потому не видят своего устроения или же диавол скрадывает их, отнимая понимание и ощущение вреда, чтоб соделать их монашескую жизнь бесплодною и уготовать им верную погибель. Превосходно рассуждал об этом предмете преподобный Исидор Пелусиотский в письме к епископу Палладию:[692] «Если тлят обычаи благи беседы злы (*1 Кор. 15:33*), по изречению Писания: то совершает это по преимуществу беседа с женами. Хотя бы предметом ее было и добро, но она достаточно сильна, чтоб растлить тайно внутреннего человека скверными помыслами, и в то время как тело пребывает чистым, душа оскверняется. Бесед с женами сколько можно убегай, благий муж. Если по какой нужде придешь к женам, то имей глаза опущенными вниз, и тех, к которым ты пришел, поучай смотреть целомудренно. Сказав им немного слов, могущих утвердить и просветить души их, немедленно удаляйся, чтоб долгая беседа не смягчила и не расслабила твоей душевной крепости. Скажешь: хотя и часто я беседую с женами, однако из этого не последует для меня никакого вреда. Пусть будет и так! Но я желаю, чтоб все были твердо уверены в том, что водами камни утончаваются и пробиваются каплями дождя, всегда падающими на них. Рассуди: что тверже камня и что мягче воды, особливо же водяной капли? Но всегдашним действием побеждается и естество. Если столько твердое естество преодолевается, страдает и умаляется от такой вещи, которая в сравнении с ним ничто, то как не быть побежденною и превращенною долгим обычаем воле человеческой, удобоколеблемой»? Старец Серафим Саровский уподоблял благочестно живущего инока, хранящего целомудрие, невозженной восковой свече; частое же обращение этого инока посреди общества женщин – этой же невозженной свече, когда она будет поставлена между многими другими возженными свечами. Тогда невозженная свеча начинает таять от действия на нее теплоты, исходящей от стоящих вокруг нее возженных свеч. «Сердце инока, – говорил старец, – непременно должно подвергнуться расслаблению, если инок позволит себе частое обращение с женским полом»[693].

Соединение полов в существующем виде его естественно (падшему естеству). Девство вышеестественно. Следовательно, желающий сохранить свое тело в девственности, должен непременно держать его вдали от того тела, соединение с которым требуется естеством. В тела мужа и жены вложена невидимая сила, влекущая тело к телу. Приближающийся к жене непременно подвергается влиянию этой силы. Чем чаще сближение, тем учащенней, а потому тем сильней влияние. Чем сильней влияние, тем слабее делается наше произволение, которым мы намереваемся победить, с Божиею помощью, естество. Образы жен, их взоры, их голос, их нежность напечатлеваются очень сильно в душах наших по действию естества, особливо когда естеству содействует сатана. В то время, когда мы обращаемся с женщинами и когда производятся впечатления, мы этого не чувствуем; но когда удалимся в уединение, тогда впечатления, усвоенные душею, восстают в ней с необыкновенною силою и производят лютую блудную брань. Блаженный Иероним повествует о себе, что когда он жил в Риме и часто бывал в обществе набожных дам и девиц столицы мира, тогда он не чувствовал ни малейшего любострастного движения ни в воображении, ни в теле. Но когда блаженный удалился в Вифлеемскую пустыню и предался строжайшим иноческим подвигам, тогда внезапно начали рисоваться в его воображении образы виденных им в Риме жен, а в старческом теле, изнуренном жаждою, неядением, бдением, трудами, появились юношеские вожделения. Победа была очень затруднительна, потому что падшему естеству предстало в помощь, как это обыкновенно бывает, явное содействие диавола. Совершившееся с блаженным Иеронимом совершается со всеми иноками, переходящими от общественной жизни к жизни безмолвной[694]. Они на опыте познают важность впечатлений, о которых преданные рассеянности не имеют никакого понятия. Все впечатления, которым подверглась душа посреди человеческого общества, восстают, как мертвецы из гробов, в безмолвнике и усиливаются совершать грех в помыслах и ощущениях, доколе милостью Божией и Божием определением не падут в пустыне все вооруженные мужи, вышедшие из Египта. Тогда новое израильское поколение входит в землю обетованную. С особенною удобностью подвергаются влиянию впечатлений чистые души, не познавшие греха на деле. Их можно уподобить лакированным дорогим столам, стоящим в гостиных у вельмож и богачей; и маленькая царапина на таком столе делается очень приметною, нарушает его достоинство. Напротив того, людей, не сохранивших себя, можно уподобить столам, стоящим в кухне, на которых ежедневно рубят овощи и другие съестные припасы: десять, сотня новых рубцов не имеют для этих столов, покрытых бесчислеными рубцами, никакого значения. Чистую душу диавол старается заразить плотским впечатлением. Этим-то и объясняется причина, по которой святые отцы с таким усиленным тщанием убегали женщин. Преподобный Арсений Великий сказал много жестких слов знаменитой римлянке, приехавшей нарочно для него в пустынный Египетский Скит из великолепного Рима и внезапно представшей пред ним. Жесткие слова Арсений заключил жесткою, но святою откровенностью: «Молю Бога, – сказал он римлянке, – чтоб Он изгладил воспоминание о тебе из сердца моего». Этими словами преподобный выразил всю тягость и опасность борьбы с впечатлениями, борьбы, низводящей инока до врат адовых, борьбы, изведанной Арсением, очевидно, на опыте[695]. В том же смысле надо понимать и следующие слова преподобного Макария Великого: «Масло питает светильню зажженной лампады, и огнь любодеяния возбуждается обращением с женщиною. Лицо женщины – стрела лютая: наносит язву душе. Если хочешь быть чист, убегай, как яда, сообщения с женщиною, потому что в этом сообращении – сильное действие греха, подобное действию хищных зверей. Не так опасно приближение к огню, как приближение к молодой женщине. Избегай, доколе ты юн, буйного действия блудной страсти и сообщения с женщинами. Наполняющие чрево и вместе надеющиеся стяжать чистоту обманывают себя: ужаснее потопление от воззрения на прекрасное лицо, нежели потопление от морской бури. Лицо женщины, если изобразится в уме, то принудит презреть самое хранение ума. Вложенным в солому огнем производится пламень: так пребывающим воспоминанием о женщине воспламеняется страстное вожделение»[696]. Этого не мог бы сказать Великий Макарий, если б не вытерпел лютой борьбы с впечатлениями, принятыми неожиданно, в совершенном неведении. Весьма точно и верно сказал святитель Тихон Воронежский в наставлениях своих монашествующим: «Берегись, возлюбленне, жены, да не сожжешися. Ева всегда имеет свой нрав: всегда прельщает»[697]. Старец спросил ученика: отчего святые отцы воспрещают монахам, в особенности юным, короткое знакомство с женщинами? Ученик отвечал: чтоб монах, познакомясь коротко с женщиною, не впал с нею в блуд. Старец: так! падение в блуд есть конец, венчающий, воспрещенное монаху Святым Духом, короткое знакомство с женщиною. Но это знакомство, не всегда оканчиваясь телесным падением, всегда сопряжено с расстройством и бесплодием душевным. Женщина руководится чувствами падшего естества, а не благоразумием и духовным разумом, ей вполне чуждыми. У ней разум – служебное орудие чувств. Увлекшись чувствами, она весьма скоро заражается пристрастием не только к иноку юному и зрелых лет, но и к старцу, – делает его своим идолом, а впоследствии сама по большей части делается его идолом. Женщина видит совершенство в своем идоле, старается его уверить в том и всегда успевает. Когда инок заразится, вследствие пагубных и непрестанных внушений и похвал, самомнением и гордынею, тогда отступает от него благодать Божия, он омрачается умом и сердцем, делается способным к слепоте своей, к самому безрассудному поведению и к бесстрашному нарушению всех заповедей Божиих. Когда Далила усыпила в своих объятиях израильского судию, сильного Самсона, тогда лишила его условий, при которых соприсутствовала и содействовала ему Божественная благодать, предала Самсона на поругание и казнь иноплеменникам (*Суд. 16:4-21*). Замечено, что женщина, познакомившись коротко с монахом, живущим в благоустроенном монастыре или пользующимся наставлениями духовного старца, первым долгом своим считает извлечь любимца из такого монастыря и отвлечь от старца, несмотря на очевидную пользу монастырской строгости и наставлений старца для инока. Она желает исключительно обладать предметом своей страсти. В безумии своем она считает себя способною и достаточною заменить старца, которого, наоборот, она признает и провозглашает самым недостаточным и неспособным. Она не щадит никаких средств к достижению своих целей – ни средств доставляемых миром, ни средств, доставляемых сатаною. Пристрастие свое, а часто и порочную страсть, она называет живою верою, чистейшею любовью, чувством матери к сыну, сестры к брату, дочери к отцу – словом, всеми святыми наименованиями, усиливаясь посредством их сохранить в неприкосновенности приобретенное достояние – несчастную душу вверившегося ей инока. В женщине преобладает кровь; в ней с особенною силою и утонченностью действуют все душевные страсти, преимущественно же тщеславие, сладострастие и лукавство. Последнею прикрываются две первые.

Здесь отнюдь не порицается и не унижается женский пол! Он почтен Богом честью человечества и образа Божия, как и мужеский; он искуплен бесценною кровью Спасителя; искупленный и обновленный, составляет вместе с мужеским полом одну новую тварь о Христе (*Гал. 3:28*). Здесь представлены женщины такими, какими они бывают тогда, когда действуют по беззаконным законам падшего естества, под водительством своей необузданной крови. Оказавшись способными вывести Адама из рая, при посредстве лести и обольщения, что Адам засвидетельствовал пред Богом о жене своей (*Быт. 3:12*), они и ныне продолжают обнаруживать и доказывать эту способность, выводя покоряющихся им иноков из благочестивой жизни, как из рая. Инок, обязанный любить всех ближних, а в числе их и женщин, любовью правильною, евангельскою, несомненно явит к ним эту любовь, когда, познав свою и их немощь, сохранит себя и их от вреда душепагубного, ведя себя с ними крайне осторожно, не вдаваясь в короткое знакомство, воздерживаясь от свободного обращения и храня чувства, в особенности зрение и осязание.

ГЛАВА 43. О ПАДШИХ АНГЕЛАХ

Святой апостол Павел говорит всем христианам: «несть наша брань к крови и плоти, но к началом, и ко властем, и к миродержителем тмы века сего, к духовом злобы поднебесным» (*Еф. 6:12*). Эта брань ужасна! Она – на живот и на смерть. Последствиями этой брани должны быть или наше вечное спасение, или наша вечная погибель. Духи злобы, зараженные лютою ненавистию к роду человеческому, ведут эту брань с величайшим ожесточением и адским искусством. Святой апостол Петр говорит: «Супостат ваш, диавол, яко лев рыкая, ходит, иский кого поглотити» (*1 Пет. 5:8*). Но истинно любящих Бога никак не могут падшие ангелы отлучить от Бога (*Рим. 8:38-39*), хотя и употребляют все усилия, чтоб совершить отлучение. Они употребляют все усилия, чтоб совершить отлучение, потому что в этом отлучении заключается наша погибель. Для того чтоб противостать духам злобы и победить их благодатию Божией, надо знать с точностью, кто они, надо знать с точностью образ борьбы с ними, знать условия победы и побеждения.

Духи злобы – падшие ангелы. Бог сотворил их вместе с прочими ангелами, сотворил непорочными, благими, святыми, ущедрил их многими естественными и благодатными дарованиями. Но духи, омрачившись гордостью, приписали самим себе свое обилие способностей, свои изящные свойства, самые дары благодати. Они исключили себя из разряда созданий, признали самобытными существами, забыв о своем создании, и на этом бедственном основании попрали свои священные обязанности к Богу-Создателю.

К такому самомнению и самообольщению они были увлечены одним из главнейших ангелов, которого святой пророк Иезекииль называет херувимом (*Иез. 28*)⁶⁹⁸, и вообще все святые причисляют к высшим ангелам. Этот херувим столько погрузился в самомнение и гордость, что счел себя равным Богу, явно возмутился против Бога (*Ис. 14:13-14*), соделался противником Богу, исступленным врагом Бога. Духи, отвергшие повиновение Богу, низвергнуты с неба. Они пресмыкаются по земле, наполняют пространство между небом и землею, отчего называются воздушными, или обитающими в воздухе, низошли во ад, во внутренность земли. Все это засвидетельствовано Священным Писанием (*Ис. 14:12, 15*). Число падших духов весьма значительно. Некоторые полагают, основываясь на свидетельстве Апокалипсиса (*Апок. 12:4*), что целая треть ангелов подверглась падению. Пали многие из высших ангелов, как видно из вышеприведенных слов апостола Павла: их-то он и называет началами и властями. Глава и князь царства тьмы, составленного из падших духов, – падший херувим. Он – начало, источник, полнота зла. Превышая всех прочих падших ангелов способностями, он превышает всех их злобою. Естественно, что увлеченные им и произвольно подчинившиеся ему духи должны постоянно заимствовать от него зло, следовательно, быть в служении ему. Но Бог, предоставя на произвол падшим ангелам вожделенное им пребывание во зле, по всемогуществу Своему и премудрости, бесконечно превосходящей разум разумнейших тварей, не престает пребывать их верховным, полновластным Владыкою: они находятся в воле Бога как бы в несокрушимых оковах и могут совершать только то, что Богом попущено будет совершить им⁶⁹⁹.

В замен падших ангелов Бог сотворил новую разумную тварь – человеков, и поместил их в рай, находящийся на низшем небе и состоявший прежде под ведомством падшего херувима[700]. Рай поступил в управление новой твари – человека. Весьма понятно, что новая тварь соделалась предметом зависти и ненависти падшего ангела и падших ангелов. Отверженные духи, руководимые вождем своим, покусились обольстить новосозданных человеков, соделать их причастниками своего падения, своими единомышленниками, заразить ядом вражды своей к Богу, в чем и успели. Человек, хотя и обольщенный, и обманутый, но произвольно отвергшийся повиновения Богу, произвольно согласившийся на демонскую хулу против Бога, произвольно вступивший в общение с падшими духами и в повиновение им, отпал от Бога и от лика святых духов, к которым он принадлежал не только душою, но и духовным телом своим, причислился к лику духов падших по душе, а по телу – к бессловесным животным. Злодеяние, совершенное падшими ангелами над человеками, окончательно решило участь падших ангелов: окончательно отступила от них милость Божия, они запечатлелись в своем падении. Духу суждено пресмыкаться в помышлениях и чувствованиях исключительно плотских и вещественных! Дух неспособен приподняться от земли! Дух не может вознестись ни к чему духовному! Такое значение, по объяснению святых отцов, имеет приговор, произнесенный Богом над падшим ангелом вслед за тем, как этот ангел поразил вечною смертью новосотворенного человека. «На персех твоих и чреве ходити будеши, – изрек Бог демону, – и землю снеси вся дни живота твоего» (*Быт. 3:14*). Человек, хотя причислился к лику падших ангелов, но падение его по способу, каким оно совершилось, получило совсем иной характер, нежели падение ангелов. Ангелы пали сознательно, намеренно, сами в себе произвели зло; совершив одно преступление, с остервенением устремились к другому, по этим причинам они вполне лишились добра, преисполнились злом, имеют единое зло своим качеством. Человек пал несознательно, ненамеренно, будучи обольщен и обманут, по этой причине его естественное добро не уничтожилось, а смешалось со злом падших ангелов. Но это естественное добро, как перемешанное со злом, отравленное злом, соделалось непотребным, недостаточным, не достойным Бога, Который есть цельное, чистейшее добро. Человек наиболее делает зло, думая делать добро, не видя зла, облеченного личиною добра, по причине омрачения своих разума и совести. Падшие духи делают зло для зла, находя наслаждение и славу в творении зла.

Бог по неизреченной благости Своей даровал падшему человеку Искупителя и искупление. Но и искупленному человеку предоставлена свобода или воспользоваться дарованным искуплением и возвратиться в рай, или отвергнуть искупление и остаться сопричисленным к сонму падших ангелов. Время, в которое предоставлено человеку выразить свое произволение, — вся земная жизнь. Искуплением возвращено человеку общение с Богом, но для свободного выражения воли ему предоставлено пребывать в этом общении или нарушать его, и не отъята от него возможность общения с падшими духами, общения, в которое он вступил произвольно. При таком нерешенном положении человека во все время его земной жизни и благодать Божия не пристает вспомоществовать ему до самой минуты перехода его в вечность, если он того захочет, и падшие ангелы не престают употреблять все усилия, чтоб удержать его в общении с собою, в плену греховном и своем, в вечной смерти и гибели. Отверженный дух нередко покушался искушать даже святых мучеников и преподобных отцов, по совершении ими величайших подвигов и знамений, пред самою кончиною их, в виду, так сказать, венцев небесных[701]. Весьма справедлива мысль, встречаемая у многих святых отцов, что монах до самого гроба находится в опасности подвергнуться какому-либо искушению, не зная, откуда и в каком характере оно возникнет. Святая церковь научает нас, что каждый христианин получает от Бога при Святом Крещении святого Ангела Хранителя, который, невидимо храня христианина, наставляет его на всякое благое дело в течение всей его жизни, напоминая ему заповеди Божии. Также и князь тьмы, желающий вовлечь весь род человеческий в свою погибель, приставляет к человеку одного из лукавых духов, который, повсюду следуя за человеком, старается вовлечь его во всякий вид греха[702]. Из изложенных здесь понятий явствует, что инок в течение всей своей земной жизни должен бодрствовать над собою, исполняясь вместе и страха и мужества. Он должен непрестанно быть в осторожности и страхе от своего врага и убийцы и вместе постоянно пребывать в мужестве и бодрости от убеждения, что непрестанно находится близ него могущественный помощник его – святой ангел. Преподобный Пимен Великий сказал: «Великая помощь Божия объемлет человека; но ему не попускается видеть ее»[703]. Не попускается видеть ее, конечно, для того, чтобы человек, возуповав на эту помощь, не вознерадел и не оставил посильных подвигов своих.

Падший ангел, присужденный пресмыкаться по земле, употребляет все усилия, чтоб и человек постоянно пресмыкался по ней. Человек, по причине гнездящегося в нем самообольщения, весьма склонен к этому. Он имеет ощущение своей вечности, но так как это ощущение повреждено лжеименным разумом и лукавою совестью, то человеку и представляется его земная жизнь бесконечною. На основании этого обольстительного, ложного, гибельного сознания человек предается исключительно заботам и трудам о устроении своего положения на земле, забывая, что он на ней кратковременный странник, что его постоянная обитель – или небо, или ад. Священное Писание говорит от лица падшего человека Богу: «Прильпе земли душа моя; живи мя по словеси Твоему» (*Пс. 118:25*). Из этих слов явствует, что пристрастие к земле умерщвляет душу вечною смертью; она оживляется словом Божиим, которое, отторгая ее от земли, возносит мысли и чувствования ее к небу. «Диавол, – так любомудрствует о падшем ангеле святой Иоанн Златоуст, – бесстыден и нагл. Он нападает снизу. Впрочем, в этом случае побеждает по той именно причине, что не стараемся сами подняться туда, где бы он не мог нас ранить. Ибо он не может подняться высоко, но пресмыкается по земле, и потому змей есть его образ. А если Бог устроил его таким в начале, тем более таков он ныне. Если же не знаешь, что значит нападать снизу, я постараюсь объяснить тебе этот способ борьбы. Итак, что значит нападать снизу? Одолевать посредством земного, посредством наслаждений, богатства и всего житейского. Посему если диавол видит кого парящим к небу, то, во-первых, не в состоянии напасть на него, а во-вторых, если и отважится напасть, тотчас сам падает, потому что – будь безопасен – у него нет ног. Не страшись его: у него нет крыльев – ползает только по земле, пресмыкается между земными вещами. Не имей ничего общего с землею, тогда не нужен будет и труд. Диавол не умеет сражаться открыто, но как змей скрывается в терниях, так он всего чаще притаивается в прелестях богатства. Если посечешь сие терние, он скоро придет в робость и побежит. Если умеешь заговорить его Божественными заклинаниями, то легко ранишь его. И у нас имеются духовные заклинания: имя Господа нашего Иисуса Христа и сила крестная»[704]. Преподобный Макарий Великий, узнав, что некоторый инок, Феопемпт, увлекается блудными помыслами, приносимыми диаволом, дал Феопемпту следующий совет: «Постись до вечера, так, чтоб тебе чувствовать голод, учи наизусть Евангелие и другие книги Священного Писания, чтоб тебе всегда пребывать в богомыслии. Если придет тебе злой помысл, не принимай его, никогда не попускай уму твоему быть сведенным вниз, но всегда устремляй его горе, и Бог поможет тебе»[705]. Брат спросил авву Сисоя: «Что мне делать, чтоб спастись и угодить Богу?» Старец отвечал: «Если хочешь угодить Богу, исступи из мира, отступи от земли, оставь тварь, приди ко Творцу, соедини себя с Богом молитвою и плачем, и найдешь покой в сем и будущем веке»[706]. Преподобный Варсонофий Великий написал некоторому брату: «Если хочешь спастись, понудь себя умереть для всего земного. Считай себя за ничто и стремись к предлежащему, чтоб, под предлогом доброго дела, диавол не вовлек тебя в безвременные заботы»[707]. Злохитрый змей, опытный в борьбе с человеками и в погублении их, не всегда прибегает к сильным средствам для достижения своей цели. К чему употреблять их, когда они могут возбудить в иноке усиленное сопротивление и доставить ему славную победу, как это доказано многими опытами? Средства слабые действуют вернее. Они большею частью не примечаются, а и примеченные пренебрегаются по наружной ничтожности, мнимой безгрешности своей. Вообще в современной брани диавола на христианство и иночество не видно в деле средств сильных, а видны одни средства слабые. Уже не нападают на православные монастыри агаряне и латиняне, не жгут и не режут иноков для уничтожения православного иночества. Оно уничтожается незаметными сетями, в которые уловляется, по обычаю времени, весьма удобно. Земные занятия, когда инок предается им с увлечением, способны и без явных грехов лишить его преуспеяния, опустошить его несчастную душу. Такая душа соделывается жилищем демонов, по свидетельству Евангелия (*Мф. 12:44-45*). Когда сердце древа заразится тлением, тогда древо уничтожается постепенно и незаметно, между тем как наружность его в течение долгого времени продолжает сохранять благолепие, не выказывая живущей во внутренности и снедающей ее смерти. Слабые средства, не касаясь наружности монашества, уничтожают его сущность. Что такое монах, как не тот христианин, который отделился от всего, уединился умом и сердцем, чтоб принадлежать единому Богу, вступив в неразлучное общение с Ним. Где же монах, когда он чужд Бога и пригвожден к земле? К числу слабых средств, но действующих весьма сильно, принадлежат различные рукоделия и телесные труды, когда инок займется ими неумеренно и с пристрастием, а это случается сряду при занятиях самочинных, не по послушанию. При этих занятиях неприметно вкрадывается пристрастие к ним: сперва является к занятию особенное внимание и усердие; потом инок устремляет все силы души и тела к занятию, забывает, оставляет Бога. Между тем змей старается представить иноку его занятие невинным, даже душеспасительным, общеполезным. По злохитрости змея начинают отовсюду раздаваться одобрения и похвалы иноку за его занятие; он заражается самомнением; душа его, не освещенная Словом Божиим, объемлется мраком неведения и неразумия; он поступает в полное владение падшего духа. Когда душа оставит подвиг духовный или, что то же, будет исполнять его с нерадением, поверхностно и холодно, займется единственно или преимущественно, с пристрастием и увлечением, земными занятиями, тогда страсти, принадлежащие падшему естеству, свободно пребывают в сердце, ничем не тревожимые; они растут, ширятся, крепнут на просторе и свободе. Тогда инок пользуется обманчивым спокойствием, утешаясь самомнением и тщеславием, признавая это утешение благодатным: не борющиеся со страстями не растревоживают их, а если и растревожатся на короткое время страсти, то не привыкший к самовоззрению не обращает на это внимания и старается успокоить страсти каким-либо земным развлечением. Такое спокойствие, или, правильнее, усыпление души, чуждое умиления, чуждое воспоминания о смерти и суде, об аде и рае, чуждое заботам о благовременном умилостивлении Бога, о примирении и соединении с Ним, святые отцы называют нечувствием, умерщвлением души, смертью ума при жизни тела[708]. Во время страшного душевного усыпления, страсти, в особенности душевные, вырастают до неимоверных размеров, стяжавают крепость и силу, превысшие естественных способностей: инок погибает неприметно для него.

Преподобный Кассиан Римлянин, посетивший египетские монастыри в конце IV или начале V века, в то время как монашество в Египте было необыкновенно многочисленно и сияло множеством духовных светильников, повествует, что иноки египетской пустыни Каламон или Порфирион, находившейся в весьма значительном расстоянии от мирских селений, почти неприступной по своему положению для мирян, оказывали гораздо меньшее преуспеяние в монашеской жизни, нежели иноки пустыни Скит, находившейся не очень далеко от мирских селений и даже от многолюднейшего города Александрии. Причину этого преподобный Кассиан видит в следующем: пустыня Скит была самая бесплодная, а потому иноки ее не были развлекаемы ни возделыванием земли, ни созерцанием красот природы, а пребывали в келейном безмолвии, занимаясь по келиям самыми простыми рукоделиями, постоянно пребывая в молитве, в чтении и изучении Слова Божия, в рассматривании возникающих в себе помыслов и ощущений; проводя такое сосредоточенное жительство, они скоро приходили в преуспеяние, и преуспеяние их достигало высочайшей степени совершенства. Напротив того, пустыню Каламон составлял пространный, плодоноснейший остров, оазис, подобный раю, со множеством великолепных дерев, со множеством разнообразнейших растений, свойственных тропическому климату. Остров со всех сторон был окружен обширным песчаным морем: так со справедливостию можно назвать песчаную степь, среди которой уединился Каламон. Доступ к нему был крайне затруднителен. Иноки Каламона, увлеченные удобствами обитаемого ими места, много занимались садоводством и земледелием; много развлекались их взоры красотами окружавшей их природы; устремив внимание в значительной степени к земле, они не могли обращать его всецело к небу[709]. В жизнеописании святого Саввы, архиепископа Сербского, сказано, что когда он посетил святых отшельников Афона, то нашел их вполне чуждыми всех земных занятий: не занимались они ни земледелием, ни виноградниками, ни продажею своего рукоделия – не имели никаких житейских забот; единственным их занятием были молитва, слезы, постоянное устремление ума и сердца к Богу[710]. Преподобный Арсений Великий столько остерегался увлечения чем-либо земным, увлечения, способного дать повод тончайшей страсти самомнения и тщеславия, что не писал ни писем, ни сочинений, хотя имел к тому всю возможность по своим способностям, учености и духовному преуспеянию[711]. Древние великие иноки, как то: Антоний Великий, Макарий Великий и другие – обилуя по дару Божию силами душевными и телесными, занимались много рукоделием; но рукоделие их было так просто и навык к нему столько был усвоен, что оно нисколько не препятствовало заниматься вместе с рукоделием и молитвою. Они столько приучили себя к простому рукоделию, что ум их свободно погружался в глубины молитвы, возносился в видение в то время, как руки не преставали машинально работать: работа была так проста и привычка к ней так велика, что она не требовала для себя от ума никакого внимания[712]. Весьма многие из древних иноков вили веревки, другие делали корзины или рогожи (циновки). Легко можно заметить при наблюдении и над современными рукоделиями, что некоторые рукоделия, по привычке к ним, весьма мало требуют внимания к себе, например вязание чулков: привыкшие к этой работе производят ее вовсе не глядя на нее и во время ее свободно занимая ум посторонними предметами. Но другие занятия, например, занятие живописью, требуют большего внимания к себе: привыкшие к живописи хотя и могут заниматься при ней молитвою, но им невозможно всецело углубляться в молитву, потому что рукоделие требует, чтоб внимание часто обращалось к нему. Живопись возбуждает большое сочувствие к себе в душе, которой стремление, при этом, не может не раздваиваться между Богом и рукоделием. По приведенным здесь образцам можно судить и о прочих рукоделиях. Надо чтоб сердце монаха было хладно к его рукоделию. В особенности занятия умственные способны отвлекать человека от смирения и Бога, привлекать к самомнению и поклонению своему «я». При таких занятиях надо с особенною тщательностью внимать, чтоб дело наше совершалось во славу Божию и для общественной пользы, а не для наших тщеславия и самолюбия. Невозможно работать Богу и вместе мамоне! Невозможно работать

Богу и вместе поблажать своим увлечениям, пристрастиям, страстям.

На основании вышесказанного преподаем возлюбленным нашим братиям, инокам, совет, чтоб они наблюдали при земных занятиях крайнюю осторожность, ведая, что по земле пресмыкается злобный и коварный змей, всегда готовый уязвить нас и излить в нас свой смертный яд. Новоначальный инок должен заниматься возложенным на него послушанием со всею тщательностью, ради Бога и своего спасения, не любоваться успешным исполнением послушания, не хвастать этим, не развивать в себе тщеславия, самомнения и гордости, чрез что послушание из орудия во спасение претворяется в орудие и средство в погибель. О успешном прохождении послушания надо постоянно молиться Богу, и успех приписывать единственно милости Божией. Когда же инок получит свободу употреблять значительную часть своего времени произвольно, то он должен охраниться от пристрастия к какому бы то ни было вещественному занятию и ко всему земному и тленному как от смертоносного яда. Он должен непрестанно возносить свою мысль горе. Возносить мысль горе не значит воображать небесные селения, ангелов, славу Божию и прочее, тому подобное – нет! Такая мечтательность служит поводом к бесовской прелести. Без всякой мечтательности инок да возносится духовным ощущением на Суд Божий, да исполняется спасительного страха от убеждения в вездесущии и всеведении Божиих, да плачет и исповедуется пред Богом, присутствующим в его келии и на него взирающим, да испрашивает себе благовременно прощение и помилование, помня множество грехов своих и неминуемую смерть. Если время, данное на покаяние и приобретение блаженной вечности, истрачено будет на временные занятия и приобретения, то в другой раз оно не дастся; потеря его невознаградима; потеря его будет оплакиваться вечными и бесплодными слезами во ад. Если во время земного странствования человек не расторгнет общения с духами, то и по смерти останется в общении с ними, более или менее принадлежа к ним, смотря по степени общения. Нерасторгнутое общение с падшими духами подвергает вечной погибели, а недостаточно расторгнутое – тяжким истязаниям на пути к небу.

Посмотрите, братия, посмотрите, что совершил, совершает и совершит диавол, низводя ум человека от духовного неба к веществу, приковывая сердце человека к земным занятиям и к земле. Посмотрите и устрашитесь страхом спасительным. Посмотрите и остерегитесь осторожностью необходимою, душеполезнейшею. Падший дух занял некоторых иноков приобретением разных редких и дорогих вещей и, пригвоздив к ним мысль, отчуждил ее от Бога. Других занял изучением различных наук и художеств, лишь годных для земли, и, привлекши все внимание к преходящим знаниям, лишил существенно нужного знания о Боге[713] у Бога вменися» (*1 Кор. 3:19*). Многие святые отцы обладали значительною ученостью человеческою, но они приобрели ее до вступления в монашество. По принятии монашества они исключительно занялись, по заповеданию Господа (*Мф. 13:52*), изучением Царства Небесного или Богословия в обширнейшем значении этого слова. Святые отцы называют Богословие, изучаемое монашескою жизнию, наукою из наук, художеством из художеств (Доброт, ч. 4. Преподобного Кассиана Слово о рассуждении). Тысячелетней жизни недостаточно для удовлетворительного изучения его. Оно необъемлемо, потому что предмет его – Бог – необъемлем и, сколько ни изучается, при всех познаниях о Нем пребывает непостижимым.. Иных занял приобретением для монастыря разнородного стяжания, постройками, разведением садов, огородов, пашни, лугов, скотоводства, и принудил забыть Бога. Иных занял убранством келии, цветочками, картинками, деланием ложечек, четочек и отвлек от Бога. Иных привязал к токарному станку и научил вознерадеть о Боге. Иных подучил обратить особенное внимание на их пост и прочие телесные подвиги, дать особенное значение сухарям, грибам, капусте, гороху, таким образом, разумные, святые и духовные подвиги превратил в бессмысленные, плотские и греховные, подвижника заразил и низложил плотским и лжеименным разумом, самомнением, презорством к ближним, в чем заключается уничтожение самого условия к святому преуспеянию и условие погибели. Некоторым внушил придать вещественной стороне церковных обрядов преувеличенное значение, затмив от них духовную сторону обрядов; таким образом, он, для этих несчастных отъяв сущность христианства, оставил одну искаженную, вещественную оболочку, увлек их к отпадению от Церкви, к ложному и глупейшему суемудрию, к расколу. Столько удобен для падшего духа этот род брани, что он ныне употреблен повсюду. Столько удобен для диавола и человеческой погибели этот род брани, что диавол употребит его в последние дни мира для полного отвлечения всего мира от Бога. Употребит диавол этот род брани, и употребит с решительным успехом. В последние дни мира обымет человеков, по влиянию миродержителя, привязанность к земле и ко всему вещественному, плотскому: они предадутся земным попечениям и вещественному развитию; они займутся исключительно устройством земли, как бы она была вечным жилищем их: соделавшись плотскими и вещественными, они забудут вечность, как бы несуществующую, забудут Бога, отступят от Него. «Якоже бысть во дни Ноевы, — предвозвестил Господь, — тако будет и во дни Сына Человеческого: ядяху, пияху, женяхуся, посягаху, до негоже дне вниде Ное в ковчег: и прииде потоп, и погуби вся. Такожде якоже бысть во дни Лотовы: ядяху, пияху, куповаху, продаяху, саждаху, здаху: в оньже день изыде Лот от содомлян, одожди камык горящ и огнь с небесе, и погуби вся: потому же будет и в день, в оньже Сын Человеческий явится». (*Лк. 17:26-30*).

Чтоб противостоять падшим духам, надо видеть их. Борьба возможна только с таким противником, который подвергается чувствам тела или души. Когда не виден враг, когда не видны его орудия, когда никакое ощущение не свидетельствует о присутствии и действии его, тогда он равен врагу несуществующему. Какое же может быть тут сражение? Духи, не видимые для очей телесных, видимы для очей душевных, для ума и сердца; но святые отцы, достигшие чистоты и совершенства, видели духов и телесными очами. Нам, не видящим падших духов телесными очами, надобно научиться видению их душевными очами. Для объяснения того, каким образом являются духи человекам и каким образом они могут быть видимы человеками, представим две нижеследующие повести. 1) Преподобный Макарий Великий проводил жизнь отшельника в Египетском Ските. В некотором расстоянии от его келии пребывало многочисленное общество иноков, находившихся под руководством Великого и проводивших жизнь затворников. Келии их отстояли одна от другой на вержение камня. Однажды преподобный сидел на пути, ведущем к келиям иноков и внезапно увидел идущего демона в образе человека со множеством сосудов. Старец спросил его: «Куда ты идешь?» Диавол отвечал: «Иду возмутить братию». Старец спросил: «Что у тебя в этих сосудах?» Диавол отвечал: «Кушание для братии». Старец сказал: «Во всех ли сосудах есть кушание?» Он отвечал: «Да. Если кому покажется неугодным одно кушание, то подаю другое, за ним третье, и так далее по порядку все кушания, одно за другим, чтоб каждый вкусил хотя одного». Сказав это, демон пошел далее, а старец остался на пути, ожидать его возвращения. Увидев его возвращающимся, старец сказал ему: «Здравствуй». «Какое здравствуй!» – отвечал тот. «Почему так?» – спросил старец. «Потому что, – отвечал диавол, – все монахи были ко мне неблагосклонны, и никто из них меня не принял». Старец сказал: «Итак, ты не имеешь между ними ни одного приятеля?» Диавол отвечал: «Имею там одного друга, который слушается меня: когда приду к нему и он увидит меня, так и начнет вертеться во все стороны»[714]. Старец спросил: «Как его имя?» Диавол сказал: «Феопемпт». Сказав это, он удалился. Преподобный Макарий отыскал Феопемпта и вступив с ним в келейную беседу, нашел, что этот инок не узнавал демона, являвшегося ему, вступал в беседу с приносимыми им помыслами, услаждался ими, не понимая и не подозревая, что чрез это он вступил в общение и теснейшую связь с падшим духом. Святой научил Феопемпта борьбе с диаволом и из друга демонов превратил во врага[715]. Из этой повести явствует, что Феопемпт видел диавола, как и диавол засвидетельствовал об этом, но видел его лишь умом в разных греховных помыслах. Пришествие диавола к Феопемпту ознаменовывалось особенным наплывом навязчивых и обольстительных помыслов, с которыми он не знал что делать, приходил в состояние недоумения, беспокойства и смущения, вступал в беседу с помыслами, очевидно, не понимая, что они предлагаются бесом, а полагая, что они возникают в его собственной душе, старался успокоить их рассуждением и словопрением и, наконец, увлекался и услаждался ими. 2) Другой великий угодник Божий, преподобный Макарий Александрийский, увидел однажды телесными очами бегающих и летающих по всей церкви малых отроков, черных, как эфиопы. Обычай в той обители был таков, что один инок протяжно читал псалмы посреди церкви, а все прочие братия сидя внимали ему[716]. Преподобный увидел, что при каждом иноке сидел эфиоп и издевался над ним. Иному эфиопы полагали пальцы на глаза, и он тотчас начинал дремать, другому полагали пальцы на уста, и он начинал зевать. Пред иными они предстояли в подобии женском, пред другими строили здания, приносили разные вещи и упражнялись в разных занятиях. По окончании Божественной святой службы Макарий, призывая к себе каждого брата, расспрашивал его наедине, о чем он думал и мечтал во время Богослужения. Оказалось, что каждый думал и мечтал о том, что изображали пред ним духи[717]. Из этой повести явствует, что духи действуют на нас не только суетными и греховными помыслами, но и мечтаниями греховными и суетными, даже осязанием и различными прикосновениями. Все это сделается вполне ясным иноку, проводящему внимательную жизнь по евангельским заповедям, в свое время, из собственных опытов. «Бесы входят в чувства и члены, — говорит преподобный Иоанн Карпафийский, – мучат плоть разжением, устрояют страстно смотреть, слышать, обонять, внушают говорить недолжное, исполняют очи прелюбодеяния, приводят в смущение, действуя извне и внутри нас»[718]. Чтоб несколько объяснить для всех и каждого, каким образом духи, эти газообразные разумные существа, могут входить в члены нашего тела, производить в них свойственное себе действие, прикасаться к самой душе, влиять на нее, укажем на подобное действие некоторых газов; укажем на угар, который происходит оттого, что тяжеловесный углеродный газ входит, невидимо для чувственных глаз, посредством обоняния, в головной мозг; укажем на винный спирт или газ (spiritus, дух, газ), который, от употребления вина внутрь, подымается из желудка, сквозь тело, в голову, непостижимым для нас образом, действует на мозг и на ум. Этот же винный спирт или газ, проникая, столько же непонятно для нас, из желудка в кровь, производит в ней разгорячение, или, что то же, приводит ее в физическое[719] соединение с теплородом, веществом газообразным, самым утонченным, подвергает влиянию этого вещества и тело и душу. Газообразные вещества имеют свойство входить в вещества твердые и в другие газы, проникать сквозь них: так луч солнечный проникает сквозь воздух и сквозь все известные газы, принадлежащие земле, сквозь воду, сквозь лед, сквозь стекло; теплород (т.е. тепло или огонь, в обширном значении этого слова) проникает удобно сквозь железо и сквозь все металлы, производит в них изменение – проникает он и сквозь те газы, сквозь которые проникает свет; воздух проходит сквозь дерево, не проходит сквозь стекло; пары воды, разные запахи, то есть газы, отделяющиеся от разных веществ, проникают сквозь воздух. Преподобный Макарий Великий говорит: «С того времени, как при посредстве преступления заповеди (в раю первыми человеками) зло вошло в человека, диавол получил свободный доступ всегда разговаривать с душою, как разговаривает человек с человеком, и влагать в сердце все вредное»[720] Разговаривает диавол с человеком, не употребляя голоса, но словами, потому что мысли суть те же слова, только не произнесенные голосом, не облеченные в звуки, без чего человек не может сообщать мыслей. В том же Слове Великий Макарий говорит: «Диавол так хитро действует, что все злое представляется нам как бы рождающимся само собою в душе, а не от действия чуждого (постороннего) духа, злодействующего и старающегося утаиться»[721]. Ясные признаки пришествия к нам и действия на нас падшего духа суть внезапно являющиеся греховные и суетные помыслы и мечтания, греховные ощущения, тяжесть тела и усиленные скотские требования его, ожесточение сердца, надменность, тщеславные помыслы, отвержение покаяния, забвение смерти, уныние, особенное расположение к земным занятиям. Пришествие к нам падшего духа всегда сопряжено с ощущением нами смущения, омрачения, недоумения. «Помыслы, происходящие от демонов, – сказал Великий Варсонофий, – прежде всего бывают исполнены смущения и печали и влекут вслед себя скрытно и тонко: ибо враги одеваются во одежды овчие, то есть внушают мысли, невидимому, правые, «внутрь же суть волцы хищницы» (*Мф. 7:15*), то есть восхищают и «прельщают сердца незлобивых» (*Рим. 16:18*) тем, что кажется хорошо, а в самом деле зловредно»[722]. Подобно сему рассуждают все великие наставники монашества. С иноками, твердо противостоящими отверженным духам в брани невидимой чувственными очами, в свое время, не иначе, как по попущению благодетельствующего нам Бога, вступают духи в борьбу открытую[723]. Будучи существами газообразными, без плоти и костей (*Лк. 24:39*), они принимают различные виды зверей, скотов, гадов и насекомых, в размерах и очень великих и очень малых, стараются устрашить инока, расстроить его, ввести его в высокое мнение о себе[724], стараются ввергнуть в то гибельное состояние, которое называется бесовскою прелестью, даже стараются исторгнуть поклонение себе, поклонение, подобающее Богу. Смиренная преданность воле Божией, сознание и готовность потерпеть все страдания, какие попущены будут Богом, совершенное невнимание и неверие ко всем словам, действиям и явлениям падших духов уничтожают все значение их попыток. Попытки их получают величайшее значение при внимании к ним и при доверии к бесам. Внимание к ним и доверие всегда имеет последствием своим величайший вред, а часто и погибель инока. При правильной борьбе с духами является от этой борьбы обильная душевная польза, и инок приходит в особенное преуспеяние. Преподобный Макарий Великий говорит: «Князь века сего для младенцев по духу есть жезл наказующий и бич, дающий раны, но тем самым, как выше сказано, при посредстве озлоблений и искушений, доставляет им великую славу и умножение чести: ибо от сего соделывается то, что они достигают совершенства, а себе он уготовляет большую и тягчайшую муку... Диавол, будучи раб и творение Божие, искушает не столько, сколько ему угодно, и наводит озлобления не в таком количестве, в каком бы он хотел, но сколько Божие мановение, чрез попущение, дозволит ему. Ибо Бог, совершенно ведая о всех все и сколько каждый имеет сил, столько каждому допускает и быть искушенным»[725]. Верующий живою верою в Бога, с самоотвержением предавшийся Богу, пребывает несмущенным при всех искушениях, наносимых духами злобы, видит в духах лишь слепые орудия Промысла Божия: не обращая на них никакого внимания во время искушений, наносимых ими, он всецело предается воле Божией. В преданности воле Божией – тихое, успокоительное пристанище при всех искушениях и скорбях (*Пс. 106:30*).

ГЛАВА 44. ПЕРВЫЙ ОБРАЗ БОРЬБЫ С ПАДШИМИ АНГЕЛАМИ

Изложив в предшествовавшей статье образ борьбы падших духов с человеками в доступной для нас подробности, которая наиболее нужна и постижима уже преуспевшим инокам, здесь предлагаем образ борьбы с духами, приличествующий новоначальным и почти единственно могущий быть известным для них по опыту. Образ борьбы новоначального с невидимым духом, видимым лишь уму в помыслах и мечтаниях, заключается в том, чтоб новоначальный инок немедленно отвергал помысл и мечтание греховные, отнюдь не входя ни в беседу ни в прение с ними, не обращая и не останавливая на них внимания чтоб помысл или мечтание не успели напечатлеться в уме и, таким образом, усвоиться уму. На инока, имеющего некоторую духовную опытность и некоторое духовное преуспеяние, первоначально действует наиболее один безвидный помысл, приносящий только напоминание греха; потом уже, если ум вступит в беседу с представившимся помыслом, является к содействию помыслу мечтание греховное. Новоначальному иноку, в котором плоть и кровь очень живы, помысл и мечтание греховные являются вместе. Если он только укоснит малейшее время во внимании к ним и начнет беседу с помыслом, по видимому не соглашаясь с ним и противореча ему, то он непременно победится и увлечется им. Опытнейший инок, хотя бы он провел столетие в иноческих опытах, недостаточно опытен в сравнении с падшим ангелом, которого опытность в борьбе с служителями Божиими изощрена целыми тысячелетиями: какое же значение может иметь в борьбе с этим ангелом новоначальный неопытный инок, не имеющий даже опытного, живого знания о существовании падшего ангела? Сражение с ним есть верное побеждение для новоначального инока. Праматерь наша Ева, несмотря на то, что была в состоянии непорочности и святости, едва вступила в беседу с змеем, как и была увлечена его злохитростью в преступление заповеди Божией и в падение (*Быт. 3*). Ей отнюдь не следовало вступать в беседу с коварным змеем! Ей отнюдь не следовало вступать в рассуждение о достоинстве заповеди Божией! Она, не имея никакого опытного познания ни о зле, ни о лукавстве — лукавством и лицемерством злонамеренные существа обыкновенно прикрывают свою злонамеренность, — легко увлеклась советом убийцы, прикрывшего убийственный совет личиною благонамеренности: такому же обману и бедствию подвергаются неопытные иноки. «Душа наша, — говорит преподобный Исихий Иерусалимский, — простая и добрая, будучи такою создана от благого Владыки своего, услаждается мечтательными прилогами диавола; обольщаемая, она устремляется к злу, представляющемуся ей добром, и перемешивает (соединяет) свои помыслы с мечтанием бесовского прилога»[726]. Все отцы согласны в том, что новоначальный инок должен отвергать греховные помыслы и мечтания в самом начале их, не входя в прение, ниже в беседу с ними. В особенности надо так поступать по отношению к блудным помыслам и мечтаниям. Для отражения греховных помыслов и мечтаний отцы предлагают два орудия: 1) немедленное исповедание помыслов и мечтаний старцу и 2) немедленное обращение к Богу с теплейшею молитвою о прогнании невидимых врагов. Преподобный Кассиан говорит: «Всегда наблюдай главу змея, то есть начала помыслов, и тотчас сказывай их старцу: тогда ты научишься попирать зловредные начинания змея, когда не постыдишься открывать их, все без изъятия, твоему старцу»⁷²⁷. Этот образ борьбы с бесовскими помыслами и мечтаниями был общий для всех новоначальных иноков в цветущие времена монашества. Новоначальные, находившиеся постоянно при своих старцах, во всякое время исповедали свои помышления, как это можно видеть из жития преподобного Досифея⁷²⁸, а новоначальные, приходившие к старцу своему в известное время, исповедывали помышления однажды в день, вечером, как это можно видеть из Лествицы⁷²⁹ и других отеческих книг.

Исповедание своих помыслов и руководство советом духоносного старца древние иноки признавали необходимостью, без которой невозможно спастись. Преподобный авва Дорофей говорит: «Я не знаю другого падения монаху, кроме того, когда он верит своему сердцу. Некоторые говорят: от сего падает человек, или от того; а я, как уже сказал, не знаю другого падения, кроме сего, когда человек последует самому себе. Увидел ли ты кого падшим? Знай, что он последовал самому себе. Нет ничего опаснее, нет ничего губительнее сего. Бог сохранил меня, и я всегда боялся этого бедствия»⁷³⁰. Наставления духоносного старца постоянно ведут новоначального инока по пути евангельских заповедей, и ничто так не разобщает его с грехом и началом греха – демоном, как постоянное и усиленное исповедание греха в самых его началах. Такое исповедание уставляет между человеком и демоном спасительную для человека непримиримую вражду. Такое исповедание, уничтожая двоедушие или колебание между любовью к Богу и любовью ко греху, дает благому произволению необыкновенную силу, а потом преуспеянию инока необыкновенную быстроту, в чем можно убедиться опять из жития преподобного Досифея. Те иноки, которые не могли действовать против греха постоянною и учащенною исповедью греховных помыслов по неимению старца, действовали против него постоянною и учащенною молитвою, как, например, преподобная Мария Египетская⁷³¹. Действие молитвою должно быть самое решительное, без всякого предварительного собеседования с помыслом, тем более без какого-нибудь услаждения им. Лишь ощутишь пришествие врага, вставай на молитву, преклоняй колена, воздевай руки к небу или распростирайся по земле: рази этою молниею врага в лицо его, и он не возможет устоять против тебя, вскоре приучится обращаться в скорое бегство. Отвержение двоедушия, то есть колебания между любовью к Богу и любовью к греху необходимо: от этого сохраняется, возрастает, усиливается наше благое произволение и стремление к Богу, чем привлекается к нам особенная милость Божия. «Если будем постоянно держать меч в руках, – сказал Пимен Великий, – то Бог будет постоянно с нами; если будем храбры; то Он сотворит с нами милость Свою»[732]. Превосходный образец борения молитвою против греховных помыслов видим в подвиге преподобной Марии Египетской[733]. Говорит святой Исаак Сирский: «Если кто не прекословит помыслам, злохитро всеваемым в нас врагом, но отсекает беседу с ними молитвою к Богу, то это служит признаком, что ум его приобрел премудрость от благодати и что правильное разумение дела освободило его от многого (тщетного и излишнего) труда. Обретением краткого пути он отсек продолжительное парение (странствование) по пути растянутому. Не во всякое время мы имеем силу воспрекословить всем помыслам, противодействующим нам, и победить их; по большей части мы приемлем от них язвы, на исцеление которых нужно весьма значительное время. Ты выходишь на поединок с борцами, укрепленными шеститысячелетнею опытностью! Твое собеседование с ними доставит им возможность обдуманно нанести тебе поражение, превышее меры премудрости и разума твоих. Если б ты и победил их, то ум твой остается оскверненным скверною помыслов, принесенных ими, и воня злосмрадия их в течение продолжительного времени остается в обонянии твоем. При употреблении же первого способа, ты пребываешь свободным от них и от их последствий; Нет иной помощи, кроме Бога»[734]. В особенности должно избегать собеседования и словопрения с блудными помыслами. В такое словопрение наиболее вдается подвижник, ошибочно полагая, что блудные помыслы и мечтания восстали сами собою в его душе и могут быть обузданы силою благоразумного увещания самому себе, не понимая, по неопытности своей, пришествия к себе демона, который охотно вступает с нами в беседу и словопрение, наверно зная, что сладострастные помыслы и мечтания найдут сочувствие в душе новоначального, возбудят и разожгут живущее в ней сладострастие; он приманивает и завлекает нас к беседе и словопрению, то как бы уступая и удаляясь, то снова нападая, в полной надежде получить над нами решительную победу. Святой Иоанн Лествичник сказал: «Не вздумай низложить блудного беса словопрением и противоречием, потому что он имеет благовидные предлоги как борющийся с нами на основании естества. Восхотевший вступить в борьбу с своею плотию или победить ее сам собою, трудится тщетно, ибо если Господь не разорит дома плоти и не созиждет дом души, то всуе бодрствует и постится разоряющий. Повергни пред Господом немощь естества твоего, сознай бессилие твое во всех отношениях, и примешь дарование целомудрия неприметным образом. Этот демон гораздо более других демонов высматривает то время, в которое мы не можем противостать ему молитвою при участии в ней тела: тогда преимущественно нечистый этот нападает на нас[735]. Тем, которые еще не стяжали истинной сердечной молитвы, вспомоществует (в борьбе с блудным бесом) злострадание в телесной молитве, то есть воздеяние рук, биение в перси, частое устремление очей к небу, множество воздыханий, частое коленопреклонение. Этого они нередко не могут исполнить по причине присутствия других: тогда-то и покушаются бесы нападать на них, а они, еще не имея возможности сопротивляться мужеством ума и невидимою силою молитвы, по необходимости, может быть, уступают нападающим на них. Уйди скорее, если можно, скройся ненадолго в тайном месте, возведи горе, если можешь, душевное око, а если не можешь, то хотя телесное, воздей руки крестообразно и держи их так неподвижно, чтоб изображением креста посрамить и победить этого Амалика. Воззови к Могущему спасти не хитросплетенною речью, но смиренными словами. Прежде всего начни с этих слов: «помилуй мя, яко немощен есмь» *(Пс. 6:3)*. Тогда на опыте познаешь силу Вышнего и невидимою помощью невидимо прогонишь невидимых. Навыкнувший бороться таким образом вскоре начнет отгонять врагов одною душою: второе есть праведный дар Божий делателям первого[736]. Возлегши на постель, тогда особенно да трезвимся, потому что тогда ум должен бороться с бесами без (помощи) тела, и, если он сластолюбив, то делается предателем удобно.

Воспоминание о смерти и единопомышляемая молитва Иисусова да усыпают и да восстают с тобою»[737]. Блудный бес нападает с бесстыдством даже на святых и духоносных мужей, как это видно из жития преподобных Макария Александрийского, Пахомия Великого и других угодников Божиих. И для святых мужей не всегда было достаточно одной сердечной молитвы для сопротивления врагу, имеющему опору в падшем естестве нашем! И они должны были иногда во время усиленной брани прибегать к подвигу телесному, к вспомоществованию молитве сердечной участием в молитве тела, к обузданию тела работою до утомления его. На некоторых иноков, весьма внимательной жизни, сохранивших девство по телу, блудный бес нападает с особенным ожесточением, как то случилось с юным иноком, расстроенным советом неопытного старца, о чем повествует преподобный Кассиан в слове о рассуждении[738]. Преподобный Пимен Великий говорил: «Как царский оруженосец предстоит царю всегда готовым, так душе должно быть всегда готовою против блудного беса»[739]. По этой причине иноки, боримые сильными страстями, всегда должны быть готовыми к сопротивлению их; на самое ложе, для успокоения сном, они возлегают одетыми и опоясанными, как бы вооруженные, точно будучи вооружены бодростью и ревностью, чтоб при появлении врага немедленно восстать и отразить его. По этой причине в некоторых благоустроеннейших монастырях Афонской горы сохранился древний святой обычай, по которому всем братиям законополагается упокоеваться сном не иначе, как одетыми. Такой обычай указан самым Евангелием (*Лк. 12:35-38*). Ведай, благочестивый инок, что в то время, как приходит к тебе сатана с искушением своим, присутствует тут вездесущий Господь твой, взирающий на тебя, на твои ум и сердце, и ожидающий чем увенчается твой подвиг[740]: сохранением ли верности к Господу или предательством Его? Явлением ли любви к Господу и вступлением в общение с Ним или явлением любви к сатане и вступлением в общение с ним? То или другое непременно бывает последствием столкновения с невидимым врагом. Истинное монашество есть невидимое мученичество; жизнь инока есть цепь непрерывных борений и страданий: победителю дается живот вечный – обручение Святого Духа. Тому иноку, которого Бог хочет обогатить духовным разумом и духовными дарованиями, попускаются сильные брани. «Побеждаяй наследит вся, – говорит Писание, – и буду ему Бог, и той будет Мне в сына» (*Апок. 21:7*). Итак! да не унываем.

ГЛАВА 45. ВТОРОЙ ОБРАЗ БОРЬБЫ С ПАДШИМИ АНГЕЛАМИ

Преподобный Нил Сорский, основываясь на наставлении святого Исаака Сирского, предлагает следующий способ борьбы с греховными помыслами – разумеется, когда брань не сильно действует и уступает этому способу. Этот способ заключается в том, чтоб лукавые помыслы превращать в благие и добродетелями подменивать, так сказать, страсти[741]. Например, если придет помысл гнева или памятозлобия, то полезно вспоминать о кротости и незлобии, о заповедях Господа с угрозою воспрещающих гнев и памятозлобие; если придет помысл и ощущение печали, то полезно вспоминать силу веры и слова Господа, Который воспретил предаваться боязни и печали, уверив и заверив нас Своим Божественным обетованием, что и власы главы нашей изочтены у Бога (*Мф. 10:30; Лк. 12:7*), что ничего не может случиться с вами без Промысла и попущения Божиих. Преподобный Варсонофий Великий сказал: «Отцы говорят: если демоны увлекают ум твой в блуд, напоминай ему о целомудрии; если же увлекают, в чревообъядение, приведи ему на память пост. Таким образом поступай и в отношении других страстей»[742]. Так поступай, когда восстанут помыслы сребролюбия, тщеславия и прочие греховные помышления и мечтания. Этот способ, повторяем, весьма хорош, когда он оказывается достаточно сильным; он указан нам Самим Господом (*Мф. 4:3-4, 6-7*). Но когда страсти взволнуются, ум омрачится и растеряется пред громадностию искушения, помыслы нападут с настойчивостью и неистовством, тогда не только против блудных помыслов, но и против помыслов гнева, печали, уныния, отчаяния, словом, против всех греховных помыслов самое надежное орудие – молитва с участием в ней тела. Пример этого показал и это заповедал нам опять Сам Господь. Объятый предсмертною тоскою, Спаситель мира молился, преклоняя колена, в саду Гефсиманском, и ученикам, не понимавшим приближавшейся великой скорби, сказал: «Бдите и молитеся, да не внидите в напасть» (*Мф. 26:39, 41*).

ГЛАВА 46. О СНОВИДЕНИЯХ

Демоны употребляют для возмущения и повреждения душ человеческих сновидения; также и сами неопытные иноки, обращая внимание на свои сны, вредят себе: по этой причине необходимо сделать здесь определение значения сновидений в человеке, которого естество еще не обновлено Святым Духом.

Во время сна человеческого состояние спящего человека устроено Богом так, что весь человек находится в полном отдохновении. Это отдохновение так полно, что человек во время его теряет сознание своего существования, приходит в самозабвение. Во время сна всякая деятельность, сопряженная с трудом и производимая произвольно под управлением разума и воли, прекращается: пребывает та деятельность, которая необходима для существования и не может быть отделена от него. В теле кровь продолжает свое движение, желудок варит пищу, легкие отправляют дыхание, кожа пропускает испарину; в душе продолжают плодиться мысли, мечтания и чувствования, но не в зависимости от разума и произвола, а по действию бессознательному естества. Из таких мечтаний, сопровождаемых свойственным мышлением и ощущениями, составляется сновидение. Оно часто бывает странным, как не принадлежащее к системе произвольных и намеренных мечтаний и размышлений человека, но являющееся самопроизвольно и самонравно по закону и требованию естества. Иногда сновидение носит на себе несвязный отпечаток произвольных размышлений и мечтаний, а иногда оно бывает последствием нравственного настроения. Таким образом, сновидение само по себе не может и не должно иметь никакого значения. Смешно же и вполне нелогично желание некоторых видеть в бреднях сновидений своих предсказание своей будущности или будущности других, или какое-нибудь другое значение. Как быть тому, на существование чего нет никакой причины? Демоны, имея доступ к душам нашим во время бодрствования нашего, имеют его и во время сна. И во время сна они искушают нас грехом, примешивая к нашему мечтанию свое мечтание. Также, усмотрев в нас внимание ко снам, они стараются придать нашим снам занимательность, а в нас возбудить к этим бредням большее внимание, ввести нас мало-помалу в доверие к ним. Такое доверие всегда сопряжено с самомнением, а самомнение делает наш умственный взгляд на нас самих ложным, отчего вся деятельность наша лишается правильности: это-то демонам и надо. Преуспевшим в самомнении демоны начинают являться в виде ангелов света, в виде мучеников и преподобных, даже в виде Божией Матери и Самого Христа, ублажают их жительство, обещают им венцы небесные, этим возводят на высоту самомнения и гордыни. Такая высота есть вместе и погибельная пропасть. Нам надо знать и знать, что в нашем состоянии, еще не обновленном благодатию, мы неспособны видеть иных сновидений, кроме составляемых бредом души и наветом демонов. Как во время состояния бодрости постоянно и непрестанно возникают в нас помыслы и мечтания из падшего естества или приносятся демонами, так и во время сна мы видим только мечты по действию падшего естества и по действию демонов. Как утешение наше во время бодрствования нашего состоит из умиления, рождающегося от сознания грехов своих, от воспоминания о смерти и о суде Божием — только эти помыслы возникают в нас от живущей в нас благодати Божией, насажденной Святым Крещением, и приносятся нам Ангелами Божиими, сообразно нашему состоянию кающихся, так и во сне, весьма редко, при крайней нужде, представляют нам Ангелы Божии или кончину нашу, или адскую муку, или грозный присмертный и загробный суд. От таких сновидений мы приходим к страху Божию, к умилению, к плачу о себе. Но такие сновидения даются весьма редко подвижнику или даже и явному и лютому грешнику по особенному, неведомому смотрению Божию; даются весьма редко не по скупости к нам Божественной благодати – нет! – по той причине, что все случающееся с нами вне общего порядка приводит нас в самомнение и колеблет в нас смирение, столько необходимое для нашего спасения. Воля Божия, в исполнении которой заключается спасение человека, изображена в Священном Писании так ясно, так сильно, так подробно, что содействие спасению человеков нарушением общего порядка делается наиболее излишним и ненужным. Просившему воскрешения мертвецу и послания его к братиям для увещания их к переходу с широкого пути на тесный сказано: «Имут Моисея и Пророки: да послушают их». Когда же просивший возразил: «ни!.. но аще кто из мертвых идет к ним, покаются»: то получил в ответ: «аще Моисея и Пророков не послушают, и аще кто из мертвых воскреснет, не имут веры» (*Лк. 16:27-31*). Опыт показал, что многие, сподобившиеся во сне видения мытарств, Страшного Суда и других загробных ужасов, были потрясены видением на краткое время, потом рассеялись, забыли о виденном и вели жизнь беспечную, напротив того, не имевшие никаких видений, но поучавшиеся тщательно в законе Божием, постепенно пришли в страх Божий, достигли духовного преуспеяния, и в радости, рождаемой извещением спасения, перешли из земной юдоли скорбей в блаженную вечность. Святой Иоанн Лествичник рассуждает об участии демонов в иноческих сновидениях нижеследующим образом: «Когда мы, оставив ради Господа дом и домашних, предадим себя по любви к Богу странничеству, тогда бесы, мстя за это, покушаются возмущать нас сновидениями, представляя нам родственников наших или рыдающими, или умирающими, или держимыми в заключении и подвергающимися за нас напасти. Верующий снам подобен гонящемуся за своею тенью и покушающемуся поймать ее. Бесы тщеславия соделываются в сновидениях пророками, предугадывая по пронырству своему будущее и его предвозвещая нам, чтоб мы по исполнении видений пришли в недоумение, и, как уже близкие дару предуведения, возвысились помыслом. Для тех, которые верят демону, он часто бывает пророком, а для тех, которые уничижают его, он всегда бывает лжецом. Будучи духом, он видит совершающееся в воздушном пространстве и, уразумев, что кто-нибудь умирает, возвещает о том во сне легкомысленным. Демоны ничего будущего не знают по предуведению; в противном случае и чародеи могли бы предсказывать нам смерть. Преобразуются демоны в ангелов света, принимают на себя часто образ мучеников и в сновидениях показывают нам общение наше с ними, а пробудившихся погружают в радость и возношение. Это да будет тебе признаком прелести (бесовского обольщения). Святые ангелы показывают муку, суд, смерть, отчего мы, проснувшись исполняемся трепета и сетования. Если начнем покоряться бесам в сновидениях, то они начнут издеваться над нами и в бодрственном состоянии. Верующий сновидениям, вполне неискусен, а не верующий никакому сну – истинно любомудр. Доверяй только тем снам, которые возвещают тебе муку и суд: если же по причине их зачнет тебя тревожить отчаяние, то и такие сны от бесов»[743]. Преподобный Кассиан Римлянин повествует о некотором иноке, уроженце Месопотамском, что он проводил самую уединенную и постническую жизнь, но погиб от обольщения бесовскими сновидениями. Демоны, усмотрев, что инок обращал мало внимания на свое развитие духовное, а устремил все внимание на телесный подвиг и дал ему, а следовательно и себе, цену, начали представлять ему сновидения, которые по злохитрости бесовской сбывались на самом деле. Когда инок утвердился в доверенности к своим сновидениям и к себе, то диавол представил ему в великолепном сновидении иудеев наслаждающимися небесным блаженством, а христиан томимыми в адских муках. При этом демон – разумеется в образе ангела или какого ветхозаветного праведника – дал совет иноку принять иудейство для получения возможности принять участие в блаженстве Иудеев, что инок без малейшего промедления и исполнил[744]. Достаточно сказанного для объяснения возлюбленным братиям нашим, современным инокам, сколько безрассудно внимать, тем более доверять снам и какой страшный вред может родиться от доверия к ним. От внимания к сновидениям непременно вкрадывается в душу доверие к ним, и потому самое внимание строго воспрещается.

Естество, обновленное Святым Духом, управляется совершенно иными законами, нежели естество падшее и коснящее в своем падении. Правитель человека обновленного – Святой Дух. «На них же осияла Божественного Духа благодать, – сказал преподобный Макарий Великий, – и во глубине ума их водворилася: сим Господь яко душа есть»[745]. И в бодрствовании, и во сне они пребывают в Господе, вне греха, вне земных и плотских помышлений и мечтаний. Помышления и мечтания их, находящиеся во время сна вне управления разумом и волею человеческими, действующие в прочих человеках бессознательно по требованию естества, действуют в них под водительством Духа, и сновидения таких людей имеют духовное значение. Так, праведный Иосиф во сне был научен таинству вочеловечения Бога Слова; во сне поведано ему бежать во Египет и возвратиться из него (*Мф.* гл.1 и 2). Сновидения, посылаемые Богом, носят в самих себе неотразимое убеждение. Это убеждение понятно для святых Божиих и непостижимо для находящихся еще в борьбе со страстями.

ГЛАВА 47. О СРОДСТВЕ МЕЖДУ СОБОЮ КАК ДОБРОДЕТЕЛЕЙ, ТАК И ПОРОКОВ

Необходимо знать возлюбленным братиям следующее: все благие помыслы и добродетели имеют сродство между собою; точно так же все греховные помыслы, мечтания, грехи и страсти имеют сродство между собою. По причине этого сродства произвольное подчинение одному благому помыслу влечет за собою естественное подчинение другому благому помыслу; стяжание одной добродетели вводит в душу другую добродетель, сродную и неразлучную с первою. Напротив того, произвольное подчинение одному греховному помыслу влечет невольное подчинение другому: стяжание одной греховной страсти влечет в душу другую страсть, ей сродную; произвольное совершение одного греха влечет к невольному впадению в другой грех, рождаемый первым. Злоба, сказали отцы, не терпит пребывать безсупружною в сердце[746]. Объясним это примерами. Кто отвергнул памятозлобие, тот естественно ощущает сердечное умиление; кто отказался от осуждения ближних, того помысл естественно начинает видеть грехи и немощи свои, которых не видел в то время, как занимался осуждением ближних. Кто похвалил или извинил ближнего ради заповеди евангельской, тот естественно ощутил к ближнему благорасположение. Вслед за нищетою духа естественно является плач о себе; нищий духом и плачущий о себе естественно делается кротким. Уничиживший правду падшего естества и отрекшийся от нее естественно алчет и жаждет правды Божественной, потому что быть вовсе без правды не свойственно человеку. Напротив того, кто осудил ближнего, тот естественно ощутил презрение к нему; ощутивший презрение, стяжал гордость. От презрения ближнего, при высоком мнении о себе, а эти два состояния неразлучны – является ненависть к ближнему. От ненависти и памятозлобия является ожесточение сердца. По причине ожесточения сердца начинают преобладать в человеке плотские ощущения и плотское мудрование, а от этого возжигается блудная страсть, умерщвляется вера в Бога и надежда на Него, является стремление к корыстолюбию и славе человеческой, приводящие человека к совершенному забвению Бога и отступлению от Него. На основании этого сродства между собою как добродетелей, так и грехов Дух Святой законополагает истинному служителю Божию: «ко всем заповедем Твоим направляхся, всяк путь неправды возненавидех. От всякого пути лукава возбраних ногам моим, яко да сохраню словеса Твоя» (*Пс. 118:128, 101*). Путь неправды – помыслы и мечтания греховные: ими грех входит в душу.

Возлюбленный брат! Не сочти позволительными для себя никакой беседы с помыслами, никакого услаждения мечтаниями, противными духу Евангелия. Согласие с врагами Господа, единение с ними не могут не сопровождаться нарушением верности к Господу, нарушением единения с Ним: «иже бо весь закон соблюдет, согрешит же во единем, бысть всем повинен» (*Иак. 2:10*). Как нарушение одной заповеди есть вместе нарушение всего закона Божия или воли Божией, так исполнение одного совета диавольского есть вместе исполнение вообще воли диавола. Подвижник, исполнивший волю диавола, лишается свободы и подвергается насильному влиянию падшего духа в той степени, в какой исполнена воля диавола. Смертный грех решительно порабощает человека диаволу и решительно расторгает общение человека с Богом, доколе человек не уврачует себя покаянием: увлечение помыслами и мечтаниями производит меньшие порабощение и разобщение, но производит их. И потому необходимо воздерживаться от всех помышлений и мечтаний, не согласных с учением Евангелия, а случающиеся увлечения немедленно врачевать покаянием. Умоляем возлюбленных братий обратить внимание на это. Не знающие этого и не обращающие внимания на это терпят величайший вред и лишают сами себя духовного преуспеяния. Например, многие, хранясь от блудных помыслов и мечтаний, считают ничего не значащими усаждение помыслами и мечтаниями корыстолюбия и тщеславия, между тем как, по духовному закону, помыслы и мечтания о имуществе, о почестях, о славе человеческой суть те же блудные. Такое значение имеют все греховные помыслы и мечтания в отношениях человека к Богу, как отвлекающие человека от любви Божией. По закону духовному, услаждающийся тщеславными и другими греховными помыслами и мечтаниями никогда не освободится от блудной страсти, сколько бы он против нее ни подвизался. Преподобный Макарий Великий говорит: «Должно хранить душу и всячески блюсти, чтоб она не приобщалась с скверными и злыми помыслами. Как тело, совокупляющееся с другим телом, заражается нечистотою, так растлевается и душа, сочетаваясь с скверными и злыми помыслами и согласуясь с ними заодно, с помыслами, которые приводят не к тому или другому греху, но которые ввергают во всякую злобу, как то: неверие, лесть, тщеславие, гнев, зависть, рвение. Это то и значит очистить «себе самех от всякия скверны плоти и духа» (*2Кор. 7:1*). Знай, что и в тайне души содевается растление и блужение действием непотребных помыслов»[747].

ГЛАВА 48. О ОСОБЕННОМ ПРОТИВОДЕЙСТВИИ ПАДШИХ ДУХОВ МОЛИТВЕ

Падшие духи с ожесточением противодействуют всем евангельским заповедям, в особенности же молитве как матери добродетелей. Святой пророк Захария видел в видении своем «Иисуса, иереа великаго, стояща пред лицем Ангела Господня, и диавол стояше одесную Его, еже противитися Ему» (*Зах. 3:1*): так и ныне предстоит диавол неотступно каждому служителю Божию с намерением похищать, осквернять его духовные жертвы и не допускать до жертвоприношения, прекратить и уничтожить его. «Падшие духи терзаются завистью к нам, – говорил преподобный Антоний Великий, – и не престают приводить в движение все злое, чтоб мы не наследовали прежних престолов их на небе»[748]. В особенности «очень завидует бес, – сказал преподобный Нил Синайский, – человеку молящемуся, и употребляет всевозможные козни, чтоб расстроить его делание»[749]. Демон употребляет все усилия, чтоб воспрепятствовать молитве или чтоб сделать ее бессильною и недействительною. Этому духу, низверженному с неба за гордость и возмущение против Бога, заразившемуся неисцельною завистью и ненавистью к роду человеческому, заразившемуся жаждою погибели человеков, неусыпно, день и ночь заботящемуся о погублении человеков, невыносимо видеть, что немощный и грешный человек молитвою отделяется от всего земного, вступает в беседу с Самим Богом и исходит из этой беседы запечатленным милостию Божиею, с надеждою наследовать небо, с надеждою увидеть даже свое бренное тело претворенным в духовное. Невыносимо это зрелище для духа, который навсегда осужден пресмыкаться как бы в тине и смраде, в помышлениях и ощущениях исключительно плотских, вещественных, греховных, который, наконец, навечно должен быть низвергнут и заключен в адские темницы. Он ярится, приходит в исступление, коварствует, лицемерствует, злодействует. Надо быть внимательным и осторожным: только по крайней нужде, особенно по требованию возложенного послушания, можно отдать время, определенное для молитвы, другому занятию. Без важнейшей причины не оставляй, возлюбленный брат, молитвы! Оставляющий молитву оставляет свое спасение; не радящий о молитве не радит о спасении; покинувший молитву отвергся от своего спасения. Инок должен вести себя очень осмотрительно, потому что враг старается окружить его со всех сторон своими кознями, обмануть, обольстить, возмутить, совратить с пути, предписываемого евангельскими заповедями, погубить во времени и в вечности. Такое ожесточенное, злонамеренное и злохитрое преследование врага скоро осматривается при внимательной жизни; скоро мы заметим, что к тому самому времени, как надо заняться молитвою, он приготовляет другие занятия, представляет их и преважными и нетерпящими отлагательства, лишь бы отъять у инока молитву. Козни врага обращаются в пользу тщаливому подвижнику: видя непрестанно близ себя убийцу с обнаженным и занесенным для удара кинжалом, беспомощный, бессильный, нищий духом инок непрестанно вопиет с плачем к всесильному Богу о помощи и получает ее. Дух отверженный, когда не возможет отнять у молитвы времени, определенного для молитвы, тогда старается окрасть, осквернить молитву во время совершения ее. Для сего он действует помыслами и мечтаниями. Помыслы он наиболее облекает в личину правды, чтоб придать им более силы и убеждения, а мечтание представляет в обольстительнейшей живописи. Окрадывается и уничтожается молитва, когда во время совершения ее ум не внимает словам молитвы, но занят пустыми помыслами и мечтаниями. Оскверняется молитва, когда во время ее ум, отвлекшись от молитвы, обратит внимание к греховным помыслам и мечтаниям, представленным врагом. Когда явятся тебе помысл и мечтание греховные, нисколько не обращай внимания на них. Лишь увидишь их умом твоим, тем усиленнее затвори ум в слова молитвы и умоляй Бога теплейшею и внимательнейшею молитвою о прогнании от тебя убийц твоих. Дух лукавый устраивает с особенным искусством полки свои. Впереди у него стоят помыслы, облеченные во все виды правды, и мечтания, которые неопытный подвижник может принять не только за явления невинные, но и за вдохновения, за видения святые и небесные. Когда ум примет их и, подчинившись влиянию их, утратит свою свободу, тогда предводитель иноплеменнического войска выставляет для борьбы помыслы и мечтания явно греховные. «За бесстрастными помыслами, – сказал преподобный Нил Сорский, ссылаясь на прежде бывших великих отцов, – последуют страстные: допущенный вход первым бывает причиной насильственного входа вторых»[750]. Ум как произвольно утративший свою свободу при столкновении с передовыми силами, обезоруженный, ослабленный, плененный, нисколько не может противостоять главным силам, немедленно побеждается ими, подчиняется, порабощается ими. Необходимо во время молитвы заключать ум в слова молитвы, отвергая без разбора всякий помысл, и явно греховный, и праведный по наружности. Всякий помысл, каково бы ни было его одеяние и всеоружие, но если отвлекает от молитвы, этим самым доказывает, что он принадлежит к полку иноплеменническому и пришел, необрезанный, «поносити Израиля» (*1 Цар. 17:25*). Невидимую брань (борьбу) свою с человеком собственно греховными помыслами и мечтаниями падший ангел основывает на взаимном сродстве грехов между собою. Брань эта не умолкает ни днем, ни ночью, но действует с особенным напряжением и неистовством, когда мы встанем на молитву. Тогда, по выражению святых отцов, диавол собирает отовсюду самые нелепые помышления и изливает их на нашу душу[751]. Во-первых, он воспоминает нам и всех оскорбивших нас; оскорбления и обиды, нанесенные нам; старается представить в яркой живописи возмездие за них и сопротивление им выставляет требованием правосудия, здравого смысла, общественной пользы, самосохранения, необходимости. Очевидно, что враг старается поколебать самое основание молитвенного подвига — незлобие и кротость, — чтоб здание, воздвигаемое на этом основании, разрушалось само собою. Это так и бывает, потому что памятозлобный и не отпустивший ближнему согрешений его никак не может сосредоточиться при молитве своей и прийти в умиление. Помыслы гневные рассевают молитву; они разносят ее в стороны, как порывистый ветр разносит семена, бросаемые сеятелем на его ниву, почва сердечная остается незасеянною, а усиленный труд подвижника — тщетным. Известно, что прощение обид и оскорблений, заменение осуждения ближних милостивым извинением их, обвинение себя служат основанием успешной молитве. Весьма часто приносит враг, при самом начале молитвы, помышления и мечтания о земном преуспеянии: то в обольстительной картине представляет славу человеческую как справедливую или счастливую дань добродетели, как будто узнанной и признанной наконец человеками, отселе вступающими под ее руководство, то в столько же обольстительной картине представляет обилие земных средств, на основании будто бы которых должна процвести и усилиться христианская добродетель. Обе эти картины ложны, изображаются в противность учению Христову, наносят страшный вред заглядывающемуся на них душевному оку и самой душе, любодействующей от Господа своего сочувствием к демонской живописи. Вне креста Христова нет христианского преуспеяния. Господь сказал: «Славы от человек не приемлю... Како вы можете веровати, славу друг от друга приемлюще, и славы, яже от единого Бога, не ищете» (*Ин. 5:41, 44*). При творении всех ваших добрых дел «не будите яко лицемери» (*Мф. 6:16*), делающие добро для славы человеческой, восприемлющие славу человеческую в награду за свою добродетель и отнимающие у себя право на награду вечную (*Мф. 6:1-18*). «Да не увесть шуйца твоя», то есть твое собственное тщеславие, «что творит десница твоя», то есть твоя воля, направленная по евангельским заповедям, «и Отец твой, видяй в тайне, воздаст тебе яве» даром Святого Духа (*Мф. 6:3*). Сказал также Господь: «Никтоже может двема господинома работати: любо единаго возлюбит, а другаго возненавидит: или единаго держится, о друзем же нерадити начнет: не можете Богу работати и мамоне», то есть имуществу, богатству (*Мф. 6:24*). «Иже не отречется всего своего имения, не может быти Мой ученик» (*Лк. 14:33*). Достойно замечания, что диавол, искушая Богочеловека, предложил Ему мысль тщеславную прославиться публичным чудом, и мечтание самого развитого и могущественного положения. Господь отринул то и другое (*Мф. 4; Лк. 4*): Он возводит нас к высшему преуспеянию по тесному пути самоотвержения и смирения, и Сам проложил этот спасительный путь. Нам должно последовать примеру и учению Господа: отвергать помыслы земной славы, земного преуспеяния, земного обилия, отвергать радость, приносимую такими мечтаниями и размышлениями, уничтожающую в нас сокрушение духа, сосредоточенность и внимание при молитве, вводящую самомнение и рассеянность. Если мы согласимся с помыслами и мечтаниями тщеславными, гордостными, корыстолюбивыми и миролюбивыми, не отвергнем их, но пребудем в них и усладимся ими, то вступаем в общение с сатаною, и сила Божия, нас защищающая, отступит от нас. Враг, увидев отступление от нас помощи Божией, устремляет на нас две тягчайшие брани: брань помыслами и мечтаниями блуда и брань унынием[752]. Побежденные передовою бранью, лишенные заступления Божия, мы не устаиваем и против второй брани. Это-то и значит сказанное отцами, что Бог попускает сатане попирать нас дотоле, доколе не смиримся. Очевидно, что помыслы памятозлобия, осуждения, земной славы и земного преуспеяния имеют основанием своим гордость. Отвержение этих помыслов есть отвержение гордости. Отвержение гордости совершается водворением смирения в душе. Смирение есть Христов образ мыслей и тот сердечный залог, происходящий от этого образа мыслей, которыми умерщвляются в сердце и извергаются из него все страсти[753]. Нашествию блудной страсти и страсти уныния последует нашествие помыслов и ощущений печали, неверия, безнадежия, ожесточения, омрачения, хулы и отчаяния. Особенно тяжкое впечатление производит на нас услаждение плотскими вожделениями. Отцы называют их сквернителями духовного храма Божия[754]. Если мы усладимся ими, то от нас надолго отступит благодать Божия и все греховные помыслы и мечтания получат сильнейшую власть над нами. Они будут дотоле томить и мучить нас, доколе мы искренним раскаянием и воздержанием от услаждения прилогами врага снова не привлечем к себе благодати. Всему этому не преминет научить внимательного инока опыт.

Узнав тот порядок, тот чин и устав, которого держится враг при борьбе с нами, мы можем устраивать соответствующее сопротивление. Не будем судить и осуждать ближнего ни под каким предлогом, будем прощать ближним все тягчайшие оскорбления, нанесенные нам ближними. Когда бы ни явился помысел памятозлобия против ближнего, будем немедленно обращаться с молитвою к Богу о том ближнем, испрашивая ему милость Божию во времени и в вечности. Отречемся душ наших, то есть искания славы человеческой, искания излишне удобного земного положения, искания всех земных преимуществ и предадим себя всецело воле Божией, благодаря и славословя Бога за наше прошедшее и настоящее, возлагая на Него наше будущее. Такое поведение и направление наше да будут приготовлением к молитве нашей, основанием для молитвы нашей. Пред начатием молитвы смиримся пред ближними, обвиним себя как соблазнившие и соблазняющие их согрешениями нашими, начнем молитву нашу молением о врагах, соединим себя в молитве со всем человечеством и будем умолять Бога о помиловании нас вместе со всеми человеками, не потому, чтоб мы достойны были молиться за человечество, а для исполнения заповеди о любви, которая законополагает: «молитеся друг за друга» (*Иак. 5:16*). Хотя истинному служителю Божию попускается борение с многообразными прилогами греха, приносимыми сатаною и возникающими из нашего поврежденного падением естества, но десница Божия непрестанно поддерживает и руководит его. Самое борение приносит величайшую пользу, доставляя подвижнику иноческую опытность, ясное и подробное понятие о повреждении природы человеческой, о грехе, о падшем ангеле, приводя подвижника в сокрушение духа, в плач о себе и о всем человечестве. Преподобный Пимен Великий поведал о преподобном Иоанне Колове, отце, преисполненном благодати Святого Духа, что он умолил Бога и прекратилась в нем борьба, производимая недугами падшего естества или страстями. Он пошел и возвестил это некоторому преуспевшему в духовном рассуждении старцу, говоря: «Вижу себя в нерушимом спокойствии, без всякой брани». Рассудительный старец отвечал Иоанну: «Поди и умоли Бога, чтоб брани возвратились, потому что по причине брани душа приходит в преуспеяние, а когда придет брань, то не молись, чтоб она была взята, но чтоб Господь даровал терпение в брани»[755]. Предадимся всецело воле Божией, предадимся всецело исполнению воли Божией; непрестанною молитвою будем испрашивать у Бога дар исполнения воли Божией и тот дар, чтоб над нами всегда совершалась воля Божия. Кто предается воле Божией, с тем неотлучно бывает Бог. Ощутит это и засвидетельствует истину этого всякий подвижник Христов, подвизающийся законно, подвизающийся под руководством Евангелия.

ГЛАВА 49. О ХРАНЕНИИ ДУШЕВНОГО ОКА ОТ ВСЕГО ВРЕДНОГО ДЛЯ НЕГО

Спаситель мира сказал: «светильник телу есть око» (*Мф. 6:22*). Светильником Спаситель наименовал словесную силу души человеческой, дух человека; телом наименовал Спаситель всю деятельность человека и качество его, образующееся и зависящее от этой деятельности. Значение, подобное приведенным словам Спасителя, имеют и следующие слова апостола: «Сам же Бог мира да освятит вас совершенных во всем: и всесовершен ваш дух и душа и тело непорочно в пришествие Господа нашего Иисуса Христа да сохранится» (*1Сол. 5:23*). Дух упомянут, во-первых, по той причине, что непорочность и совершенство души и тела находятся в полной зависимости от духа. Дух, или словесная сила, есть высшая способность души человеческой, которою она отличается от души животных, называемых по неимению этой способности бессловесными[756]. «Егда убо око твое просто будет», то есть когда словесная сила будет чужда смешения и общения с грехом и сатаною, тогда «все тело твое светло будет», то есть деятельность твоя будет правильной, а качеством твоим будет святость: «егда же лукаво будет, и тело твое темно. Блюди убо, еда свет, иже в тебе, тма есть» (*Лк. 11:34, 35*). Блюди, чтоб твой дух, который есть твой естественный свет и источник света для твоей жизни, не сделался тьмою и источником тьмы. Это око делается лукавым от усвоения себе лжи. Последствием такого усвоения бывает неправильная деятельность, а качеством – состояние самообольщения и греховности. От приятия ложных мыслей ум растлевается, совесть теряет верность в своих указаниях, все духовные ощущения сердца также заражаются неправильностью и греховностью. Человек делается непотребным, врагом своего спасения, убийцею души своей, врагом Божиим. Священное Писание, паче же Святой Дух, живущий в Писании и глаголющий Писанием, изрекает против таких человеков следующее определение: «Человецы растленни умом и неискусни о вере» (*2 Тим. 3:8*), то есть человеки, растленные умом, вполне чужды веры. Человеку, растленному умом, никак невозможно быть причастником веры: у него место веры уже занято лжеименным разумом, и слово крестное служит для него предметом или соблазна, или насмешки, как видим это на современных Богочеловеку иудеях (*1 Кор. 1:18*). Растление ума всегда сопряжено с растлением прочих духовных свойств, почему растление ума и растление духа имеют тождественное значение по своему последствию. Принятием лжеучения, или ложных мыслей о Боге, искажением откровенного Богом догматического и нравственного учения при посредстве лжеучения совершается растление духа человеческого, и человек соделывается сыном диавола (*Ин. 8:44*); но и собеседованием и смешением с помыслами, принадлежащими области сатанинской, без усвоения их себе, созерцанием мыслей и мечтаний, приносимых демонами, повреждается душевное око. Зрительная сила его утрачивает в некоторой степени, сообразно степени общения с сатаною, свою правильность и чистоту. Преподобный Исихий Иерусалимский говорит: «Как мы вредим себе, смотря на вредное чувственными глазами, так вредим себе, смотря на вредное умом»[757]. По этой причине должно обращать особенное внимание на хранение душевного ока и особенно заботиться о хранении душевного ока, чтоб оно не повредилось, чтоб болезненное состояние его не сделалось причиною нашей душепогибели. В пример того, как испорченное душевное око действует вредно на наше спасение, приведем нижеследующее, виденное нами на опыте: некоторые начитались романов, по ним настроили свой ум и сердце; впоследствии, пораженные какою-либо превратностью жизни, или по собственному внутреннему, проснувшемуся влечению, или даже по мановению милости Божией эти люди захотели проводить жизнь благочестивую. Тогда-то обнаруживалось гибельное действие настроения, полученного предшествовавшим чтением. Навык к наслаждению сладострастием постоянно отвлекал их от чувства покаяния и вводил в самый подвиг наслаждение сладострастием, столь мерзостное пред Богом, соделывающее душу человека неприступною для Святого Духа, удобоприступною для сатаны, обителью его. С особенною ясностью это заметно на женском поле. Те женщины, которые читали много романов, потом предались набожности и даже подвижничеству, наиболее хотят, чтоб их новая жизнь была также романом; они хотят быть по настроению души любовницами! Хотят: потому что воля, поврежденная неправильным употреблением ее, влечет их насильно к усвоившемуся сладострастию, а ум, ослабленный помраченный, развращенный, плененный мыслями, сообщенными чтением, не имеет ни силы, ни способности руководствовать волею и удерживать ее от неправильного стремления. Напитанные чтением романов весьма способны к самообольщению и к бесовской прелести как стяжавшие вкус к наслаждению сладострастием, которое может действовать не только грубым, но и самым утонченным образом, непонятным и неприметным для человека, еще не свергнувшего с себя ига страстей. Некоторый инок, во время своей мирской жизни, не зная, какие благоразумие и осмотрительность должны быть наблюдаемы при подвержении души впечатлениям, остающимся жить в ней, прочитал из пустого любопытства некоторые сочинения, составленные против христианской веры. Когда он вступил в монастырь и возложил на себя разумный иноческий подвиг, полученные впечатления начали обнаруживать свое присутствие в душе помыслами сомнения, недоумении, хулы, доказывая тем, что душевное око засорилось общением с мыслями из области сатаны.

Святой апостол Павел сказал: храм Божий есте, и Дух Божий живет в вас. «Аще кто Божий храм растлит, растлит сего Бог: храм бо Божий свят есть, иже есте вы. Прославите убо Бога в телесех ваших и в душах ваших, яже суть Божия» (*1 Кор. 3:16-17, 6:20*). Хотя и тела наши суть храм Божий, но по преимуществу составляют собою храм Божий наша словесная сила, наш дух, наши ум и сердце. Под именем сердца разумеются все ощущения духа. Когда ум и сердце соделаются обителью Бога, а они-то первоначально и делаются Его обителью, тогда естественно делаются Его обителью и душа, и тело, как вполне зависящие от ума и сердца. Растлевается храм Божий, когда тело впадает в чувственный блуд; растлевается храм Божий, когда ум и сердце вступят в прелюбодейное общение с сатаною принадлежащими ему мыслями и ощущениями. Слова: «растлит того Бог» значат, что Бог отступит от человека, растлившего в себе храм Божий, соделавшего себя не способным для жительства в себе Бога. Последствия такого отступления известны: смерть души, начинающаяся во времени, и погребение в темницах ада в вечности. Растлевается дух человека, поражается слепотой и мраком, как мы уже сказали, принятием лжеучения, учения, исходящего от мира и сатаны, учения, противного откровенному Божественному учению, учению Христову, учению Вселенской и Восточной Церкви. Лжеучением признаются следующие учения: учение, отвергающее бытие Бога, или атеизм, учение, отвергающее Христа и христианство, признающее бытие Бога, но отвергающее все отношения между Богом и человеками, или деизм; учения, не отвергающие прямо христианства, но искажающие Богооткровенное учение произвольным, человеческим, богохульным учением, которым уничтожается сущность христианства, каковы все ереси; учения, не отвергающие прямо христианства, но отвергающие дела веры или нравственное евангельское и церковное предание, приемлющие деятельность языческую, этим умерщвляющие веру и уничтожающие сущность христианства. Таков наиболее и современный прогресс, или преуспеяние в безнравственности и в совершенном неведении христианства, а следовательно, в совершенном удалении и отчуждении от Бога. Не растлевается окончательно храм Божий, но оскверняется, не поражается око душевною слепотою, но повреждается, приемлет более или менее значительную язву, когда инок прочитает безнравственную или еретическую книгу, посетит безнравственное или неблагочестивое общество, подвергнет себя влиянию греховных соблазнов, когда побеседует с греховными помыслами и усладится ими, когда дозволит себе увлечение каким-либо обычаем мира, каковы все мирские игры и увеселения. Если же инок укоснит во всем этом и оправдает свое увлечение, вместо того чтоб сознаться и раскаяться в нем, то впадает в величайшее душевное бедствие. Он повреждает самое начало своего существа – словесную силу, свой дух, свой ум и сердце. Надо хранить душевное око, и хранить. Все, что ни сделаем вне евангельского учения и законоположения, непременно произведет на нас вредное впечатление. Каждое дело, слово и помышление, как благое, так и злое, непременно кладет на нас соответствующую себе печать. Надо это знать и знать.

ГЛАВА 50. О ПОКАЯНИИ И ПЛАЧЕ

Начиная предлагать возлюбленным братиям наши убогие советы, мы сказали, что монашество есть не что иное, как обязательство с точностию исполнять евангельские заповеди, что монашеская жизнь есть не что иное, как жизнь по евангельским заповедям, где бы она ни проводилась, среди ли многолюдства или в глубочайшей пустыне. Наше уединение в Боге. В Боге нашем могут найти ум и сердце наши то надежное и тихое пристанище, на которое не действуют ни волны, ни ветры житейского моря. Без этого мир, враждебный Богу, будет сопутствовать нам в глушь лесов, в ущелья гор и в пещеры: там соделает нас своими сожителями. Жительство иноческое, не основанное на евангельских заповедях, подобно зданию без основания: разрушится оно. Жительство иноческое, неодушевленное евангельскими заповедями, подобно телу без души: воссмердит оно смрадом фарисейства, и воссмердит тем более, чем более будет облечено по наружности в телесный подвиг. Разумный читатель найдет подтверждение этой истины во всех доселе изложенных советах наших.

Оканчивая эти убогие советы, мы признаем себя обязанными изложить пред возлюбленнейшими братиями важнейшее духовное делание, долженствующее обымать собою всю жизнь инока, долженствующее быть душою его жительства, душою его душевного и телесного подвига. Внимательно прочитавший предшествовавшие советы, конечно, усмотрел из них это делание; но мы считаем долгом нашим возвестить о нем отдельно и по возможности подробно. Жизнь инока есть не что иное, как деятельное и непрестанное покаяние. Нам непременно нужно погрузиться всецело в покаяние, если желаем нетщетно и не в осуждение себе носить имя и звание иноческие. Тогда только инок шествует правильно, когда он преисполнен и руководим чувством покаяния. Когда чувство покаяния отступит от его сердца, то это служит верным признаком, что инок увлечен ложными мыслями, внушенными сатаною или возникшими из падшего естества. Постоянное отсутствие покаяния служит признаком вполне неправильного настроения. Рукотворенный храм Божий при всяком молитвословии окуривается фимиамом, по этой причине воздух в храме постоянно преисполнен газами, исходящими от сожигаемого фимиама; самые облачения и другие принадлежности пропитываются благовонным запахом, по необходимости дышат им все, приходящие в храм для молитвы и служения. Так и нерукотворенный Божий храм, созданный и воссозданный Богом, христианин, в особенности же инок, должен быть постоянно преисполнен чувством покаяния. Чувство покаяния должно возбуждаться при каждой молитве инока: оно должно сопутствовать, содействовать ей, окрылять ее, возносить ее к Богу; иначе она не возможет подняться от земли и исторгнуться из рассеянности. Чувством покаяния должно быть проникнуто все поведение инока и самое исполнение им евангельских заповедей. Он должен исполнять их, как должник, как раб неключимый (*Лк. 17:10*), должен вносить их в сокровищницу небесного Царя, как ничтожную уплату своего неоплатимого долга, могущего быть уплаченным единственно милостью Царя небесного. Сказал преподобный Марк Подвижник: «Те, которые не вменили себя должниками всякой заповеди Христовой, чтут закон Божий телесно, не понимая ни того, что говорят, ни того, на чем основываются»[758]. От падшего духа человеческого принимается Богом только одна жертва: покаяние. Прочие чувствования, самый усиленный подвиг, который можно назвать всесожжением, отвергнуты как оскверненные грехом и нуждающиеся, прежде принесения в жертву, в очищении покаянием. Одну эту жертву падшего человека не уничижает Господь отвержением ее (*Пс. 50:19*). Когда же посредством покаяния обновится Сион и созиждутся стены нашего духовного Иерусалима, тогда со дерзновением на алтаре сердечном принесутся жертвы правды – наши чувствования, обновленные Божией благодатию; тогда человек соделается способным и к Богоугодному всесожжению (*Пс. 50:21*). Священномученик Садок сказал: «Кто духовен, тот с радостию, желанием и великою любовию ожидает мученической смерти и не боится ее, будучи готов; плотскому же человеку страшен час смертный» [759].

Покаяние есть евангельская заповедь. Непосредственным последствием покаяния, по указанию Евангелия, должно быть наше вступление в Небесное Царство, и потому – все пространство времени от нашего усвоения Христу до вступления в вечность или вся наша земная жизнь должны составлять собою поприще покаяния. Очевидно, что Царство Небесное делается неотъемлемою собственностью покаявшихся. Первая проповедь и заповедь, произнесенная вочеловечившимся Богом падшему человечеству, которое Он пришел спасти, была о покаянии: «начат Иисус проповедати и глаголати: покайтеся, приближися бо Царство Небесное» (*Мф. 4:17*). По воскресении Своем, пред вознесением на небо, Господь отверз апостолам ум, и они уразумели Писания. Тогда Он сказал им, что, согласно с Писаниями, долженствовало Христу пострадать и воскреснуть из мертвых в третий день, «и проповедатися во имя Его покаянию и отпущению грехов во всех языцех, наченше от Иерусалима» (*Лк. 24:45-47*). Для уверования во Христа и для принятия христианства нужны сознание своей греховности и покаяние; для пребывания в христианстве нужны зрение своих грехов, сознание, исповедание их и покаяние. Когда расположившиеся к вере иудеи спросили святого апостола Петра, что им делать, то он отвечал: «покайтеся, и да крестится кийждо вас во имя Иисуса Христа во оставление грехов» (*Деян. 2:38*). Также и апостол Павел повсюду проповедывал «еже к Богу покаяние и веру яже в Господа нашего Иисуса Христа» (*Деян. 20:21*). Невозможно, пребывая в грехах и любя грех, усвоиться Христу: «всяк бо делаяй злая ненавидит света, и не приходит к свету, да не обличатся дела его, яко лукава суть» (*Ин. 3:20*). «Кое бо причастие правде к беззаконию или кое общение свету ко тме? Кое же согласие Христови с велиаром?» (*2 Кор. 6:14-15*). Чтоб приступить ко Христу и вступить в единение с Ним посредством Святого Крещения, необходимо прежде покаяться. И по Святом Крещении нам предоставлена свобода или пребывать в единении с Господом, или нарушать это единение общением со грехом. Мало этого! В падшем естестве нашем не уничтожено Святым Крещением свойство рождать из себя смешанные зло с добром, чтоб наше произволение постоянно искушалось, чтоб избрание нами Божественного добра и предпочтение его злу и своему поврежденному добру было свободным, положительно доказанным подчинением всем скорбям пути Крестного. Святым Крещением изглаждается первородный грех и грехи, содеянные до крещения, отнимается у греха насильственная власть над нами, которую он имел до нашего возрождения, даруется благодать Святого Духа, которою мы соединяемся с Богом во Христе и получаем силу низлагать и побуждать грех. По той причине, что мы не избавлены от борьбы с грехом, не можем во время всей земной жизни нашей быть вполне свободными от согрешений, и самый праведник «седмерицею (т.е. часто) падет и возстанет» покаянием (*Прит. 24:16*), говорит Писание. Он падает по немощи и ограниченности своим, не всегда усматривая грех, тонко и неприметно возникающий из падшего естества, тонко и неприметно приносимый и влагаемый падшими Духами: покаяние соделывается его неотъемлемым достоянием, его постоянным оружием, его неоцененным сокровищем. Праведник поддерживает покаянием свое общение со Христом; он врачуется покаянием от язв, наносимых грехом. «Аще речем, – говорит святой Иоанн

Богослов, – яко греха не имамы, себе прельщаем: и истины несть в нас. Аще исповедаем грехи наша, верен есть и праведен, да оставит нам грехи наша, и очистит нас от всякия неправды. Аще речем, яко не согрешихом, лжа творим Его, и слово Его несть в нас» (*1 Ин,1:8-10*). Это говорит Богослов о грехах невольных от немощи и ограниченности, о грехах маловажных, которых не могут избежать и святые, но о произвольной греховной жизни он говорит нижеследующее: «всяк, иже в Нем (в Господе Иисусе Христе) пребывает, не согрешает: всяк согрешаяй не виде Его, ни позна Его. Чадца, никто же да льстит вас: творяй правду, праведник есть, якоже Он праведен есть; творяй грех, от диавола есть: яко исперва диавол согрешает. Сего ради явися Сын Божий, да разрушит дела диавола. Всяк рожденный от Бога, греха не творит (т.е. не проводит греховной жизни, не впадает в грехи смертные и в грехи произвольные), яко семя Его в нем пребывает: и не может согрешати, яко от Бога рожден есть. Сего ради явлена суть чада Божия и чада диавола» (*1 Ин. 3:6-10*). Чада Божии проводят жизнь по евангельским заповедям и приносят покаяние в поползновениях своих. Если случится служителю Божию по какому-нибудь несчастному случаю впасть в смертный грех, он исцеляется от язвы греховной покаянием и исповедью и потому не престает быть чадом Божиим. Проводящие греховную жизнь произвольно, по любви к ней, охотно впадающие во всякий грех, какой бы им ни представился, признающие наслаждением жизнью блуд в различных его видах и всякое другое преступление евангельских заповедей, суть чада диавола, хотя бы и именовались христианами, хотя бы участвовали в некоторых церковных молитвословиях и обрядах, хотя бы прибегали к таинствам, им в наругание, себе в осуждение.

Таково отношение покаяния к каждому христианину. Тем более оно составляет сущность иноческого жительства. Вступление в это жительство есть сознание своей греховности, а самое жительство есть ничем не прерывающееся поприще покаяния. Вступающий в иночество и желающий произнести пред Богом обеты иноческие, пред началом этого священного обряда излагает следующим образом исповедание своего сердечного залога: «Объятия Отча отверсти ми потщися, блудно мое иждих житие (любовь сердца неправильно рассеяв и расточив по пристрастиям), на богатство неиждиваемое взирай щедрот Твоих, Спасе, ныне обнищавшее мое да не презриши сердце, Тебе, бо, Господи, умилением зову; согреших на небо и пред Тобою»[760]. Величайшие святые отцы признавали покаяние своим единственным деланием. Вдавшись в это делание, они более и более распространяли его для себя, потому что покаяние не только очищает грехи, но изощряет зрение человека на самого себя. Когда некоторые греховные пятна очистятся покаянием с ризы душевной, тогда внезапно открывается на ней существование других пятен, менее грубых, не менее важных, остававшихся доселе непримеченными по причине тупости зрения[761]. Наконец, покаяние возводит делателя своего к обширнейшим духовным видениям: раскрывает пред ним его собственное падение и падение всего человечества, его страдание и страдание всего человечества под игом миродержца, дивное дело искупления, и прочие тайны, с которыми да ознакомит читателя самый опыт; слово недостаточно к поведанию их. Преподобный Арсений Великий имел постоянным занятием своим покаяние и соединенный с ним, выражающий его плач; платок был всегда на коленях Арсения, и непрестанно на этот платок падали слезы в то время, как преподобный, занимая руки рукоделием, занимал ум молитвою покаяния. Преподобный Сисой Великий просил у ангелов, пришедших разлучить душу его с телом и вознести ее на небо, чтоб они оставили ее в теле и дали время на покаяние, а ученикам своим, свидетельствовавшим о его совершенстве, сказал, что он не знает о себе, положил ли он начало покаяния – столько высокое понятие имел он о покаянии, столько высокое значение давал он ему! Очевидно, что преподобный назвал здесь всю монашескую жизнь покаянием и, сказав, что не начинал еще покаяния, этим выразил смиренное мнение свое о монашеской жизни своей. Стяжавшие истинное, духовное понятие о покаянии совокупляют в нем все свои подвиги и признают потерянным для себя тот день, в который они не плакали о себе, хотя бы они в этот день совершили какие другие добрые дела[762]. Нет сомнения, что преподобный Сисой был погружен в делание покаяния и плача: между свойствами этого делания находится и то, что оно не может насытить делателя, но чем больше насыщает его, тем большее возбуждает желание к себе, доставляя боголюбезную чистоту и вместе производя жажду чистоты еще более совершенной. Очищенные плачем продолжают признавать себя нечистыми. Мы уже упомянули совет, данный преподобным Сисоем брату, просившему у него душеспасительного совета. «Если хочешь угодить Богу, – сказал Великий, – исступи мира, отступи от земли, оставь тварь, приступи ко Творцу, совокупи себя Богу молитвою и плачем и найдешь покой в этом и будущем веке». Другому брату он сказал: «Пребывай в келии твоей с трезвением, представь себя Богу со многими слезами и в сокрушении сердца и обретешь покой». Очевидно, что святой давал братии советы из своей святой опытности. Первому он посоветовал оставить все мирское и все земное, то есть все пристрастия, а второму посоветовал постоянное пребывание в келии, потому что при пристрастиях и при частых праздных выходах из келии такое покаяние и молитвенный плач невозможны. Надо чтоб сердце отрешилось от всего и ничем не развлекалось; тогда только оно может восплакать пред Богом и погрузиться в плач, как в бездну, как в жизнь. Когда брат спросил Пимена Великого о том, как должно пребывать в келии (разумно) безмолвствующему, Великий отвечал: «Подобно человеку, погрязнувшему в смрадной тине по выю (шею), с бременем на вые и вопиющему к Богу: "Помилуй меня"». В этих словах все иноческие подвиги совокуплены в плач и молитву покаяния. Другому брату, вопросившему о том, какое ему иметь делание, этот же преподобный сказал: «Когда нам придет время предстать Богу, тогда что нас озаботит?» Брат отвечал: «Грехи наши». Пимен: «Итак, взойдем в наши хижины и, уединившись в них, воспомянем (с покаянием) о грехах наших, и Господь услышит нас». Другой брат спросил того же старца, какое ему иметь делание. Старец сказал: «Когда Авраам взошел в обетованную землю, то купил себе гроб и с гроба начал владение ею». Брат спросил: «Какое значение имеет гроб?» Пимен отвечал: «Это место плача и рыданий». Опять брат спросил того же святого: «Что мне делать с грехами моими?» Великий Пимен отвечал: «Желающий избавиться от грехов; избавляется от них плачем, и желающий сохранить себя от стяжания их, плачем сохраняет себя». Это путь покаяния, преданный нам Писанием и отцами, которые сказали: «Плачьте, потому что другого пути (ко спасению), кроме плача, нет». «Плач сугуб, – говаривал Пимен Великий, – делает и хранит». Однажды Пимен шел с аввою Ануном в окрестностях Диолка; там они увидели на гробе женщину, бьющуюся и горько плачущую. Они остановились и прислушивались к ней. Когда же несколько отошли, то повстречался им один из тамошних жителей, и спросил его авва Пимен: «Что случилось с этою женщиною? Отчего она так горько плачет?» Тот сказал ему: «У нее умерли муж, сын и брат». Тогда авва Пимен, обратясь к авве Ануву, сказал ему: «Говорю тебе: если человек не умертвит всех плотских похотений и не стяжет подобного плача, то не может быть монахом, ибо все жительство монаха состоит в плаче». Возвестили Пимену Великому о кончине Арсения Великого: он, прослезясь, сказал: «Блажен, авва Арсений! Ты плакал о себе в этой жизни. Не оплакивающий себя здесь будет плакать вечно. Невозможно не плакать: или произвольно здесь, или невольно там, в муках»[763].

Некоторые, не занимаясь или занимаясь очень мало душевным деланием, а упражняясь в одном телесном, не без примеси фарисейства – одно телесное делание не может обойтись без фарисейства – нисколько не чувствуют жала совести и обличений ее в греховности, по этой причине признают такое состояние своего спокойствия достойным одобрения. В мнении своем они поддерживаются и утверждаются многими явными добрыми делами своими и похвалою человеческою. На этом основании они считают такое состояние спокойствия прямым последствием деятельности богоугодной, жизни добродетельной, безукоризненной. Спокойствие обращается по временам в безотчетную радость: они не останавливаются признавать эту радость благодатною. Горестное самообольщение! Душепагубное ослепление. Самообольщение основано здесь на самомнении, а самомнение есть повреждение душевного ока, родившееся от неправильной деятельности и рождающее еще более неправильную деятельность. Возлюбленный брат, спокойствие, которым ты уверяешься в верности пути твоего, есть не что иное, как несознание и неощущение своей греховности, происшедшее и происходящее от нерадивой жизни, а радость, которая по временам рождается в тебе по причине наружного преуспеяния и человеческих похвал, отнюдь не есть радость духовная и святая: она – плод самомнения, самодовольства и тщеславия. Такое состояние мнимого спокойствия святые отцы называют нечувствием, умерщвлением души, смертию ума прежде смерти тела[764]. Нечувствие или умерщвление души состоит в отъятии и отступлении чувств покаяния и плача от нашего духа, в отступлении спасительного болезнования, называемого сокрушением, от нашего сердца. Безболезненность сердца, или мнимое спокойствие, есть верный признак неправильности образа мыслей, неправильности подвига, самообольщения. «Какое бы высокое жительство ни проходили мы, – сказал святой Иоанн Лествичник, – но если не стяжали болезнующего сердца, то это жительство – ложно (притворно) и тщетно»[765]. Безболезненность происходит от невнимательной жизни, от безвременных выходов из келии, от безвременных бесед, шуток, смехословия, празднословия и многословия, от насыщения и пресыщения, от пристрастий, от принятия и усвоения тщеславных помыслов, от высокоумия и гордости[766]. «Если не имеешь умиления, – сказали отцы, – то знай, что имеешь тщеславие; оно-то и не попускает душе прийти в умиление»[767]. Путь к достижению умиления есть внимательная жизнь. «Начало покаяния происходит от страха Божия и внимания, – как говорит святой мученик Вонифатий: страх Божий отец есть внимания, а внимание – матерь внутреннего покоя, той же рождает совесть, которая сие творит, да душа, якоже в некоей воде чистой и невозмущенной, свою зрит некрасоту, и тако рождаются начатки и корения покаяния»[768]. Внимательная и правильная жизнь по евангельским заповедям хотя и служит начальною причиною покаяния, но дотоле признается не осененною Божественною благодатью и бесплодною, доколе из нее не прозябнут сердечное сокрушение, умиление, плач, слезы, из чего всего составляется истинное иноческое покаяние. Для подтверждения этого важнейшего опытного учения приведем свидетельства святых отцов. Святой Иоанн Лествичник говорит: «Изшедший из мира с тою целью, чтоб уничтожить бремя грехов своих, да подражает сидящему при гробах вне города, и да не престанет от теплых и горячих слез и безгласных сердечных рыдании, доколе он не увидит, что к нему пришел Иисус, отвалил камень ожесточения от сердца, разрешил ум наш – этого Лазаря – от уз и повелел слугам Своим ангелам: «разрешите его» от страстей, «и оставите ити» (*Ин. 11:44*) к блаженному бесстрастию. Если же сего не будет, то нет никакой пользы (от исшествия из мира)»[769]. Святой Исаак Сирский: «*Вопрос*: В чем заключаются достоверные приметы и знамения, от которых и при посредстве ощущения которых подвижник может понять, что он начал зрить в себе, в душе своей, сокровенный плод? – *Ответ*: Когда он сподобится благодати многих слез, проливаемых без понуждения. Слезы положены для ума, как некий предел между телесным и духовным, между состоянием страстным и чистотою. Доколе не примет кто этого дарования, дотоле дела подвига его еще находятся во внешнем человеке, и он еще нисколько не ощутил таинственных действий духовного человека. Когда же он начнет оставлять телесное нынешнего века и окажется переступившим предел и вошедшим во внутренность того, что таится во внутренности естества, тогда немедленно достигает этой благодати слез. Слезы начинаются с первой обители сокровенного жительства и возводят подвижника в совершенство любви Божией. Сколько преуспевает он в этом жительстве, столько богатеет слезами, доколе от многого пребывания в них не начнет пить их и при употреблении пищи своей и пития своего. И это есть верный признак, что ум изшел из мира сего, и ощутил тот мир духовный. Насколько человек приближается к миру сему (вещественному) умом своим, настолько умаляются эти слезы. Когда же ум совершенно погрузится в сей мир, тогда совершенно лишается этих слез. Это служит признаком, что человек погребен в страстях»[770]. Святой Симеон, Новый Богослов: «Прежде плача и слез никто да не прельщает нас тщетными словами, ниже мы сами да прельщаем себя: нет в нас покаяния, нет истинного раскаяния, нет страха Божия в сердцах наших; мы не зазрели себя: душа наша не пришла в соощущение будущего суда и вечных мук. Если б мы зазрели и себя, если б это стяжали и этого достигли, то немедленно произвели бы и слезы. Без них никогда не возможет ни жестокосердие наше умягчиться, ни душа наша стяжать духовное смирение; мы не можем быть смиренными. Не соделавшийся таким, не может соединиться со Святым Духом; не соединившийся Ему, не может прийти в видение и разум Божий и недостоин таинственно научиться добродетели смирения»[771]. Внимательная жизнь приводит к умилению, а умилением, в особенности, когда оно начнет сопровождаться слезами, доставляется сугубое, благодатное внимание. Плач и слезы – дар Божий: и потому при внимательной жизни испрашивай этот дар прилежною молитвою. «Просите, и дастся вам: ищите, и обрящете: толцыте, и отверзется вам... Отец ваш небесный даст духовныя блага просящим у Него» (*Мф. 7:7-11*), даст дверь и ключ ко всем духовным благам – плач и слезы. «Я, – говорит святой Иоанн Лествичник, – прихожу в удивление, рассматривая самое то качество умиления: каким образом называемые плач и печаль содержат внутри себя радость и веселие, как соты мед! Чему из этого мы научаемся? Что такое умиление есть собственно дар Божий»[772].

Святой Симеон, Новый Богослов, весьма основательно сказал, что начальная причина плача и слез есть наше произволение[773]. От нас зависит оставить рассеянность, оставить скитание по братским келиям и по знакомым вне монастыря, оставить шутки, празднословие и многословие, положить начало внимательной жизни в молитве и чтении Слова Божия, при воздержании чрева от излишеств и сластей. От такой внимательной жизни непременно прозябнут умиление и плач, особливо когда прилежными молитвами мы умолим Бога о даровании нам этого спасительного дара. Получив дар, надо хранить его как бесценное сокровище. Точно: он – бесценное духовное сокровище и богатство. Он, и будучи приобретен, легко может быть потерян, если мы предадимся рассеянности, развлечению, служению нашим пристрастиям и прихотям, человекоугодию, миролюбию, чревоугодию, пересудам, злоречию, даже многословию. Неприметным образом от состояния умиления мы можем перейти в состояние нечувствия. Так важно состояние нечувствия для невидимого врага нашего, что он всячески старается удержать нас в нем и укрепить, не возмущая ни другими страстями, ни искушениями извне, потому что самомнение и самодовольство, которыми обыкновенно сопутствуется нечувствие, самообольщение и гордость, которые обыкновенно бывают последствиями укоренившегося нечувствия, достаточны для отъятия всех духовных плодов, для погибели. Нечувствие тем страшно, что обладаемый им не понимает своего бедственного состояния: он обольщен и ослеплен самомнением и самодовольством. «Умиление, – говорит преподобный Симеон, Новый Богослов, – есть плод делания заповедей и причина всех духовных плодов. Оно – творец и содетель всех добродетелей, о чем свидетельствует все Боговдохновенное Писание. И потому желающий отсечь страсти и стяжать добродетели, должен, прежде всех добродетелей и со всеми добродетелями, прилежно взыскивать умиление. Без него он никогда не видит души своей чистою; если же он не стяжет души чистой, то никак не стяжет тела чистого. Оскверненная риза не может быть вымыта без воды, и без слез невозможно душе омыться и очиститься от скверн и нечистот. Не будем представлять извинений душевредных и суетных, правильнее же — вполне ложных, служащих причиною душепогибели, но вседушно взыщем царицу добродетелей. Кто ищет ее от всей души, тот находит ее; правильнее же — она приходит и находит взыскавшего ее с болезнию, и, если он имеет сердце более жесткое, чем медь, чем железо, чем камень, соделывает его своим приходом мягче всякого воска. Она есть Божественный огонь, разрушающий горы и камни, все углаждающий и претворяющий, изменяющий в вертограды (сады) те души, которые примут ее. Она соделывается в недре этих душ источником, источающим воду жизни. Вода эта непрестанно, как бы из какого водоема (бассейна), нисходит на ближние и дальние (места сада) и преисполняет души, приемлющие Слово с верою. Во-первых, она измывает причастников своих от скверн; потом отмывает страсти, оттирает их, как струпы, которыми покрываются раны, и отвергает их, — говорю, отвергает лукавство, зависть, тщеславие и все другие, за этими следующие. Не только делает это, но и как некий пламень, обходящий всюду, мало-помалу истребляет их, пожигая и попаляя их ежечасно, как терния. Сперва она возбуждает в нас желание совершенных свободы и очищения от страстей, потом желание Богом отложенных и уготованных благ любящим Его. Все же это соделывает Божественный огонь умиления при содействии слез, правильнее же, слезами. Без слез, как мы сказали, ни одно из этих благ никогда не было и не будет ни в нас, ни в ком другом. Невозможно найти в Божественном Писании, чтоб кто когда из человеков, без слез и всегдашнего умиления очистился или соделался святым, или приял Святого Духа, или узрел Бога, или ощутил Его, вселившимся внутри себя, или приял Его жителем в сердце свое. Ничего этого не могло совершиться, когда не предшествовало покаяние и умиление, когда слезы, изливаясь, как из источника и постоянно наводняя очи, не вымыли душевной храмины и самой души, орошая и прохлаждая душу, объемлемую и воспаляемую неприступным огнем. Говорящие, что невозможно проливать слез и плакать каждую ночь, каждый день, свидетельствуют о себе, что они чужды всякой добродетели. Если наши святые отцы произнесли такое, определение: хотящий отсечь страсти, плачем отсекает их, и хотящий стяжать добродетели, плачем стяжавает их, – то из сего явствует, что не плачущий ежедневно ни страстей не отсекает, ни добродетелей не совершает, хотя и думает, обманываемый самомнением, совершать их. Что пользы, скажи мне, в орудиях какого-либо художества, когда нет художника, который бы знал дать должное употребление и орудию, и веществу? Какая польза от садовника, если он возделывает весь сад, насадит и насеет в нем всякого рода растений, а не прольется свыше дождь на сад и он не будет напоен водою? Конечно, никакой пользы. Так и тот, кто совершает другие добродетели и трудится в них, не получит никакой пользы без этой святой к блаженной владычицы и совершительницы всех добродетелей. Как царь без подведомственного ему войска бессилен и всеми удобно побеждается и даже не признается царем, необыкновенным человеком, так, наоборот, многочисленное войско, без царя и военачальника их удобно расстраивается и истребляется врагами. Таково и отношение между плачем и прочими добродетелями. Под подобием войска разумей собрание всех добродетелей новоначального; под подобием царя и военачальника – блаженное рыдание и плач, которыми все войско устраивается в порядок, воодушевляется, поощряется, укрепляется, научается действовать оружием сообразно времени, обстоятельствам, врагам... Плач всем этим распоряжается; без него множество людей (прочие добродетели) удобно побеждаются. Итак, братия, прежде всех деланий и со всеми деланиями да будет для всех нас деланием покаяние, с покаянием соединенный плач и плачу сопутствующие слезы. Нет плача без покаяния; нет слез без плача: эти три друг с другом соединились и связались, и невозможно одному из них явиться без двух других»[774].

Мысленный путь покаяния и плача имеет то важное достоинство, что он безопасен от бесовского обольщения или так называемой бесовской прелести. Падший дух, чтоб обольстить подвижника, старается сперва уверить его в достоинстве или достоинствах его, что видно из примеров, помещенных в предшествовавших советах: как же он обольстит того, кто всеусильно ищет открыть свою греховность, рыдает над тою, которая открылась ему, по причине ее возжигается к открытию еще большей, кто все стремление свое заключает в том, чтоб увидеть в себе одно и единственное достоинство грешника, чтоб и внешнею и внутреннею деятельностью приносить Богу сознание и исповедание своей греховности. «Когда диавол, – говорит преподобный Григорий Синаит, – увидит кого-либо живущим плачевно, не пребывает при нем, отвращаясь смирения, производимого плачем»[775]. Хотя враг искушает и плачущих, но удобно познается ими и отражается. Самомнительный, признающий в себе какое-нибудь достоинство, не может отразить бесовского обольщения извне, будучи объят и окован им внутри[776].

Невежественные и лицемерные подвижники признают себя достигшими своей цели, когда они увидят себя святыми, когда такими признает и провозгласит их мир; они радуются входящему в них самообольщению и самомнению, не понимая, как бедственно самомнение, не понимая, что похвала человеческая служит признаком лжепророка. Признак этот необыкновенно важен: он дан Самим Богочеловеком. «Горе, – сказал Господь, – егда добре рекут вам еси человецы: по сим бо творяху лжепророком отцы их» (*Лк. 6:26*). Горе, душевное горе и бедствие, вечное горе! Истинный инок радуется тогда, когда он начинает: усматривать грех свой, когда он, по мнению своему о себе, соделается ниже и грешнее всех ближних своих, когда начнет потрясать его страх Суда Божия и страх вечных мук, когда явится в нем чувство преступника и осужденника, когда при молитвах его начнут изливаться потоки слез и исторгаться из груди воздыхания и стенания, когда ум его, очищенный слезами, будет предстоять пред Богом лицом к лицу и видеть Невидимого при посредстве сильнейшего ощущения Божия присутствия. О блаженное видение! При нем преступник может принести истинное раскаяние в соделанных преступлениях, умилостивить Всемилостивого обильными слезами, смиренными глаголами, обнажением своего горестного состояния, испросить у человеколюбца Бога прощение, а с ним и множество бесценных, вечных, духовных даров. Величайший успех инока – увидеть и признать себя грешником! Великий успех инока – доказывать всею своею деятельностью искреннее и действительное признание себя грешником! «Когда ум начнет зреть согрешения свои, множеством подобные песку морскому, то это служит началом просвещения души и знаком ее здравия», – сказал священномученик Петр Дамаскин[777]. Тогда ум может увидеть грехи свои, когда прикоснется к нему благодать Божия: омраченный падением, сам собою он неспособен видеть их. Зрение грехов и греховности своей есть дар Божий. Святая Православная Церковь научает чад своих испрашивать этот дар у Бога при посте и коленопреклонениях, преимущественно в дни Святые Четыредесятницы. Дар зрения грехов своих, своего падения, общения падшего человека с падшими ангелами, непостижимо обиловал в великих преподобных отцах и, несмотря на множество духовных даров, ясно свидетельствовавших о их святости, возбуждал их к непрестанному покаянию и плачу, к непрестанному омовению себя слезами. Изречения, произнесенные отцами из этого состояния, непостижимы для плотских умов. Так, Пимен Великий говаривал сожительствовавшим ему братиям: «Братия! Поверьте: куда будет ввержен сатана, туда ввергнут и меня»[778]. «Всяк возносяйся смирится: смиряяй же себе, вознесется» (*Лк. 18:14*), – сказал Господь.

ЗАКЛЮЧЕНИЕ. О УДОБОПРИМЕНИМОСТИ ИЗЛОЖЕННЫХ ПРАВИЛ К ПОЛОЖЕНИЮ СОВРЕМЕННОГО МОНАШЕСТВА

Внимательно читавший сочинения святых отцов о монашестве, удобно заметит, что отцы составляли свои наставления, применяясь к обстоятельствам времени и к положению тех иноков, которым они посвящали труд свой. По этой причине почти все монашеские сочинения святых отцов имеют свою особенную цель, свою односторонность. По этой причине и в цветущие времена монашества невозможно было каждому иноку приложить к себе сряду все, что написали отцы: тем более такое приложение невозможно в наши времена, и многие, попытавшиеся сделать его, потрудились много, приобрели очень мало. Приведем в пример книгу святого Иоанна Лествичника. Этот угодник Божий написал свои сочинения для общежительных иноков, которых главною добродетелью должно быть послушание; по этой причине он говорит с осторожностью, кратко и как бы нехотя о безмолвии, предохраняя от безвременного и неправильного вступления в него, а о послушании говорит очень подробно, восхваляя и превознося это жительство. Так поступает святой не потому, чтоб безмолвие, при известных условиях, не было душеспасительно, но чтоб не ослабить усердия общежительных иноков, чтоб укрепить и ободрить их в подвиге послушания, который они восприяли на себя, чтоб не дать им повода к двоедушию, к стремлению вступить в жительство, для которого они еще не созрели, чтоб не дать повода ко впадению в самообольщение и бесовскую прелесть, столь близкую к юным и не юным самочинникам и самомнителям. Очевидно, что иноку, проводящему жительство вне общежития, от чтения святой Лествицы должно прийти смущение и последовать расстройство: ему непременно представится, что вне общежития и послушания нет монашеского преуспеяния. Такое действие этой Боговдохновенной книги доказано опытом: преподобный Антоний Новый, живший отшельником в глубокой пустыне, прочитал Лествицу: вследствие этого чтения он оставил пустыню и вступил в общежительный монастырь[779]. Не всякому возможно переменить свое наружное положение! Что ж из этого? Инок, оставаясь по необходимости в своем положении и потеряв доверенность к положению как неудобному для спасения, впадает в уныние, охладевает к монашескому подвигу и начинает проводить жизнь нерадивую. В наше время, когда мы отделены многими веками от обычаев и положения, в недре которых жительствовали и произнесли свое учение отцы, применение учения их к современному положению иночества в нашем Отечестве представилось особенно нужным и обещающим принести пользу. Такова была цель при изложении предложенных здесь советов. Уповаем, что они могут служить руководством для иноков нашего времени, по тому положению, которое им предоставлено Промыслом Божиим. Уповаем, что убогий труд наш может быть с пользою приложен и в общежительном, и в штатном монастырях, и к жизни инока на подвории или при часовне, и к жизни инока, странствующего на корабле по требованию и обычаю государственному, и к жизни инока, находящегося в долговременном послушании посреди мира, и к жизни инока, постриженного в монашество при духовном училище, занимающего при нем какую-либо ученую или административную должность, — даже к жизни мирянина, который захотел бы среди мира с особенным тщанием заняться своим спасением. Исполнение евангельских заповедей всегда составляло и ныне составляет сущность иноческого делания и жительства. Всякое место и положение представляют много удобств для этого делания и подвига. Братия! Примите приношение духовное и не осудите за скудость его. Скудость приношения свидетельствует о скудости имущества. Вашею верою и усердием восполните эту скудость, а молитвами и благословением вознаградите потрудившегося для своего и вашего спасения. Богатый Домовладыка дал роскошный обед Своим многочисленным друзьям и знакомым и множеству тех, которых захотел пригласить к обеду, тем включить их в число друзей и знакомых Своих. Безмерное количество духовных яств невообразимого и недомыслимого достоинства предстояло на духовной трапезе. По окончании ее гости щедро одарены духовными дарами. Когда приглашенные почетные лица вышли, Домовладыка заглянул за врата чертога, и увидел[780] у этих врат толпу голодных нищих, которые были бы рады попользоваться крохами, оставшимися после чудной трапезы. Многомилостивый Владыка приказал слугам остановиться, не убирать стола. Он пригласил нищих, несмотря на то, что нищие были в грязи и рубищах, несоответствовавших великолепию чертога, предложил им остатки яств. Робко и в недоумении взошли нищие в обширную залу, приступили к столу, встали около него как случилось, каждый взял и употребил то, что попало ему. Они подобрали все крохи. Разумеется, никто из них не вкусил ни одного цельного блюда, не видел ни стройного служения прислуги, ни той драгоценной посуды и утвари, которые были употреблены при столе, не слышал огромного хора певчих и громкого хора музыки, звуки которых оглашали вселенную и возносились до неба. По этой причине никто из нищих, хотя между ними и были люди с природным умом, не мог составить себе ясного, точного понятия об обеде. Удовлетворившись крохами для насыщения, они должны были удовольствоваться понятием гадательным и приблизительным о блистательной и насладительной трапезе, которою воспользовались почетные гости. Очистив со стола все съестное, нищие пали ниц пред Домовладыкою, благодаря за пищу, которой они до сих пор не ведали и не видали. Он сказал им: «Братия! При распоряжении Моем об обеде, Я не имел в виду вас[781]: поэтому Я не представил вам обеда в должном виде и не даю вам подарков, которые все разошлись по прежде сделанному расчету, постижимому для Меня одного». Нищие воскликнули в один голос: «Владыка, до подарков ли нам! До пышного ли обеда! Несказанно благодарим за то, что Ты не возгнушался нами; нас, истерзанных всякого рода недостатками, впустил в Твой чертог, спас от голодной смерти!» Нищие разошлись, продолжая благодарить и благословлять милосердого Домохозяина. Тогда Он, обратясь к слугам, сказал: «Теперь уберите стол, и заключите мой чертог. Уже гостей не будет, и что можно было предложить в пищу, предложено. Все кончено!» (*Лк. 18:8*)

«О глубина богатства и премудрости и разума Божия! Яко неиспытани судове Его, и неизследовани путие Его. Кто бо разуме ум Господень? или кто советник Ему бысть? или кто прежде даде Ему, и воздается ему? Яко из Того и Тем, и в Нем всяческая: Тому слава во веки. Аминь» (*Рим 11:33-36*).

Окончено 20 апреля 1861 года. Ставрополь Кавказский

ПЛАЧ ИНОКА О БРАТЕ ЕГО, ВПАДЕМ В ИСКУШЕНИЕ ГРЕХОВНОЕ. СОЧИНЕНО ДРУГОМ ДЛЯ ДРУГА И ДЛЯ БРАТА БРАТОМ, К ВЗАИМНОЙ ПОЛЬЗЕ И СОЧИНИТЕЛЯ И ЧИТАТЕЛЯ

Введение

И бысть, повнегда в плен отведен бе Исраиль и Иерусалим опустошен бяше, сяде Иеремия пророк плачущ, и рыдаше рыданием над Иерусалимом.

Один я в келлии; заперты двери; густым занавесом завешено окно; скромная лампада в углу келлии теплится пред святыми иконами, разливает по келлии слабый, томный свет. Не нужно мне освещения более яркого: оставил я все занятия. Сижу на одре в недоумении, в безотчетливом молчании. У меня как бы отнято существование. Не могу размышлять ни о чем: печаль наполняет душу; слезы, струясь по ланитам и одежде, заменяют для меня всякое иное занятие. Не входите, не входите ко мне! не нарушайте моего безмолвия! не способен я к беседе с друзьями. Необходимо мне одиночество: способен я к одному плачу. Чем больше объемлет меня плач, тем больше жажду его, тем больше вдаюсь в него. Насыщает он меня, утешает он меня, несмотря на то, что горек он. Тоскующая горлица перелетает с одной иссохшей ветки на другую иссохшую ветку, на ветку зеленеющую не садится: так и я перехожу от мысли печальной к мысли печальной, от чувствования печального к чувствованию печальному; мысли и чувствования приятные не приближаются к страждущему сердцу.

Когда опустошен и разрушен был Иерусалим, а народонаселение его отведено пленником в страну дальнюю, тогда пророк Иеремия, тщетно предвещавший бедствия Иерусалиму за беззакония жителей его, тщетно призывавший к покаянию ожесточившихся и ослепших беззаконников, остался на развалинах Иерусалима, остался оплакивать свое пророчество совершившееся. Рыдал он рыданием неутешным на пепелище сожженного храма: храм этот признавался чудом зодчества, был единственным храмом на земле, посвященным истинному Богу. Рыдал Пророк рыданием неутешным на развалинах города: город этот был единственным городом на земле, в котором поклонники истинного Бога могли воздавать поклонение Богу, установленное Богом, единое благоприятное Богу.

Не на груды камней и пепла падают мои слезы; оплакиваю не храм, воздвигнутый руками человеческими из мрамора, порфира и древ негниющих; рыдаю не на развалинах города, который строился веками, строился могучими мышцами царей, народов, золота; не летят мои воздыхания вслед за многочисленными толпами иудеев, которые влекутся многочисленным воинством в гражданское рабство. Причина моего плача — причина нравственная, и область моего плача — область духа. Оплакиваю сожжение невидимого и нерукотворенного храма, созданного Богом для невидимого, возвышеннейшего богослужения; оплакиваю разрушение таинственного го рода, назначенного в обитель для помыслов и ощущений благодатных; оплакиваю плен души, плен ума и сердца, побеж денных грехом. Окованы они, окованы эти пленники, окованы цепями страстей, уведены в рабство. Уведены они в царство и столицу царя Вавилонского: во власть архангела отверженного, господствующего сурово и жестоко над всеми отверженными разумными тварями, — над ангелами и человеками.

Плачу плачем покаяния и любви. Погружаюсь в печаль спасительную, — не в ту, которая наводит смерть человеку: печалюсь не о чем-либо суетном, тленном, преходящем. Объемлет меня плач – наследство прародителя моего, Адама, который обратился к плачу, начал искать в нем утешения после утраты сладостей райских. Этот плач – отблеск вечного блаженства; этот плач – свидетельство, что вечное блаженство было некогда достоянием человека; этот плач – средство к возвращению потерянного блаженства. Как отблеск блаженства, как воздыхание и воспоминание о блаженстве, плач заключает в себе наслаждение: убодая сердце скорбию, вместе орошает и помазует его утешением. Благословил Богочеловек всесвятыми слезами Своими душеспасительный плач покаяния и любви. Пролил Богочеловек всесвятые слезы о четверодневном мертвеце, Лазаре; пролил Богочеловек Божественные слезы о многолюдном городе, о народе, который не познал или притворился непознавшим посещения Божия. Не только блудница употребила для омовения грехов слезную воду; не только прибегали к слезам все грешники, желавшие примириться с Богом посредством покаяния: признал слезы необходимым врачеством для себя, спасительным орудием верховный Апостол. Плакася горько великий Петр по отречении от Христа: исцелил он смертельную греховную язву плачем и слезами. И кто, приступавший к Богу с плачем, не был услышан Богом? Окропился немногими слезными каплями нечестивый царь Израильский, Ахаав, умилился на короткое время, после которого опять продолжал прогневлять Бога нечестием. Скудные слезы, умиление кратковременное и малоплодное не остались без последствия: изреченная казнь на служителя идолов, обагрившегося кровию неповинных, отменена. Видел ли еси, вещал Божественный глас Илии Пророку, чрез которого объявлено наказание царю, видел ли еси, яко умилися Ахаав от лица Моего? сего ради, ради умиления ничтожного, ради непродолжительных, малозначу-щих слез, не наведу зла во днех его, несмотря на то, что Я уже назначил и объявил ему ужаснейшую казнь за ужаснейшие беззакония. Не могу Я видеть плачущего и не помиловать его.

О, брат мой! о, брат возлюбленный! болезнует о тебе сердце мое; плачу о тебе, и не могу престать от плача. Привлекают меня к плачу и человеколюбие Господа Иисуса, и постигшее тебя несчастие. Из слезы скорбящего и плачущего о грехах светится надежда спасения, как звезда из окружающей ее тьмы ночной. Соедини с плачем моим плач твой, со слезами моими твои слезы. Не презрит нас Господь, молящихся Ему, рыдающих пред Ним, усиливающихся исцелиться покаянием. Он, податель истинного покаяния, дарует нам могущественное покаяние; Он, податель слез, отверзет в нас источники слез; Он, единый способный очищать нечистоту души, очистит нас покаянием, слезами, Божественною благодатию. Грех – родитель плача и слез: он наветуется, умерщвляется чадами его – плачем и слезами.

Начну же я произносить мои вопли! стенаниями и воздыханиями облегчу и разрешу тесноту моего сердца! Не ранами, не укоризною послужат тебе слова плача моего; они – выражение любви, знаки участия и сострадания, утешения и ободрения, кроткий голос, призвание к оставлению греховной жизни, призвание к вступлению снова на поприще святого иноческого подвига, призвание к свержению греховного ига, призвание к мужественной борьбе за духовную свободу с началами и властями поднебесной. Плач мой о тебе есть вместе и плач о мне: и я преисполнен грехами, и на мне звучат тяжкие цепи греховных навыков и впечатлений. Если дозволяю себе воплакать о тебе, то и ты восплачь о мне. Соединим сердца наши в плач! облеченные в плач как бы в одежду, необходимую для прикрытия наготы душевной и стыда, явившихся от преступления заповеди Божией, предстанем пред Господа: принесем Господу не пустое и гордое оправдание себя, которым всегда печатлеется греховность и погибель человеков, – принесем исповедание из сердца сокрушенного и смиренного. Исповеданием решительным и искренним согрешений наших, нашего падения, нашего бедственного состояния войдем в покаяние и спасение. Покаяние – врата к Богу. Внидите во врата его во исповедании, объявляет и завещевает всему человечеству Пророк, приглашая к покаянию все человечество.

Статья первая

Алеф

Весть горестная внезапно принеслась ко мне – принеслась ко мне стрелою. Пронзила она сердце глубокою раною, – вместе изобразила предо мною картину поразительную, картину мрачную, картину печальнейшую. Тот, кто в нежном возрасте прилепился к Господу, кто дни увеселений отроческих посвятил лишениям иноческим, кто рано презрел суету мира, – ныне обольщен и осмеян миром. Увы! в пристани подвергся ты крушению. Увы! в собственном городе твоем пленили тебя иноплеменники. Увы! поработил тебя грех, грех тяжкий, грех смертный, – связал тебя узами невидимыми, не разрешимыми никаким средством, никаким усилием человеческим. Пребывая телом в стенах монастырских, по духу ты отчуждился от Обители святой. Тоскует она о тебе, как о сыне, охладевшем к ней, как о сыне, уже покинувшем ее в сердечном совете своем. Дивные храмы Божий, смиренные иноческие келлии, башни угрюмые, стены зубчатые монастыря древнего, освященного подвигами многих старцев преподобных, смотрят на тебя печально, как бы угадывая измену, тайно совершившуюся в душе твоей. Слышится в песнопениях церковных отголосок заунывный, слышится он для сердца, болезнующего о бедствии твоем. Для такого сердца песнопения церковные плачут о тебе: отдаются из них в это сердце звуки плача, подобные звукам плача, разливающимся из песнопений надгробных.

Беф

Плачу о тебе весь день; плачу о тебе всю ночь. Ничтожной цены плач мой: другой плач, цены несравнимой, совершается о тебе. Плачут Ангелы, плачут лики

Мучеников и Отцов пустынных сонмы, плачут все небожители, – не хотят утешиться. Внимательно, любовно смотрят они с неба на землю, радуются добродетели, совершаемой человеками, – огорчаются грехами их. Сам Создатель твой и Спаситель, сотворивший тебя из ничего, искупивший бесценною кровию Своею, непричастный печали, опечален тобою. *Кая польза в крови Моей, внегда сходити Ми во нетление?* говорит Он всем грешащим и пребывающим в грехе. Всесвятой, неприступный для тления, низводится в тление христианами, облеченными во Христа, имеющими в себе Христа, когда христиане пресмыкаются в скверне беззаконий.

Гимель
Грехи по видимому ничтожные, но пренебрегаемые, не врачуемые покаянием, приводят к грехам, более тяжким, а от невнимательной жизни зарождается в сердце гордость. Чтоб ты научился бодрствовать над собою, чтоб ты не доверял себе и не любовался собою, чтоб ты стяжал сердце сокрушенное и смиренное, чтоб грех твой, предстоя выну пред очами твоими, низлагал в тебе высокоумие и превозношение, – Господь попустил искушению, как туче, носимой вихрем, набежать на тебя; не удержал удара, занесенного на тебя. Настигли тебя враги твои! ненавидящие душу твою окружили ее, возложили на нее тяжкие оковы, увлекли в плен и рабство, покрыли язвами бесчисленными, мучительными, неисцельными!

Далеф
Оставлены тобою святые подвиги иночества; служение твое Богу обратилось в постыдное лицемерство. Нет места истинному Богослужению в душе, когда она, ниспавши в смертный грех, пребывает в нем. Овладело тобою уныние и расслабление; увяла сила мужества; произволение благое поколебалось; сердце лишилось благодатного мира и утешения, которыми питается и окрыляется инок на пути своем к Богу. Суетные и греховные помыслы, сопутствующее им расстройство ощу-

щений, витают в душе твоей, как витают в опустевшей храмине гады и хищные птицы. Все добродетели твои окрадены одним преступлением: иже бо весь закон соблюдет, согрешит же во едином, бысть всем повинен, научает нас Писание. Блекнут цветы и листья на растении, когда ствол его подсечен косою.

Ге
До впадения твоего в грех невидимые враги наветовали душу твою, прикасаясь к ней снаружи, колебля лишь поверхность ее; они не входили в сердце, запечатленное перстом Божиим; они не могли возобладать тобою, будучи постоянно оскорбляемы и отражаемы неповиновением твоим. Покорился ты им в час дремания твоего, в час самозабвения; покорился ты им произвольно, исполнив на деле предложение их, предложение обольстительное, смертоносное. Они соделались владыками твоими; влачат они тебя по дебрям и пропастям, по тернию и по острым камням: связанный, скованный ими, не имеешь силы противиться им. Господь, предвидящий все и управляющий всем, восхотел смирить тебя множеством беззаконий твоих. Едва родится в тебе благая мысль, едва родится благое намерение, как и ниспровергаются они: ниспровергает их овладевший тобою грех.

Вав
Отъяся от дщери Сиона вся красота [лепота] ея: отъята красота у души твоей, уневещенной Христу, отъята красота духовная. Отступили помыслы святые, в которых пребывал ум твой, как в чертоге брачном; отступили ощущения святые, в которых плавало, в которых покоилось, в которых наслаждалось сердце твое. Ищешь их и не обретаешь. Они удалились неведомо куда; заменили их помыслы греховные, плотские, ощущения страстные. Ты лишен высокого, царского достоинства! ты ниспал в униженное состояние раба! — Горестна немощь, производимая в душе грехом смертным: по причине этой немощи, по причине этого расслабления встреча со всяким

обольстительным, преступным, демонским помыслом соделывается для души побеждением.

Заин

Наступило время скорбное, время тяжкое, время твоего уничижения и бесславия, время, в которое ты отринут от лица Господня. Лишенный помощи Вышнего, как бы забытый Богом, оставленный в руках супостатов, ты служишь для них игралищем и посмешищем. Падение инока и всякого христианина – предмет плача для святых Ангелов; оно – предмет радости для злобных демонов. Ликуют полки их о бедствии человеков, раздается в полках их громкий, безумный хохот.

Иф

Прельстился ум твой: вкусил плод, воспрещенный Богом. Прекрасным показался плод при любопытном, неосторожном взгляде на него; прекрасным показался плод неведению, неопытности, невинности; совет злонамеренный и лукавый убеждал ко вкушению; вкушение плода поразило вкусившего смертию. Горечь ядовитой снеди еще пенится на устах твоих; терзается внутренность твоя от действующего в ней яда. Смущение, недоумение, омрачение, неверие объемлют душу твою. Обессиленный, расстроенный грехом, ты озираешься вспять, будучи прежде направлен в Царствие Божие.

Теф

На краю падения твоего, на краю греховной пропасти не вспомнилось тебе, что тесный гроб и могила темная соделываются, рано или поздно, соделываются непременно жилищем всякой плоти, что наслаждения греховные оканчиваются с разложением человека, и не предотвращают разложения, что тело, в угождение которому закалается душа, назначено в жертву тлению, в пищу червям. Это не вспомнилось тебе. Забыл ты Суд Божий, терпеливо ожидающий обращения грешников, но долженствующий постигнуть их. Не замедлит Он, Суд Страшный, не замедлит; скоро, скоро настанет: приидет, яко тать в нощи. Потребуется на нем отчет у каждого человека во всей земной деятельности его. Забыл ты, что злохитрые и лютые демоны, теперь являющиеся душе в усладительных мечтах, льстящие ей с намерением уловить ее, по исшествии души из тела устремятся на нее, как дикие звери, похитят ее, если докажут, что она принадлежит им. Забыл ты о вечной участи грешников, не удостоившихся милости Божией. Они, за отвержение добродетели и за отвержение покаяния, которым врачуются уклонения от добродетели, нисходят в преисподний ад, предаются пыткам и казням, не имеющим ни меры, ни конца. Забыл ты это, – и пал падением страшным. Средства мира, развлечения, увеселения, попечения и занятия земные не доставят тебе успокоения. Усыпляют они совесть на краткое время, но заглушить ее не могут. В минуты самовоззрения она просыпается; проснувшись, обличает тем сильнее, тем беспощаднее.

Боже милосердый! Ты видишь и носишь немощи человеческие: открыты пред взорами Твоими и нечистота моя и изнеможение мое; открыта пред взорами Твоими лютость мучащих меня, терзающих меня страстей и демонов.

Иод

Иноплеменник да не внидет в храм Господень заповедал Бог. Не сохранил я повеления Бога моего. Я допустил себе предательство, – и вторглись, при посредстве моего предательства, иноплеменники не только в храм, но и в святилище, простерли дерзкие руки на сосуды и жертвы, освященные Богу. Храмом Божиим называю всего человека; святилищем – сердце; сосудами и жертвами – помыслы и ощущения. Попирается храм Божий ногами нечестивых и нечистых духов; они осквернили святилище; помыслы и ощущения духовные, благодатные, превратили в плотские, греховные, злосмрадные.

Каф

Исполняюсь воздыханий! гнездится во мне скорбь, точит сердце как червь, терзает его как змий. Ищу утешения, ищу отрады, ищу пищи духовной, некогда опытно знакомой мне, – и не обретаю! Пища эта питает и услаждает. Иную пищу предлагают мне, влагают в меня насильственно: пищу греховную, которая льстит насыщением, – не только не насыщает, производит еще больший голод, производит страшное томление, изнеможение, расстройство.

Господь, Господь мой! пред лицем Твоим, пред Твоими очами согрешил я. Ты взираешь на уничижение мое; пред Твоими всесвятыми очами злодействуют надо мною разбойники. Я оставлен Тобою, потому что я оставил Тебя. Нахожусь в руках у тех, которых я предпочел Тебе. Не смею воззреть к Тебе, не смею воздеть рук к Тебе, не смею произнести пред Тобою ни одного слова. Согрешение мое, предательство мое отняли у меня дерзновение. Я пал, я соделался жертвою моего безумия, жертвою лукавства и ненависти демонов. Близок я к безнадежию: оно дает весть сердцу моему, что стоит при дверях его. Ходатаев нет у меня; по крайней мере, я не знаю, есть ли ходатай за меня. Ходатаем моим пред неприступным величием Твоим да будет Твоя бесконечная благость.

Ламед
Все, идущие путем земной жизни, все, проходящие поприще от утробы, родившей вас, до гроба и могилы, до грозных врат, которыми вступает каждый человек в неизмеримую и загадочную вечность, обратитесь и видите, аще есть болезнь, яко болезнь моя. Не печалюсь я о потере тленных преимуществ и сокровищ, не снедаюсь скорбию о понесенных мною гонениях, бесчестиях и язвах от человеков; ничто временное не служит причиною моих стенаний, моего сердечного томления. Страдаю, мучусь тем, что я удалился от Господа грехопадением. Изменил я Господу, предал Господа, далеко отринут от лица Создателя моего, ввергнут в нравственную тьму, предан демонам. Связаны мои руки и ноги: отнята у меня святая деятельность, отнята самая способность к ней. Лежу, поверженный, в изнеможении, в пропасти.

Пропастию этою таинственно и вместе с точностию предызображается и живописуется пропасть преисподняя. Испиваю чашу горестей, чашу смирения. Чашу эту растворил для меня Бог мой в праведном гневе Своем.

Мем

Судьбы Божии – непостижимы. Рассудил Господь в свя том совете Своем, определил правосудно, изрек на меня при говор казни, допустил огню страстей, огню враждебному, ниспасть с высоты, из области духов воздушных, поднебесных, сожечь духовный храм мой, обратить в пепел драгоценное украшение его. Простерты были сети ногам моим, – и я не заметил их, увяз в них. Внезапно напали на меня враги из засады, в которой они скрывались, – и я, приведенный в недоумение неожиданностию, подвергся поражению, обратился в бегство. Не помиловал меня Господь, предал врагу. Угрожает мне конечная погибель. Цепь дней моих обратилась в цепь болезней. Грех мой стоит исполином предо мною; обнаженный меч – в руке его; сверкают кровавым пламенем яростные очи; широко разверзлась чудовищная пасть; скрежещут зубы. Стоит он неотступно, стоит день и ночь.

Нун

Супостат бдел надо мною давно, бдел со дня рождения моего, со дня крещения моего. Зависть и ненависть неутолимая возбуждала его к бдению неусыпному. Он выжидал, чтоб выпал час, в который бы я легкомысленно оставил бодрствование над собою, предался самонадеянности и неосторожности. Дождался он этого часа и, опытный в погублении челове-ков, нанес мне удар, удар верный, решительный. Теперь, когда я в плену у врага, когда я порабощен ему, он снова бдит надо мною, бдит, чтоб не бежал я из плена, не сверг с себя иго, иго поносное и тяжкое. Изнемогла крепость моя, ослабели руки, не могу восстать из падения, освободиться из плена. Я облечен грубою и вместе немощною плотию, пребываю в ней, как в узах, как в темнице; враг мой – дух, быстрый в движениях, как молния, облечен, как во всеоружие, в обилие способностей, знания, силы. Бдит враг мой надо мною, как лев, рыкающий над беззащитною добычею. Не могу противостоять ему: грехи умножаю грехами новыми, увлекаюсь насильно страстями. Мучительству их предал меня Господь.

Самех
Точило истопта Господь девице, дщери Иудине, душе моей, усвоенной Господу верою в Него: о сих аз плачу. Плачу и рыдаю плачем, необъяснимым и непонятным для меня самого. Тоскует, томится во мне дух мой: он ощущает свою нищету и уничижение. Сокрушилась попущением Господним крепость моя, извратилась, обезображена красота, нарушена, отъята непорочность. Дадеся ми пакостник плоти, ангел сатанин, да ми пакости деет, да не превозношуся. Этот ангел имеет свою цель, цель погубить меня; но в действиях его, независимо от них, присутствует попущение Божие со всею непостижимою, премудрою, всеблагою целию.

Айн
Очи мои излиясте воду, яко удалися от мене утешаяй мя, возвращаяй душу мою: погибоша сынове мои, яко возможе враг. Удалились от меня помыслы святые, приносящие утешение сердцу, ободряющие, оживляющие его, исполняющие его радостной надежды спасения. Умолкла во мне благодать Святого Крещения, скрыла свое присутствие во мне, не поборает за меня: огорчен мною Дух Святой, огорчен грехом моим смертным. Все противное, враждебное Богу приближи-лось, вступило в меня, действует во мне. Преисполнен я мрака, преисполнен смущения. Молитва моя расхищается рассеянностию; оскверняется, уничтожается она мечтаниями сладострастными. Страшно усилился надо мною враг: пожирает он меня. Проливаю потоки слез, подобно источникам вод, и не совершают они того, что совершали

прежде немногие слезные капли: не водворяют в сердце сладостного спокойствия. Горьки слезы мои. Горькими слезами должно оплакать утраченную непорочность; горькими слезами должно омыть с души нечистоту, эту печать, всегда оставляемую на ней грехопадением; горькими слезами должно изгладить смертный грех, записанный в книгах воздушного князя: слезы сладостные проливает невинность и святая любовь. Горькие слезы, сердечное сокрушение, нищету мою, бедствие мое приношу к стопам распявшегося за меня Господа. Прими их, Господь мой, как принял Ты слезы блудницы; прими их, как принял Ты драгоценное миро, которое блаженная Мария излила на Твои ноги. Ты, всесильный и всеблагий, претвори мои грешные и горькие слезы в благовонное, благоприятное Тебе миро. С весов Твоих сними правосудие Твое и гнев; возложи на эти весы Твое человеколюбие, Твои могущественные слезы, Твою могущественную кровь. Твои бесценные слезы Ты пролил о нас; Ты пролил за нас Твою бесценную кровь; Твою бесценную кровь Ты дал в цену и выкуп за нас. Слезами Твоими Ты явил любовь Твою к нам, любовь Твою к нам Ты запечатлел Твоею кровию. Твоею кровию всемогущею, Божественною, Ты очистил грехи всего мира.

Фи

Возвожу ум мой к Богу; но ум не имеет силы подняться и вознестись от земли. Все попытки его оказывались доселе тщетными. Он лишь приподымется от земли, как и падает на землю, низвергается на нее невидимою, железною рукою. Оставил меня Господь, и обступили со всех сторон ищущие погибели душе моей. Собственными силами не могу восстать из падения, освободиться из плена. Господь, един Господь восстановляет падших, оживотворяет умерщвленных. О мне Господь определил иное. Он взирает на уничижение мое, а помощи не ниспосылает мне; Он слышит мой стон, мой вопль, и не восхищает меня из плена, из плена лютого, из челюстей ада. Враг торжествует, празднует победу, признает мою погибель верною. В безумной ярости, в безумной гордости своей он мнит о Боге моем, что Бог не силен изъять меня из рук его; он мнит о себе, что может противостать, может воспротивиться успешно Богу моему, Богу всемогущему.

Цади

Праведен еси, Господи, и прави суди Твои. Достоин я оставления, достоин томления, которым подвергся: пожинаю плоды согрешения моего. Произвольно преступил я Закон Божий, произвольно пренебрег словом Божиим. Сошел я с пути заповедей Господних на путь воли растленного естества моего.

Когда смертный грех, сокрушив человека, отступит от него, то оставляет после себя след и печать поражения, нанесенного человеку. Он оставляет свою жертву рассеченною на части, связанною, во власти порочного впечатления, свойственного соделанному греху. Все яды смертоносны; но каждый из них имеет свое действие: все смертные грехи убивают душу вечною смертию; но каждый производит в ней соответствующее себе расстройство. Пленицами своих грехов кийждо затязается, научает нас Писание. Накажет тя отступление твое, и злоба твоя обличит тя: и увеждь и виждь, яко зло и горько ти есть, еже оставити Мя, глаголет Господь Бог твой. Не благоволих о тебе, понеже сокрушил еси иго твое и растерзал еси узы твоя и рекл еси всем поведением твоим: не имам Тебе служити, но пойду на всякий холм высокий, и под всяким древом лиственным тамо разлиюся в блуде моем. Аз же насадих тя, при сотворении в бытие и при воздаянии в пакибытие, виноград плодоносен, весь истинен: како превратился еси в горесть, виноград чуждий? Угроза и определение Бога моего исполняются надо мною. Настоящее положение мое образовалось из падения моего, как естественное последствие. Мучат, насилуют меня помыслы и ощущения, которые прежде признавались мною бессильными, которые отражал я легко и удобно. Поступают они со мною как по праву, полученному ими: я пал произвольно, произвольно поработил себя, совершил беззаконие, принадлежащее к области этих помыслов и ощущений. Увы! девицы мои и юноши отыдоша в плен.

Коф

Обольстило меня греховное похотение. Предстало оно в личине невинности и наслаждения непорочного, предложило мне беседу как бы мудрую; потом, вкрадываясь постепенно в душу, начало изменяться, приобретать надо мною власть, – внезапно претворилось в пламень, охватило меня. Не помню, – правильнее, не могу дать точного отчета, что было далее. Далее объяло меня самозабвение, увлечение. Опомнившись, я увидел себя уже в безвыходной пропасти.

Должно отражать грех в самом начале его, при первом появлении его. Утрачено или украдено было это из моей памяти, или я еще не имел этого познания, – и похитил, поглотил меня лукавый грех. Оскудел страшно, опустошен окончательно таинственный Иерусалим мой. Иногда рождаются во мне помышления и намерения благие; но они, не имея никакой твердости, никакого постоянства, лишены значения; они перемешаны с помышлениями и порывами порочными, оскверняются, извращаются, побеждаются ими. Изменился разум мой! утратилась в нем самостоятельность, которую доставляла ему вера; явилось в нем колебание. Он соделался хладным к слову Божию; не находит в нем того спасительного, просветительного назидания, которое находил прежде, которым питался и услаждался, которым не мог насытиться по причине преизо-бильного насыщения. Такое насыщение возбуждает ненасытную алчбу и неутолимую жажду Божией правды. Предо мною – Писание Святое. Оно соделалось чуждым мне. Ищу в нем питания, укрепления, утешения: не нахожу их. Закрылось оно, всесвятое слово Божие, закрылось от меня непроницаемым покрывалом: моею греховностию.

Реш

Господь мой! Господь мой! с высоты славы Твоей воззри на бедствие, в котором я погряз, как в тине смрадной, как в дебри безвыходной; воззри на бедствие мое, на скорбь невыносимую, которыми истощены все силы мои, все силы души и тела. Объяло меня смущение; объяло – недоумение; объяла лютая тоска и горесть. Ощущаю, что вечная смерть вступила в душу и, страстию, которую ничто не может укротить, грехом, который не престает повторяться, наложила на меня печати погибели. Уже отселе болезни адовы, обручения болезней вечных, обыдоша мя, предвариша мя сети смертныя Увязши в этих сетях, сопричисляюсь справедливо к умершим, хотя по наружности принадлежу к числу живых. Потоки беззакония смятоша мя, не дают опомниться, не дают встать и утвердиться на камне заповедей Христовых. Мадиам и Амалик и сыны Востока, поклонники идолов, с бесчисленными стадами скотов своих, постоянно восходят на землю Израиля, не оставляют на ней бытия жизненного, поядая и вытаптывая посевы и луга: подвиги и добродетели, которыми от юности служил я Богу моему, которыми полагал изработать спасение мое.

Шин

Воздыхаю я, – враги мои утешаются воздыханиями моими; скорблю я, – они радуются скорби моей; стону, рыдаю, вопию я, – между ими раздаются громкие рукоплескания, клики и песни буйного веселия; я томлюсь, как бы исчезаю в постигшем меня искушении, – они торжествуют, светло празднуют победу надо мною. Упоенные неистовством, безумием, высокомерием, исступленною ненавистию к Богу, они хвалятся поражением, нанесенным немощному человеку, как бы поражением, нанесенным Самому Богу. По обширной поднебесной, на всех скопищах своих, на станах мытарств воздушных они разгласили о моем падении. Бешеное и богохульное ликование их достигает сводов неба, ударяет в них. Падшие ангелы желали бы ворваться за эти своды, огласить насмешками и ругательством святые обители рая. Уже был некогда рай свидетелем их преступных замыслов и начинаний; огласился он некогда буйным, открытым, чуждым смысла возмущением их против Бога.

Творец мой! Искупитель мой! Твоим я был до согрешения моего: пребываю Твоим и по согрешении. Похитили у Тебя достояние Твое, потому что Ты попустил похитить его на время по непостижимым судьбам Твоим. Угадывают, видят враги мои, что Ты отступил от меня или скрылся чудно; они видят и понимают это по тому свободному доступу ко мне, который получили они, по той власти надо мною, которая дозволяется им. Настанет, настанет время, горестное для них, блаженное для меня: настанет время, когда Ты, Спаситель мой, умилосердившись надо мною, прострешь мне руку помощи, руку всесильную, когда истинным, действительным покаянием извлечешь меня из пропасти моих преткновений.

Фав

Всевидящий Господь! Пред взорами Твоими – все бесчисленные злодеяния демонов, ангелов отверженных. Восстали они против Тебя на небе, возненавидели Тебя, Творца своего и Бога, возненавидели все дела Твои ненавистию исступленною, непонятною. Ты явил им творческую силу Твою, Ты явил им неограниченную власть Твою над ними: Ты низверг их с неба, Ты покарал их в самой природе их; духов бесплотных Ты обрек на жизнь в веществе и тлении. Светлые Ангелы превратились в мрачных, зверообразных демонов; чистые духи соделались, по мыслям и чувствам, плоть и скверна; жители горних обителей блуждают и скитаются по пустыне поднебесной, по поверхности земной, в пропастях подземных. Ты предал в заведывание им темницу огненную – страшный ад, горящий пламенем неугасимым, чтоб казнь, уготованная для них от сотворения видимого мира, предстоя им непрестанно лицом к лицу, произвела в них спасительный страх, убедила опомниться. Ты совершил искупление человеков в присутствии и при противодействии духов, погубивших человеческий род. Ты поставил их зрителями и свидетелями шествия в рай и небо благоугодивших Тебе человеков; Ты долготерпишь им многие тысячелетия, – и ничто, ничто не может преломить упорства их, смягчить сердце, претворившееся в камень или металл, склонить к покаянию, к желанию неба. Они, умалишенные, ратуют против Тебя, изрыгают против Тебя страшные хулы, отвергают Твое существование, отвергают разнообразными видами отвержения. Но Ты не только неприступен для действий против Тебя, – неприступен для постижения Тебя. И ангелы падшие, бессильные, ничтожные пред Тобою, направили злобу свою на создание Твое, на немощного человека. Они отравили его ядом греха; они ищут погубить его окончательно, преследуют неусыпно, расставляют ему злокозненные сети, ввергают в бесчисленные, тягост-нейшие бедствия. От этих бедствий, от бедствий лютых только Ты, всемогущий, можешь избавлять, и избавляешь тех человеков, которые прибегают к Тебе! Скорбь моя превзошла меру крепости моей. Доселе, переполняя сердце мое, она изливалась из него; теперь я умолкаю от изнеможения. Истощились мои стенания, истощились воздыхания, истощились слезы: грусть, превысшая их и невыразимая, томит, умерщвляет меня. Всевидящий! Ты видишь меня. Ты ведаешь, что ненависть врагов не насытится никакими страданиями моими. В державной деснице Твоей – и я и враги мои. Всевидящий и Всемогущий! в безнадежии на себя, в надежде на Тебя, предаюсь святейшей воле, бесконечной мудрости и благости Твоей.

Статья вторая

Алеф

Грустным событием поражаются взоры, взоры ума и сердца. Недоумеваю пред событием. Тому, что видят глаза и руки осязают, не верю. Господь, во гневе Своем, покрыл мраком дщерь Сиона. Он низверг с небесе на землю славу Израилеву. Душа твоя была невестою Христовою; на непорочности ее, как на красоте пленительной и возлюбленной, покоились всесвятые очи Господа твоего. Уготован был тебе чертог дивный в обителях рая. Сонмы святых Ангелов и сонмы переселившихся на небо праведных человеков признавали тебя своим, ожидали твоего пришествия к ним, намеревались радостно выйти в сретение душе твоей по разлучении ее с телом, ввести ее в небо, на неумолкающий и бесконечный праздник... Все рушилось! все изменилось изменением страшным! Господь отвратил лицо Свое от тебя, небожители восплакали о тебе: увы! растлил тебя грех.

Беф
Восхотел Господь поразить тебя: не пощадил! не помиловал! Поразил Господь, — и увяло духовное благолепие твое, пожженное сластолюбием, как вянет пышная роза, опаленная солнечным зноем, как вянет нежная лилия, подточенная червем. Рассыпались добродетели и подвиги твои, как рассыпаются великолепные здания города, колеблемого землетрясением. Мысли твои парили постоянно к Богу, возносились к Нему, пребывали при Нем чистою молитвою и размышлением священным: ныне они пресмыкаются по земле; вращаются они в одном тленном и суетном. Ум твой лишен царского достоинства: прежде господствовал он над пожеланиями сердца и тела, — ныне увлекается ими, служит им работно. Вместо венца и порфиры — на нем тяжкие оковы, оковы медные. Победитель жестокий умертвил сыновей царя пред очами его, а очи, увидевшие это убийство, исторг бесчеловечно орудиями железными. Царственный слепец и пленник отведен в Вавилон, предан там в дом работы трудной, унизительной.

Гимель
Сокрушилась мышца твоя в борьбе невидимой: ты не устоял, не вышел победителем. Враги разрушили врата и стены города твоего, вломились в него: обратили

город в развалины, тебя соделали рабом. Оружия имел ты сильные; даны были тебе оружия Богом; оружия эти страшны для иноплеменников. Ты вознерадел! мечи булатные, копья и стрелы легкие и меткие, щиты и кольчуги непроницаемые были оставлены тобою, забыты. Нерадение послужило причиною побеждения. Когда инок пренебрежет молитвою, безмолвием, постом, – дозволит себе развлечение, наслаждения плотские: тогда враг, видя его обезоруженным, нападает на него, поражает удобно. Твой храм душевный объят пламенем греховных вожделений. Разлился яростный пламень по всему храму волнами огненного потопа; истребил яростный пламень всю многоценную утварь храма; оставил одни опаленные, почерневшие стены. Отъята у тебя жизнь в Боге, не отъято бытие: призываешься милосердием Божиим к оживлению в себе утраченной, благодатной жизни.

Далеф

Укрепился враг, возобладал оказавшим ему повиновение произвольно. Падение твое лишило тебя власти над собою, передало эту власть врагу. Власть демонов и страстей над человеком усиливается унынием, двоедушием человека, уклонением его воли, заразившейся порочным стремлением, уклонением от мужественного и решительного покаяния. Ты пребываешь во грехе! к согрешению присовокупляешь новые согрешения, в убийственном грехе ты нашел наслаждение! от смертоносного наслаждения не можешь оторвать сердца! В селениях дщери Сиона вижу грустное, одно грустное запустение: в них истреблено или рассыпано и попрано все изящное, духовное.

Ге

Меч Божий, меч наказания, меч попущения и оставления пал на главу твою, пал на все существо твое, рассек, разъединил его. Дух, душа и тело, из которых составлен человек, пришли в разногласие, действуют противоположно и враждебно друг другу. Объяло тебя расстройство, умножились твои немощи и болезни, постигли тебя многочисленные преткновения, возмущено сердце твое страстями, как море бурею.

Научись смиренномудрствовать. Познай, что человек – не самобытное существо: он – создание Божие; он – земля и прах. Устрани из себя самомнение фарисея; остерегись презирать, уничижать, злоречить ближних; подражай поведению оправданного Богом мытаря. Осуди себя, и привлечешь к себе милость Божию.

Если и простится тебе грех твой, как прощены святому Давиду два тяжкие преступления, и тогда помни постоянно грех твой; постоянно имей пред очами грех твой; постоянно оплакивай грех твой, – и соделается грех хранителем добродетели. Несмотря на то, что ты будешь оправдан Богом, ведающим немощь человека и удобно дарующим ему прощение, не преставай искать оправдания, не преставай погружаться в покаяние, стяжи неутолимую жажду к правде Божией, – и умножится правда твоя, как сторичный плод пшеницы на ниве тучной. Ищи оправдания преизобильного, ищи его верою и делами, надеясь найти оправдание не в делах твоих: в Боге, в вере в Бога, свидетельствуемой и являемой повиновением Богу.

Вав
Боже! милостив буди мне грешнику. Так молился мытарь, похваленный Евангелием. Он не произнес многословных и красноречивых молитв: молитва краткая, одна краткая и безыскусственная молитва способна выразить чувство раскаяния и самоосуждения, когда наполнится ими сердце. Мытарь не смел возвести очей к небу: опущены они были к земле. Мытарь ударял в перси сознанием грехов; ничего не сказал в извинение себя; никого не обвинил в своих греховных поползновениях, ни усилившиеся соблазны в обществе человеческом, ни злобу и коварство демонов. Он обвинил себя всецело; в причину и основание прошения о помиловании представил одно милосердие Божие. И вышел мытарь оправ-

данным из храма Божия, в котором принес Богу молитву покаяния и смиренномудрия, молитву, оказавшуюся столько действительною. Такая молитва – жертва хвалы, прославляющая Бога. в ней нет смрадной примеси из плотского мудрования – похвалы падшему человеческому естеству. Такая молитва – путь, на котором является человеку спасение от Бога. Смиряяй себе, вознесется, сказал Спаситель: смиряяй себе вознесен будет Богом в горнюю, духовную пристань священного бесстрастия и благодатной непорочности.

Заин
Отрину Господь жертвенник Свой, отрясе святыню Свою, сокруши рукою вражиею стену забралов Иерусалима. Прихожу в недоумение, когда размышляю о сугубой смерти, поражающей человеков: когда смотрю на тело бездыханное, лежащее во гробе, утратившее жизнь и красоту; когда смотрю на душу, лежащую в падении греховном, истерзанную, обезображенную, лишенную жизни благодатной, Божественной. О чудо! что это за таинство? почему предается жертвенник Божий разрушению и святыня осквернению? Почему предоставляется отверженным духам свобода злодействовать? Почему греху попущен наглый приступ ко мне, греху, обольщающему, отравляющему, убивающему меня? Зачем духовное, бессмертное существо мое, столько изящное, сопряжено с тленною плотию, которая имеет противоположные, враждебные ему пожелания, низводит его к своим скотоподобным вожделениям? Тайна остается тайною: недоступна она для моего постижения. Я – создание Бога моего. Нет меры, которая могла бы определить различие между Богом и человеком, – так Бог велик, так человек ничтожен пред Богом. Не могу я требовать отчета, не способен я понять отчета в том, что совершается надо мною по воле Создателя моего. Остается мне познать и признать мое ничтожество; остается мне возблагоговеть пред Богом, как должна благоговеть тварь пред Творцом; остается мне безмолв-

но плакать пред неприступным величием Бога моего, умолять Бога моего о помиловании.

Иф

Горестное грехопадение положило печать на лице твое, на всю наружность твою. Исчезла радость, постоянно светившаяся в твоих взорах; исчезло спокойствие, так изящно располагавшее черты на лице твоем. Твоя поступь была как бы поступь Ангела благовествующего; речь твоя лилась живою струею, увеселяя слух и сердце внимавших тебе; свидание и беседа с тобою оставляли приятнейшее, продолжительное впечатление. – Угрюм, уныл, мрачен ныне взор твой; на лице написаны тревога и мучение; медленна, задумчива поступь твоя, явилось в ней странное колебание. Отрывисто, кратко слово твое; его нет у тебя для друзей твоих; ты представляешься постоянно занятым иною беседою, невидимою, непонятною; ты занят каким-то таинственным словопрением, привлекающим к себе все чувства, все мысли твои. Сердце твое закрыто. Искренность ты заменил уклончивостию. Все намерения твои, вся жизнь твоя сосредоточились в тебе одном. Ты неприступен для участия. Тяжкая грусть и пустота остаются следом твоим после свидания с тобою. Отражается в наружности человека душевное состояние его.

Теф

О, когда бы падение твое не было продолжительным! о, когда бы за преткновением тотчас последовало раскаяние! о, когда бы на греховное пятно немедленно пролились теплейшие слезы и омыли его! о, когда бы из среды самого падения вознеслась к Богу умиленная, сильная молитва! Слезы и молитва умилостивили бы Бога. О, когда бы ты, ощутив язву от греха, возненавидел грех и минутное увлечение загладил решительным исправлением себя! Внезапная смерть души может врачеваться быстрым оживлением: свидетельствуют о том поведания Писания и поведания церковные. Не то случилось с тобою. За падением последовали падения; к греху присовокупились грехи; от продолжительного удовлетворения сладострастию явилось сочувствие к нему, образовался навык, родилась страсть, родилась смерть. Попираются бесстрашно заповеди Христовы; бесстрашно и холодно смотришь ты в вечность, на Суд Божий, на блаженство рая и на муки ада. Ум твой окаменел. Как бы каменный или мертвый, он утратил сочувствие, стяжал мертвость к слову Божию. Живое слово это, грозное и могущественное слово живого Бога, обратилось для ума, умерщвленного грехом, в пустые звуки, в звуки без смысла и значения.

Иод
Друг твой, любящий тебя паче всех друзей твоих, исполнен печали о несчастии, постигшем тебя. Умолкли в нем ра-дование и ликование духовные; рыдает он рыданием неутешным; оплакивает твое падение, как бы падение твое было его падением; в скорби тяжкой повторяет слова Апостола: смирил мене Бог мой, и восплачуся многих прежде согреших и не покаявшихся о нечистоте своей и о блуждении своем.

Каф
Истощились очи от пролитых потоков слезных. Остановить слез не имею возможности. Лютою скорбию изгнетаются слезы из очей, изгнетаются слезы скудные, слезы мучительные, изгнетаются слезы, подобные каплям крови: с таким страданием исходят слезы из очей, истомленных пролитыми слезными потоками. Болезнует сердце, раздирается горестию. Объятый недоумением, объятый ужасом, гляжу на бедствие, постигшее тебя, ищу утешения в сострадании тебе. Брат мой! брат мой! что случилось с тобою? какое превращение неожиданное и страшное постигло тебя! В тихом монастырском пристанище ты претерпел кораблекрушение! – претерпел ты его не среди волн житейского моря, не среди подводных камней, которыми усеяно дно его, не от бури, ревущей

и воздымающейся к облакам, сливающей небо и море воедино.

Ламед

Зачем не оставляешь пути развращенного? зачем медлишь в скверне греховной? зачем лежишь и вянешь в унынии, расслаблении, двоедушии? Решись на покаяние! решись на оставление греха! отторгни от него сердце, которое природнилось, как бы приросло к греху, — нуждается быть оторванным или отсеченным от него. Подвиг покаяния тягостен и труден для низринувшегося в смертные грехи, в плотское жительство и мудрование, для стяжавшего греховные навыки. Этот подвиг назвали Отцы кровопролитием и, приглашая к нему, произнесли изречение, по наружности жестокое: «Отдай кровь, и прими Дух». Верное слово, слово, объясняющее сущность дела. Плоть и кровь Царствия Божия наследити не могут, ниже тление нетления наследствует: желающие усвоиться Христу непременно должны распять плоть со страстьми и похотьми. Не ужаснись подвига многотрудного! Сколько труден он, столько вожделен и усладителен; сколько труден он, столько плодоносен. Подвиг иноческий равнозначущ подвигу мученическому. Венец подвига — спасение; венец подвига — блаженство вечное в обителях рая; венец подвига — совлечение с себя естества падшего, обновление естества, вознесение его на высоту неизмеримую соединением естества человеческого с естеством Бога.

Бог бесконечно благ и бесконечно могуществен: приступи в сокрушении духа ко Всеблагому и Всемогущему, обнажи пред Ним твою язву, принеси сознание в согрешении, прося прощения, исцеления, и получи их. При покаянии твоем употребляй выражения, употребленные так успешно падшим царственным Пророком: помилуй мя, Боже, говорил он, по ве-лицей милости Твоей, не по какой другой причине, — и по множеству щедрот Твоих, не по какой другой причине, очисти беззаконие мое. Все, просившие так, получили: отказа не было никому.

Для отсрочки покаяния, для сомнения, колебания нет поводов. Страшит меня твое пребывание во грехе более, нежели впадение в грех; страшит меня нераскаяние более, нежели преткновение. Боюсь, чтоб смерть не застала тебя в беззакониях, не восхитила из среды их, не поставила внезапно на Суд Божий.

Мем

Где пристань инока от потопления в бездне отчаяния? в бездну отчаяния обыкновенно влечет его враг после того, как увлечет ко вкушению плода, запрещенного святыми обетами крещения и святыми обетами иноческого пострижения. В чем утешение инока, когда он растратит богатство духовное, которым приобретается небо? Пристань инока — неограниченное милосердие Божие; утешение падшего инока — надежда спасения, доставляемая покаянием. Ты изгнан из целомудрия, как из прекрасного города; ты изгнан из непорочного девства, как из святилища: укройся в другом городе. Егда гонят вас во граде сем, бегайте в другой, завещал Господь ученикам Своим. Изгнанный из святого града невинности, ищи убежища в святом граде смирения. Град смирения построен из камней, честных пред Богом: тут сложены, в стройном порядке, нищета духа и сокрушение сердца, и самоосуждение, и воздыхания, и рыдания, и вопли, и слезы, и коленопреклонения смиренные, и строгое воздержание от всех излишеств, и умилительнейшие молитвенные слова, и неизглаголанные стенания, говорящие молчанием убедительнее и сильнее, нежели сколько можно сказать словом. Связию, или цементом, для камней служит чувство плача. Плач — выражение истинного покаяния. Покаяние очищает душу от всех согрешений, восстановляет разрушенное святилище Божие. Второй храм Иерусалимский, воздвигнутый при великих препятствиях от гонений и недостатков, хотя требовал значительного времени для построения, хотя уступал в обширности и великолепии первому храму, воздвигнутому Соломоном при обилии средств и пособий, но прославлен несравненно более, прославлен присутствием в нем вочеловечившегося Бога Слова. И часто бывает святилище душевное, обновленное многотрудным покаянием, славнее, по обилию благодати Божией, того святилища, которое не нуждалось или мало нуждалось в очищении и обновлении. Слава святилища – не добродетель человеческая! слава святилища – Бог, высоко ценящий заповеданное Им покаяние и осеняющий благодатию Святого Духа человеческую добродетель, когда эта добродетель совершается со глубоким смирением и состоит в исполнении воли Божией.

Нун
Пророцы твои видеша суетная и безумие, говорил истинный Пророк Божий опустошенному, разрушенному, сожженному Иерусалиму о лжепророках его, обольщенных демонами, соделавшихся орудиями злонамеренности демонов, причиною безрассудного поведения и погибели иерусалимлян. Говорил это Пророк, оплакивая сбытие своего пророчества, говорил, рыдая на развалинах Иерусалима. Лживые пророки не открыта о неправде твоей. Они льстили тебе: обманутые демонами, они обманули тебя; не предотвратили они твоего пленения; отклонили тебя от покаяния, от обращения к Богу; способствовали совершиться твоему порабощению.

Подобно этим лжепророкам действуют помыслы падшего человеческого естества, когда они не повинуются слову Божию, когда действуют из себя или под влиянием духов отверженных и лукавых. Представляют они возможность покаяния в старости или при конце жизни, – удерживают этим во грехе. Указывают они на множество грешащих и на ничтожное число воздерживающихся от грехов смертных, – этим умаляют значение греха. Извиняют они жизнь сладострастную требованием естества, юностию, качеством телосложения – этим усиливаются облегчить тяжесть греха пред совестию грешащего. Ложно объясняют они и тайну милосердия Божия и тайну покаяния, – этим отвлекают от истинного покаяния, не допускают в отеческие объятия благости Божией. От плод их познаете их, сказал Спаситель мира о лжепророках: они приходят в одеждах овчих, в лицемерстве и ласкательстве, прикрывают этою личиною растление духа и злонамеренность. Плод Пророка Божия, помысла, внушенного Ангелом хранителем или родившегося в естестве, покорном слову Божию, -нравственное устройство и спасение человеков; плод лжепророка, помысла, возникшего под влиянием падения и духов лукавых, — нравственное расстройство и погибель человеков.

Самех
Бежал я из мира рано; бежал я из мира, только что узнал из Священного Писания и от учителей церковных об опасностях, которыми преисполнена жизнь посреди мира; удалился я в ограду монастырскую, не вкусив никакого наслаждения суетного и греховного; начаток дней моих и всех способностей принес я Богу; уповал я, что быстро перенесусь чрез поприще земной жизни, что не изменятся во мне ни образ мыслей, ни пламенное стремление. Боялся я оставаться среди мира; боялся я увязнуть в сетях греха; боялся быть обманутым и опутанным кознями его; боялся я соблазнов как зверей хищных; как елень от псов, гонящихся за ним, летел я в обитель иноческую; в стенах и обетах иночества я надеялся наверно спасти душу мою. Что ж случилось, что последовало со мною? Страх, егоже ужасахся, прииде ми, и егоже бояхся, срете мя объял меня на лоне пустынной жизни. Грех нашел скважину в стенах святой обители: в недро обители святой пустил стрелу злую, уязвил меня смертельно.

Аин
Когда какой-либо один смертный грех поразит душу человека, тогда все скопище грехов приступает к человеку, объявляет свое право на него. Ссылается и опирается это скопище на закон духовный. По закону духовному, подчиняющийся произвольно одному виду греха вместе подчиняется невольно греху вообще, а потому и всем видам его. Находится между грехами, как и между

добродетелями, естественная связь. Одна добродетель, совершаемая искренно, привлекает за собою в душу все добродетели; и смертный грех, когда осуществится исполнением его, вводит за собою в душу все греховные недуги. Совершилось это над праотцом нашим Адамом: он, по преступлении одной заповеди Божией, ощутил в себе внезапно действие всех страстей: и стыда, и лукавства, и гордости, и боязливости, и похотения плотского. Совершается это над всеми чадами Адама, когда подвергнутся они грехопадению. Совершилось это и над тобою: *отверзоша на тя уста своя еси врази твои, позвиздаша и поскрежеташа зубы своими и реша: поглотим ю. Сей день, егоже чаяхом, обретохом его.*

Фи
Разрушение Иерусалима и плен народа израильского, оплакиваемые Пророком, изображают таинственно сокрушение души смертным грехом, после чего она подвергается преобладанию страстей и духов отверженных. Безрассудные поступки и беззакония иудеев, действовавших по свободному произволению, были причиною гражданского бедствия их; но Пророк приписывает бедствия Господу, попустившему бедствия. *Сотвори Господь,* говорит он, *яже помысли, сконча словеса Своя, яже заповеда от дней первых: разори и не пощаде, и возвесели о тебе врага, вознесе рог стужающаго ти.* Злоключения иудеев были последствиями их произвольной деятельности. Подобное совершается с каждым человеком. Недуги тела человеческого суть естественные последствия повреждения естества грехом и злоупотребления телом: недуги души, ее расстройство, насилие над нею страстей суть естественные последствия того же повреждения естества грехом и жизни греховной. Таково постановление духовного закона, постановление, которым изображается во всем величии точность правды Божией. Созерцая этот чудный закон, недоумевая пред ним, Пророк приписывает Богу все несчастия, постигшие иудеев, вследствие свободного произволения их и

вследствие греховности, общей всему человечеству. Озаренный Свыше, Пророк не ищет защиты человеческой злосчастному народу своему, не призывает на помощь к нему царей сильных и богатых, не призывает других народов, многочисленных и воинственных, о пощаде не умоляет победителей, благосклонных к Пророку: в одиночестве, в пустыне, на развалинах и пепле Иерусалима он плачет пред Богом; он изливает пред Богом свою душу и свою молитву; надежда его – в Боге; избавления ожидает он от единого Бога; покоряется он благоговейно суду Божию.

Поведение Пророка – образец для нашего поведения. С самоотвержением прибегнем к Богу! сознаем, откроем, исповедуем пред Ним грехи наши; обнажим изъязвленную, покрытую струпами душу; восплачем о согрешениях наших и о греховности нашей. – Злоупотребляя свободою, мы можем заражать и убивать себя грехом; очищать человека от согрешений и исцелять от греховной заразы может один Бог.

Цади
В средство спасения Израилю, томящемуся под игом варваров, Пророк предлагает покаяние. Подвиг покаяния сосредоточивает он в плаче и слезах; стены дщери Сиони, говорит он, да излиют, яко водотечь, слезы день и ночь. Стенами означаются сердечные чувства, которые окаменил смертный грех: такие чувства соделываются стеною, не допускающею слову Божию действовать на сердце. Пророк призывает сердце к умилению. Отвергни поразившее тебя ожесточение, отвергни поразившую тебя мертвость, оживись; возопи плачем, возглаголи смиренною молитвою ко Господу, не даждь покоя себе, и да не умолкнет зеница очию твоею. Эту зеницу принудь говорить; вложи в нее свойственное ей слово: слезы. Купель слезная дана для очищения грехов, соделанных после омовения в купели крещения. Погружай непрестанно в слезную купель все члены души твоей; омой в этой купели тело, оскверненное грехом. Отвергни

плотское упокоение и плотские наслаждения: упокоения и наслаждений ищи в плаче. Тщательным, настойчивым покаянием подражай покаянию Давида, покаянию, увенчанному прощением греха и возвращенным даром Святого Духа. Аще вниду в селение дому моего – так изображает Давид тщательность и настойчивость покаяния своего – или взыду на одр постели моея, аще дам сон очима моима, и веждома моима дремание, и покой скраниама моима, дондеже обрящу в душе моей место Господеви, селение Богу Иаковлю. Чем удостоверюсь я в успехе покаяния моего? В сем познах, Господь мой, яко восхотел мя еси, яко не возрадуется враг мой о мне: удостоверюсь в успехе покаяния моего, когда все помыслы и мечтания греховные, которыми знаменуется нашествие на меня врагов – демонов – останутся бесплодными и тщетными. Это может совершиться только тогда, когда Господь снидет в полк Израилев

Коф

Стяжи постоянное трезвение, постоянное бодрствование над собою. Без строгой бдительности невозможно преуспеть ни в одной добродетели, сказал некоторый великий Отец. Умоляй Бога, чтоб даровал тебе крепость и мудрость в борьбе с супостатами, невидимыми для чувственных очей; умоляй Бога, чтоб Он даровал тебе видеть врагов очами души, умом и сердцем; умоляй Бога, чтоб Он даровал тебе быстро усматривать татей и убийц, прежде нежели они вкрадутся в душу и засядут в ней. Умоляя Бога, и сам мужайся, и сам понуждайся быть осмотрительным и благоразумным; собственными усилиями доказывай твое произволение получить от Бога крепость и мудрость. Мудрость в борьбе с помыслами и мечтаниями бесовскими заключается в том, чтоб нисколько не беседовать с ними, когда они предстанут уму, нисколько не внимать им. Беседа с помыслами демонскими, рассматривание живописных мечтаний их обнаруживают в иноке не понимаемое им упование на собственные силы и разум, обнаруживают самонадеянность и самомнение, обнаруживают гордость, обнаруживают двоедушие, сочувствие греху, расположение к предательству. Словопрение с бесовскими помыслами и надежда победить их собственными усилиями и ухищрениями внушаются плотским мудрованием; внушаются они неведением духовного подвига; внушаются они коварными демонами, которые рассчитывают на верную победу, когда вовлекут подвижника в беседу с собою и ело вопрение. Как младенец слабосильный бежит в объятия матери, в них ищет спасения от всего, что устрашает его: так и инок, из среды невидимых искушений, когда окружат его адские псы и разбойники, должен устремляться всею душою к Богу, молить Его о избавлении от напасти, — должен искать спасения не в себе самом, а в единой молитве, в едином Боге.

Реш

Виждь, Господи, и призри, кого еси отребил сице? убиеши ли жреца и пророка? Так взывал молитвенно святой Иеремия, указывая на развалины и пепел возлюбленного, избранного Богом города; так взывал святой Иеремия, указывая на народ, который, один из всех народов, именовался народом Божиим. В среде этого народа не прерывалось племя жрецов и священников истинного Бога; в среде этого народа являлись, как чудо, благодатные мужи, возвещали откровенное им слово Божие, обличали порок и нечестие, видели и предсказывали отдаленное будущее.

Молитвенный вопль да раздается о таинственном Иерусалиме, о таинственном жреце и пророке, о душе, сочетавшейся Христу, облекшейся во Христа, принявшей Христа в себя Святым Крещением. Вездесущий Господь присутствует повсюду, одинаково видит все и повсюду; но являет Себя разумным тварям, являет явлением, доступным для них, на небе. Он нисшел с неба на землю, не оставляя неба; вочеловечился на земле, не преставая пребывать на небе; Он восшел на небо принятым человечеством, повелел нам взывать к Нему на небо.

Господь, Господь наш! призри с неба Твоего, призри с престола неприступной славы Твоей, с престола, окруженного тысячами тысяч и тьмами тем Ангелов, призри на немощнейшее создание Твое, томящееся в земной юдоли, поверженное в немощь свою, в беспомощное бессилие свое, отравленное ядом греха, изъязвленное язвами бесчисленными, попираемое и терзаемое врагом неистовым и бесчеловечным, влачимое им в пропасти адской. Помяни великую милость Твою к человеческому роду! помяни совершенное Тобою искупление нас! помяни всесвятую кровь Твою, пролитую за нас! оцени эту цену, данную за нас, цену, превысшую всякой цены! Помилуй падшего, простри в помощь ему Твою всесильную десницу! Поражен он поражением страшным; окован он оковами несокрушимыми; стонет он в плену и рабстве невыносимом; убит он вечною смертию. Господь всемогущий и всеблагий! един Ты можешь помочь падшему. Предашь ли конечной погибели того, кто с юности – в объятиях Святой Церкви и святой Обители, кто вскормлен Божественным словом, вспоен Божественными молитвословиями, песнопениями и славословиями! убьешь ли совершенным оставлением душу, отрекшуюся от служении и наслаждений мира для служения Тебе, презришь ли окончательно душу, обрекшуюся работать единому Тебе, восхотевшую соделаться Твоим градом, храмом, жертвенником, жрецом, жертвою?

Шин

Среди течения моего преткнулся я о грех! на пути моем к Богу встретило меня злоключение! я стремился к Богу всею душею, как вдруг ощутил страшную рану, увидел в груди, в сердце, стрелу. Стрелу пустил в меня враг, не примеченный мною благовременно. К Богу летели все желания мои; я жаждал единого Бога; я дышал Богом, предав глубокому забвению все земное, признав суетным, недостойным внимания все тленное и преходящее. Ныне, увы! я расслабел. Вожделения преступные вступили в мое сердце; помыслы и мечтания лютого соблазна овладели умом. Подстерегло мою жизнь внезапное падение.

Фав

В тот день, как заразился я страстным похотением, в тот самый день и час отступила от меня сила Всевышнего, доселе охранявшая меня. Я ощутил себя обнаженным, измененным. Густым мраком оделось все духовное существо мое; вступила в него пустота страшная, страшная, как смерть. И были этот мрак, эта пустота точно смертию, смертию духа человеческого. Умирает дух человеческий этою смертию, когда отступит от него Дух Божий. Смерть духа сообщилась телу; тело почувствовало эту смерть; оно приняло участие в смерти духа. Явились в теле беспорядочные движения, движения страстные, движения буйные; они были неизвестны телу девственному. В опустевший душевный храм ринулись многочисленною толпою враги с возжженными факелами в руках, растлили благолепие храма, наполнили храм вихрем, пламенем, дымом, смрадом: разнообразными греховными стремлениями, которых я прежде не ведал; я не понимал даже, что они существуют, что могут существовать. Ощущения и мысли мои, доселе тонкие и легкие, внезапно сделались дебелыми, тяжелыми; пресмыкаются они, как гады, в прахе земном, в зловонии греховном. Опытно познал я, что весь человек соделывается плотию от действия в нем греха. Опытно познал я, что в сердечный храм, оставленный Духом Божиим, входят лукавые духи, соделывают жизнь человека или смертию, не чувствующею себя, или непрерывающимся мученичеством. Опытно познал я, что вкушение плода запрещенного, попущенное себе однажды, вводит зло в человека, отравляет человека, извращает свойства его, искажает самое существо, отнимает способность к наслаждению блаженством рая, вводит в состояние и настроение, противоположные состоянию и настроению небожителей. Темница адская или преддверие этой темницы – страдальческая жизнь земная – делаются последствием самым логичным, последствием естественным воспрещенного, преступного, гордого и дерзкого вкушения.

Статья третья

Алеф

«Некогда праведный Иов поражен был болезнию лютою, необычайною, врачам непонятною, врачевствам земным непокорною. Поразил его диавол, поразил гнойными струпами с головы до ног, поразил по попущению Божию. Не было места на теле без язвы: тело представляло собою одну сплошную язву. Прежде болезни расхитил сатана все богатое имущество Иова, убил смертию лютою всех детей его. Был прежде Иов царем, жил в палатах пышных, восседал на престоле светлом; болезнь и нищета отняли у него царское достоинство. Тяжкий смрад разлился вокруг его: бывшего царя вынесли за город. Не нашлось для него ни крова, ни ложа; ложем послужила груда сору и нечистот, выкинутых из города. За стенами и вратами городскими, под открытым небом, среди всех лишений, на гноище – так названо в Писании ложе Иова – он провел долгое время. Пришли к нему три друга его, цари стран соседних, пришли, чтоб посетить и утешить страдальца. Увидев его издалека, увидев покрытого язвами и струпами, увидев полуобнаженного, поверженного, оставленного всеми, они не узнали его; они остановились в недоумении, не подходя к нему, – воскликнули громким и жалобным голосом, зарыдали, растерзали, одежды на себе, посыпали персть на главы. Потом, подошедши к нему, сели, молча, близ его. В продолжение семи дней они не могли промолвить ни одного слова: ни одного слова не сказал им и *Иов*. По миновании семи дней началась беседа глубокомысленная. Предметом беседы было изыскание причины, по которой попущено искушение беспримерное. Друзья Иова представляли в причину виновность его пред Богом; Иов, в опровержение им, живописно изобразил свою добродетельную, богоугодную жизнь, предшествовавшую искушению. Словопрение дивное и духовное решено явлением Господа Иову, решено откровением праведнику познания о непостижимости судеб Божиих, познания, которое прежде очищения великою скорбию пребывало для Иова недоступным. Получив откровение, он произнес к Богу молитву смиренномудрую, сказал в ней: Вем, яко вся можеши, невозможно же Тебе ничтоже. Кто же возвестит ми, ихже не ведех, – велия и дивная, ихже не знах? Послушай же мене, Господи, да и аз возглаголю. Слухом уха слышах Тя первее, ныне же око мое виде Тя: темже укорих себе сам, и истаях, и мню себе земля и пепел». Искушения были для праведника лествицею к высшему совершенству и добродетели: это совершенство состоит в совершенной покорности Богу. Совершенная покорность Богу приобретается человеком, когда человек взойдет на высшую степень богопоз-нания и познания своего ничтожества.

Придите и ко мне, друзья мои! Посетите меня; утешьте меня. Не возгнушайтесь смрадом греховным, исходящим из язв моих, червями, кишащими из них; не возгнушайтесь моим безобразием и состоянием отвержения: восплачьте о мне. Не терзайте риз ваших – разделите со мною грусть мою. Не посыпайте пепла и персти на главы, – обсудите мое положение судом здравым, судом, основанным на слове Божием. Подвергнут я тяжкой скорби не по той причине, по которой подвергнут был праведник: подвергнут он был для преуспеяния в добродетели, для приготовления к принятию обильных благодатных даров, – я подвергся за мое произвольное согрешение, за мое нерадение и легкомыслие. Аз – муж видя нищету мою в жезле ярости Божией на мя. На мя обрати руку Свою весь день, обветши плоть.мою и кожу мою, кости моя сокруши. Достойное по делом моим приемлю: помяни мя, Господи, во Царствии Твоем. Лежу я на гноище беззаконных дел, помышлений и чувствований: сам я поверг себя на это гноище. Ударяет меня непрестанно жезл наказания, ударяет день и ночь, не дает покоя: сам я призвал, направил на себя жезл жестокий. Изгнан я из рая невинности: сам вышел из него. Увлечен я по собственной вине моей из страны Обетованной, из страны служения Богу, в землю Вавилонскую, в землю служения идолам. Отяготилась на мне мышца Навуходоносора и воевод его каменносердечных: я, безумным поведением моим, привлек на себя грозного царя Вавилонского, его воинство свирепое; я сам устроил для себя плен позорный, порабощение тягостное. Вижу, что падения мои не прекращаются, – не вижу предела и конца им: возобладала надо мною страсть. Окружает меня со всех сторон уныние; оно закрывает от меня надежду спасения. Закрывается так солнце громовою черною тучею, когда туча, в жаркий летний день, обширною дугою, как бы объятиями, охватит окраины земли и неба. Отверзлось предо мною зрелище нищеты и немощи моей, моего ничтожества, которых я не понимал ясно и подробно, не знал доселе опытно; но боюсь отчаяния – погибели конечной. Боюсь, чтоб смерть не предстала мне неожиданно, внезапно, – не предварила моего исправления, не сделала исправления и спасения невозможными.

Беф

Пребываю в области вечной смерти, хотя я жив жизнию чувственною, вещественною. Такая жизнь – повод к величайшему плачу, не к радости. Она – хуже жизни бессловесных, живущих бессознательно и без цели. Жизнь мою я сознаю: сознаю, ясно понимаю и вижу, что жизнь эта есть вместе и смерть, что смерть развивается и развивается этою жизнию, что по окончании жизни должна наступить вечная смерть – жизнь бесконечная во аде. Исчезе в болезни живот мой, и лета моя в воздыханиих: исчезло ощущение спасения; оно как бы потопилось в множестве беззаконий моих, в страданиях и плаче, которые доселе не увенчаваются плодом вожделенным. Исчезе крепость моя, и кости моя смятошася. Смятошася кости моя, и душа моя смятеся зело. Несть исцеления в плоти моей от лица гнева Твоего, несть мира в костех моих от лица грех моих. Плотию названо здесь жительство подвижника Божия; костями назван образ мыслей его, названы помышления, которые составляют деннонощное поучение его. Телесный состав человека держится на костях: и жительство держится на образе мыслей; деятельность видимая и невидимая находится в полной зависимости от помышлений, которые ум усвоил себе, в которых он упражняется. От согрешения моего поколебался во мне самый образ мыслей, утратилось постоянство и согласие в помышлениях, утратилось направление святое: заменились они колебанием, разноречием, переменчивостию. От мятущихся непрестанно мыслей мятутся чувства, пришла в состояние смятения душа, возмущена, расстроена жизнь. Как наименовать мне состояние мое? умоисступлением ли? беснованием ли? И то и другое наименование – непогрешительны.

Гимель
Заключен я во тьме кромешной, и нет выхода из нее. Оковы мои постоянно приобретают и большую тяжесть и большую твердость. Для заключенных во тьме, которую Евангелие отметило названием кромешной, нет Бога: узники, ввергнутые в страшную тьму, не ощущают присутствия Его. Они вопиют к Нему, – Он не внемлет им; молитва их постоянно пребывает неуслышанною, небрегомою, отверженною. Ни по какому признаку они не могут познавать существования Бога, как только по тому мучению, которому преданы за несоблюдение заповедей Божиих, которое предвозвещалось словом Божиим. Ношу в себе залог гнева Божия; ощущаю его; очевиден этот гнев для взоров ума моего. Тот, кто получил залог отвержения, залог осязательный, признает себя по необходимости осужденным в темницу преисподней, приговоренным к лютым казням адским; он как бы стоит в самых дверях ада, готовых раствориться ежечасно.

Далеф
В постигшем меня злоключении как обвиню врага моего и врага всех человеков? как обвиню всецело этот

источник и начало всех согрешений человеческих? Действие врага очевидно; но ободрило его, воодушевило неистовою дерзостию мое произвольное отступление от заповеди Божией, произвольное послушание, оказанное внушению и совету демонскому. Укрепляет враг мое расслабление, мое коснение в жительстве порочном. Сковал меня грех мой: отнял силы, отнял свободу, лишил способности к движению духовному. Не еже во хощу, сие творю, но еже ненавижду, то содеваю. Служу целию неподвижною для стрел врага: ни одна стрела не пролетает мимо; каждая наносит глубокую язву. Служу посмешищем и игралищем для духа отверженного: вращает он мною по всезлобной прихоти своей. Он признает мою погибель верною, мою участь решенною, а меня своею добычею. «Умножилось, – восклицает и провозглашает он в радости бешеной, – родство адово новою жертвою; уменьшилось стадо Иисусово новою погибшею овцею». Изнеможение мое и страдание невыразимы словом: ясное понятие о них преподается одним горестным опытом.

Ге

Прекратилось мое духовное преуспеяние: превратилось оно в цепь преткновений. Ношусь по волнующемуся, пенящемуся, клокочущему морю страстей, потеряв из виду пристань вожделенного бесстрастия и святости боголюбезной; ношусь по обширному морю, не видя берегов, ношусь по воле буйных и порывистых ветров, которые подняли на море свирепую бурю. Дышат они со всех сторон, не умолкая, не утихая ниже на краткое время. Не имею силы принять направление, которое желалось бы принять; не имею силы в душе моей, не имею силы в теле моем: постоянно побеждаюсь превозмогающею меня силою греха. Лишь положу благое начало жительству добродетельному, с намерением последовать во всем Закону Божию, ни в чем не уклоняться от него; лишь вступлю в подвиг покаяния, в чтение Писаний, в ночные бдения, в моление прилежное с коленопреклонениями и слезами, приступает ко мне нагло какая-то неодолимая власть, ниспровергает начатое здание покаяния, раскидывает самые камни, положенные в основание зданию. Средства, употребляемые этою властию, многочисленны: употребляет она в свое орудие и попечения суетные, давая им значение необходимости, и лютые соблазны, встреча с которыми соделывается неизбежною, и забвение, и разные недоумения, и изнеможение души, и самые телесные болезни. Вкушаю, постоянно вкушаю чашу вечной смерти. В ней смешаны разнообразные яды: печаль, уныние, сомнение, неверие, безнадежие, гнев, ропот, плотские вожделения, отсутствие сочувствия ко всему духовному, святому и прочие ощущения бесчисленных, убийственных страстей.

Вав

Отрече Господь от мира душу мою: забых благоты и рех: погибе победа моя и надежда от Господа, говорил Пророк от лица разоренного, запустевшего Иерусалима. О, какое верное изречение! Усвоилось мне состояние отвержения; я забыл о состоянии благоволения Божия о мне. Было некогда это состояние блаженное; давно, давно удалилось оно от меня. Изгладились во мне следы чудного спокойствия, в котором почивают все чувства души и тела, когда осенит их мир Божий, превосходяй всяк ум, и человеческий и ангельский. Как в зеркале тихих, прозрачных вод отражается синее, чистое небо с светилами его, так в душе, благоустроенной миром Божиим, отражается слово Божие с соответствующими этому слову чудными ощущениями. Слово Божие — свет: свет — и ощущения, возбуждаемые словом Божиим. Изгладились во мне следы такого состояния: оно не существует для меня — представляется несуществовавшим никогда. Опустошение совершено одним ударом! совершено оно первым грехопадением. Блаженство мое исчезло мгновенно, как исчезает зеркальность вод от первого дуновения ветров. Погибла надежда моя! невольно восклицаю я. К горестному заключению приводит меня непрестающее побеждение грехом. Погибла победа и надежда моя!

причина погибели – оставление Господом. Господь, един Господь доставляет, дарует победу избранным рабам и служителям Своим. В победе над грехом таинственно, существенно присутствует надежда спасения. Если б возвращено было мне торжество над сокрушающим меня грехом; если б я попрал его, как мерзость; если б он убежал от меня, скрылся в ту неведомую и темную область, из которой возник и вышел: возродилось бы во мне упование; оно низошло бы в меня с неба лучом радостным, животворным, Божественным.

Заин
Тужит во мне душа моя от созерцания нищеты и бедствия моего, от горести, которою напаяваюсь непрестанно. Прихожу в ужас, когда вспомню, что душа должна непременно оставить временную жизнь и видимый мир, оставить все, что любила, чем услаждалась, к чему пристрастилась, чему принесла в жертву и жизнь и способности; она должна оставить тело, о котором столько заботится, которому столько снисходит и уступает в ущерб себе, в явную погибель себе и самому телу.

Покину все земное на земле, уходя с земли, – грехи мои, мои страсти пойдут со мною в обширную область вечности. Судия праведный! Великий Бог! как явлюсь пред лице Твое, одеянный в мерзостное рубище грехов и страстей? Что скажу в оправдание пред Тобою? Как скрою от Всеведущего и Всевидящего нечистоту и позор мой! Усмотрят и святые Ангелы, – с отвращением и сетованием отступят от меня. Усмотрят их мрачные демоны, – с торжеством, с ликованием приступят ко мне, возложат на меня злодейские руки, наругаются мне, овладеют насильно поработившимся произвольно, не допустят меня пред лице Божие, не допустят пред лице неба, увлекут в темную пропасть адскую...

Так размышляю – и содрогаюсь от размышления грозного. Трепещет душа, трепещет тело, трепещут кости и суставы, как они обыкновенно трепещут у обличенных преступников, приговоренных к казни, приведенных на место казни...

Бытие мое не прекращено! еще странствую на земной поверхности. Дано человекам это странствование, длится оно, чтоб каждый человек, в определенный ему срок, осмотрелся, принес покаяние в греховности и в согрешениях, доказал искренность покаяния оставлением греха и исправлением себя. Срок, данный мне, продолжается! поприще странствования, значительно пройденное, еще не истощилось до конца! Сия положу в сердце моем, сего ради потерплю.

Иф

Милость Господня не остави мене. Доказательством служит то, что я еще не восхищен смертию. Дается мне время на покаяние. Доселе молитва моя пребывала бесплодною; по крайней мере, я не имею никакого извещения о действительности ее, никакого плода, который свидетельствовал бы об этой действительности. Но судия моей молитвы – не я; судия молитвы моей – Бог. Доселе я вдовствую по отношению к Божественной благодати, скрывающейся от меня, но присутствующей во мне, по святому учению христианства. Доселе сердце мое подобно вертепу, в котором витают разбойники и злодеи всякого рода. Доселе соперник мой свободно наносит мне тяжкие оскорбления и обиды, насмехается надо мною злобно, играет мною, как играет хищный зверь добычею, прежде нежели растерзает и пожрет ее. Доселе Господь долготерпит о мне, по слову Евангелия, не отмщает за меня, не обуздывает соперника, не укрощает волнующегося моря страстей, не вводит меня в пристань. Пристань эта – бесстрастие; пристань эта – совершенный страх Божий; пристань эта – смирение, чуждое превозношения, и потому не имеющее возможности подвергнуться падению; пристань эта – любовь, которая, прилепившись к Богу, уже не отпадает от Него никогда. Пристань эта – на земле; пристань эта – пристань небесная: она принадлежит к будущей вечной жизни. Так вещественные пристани принадлежат вместе и морю, будучи заливами его, и тем городам, близ которых входят и углубляются в землю, служа безопасным убежищем для кораблей от ветров и волн моря. Вступивший в духовную пристань уже имеет жительство на небеси помышлениями и ощущениями, хотя телом еще странствует на земле. Земля теряет в отношении к такому блаженному гостю своему ту силу притяжения, которою она привлекает к себе сынов мира, вовлекает их в свои недра, поглощает навсегда. Когда человек утратит сочувствие к земле, – земля утрачивает влияние на человека.

Созерцаю это, созерцаю в недосягаемой дали, на неприступной высоте; созерцаю верою. Я усвоился Богу Святым Крещением; на таинстве крещения зиждится таинство покаяния; покаянием возвращается усвоение Богу, даруемое туне крещением, утрачиваемое по крещении жизнию в области естества падшего. Родившийся и потом умерший может ожить при посредстве покаяния; не может оживотвориться покаянием тот, кто не вступил в бытие рождением. Часть моя – Господь! Соделался Он моею частию, моею принадлежностию. Совершилось это моею верою в Него! совершилось это крещением во имя Его! Часть моя – Господь, рече душа моя: сего ради пожду Его.

Теф

Благ Господь надеющимся Нань: души, ищущей Его благо есть, и надеющейся с молчанием спасения Божия. Благо есть мужу, егда возмет ярем в юности своей. Утешение и наставление это произносит святой Иеремия после произнесенного им плача и сетования; произносит посреди плача и сетования. Произнесено и преподано утешение и наставление Святым Божиим Духом. Бесконечная благость Божия есть неотъемлемое свойство бесконечного в добре и совершенствах Бога; упование на эту благость – чувство вполне истинное, вполне спасительное; сомнение в ней – чувство ложное, пагубное.

Воин Христов! с юности вступил ты в воинство Христово. Жизнь, всецело посвященная упражнению в искусстве бранном, доставляет воинов испытанных; многие из них соделы-ваются способными стать в главе полка, соделываются способными водить в боях и к победам братию свою новоначальную. За это вознеистовился на тебя, возненавидел тебя враг, враг Бога и враг человеков. Подстерег он тебя, нанес тебе тяжкую рану. Таково свойство брани. На брани этой не всегда воин Христов бывает победителем: на ней сменяются победы побеждениями и побеждения победами, *яко овогда еще, овогда инако поядает меч: укрепи брань твою на град, и раскопай и!* Такими словами ободрял святой царь Израильский своего полководца, осаждавшего город иноплеменниче́ский и потерпевшего под стенами города неудачу. Завещева́ется и повелевается таинственному вождю Израиля – уму подвижника, – завещается Царем-Христом великодушие при переворотах военного счастия: завещается и повелевается настойчивость в борьбе. *В терпении вашем стяжите души ваша: претерпевши до конца, той спасется.* Такая настой́чивость свойственна душе, ищущей Бога искренно; такую настойчивость всегда увенчавает Бог успехом, – и часто нисходит от Бога к подвижнику Его торжество над грехом уже в конце поприща, на протяжении которого долго колебалось оно, склоняясь то на ту, то на другую сторону.

Колеблется торжество над грехом у всех человеков, колеблется в течение всей земной жизни их; колеблется оно у великих угодников Божиих; колеблется не одними грехами простительными, колеблется нередко грехами смертными. *Праведник едва спасется,* свидетельствует Писание; *седмерицею падет праведный и восстанет* покаянием. Покаяние есть подвиг, есть жительство, преподанные и заповеданные Богом всему человечеству, без исключений. Признали нужду для себя в покаянии Пророки и Апостолы: признали они нужду в покаянии не только для очищения грехов своих простительных, но и для очищения грехов своих смертных; они признали необходимым, чтоб благость Божия простерла им руку помощи, извлекла их из пропасти погибельной. Воззрел Господь Божественным взглядом на падшего в богоотступничество Петра, и *Петр,* возбужденный, наставленный Божественным взглядом, опомнился, предался плачу покаяния. По прошествии годичного времени от совершения двух страшных согрешений царем и пророком Давидом, другой Пророк, посланный Богом, обличил нерадящего, уснувшего, омертвевшего духом Давида, привлек его к исповеданию греха и к плачу о грехе. – Человечество, само собою, не могло бы прибегнуть к покаянию: оно призвано и призывается к нему бесконечною благостию Божиею.

Умолкни, умолкни! умолкни не только устами, умолкни умом и сердцем. Умолкни по чувству благоговения пред Богом и покорности пред Ним; умолкни по чувству сознания греховности своей. Все слова совокупи в слово сердечного плача и молитвы. Действуй молитвою, воодушевленною плачем. Такая молитва – пламенное оружие, попаляющее страсти, прогоняющее духов отверженных. Терпя потерпех Господа, говорит великий делатель покаяния, и внят ми и услыша молитву мою: и возведе мя от рова страстей и от брения тины, и постави на камени нозе мои и исправи стопы моя, и вложи во уста моя песнь нову, пение Богу нашему.

Иод
Сядет наедине и умолкнет, возбудивший в себе, падением в смертный грех, буйное действие и преобладание страстей и демонов. Ограждение себя безмолвием в уединении необходимо для падшего.

Посредством удаления в уединение прерывается общение с соблазнами, которыми преисполнен мир, изглаждаются из сердца впечатления, произведенные ими, изглаждается из памяти воспоминание о них. В безлюдной пустыне скончались и погребены воины из сонма израильтян, постоянно возмущавшиеся против Господа и увлекавшие в возмущение народ. Они вышли из Египта в составе шестисот тысяч мужей, способных владеть оружием, и все пали в пустыне, пораженные смертию от Господа. Подобно этим воинам умирают в единении от действия благодати Божией страстные впечатления, приобретенные жизнию посреди соблазнов, впечатления, производящие внутреннюю брань, противодействующие Закону Божию, оскверняющие и разрушающие жительство богоугодное. Соблазны, когда немощный человек стоит пред ними лицом к лицу, убивают его вечною смертию и поддерживают в нем вечную смерть, питая непрестанно и возжигая страсти. Изображает зловредное влияние соблазнов Пророк, – говорит: Вниде смерть сквозь окна ваша, чрез ваши чувства, и вниде в землю вашу, в сердце, погубити отрочата отвне и юноши от стогн, добродетели новонасажденные, не успевшие возмужать и окрепнуть. Так вкралось смертоносное преступление заповеди Божией в душу праматери нашей, Евы: вкралось оно при пристальном воззрении ее на плод запрещенный. Охраняя от подчинения влиянию соблазна, Бог воспретил не только вкушение плода, но и прикосновение к плоду; Ева осязала плод сперва взорами, потом руками; за осязанием последовало несчастное вкушение. – Слабеет, уничтожается сила соблазнов, когда подвижник встанет вдали от них: не согревают лучи солнечные, не тают от них льды и снега, когда зимою удалится солнце от земли, когда лучи его лишь скользят по поверхности земной.

Уединение да совокупляется с безмолвием. Скуден плод уединения, произрастают на ниве его плевелы вместо пшеницы, если уединение не сопряжено с безмолвием, если внесется в уединение невидимая, душевная молва, производимая попечениями и пристрастиями мирскими. Истинное безмолвие состоит в отречении от мира и в самоотвержении, совершаемых в средоточии человека, в духе его. Истинное безмолвие состоит в полном оставлении упражнения в помышлениях о суетном, в устремлении всех помышлений в служение Богу. Вход в такое безмолвие устраивается при помощи веры. Попечения суетные, попечения многие заменяются единым попечением о покаянии и спасении. Стяжавший это исключительное попечение умерит и умерит даже душеспасительную беседу, даже беседу с единомудренными и единонравными друзьями, чтоб душа не расхищалась, чтоб постоянно углублялась она в самовоззрение. Постоянное самовоззрение вводит в непрерывающийся подвиг покаяния и плача.

Каф

Не во век отринет Господь: смиривши помилует по множеству милости Своей. Причины действий всесовершенного Бога известны и могут быть известными вполне и с точностию единому Богу; человекам они известны настолько, насколько открывает их Бог. Открывает нам Бог цель Свою в тех попущениях, которым подвергается произвольно человек, имеющий свободную волю в избрании добра и зла, которые однако ж не могли бы совершиться, если б не были попущены самодержавною и всемогущею волею Бога. Цель Бога в наказательных попущениях – наше смирение. Без добродетели смирения не могут быть истинными и богоугодными все прочие добродетели. Чтоб мы усвоили себе смирение, попущаются нам различные напасти, напасти от демонов, от человеков, от многообразных лишений, от извращенного и отравленного грехом нашего естества. Бог не отрине от сердца Своего служителей Своих, не отрине конечным отвержением за их недостаточное, испещренное погрешностями служение, за поползновения по увлечению, когда эти служители сохраняют в себе намерение богоугождения. Бог, попущением временным, смири сыны мужеския. Сынами мужескими назвало Писание тех служителей Божиих, которые, ощущая в себе крепость, способности, совершая добродетели и подвиги, возлагают упование на них, на себя. Самонадеянность и самомнение всегда соединены с тонким, часто непримечаемым, презрением ближних. Отвлекая от самомнения, самонадеянности, от уничижения и осуждения ближних, от состояния мужей к состоянию младенцев, Бог попускает рабам Своим познать опытно немощь и повреждение падением естества человеческого. Самонадеянность и самомнение столько чужды христианству, столько противны и враждебны

Святому Духу, что Господь заповедал обращение из них наравне с обращением из идолопоклонства и из распутной жизни. Аминь глаголю вам, сказал Он, аще не обратитеся и будете яко дети, не внидете в Царство Небесное

Познание себя — драгоценное познание! Оно приводит к живому и обширному познанию Бога, приводит к верному и правильному управлению и распоряжению собою. Человек, познавший свое значение, усматривает и назначение свое. Назначение человека — быть сосудом и орудием Божества. Только при выполнении этого назначения добродетельное жительство может быть истинно добродетельным и богоугодным. Без него извращается вся деятельность человека, и человек, полагая делать обильное добро, действует по началам и в области падения, действует во вред себе, в свою погибель.

Бог, взирая с высоты Божеского совершенства на преткно-вения человеческие, попускает эти преткновения, попускает их как противоядие, которыми изгоняется самый смертоносный яд. Яд этот — гордость, самость. Ведая цель Божию в постигающих нас искушениях, присоединимся нашим направлением и деятельностию к цели Божией, окажем содействие ей: от всей души взыщем смирения. Смирением доставляется прощение во всех грехах и исцеление от всех страстей.

Ламед

Смиритеся под крепкую руку Божию, да вы вознесет во время: так увещевает Апостол христиан, подвергающихся скорбям. Попускаются Богом искушения именно для того, еже смирити под нозе Его вся узники земныя, еже уклонити суд мужа пред лицея Вышняго попускаются искушения именно для того, чтоб каждый христианин, несмотря на добродетельную жизнь свою, несмотря на заслуги, принесенные Церкви и человечеству, вступил в безусловную покорность Богу, отверг решительно мнение о своей праведности и все оправдания, удостоверился, что пред Богом не оправдится всяк живый, что величайший праведник спасается единственно милостию Божиею, что все человеки со всею справедливостию названы в Писании узниками земными. Мы – узники! Свергнутые с неба, низвергнутые из рая, мы пребываем на земле, как во внешней темнице наши узы – многочисленные немощи души и тела. Те из заключенных в темнице, которые сознают греховность свою, исповедуют и примут Искупителя, получают прощение, освобождение, небо и рай; нераскаянные грешники переводятся из внешней темницы во внутреннюю, из временной в вечную, в пропасть адскую. Искушения и скорби – суд Божий. Поспешим оправдаться на этом суде отвержением оправданий, признанием себя достойными наказания, истинным покаянием. Суд этот установлен на земном странническом пути нашем с целию доставить нам оправдание на окончательном Суде Божием, на гранях времени и вечности. Осудити человека, внегда судитися ему, не рече Господь, говорит Пророк во вдохновенном, священном Плаче своем.

Мем
Что возропщет человек живущий, муж о гресе своем? Ты впал в грех? не приходи от этого в уныние, в недоумение. Естество наше заражено грехом: уже естественно ему рождать из себя противоестественный грех. Так естественно недугу возбуждать свойственные ему влечения и требования в страждущем теле, зловредные для здравия телесного; так естественно земле, подвергшейся проклятию Творца, произрастать из себя плевелы. Никто не сеет плевелов: сами собою зачинаются и растут они; они – следствие и выражение болезненности, которою отравлена земля. В беззакониях зачатые, во грехах рожденные, мы уже естественно производим из себя грех; производим его не потому, чтоб он был естествен нашей природе, вышедшей из рук Творца непорочною, но потому, что он естествен недугу, заразившему природу. Опытный земледелец не предается унынию и малодушию, когда увидит, что нива его покрывается плевелами: с терпением, постоянством и трудом он исторгает и

исторгает их. В свое время усилится пшеница, покроет землю густо, отвлечет все земные соки в себя, – и плевелы, которым не дано усилиться, ослабеют, по необходимости уступят доброму плоду. Подобным поведению земледельца в отношении к плевелам должно быть поведение подвижника в отношении к греху. Не будем унывать, удивляться, ужасаться, приходить в недоумение, видя возникающий в себе разнообразный грех, не сочтем это явление явлением странным: «от юности моея мнози борют мя страсти», исповедует Святая Церковь от лица каждого из членов своих; до самой кончины человек подлежит влиянию греха. В постоянном бодрствовании над собою будем исторгать из себя самые первоначальные проявления греха в помыслах и ощущениях, не допуская им развиваться и усиливаться. Если же по нерадению нашему или по стечению непредвиденных и неотразимых обстоятельств случится совершить грех на самом деле, и тогда нет места для расслабления, безнадежия и отчаяния. Врачевство покаяния всемогуще, как врачевство, преподаемое всемогущим врачом – Богом. Исцеляет оно от всех грехов и от всех страстей. Пребывание в смертном грехе, пребывание в порабощении у страсти есть условие погибели вечной.

Нун
Тяжек подвиг против страсти; продолжительно и много трудно целение ее покаянием. Вступить в этот подвиг – необходимо; необходимо подчиниться томительному целению: без них нет спасения. Всякая страсть есть преступная лю бовь, есть преступное усвоение какому-либо виду греха. Одни, свергшие с себя иго страстей, одни, покаявшиеся истинно, враты впидут во град святый, новый Иерусалим, в Иеруса лим Небесный; вне же – пси и чародее, любодее и убийцы, и идолослужителе и всяк любяй и творяй лжу; вне этого города – всякий, связанный страстями, неисцеливший любви своей. Там нет места для иной любви, кроме любви, заповеданной Богом; там нет места для иной любви, кроме любви Божественной.

Иная любовь не может жить в прохладном, духовном, блаженном пламени и свете райском: ей свойствен и ей уготован иной пламень, пламень мрачный, пламень жгущий, но не сожигающий, пламень ада.

В поте лица твоего снеси хлеб твой, дондеже возвратишися в землю, от неяже взят еси. Проклята земля в делех твоих: в печалех снеси тую вся дни живота твоего. Терния и волчцы возрастит тебе, и снеси траву селную. Таково определение, произнесенное Богом над падшим человеком. Не престает исполняться оно по вселенной видимой; не престает исполняться оно и таинственно в душе каждого служителя Божия. Вместо райского наслаждения предоставлено ему поприще покаяния; землею изображен весь человек, преимущественно же его сердце; терниями и волчцами – страсти; печалию назван плач со всеми отраслями его и начальными причинами; хлебом – спасение. Хлеб этот добывается в поте лица, то есть с великим трудом душевным и телесным, при многочисленных скорбях и лишениях. Подвиг покаяния и борьбы со страстями предначертан пожизненный.

Изыскася путь наш, и испытася: воззрел Бог на жительство наше, подверг его рассмотрению. Оно оказалось недостаточным. Мы согрешихом и нечествовахом, сего ради не помиловал еси нас, Господь наш: Ты предал нас чистительному огню покаяния; Ты устроил наше наружное положение так, чтоб оно способствовало нам принести удовлетворительное, полновесное покаяние; наружное положение это подобно тяжелому гнету, давлением которого извлекается приятнейший сок из зрелых ягод благовонного винограда. Обратимся ко Господу! воздвигнем сердца наша с руками к Богу высокому на небеси: принесем покаяние всецелое. Чтоб оно получило это достоинство, – необходимо соединить плач сердца и молитву сердца с соответствующим телесным подвигом, с соответствующими лишениями телесными: невозможно покаяние в недре наслаждения, расслабления, излишеств. Подвиг и лишения телесные названы в Писании руками.

Самех

Аз есмь воскресение и живот, сказал Господь: веруяй в Мя, аще и умрет, убитый грехом смертным, но оживет, действием Моим, которое есть действие Жизни. Верующему во Христа невозможно умереть; верующему во Христа невозможно умереть вечною смертию иначе, как отречением от Христа. Отречение от Христа совершается исповедию отречения устами, за чем непременно и немедленно следует отречение сердцем и всем существом; совершается отречение от Христа жительством, намеренно противоположным завещанию Христа; совершается оно отчаянием, которое есть отвержение веры во Христа. Се, Аз, глаголет Господь, отверзу гробы ваша и изведу вас от гробов ваших, людие Мои, и введу вас в землю Израилеву. И увесте, яко Аз есм Господь, внегда отверсти Ми гробы ваша, еже возвести Ми вас от гробов ваших, людие Мои: и дам Дух Мой в вас, и живи будете, и поставлю вас на земли вашей, и увесте, яко Аз Господы глаголах, и сотворю. И дам вам сердце ново и дух нов дам вам, и отыму сердце каменное от плоти вашея и дам вам сердце плотяно, и Дух Мой дам в вас, и сотворю, да в заповедех Моих ходите, и суды Моя сохраните. Не вам Аз творю, доме Израилев, но имене Моего ради святаго, егоже осквернисте во языцех, и освящу имя Мое великое.

Что может быть тверже, радостнее этого обетования? уже одно обетование, дышащее силою сверхъестественною, доставляет предвкушение оживления. Если б мы воскресали из смерти греховной собственною нашею силою, – справедливым было бы безнадежие падшего в смертный грех, умерщвленного смертным грехом. Возвращает нам бытие благодатное наш всемогущий Творец, даровавший нам при сотворении, вместе с бытием естественным, бытие благодатное. Когда Он созидал нас из ничего, – мы не могли предварить создание никаким даром, никаким выражением свободной воли. Бытие благодатное утрачено нами произвольно; при бедственной утрате бытие естественное извратилось в неумирающую смерть: пред возвращением бытия благодатного требуется от нас правдою Божиею выражение нашей свободной воли. Выражается произволение человека воскреснуть в жизнь благодатную искренним покаянием.

Покаяние, будучи выражением человеческого произволения, вместе и по преимуществу есть выражение воли Божией. Покаяние – отнюдь не человеческое изобретение; покаяние – дар Божий человечеству. Дана человеку всеблагим и премудрым Богом естественная способность к покаянию: эта естественная способность возбуждается Богом, и, вступив в повиновение Богу, осеняется Божественною благодатию; естественное действие претворяется в благодатное, и Сам Дух Божий ходатайствует о нас воздыхании неизглаголанными. Покаяние проведуется всем Священным Писанием: возвещается оно Ветхим Заветом; преподается Евангелием во всей полноте, во всем неограниченном обилии. Сыны дома Израилева говорили в недоумении: прелести наша и беззакония наша в нас суть, и мы в них таем, и како нам живым быти? На эти слова Господь повелел Пророку Своему дать такой ответ: Рцы им: живу Аз, источник жизни, глаголет Адонаи Господь, не хощу смерти грешника, но еже обратится нечестивому от пути своего и живу быти ему. Обращением обратитесь, решительным обращением обратитесь от пути вашего злаго. Векую умираете, доме Израилев? зачем вы умираете произвольно вечною смертию, отвергая покаяние? Егда реку нечестивому: смертию умреши: и обратится от греха своего и сотворит суд и правду, и беззаконник в заповедех жизни ходити будет, еже не сотворити неправды, жизнию жив будет и не умрет: еси греси его, яже согреши, не помяну тся: понеже суд и правду сотвори, жив будет в них. Покаяние дано для очищения от всех грехов, без исключений; но оно тогда только принимается Богом, тогда только оказывает спасительное действие, когда грехи и греховная жизнь оставятся, заменятся жизнию богоугодною. – Начальная проповедь Евангелия была проповедь о покаянии. Возвещена проповедь и святым Предтечею Спасителя, и Самим Спасителем-Богочеловеком, и Апостолами Спасителя. Возвещена проповедь о покаянии; заповедано Церкви отпущать все грехи по увлечению, сколько бы раз ни повторялись они; дается прощение в греховной жизни и в смертных грехах с условием оставления их; объявлено, что грех пребывает обладателем тех человеков, которые по наружности представляются праведными, но отвергли врачевание себя покаянием. Одно покаяние образует праведников, угодных Богу; только при посредстве покаяния можно принять Евангелие, усвоиться Евангелию. Покайтеся, и веруйте во Евангелие, говорит нам Господь наш, Иисус Христос. Покаяние требует содействия воли человеческой воле Божией; воскресение из смерти греховной есть действие единой воли Божией: этим действием воли Божией изливается благоволение Божие на человеков, действовавших по указанию воли Божией, поклонившихся благому и спасительному игу покаяния. Окажем повиновение призванию Божию! поверим обетованию Божию! исполним долг наш, долг рабов и созданий, в отношении к Богу, – и Он, верный Бог, непременно исполнит по отношению к нам великое обетование Свое. Что отвлекает нас от истинного решительного покаяния? Неверие наше. От неверия рождается двоедушие; от двоедушия – слабость, безуспешность в деле Божием. Никтоже возложь руку свою на рало и зря вспять управлен есть в Царствие Божие. Сумняйся уподобися волнению морскому, ветры возметаему и развеваему. Муж двоедушен, неустроен во всех путех своих: да не мнит бо человек он, яко получит что от Бога. Отвергнем неверие, уверуем во Евангелие, явим веру от дел: покаемся.

Айн

Времена и лета положи Отец Небесный, Бог наш, во Своей власти. Несть ваше, – отвечал Господь на вопрос Апостолов, любопытствовавших узнать время устроения царства Израилева, – несть ваше разумети времена и лета. Времена и лета Отец положи во Своей власти. Сокрыт от познания человеческого срок жизни мира видимого, день и час превращения его; сокрыт от каждого человека срок земного странствования его, день и час переселения его в загробную область; сокрыт от каждого кающегося срок покаяния его, день и час, в которые покаяние увенчается извещением об окончательном отпущении грехов, увенчается ясным для сердечного ощущения разрешением от уз греховных, от страстей, увенчается ясным для всего существа человеческого осенением благодати Божией. Благодать Божия, осенив кающегося, разрушает в нем царство греха, водворяет Царство Божие, соделывается достоверным залогом на получение вечных благ. Залог, будучи обручением блаженства, и сам – блаженство.

Срок покаяния каждому кающемуся назначается Богом по всесвятому, недоведомому суду Его. Срок этот длился для некоторых многие годы, – для некоторых немногие часы. Одни понесли тяготу дне и вар, – другие потрудились в вертограде Сына Божия самое краткое время.

Живописно изображен продолжительный срок покаяния преобразовательными тенями Ветхого Завета: изображен он порабощением израильтян во Египте в течение четырех столетий; изображен он пленом их в Вавилоне в течение семидесяти лет. Порабощением во Египте знаменуется состояние христианина, предназначенного в служение Богу, но удерживаемого миром в служении миру; пленом в Вавилоне знаменуется вразумляющее наказание за грехи, соделанные в жизни, уже посвященной богослужению. Когда израильтяне выходили из Египта, – они, по повелению Божию, выпросили у египтян множество золота и серебра: подобно этому служитель Божий, постепенно выходя из жизни по плоти, выносит драгоценное, опытное познание о значении мира, о падении человека, о действии в нем греха, о влиянии на него духов отверженных. Повелением Божиим, данным израильтянам, знаменуется премудрое смотрение Божие, по которому самое зло споспешествует добру в отношении к христианам, имеющим целию благоугождение Богу.

Грех ради ваших, имиже согрешисте пред Богом, отведетеся в Вавилон плени писал Пророк по повелению

Божию и от лица Божия к иудеям, которых переселял Навуходоносор, царь Вавилонский, из Иерусалима в Вавилон. Вшедше убо в Вавилон, будете тамо лета многа и время долго, до седми родов: потом же изведу вас оттуду с миром. Ангел бо Мой с вами есть, сей взыскует душ ваших. В то время, когда подвижник оставлен по видимому Богом; в то время, когда по видимому Бог покрылся облаком, да недойдет к Нему молитва бедствующего Израиля; в то время, когда, по наружности, Израиль поражен слепотою, отринут, повергнут в среду людей, то есть страстей и демонов: в это время попущения и наказания, благодать Божия, скрывая свое действие, не прекращает действия. Она доставляет служителю Божию существенное преуспеяние. Не примечая преуспеяния, особливо в начале, борясь с волнами и вихрями моря сердечного, находясь ежечасно в опасности погибнуть в кипящей пучине, служитель Божий изощряет силы, научается искусству борьбы с грехом, нисходит в глубину смирения, там обретает сокровище духовного разума и ощущения, духовным разумом и ощущением возносится на небо.

Рабы Божий! не унывайте, не расслабляйтесь в подвиге благочестивом. Соградите храмины в стране пленения вашего, и вселитеся, и насадите винограды и ядите плоды их, и поймите жены и чадотворите сыны и дщери, и приведите сыном вашим жены и дщери ваши дадите за мужи, и да рождают сыны и дщери, и умножайтеся, а не умаляйтеся Страждущий по воле Божией, яко верну Зиждителю, да предадят души своя во благотворении. Рабы Божий! во время попущаемых вам напастей, извне от человеков, внутри от возмущения страстей, предавайтесь воле Божией, укрепляйтесь, окрыляйтесь верою в Бога. В это блаженное время прилагайте особенное тщание о совершении всех боголюбезных добродетелей. Возделанная железными орудиями и удобренная согнившими веществами земля особенно способна к плодородию: так и сердце, возделанное скорбями, напоенное уничижением, особенно способно к возвышеннейшей добродетели. Время напастей есть время преимущественного памятования о нас Бога; время напастей есть то время, в которое Бог зиждет души наши. Блажен не только тот, кто безвинно подвергается искушениям; блажен и тот, кого Господь наказует за грехи и вытесняет скорбями с широкого пути на путь заповедей Божиих.

Открывает нам эти глубокие, утешительнейшие тайны Божия смотрения о нас Боговдохновенное Священное Писание.

Фи

Когда вышли израильтяне из Египта, — они направились к берегам Чермного моря, к обширной пустыне Аравийской. Фараон, царь Египетский, раскаявшись, что отпустил израильтян и желая возвратить их в Египет и порабощение, погнался за ними, настиг их у моря. Но Бог устроил для израильтян путь посреди моря, а фараона с многочисленным войском его потопил в море. Израильтяне вступили в пустыню. Там встретили их различные лишения и напасти, которые должно было преодолевать верою, потому что преодолевала их единственно сила Божия; там, на горе Синайской, Бог дал им законы и уставы для жизни гражданской и частной. При подошве этой горы разбойническое племя Амаликов вознамерилось преградить народу избранному путь в землю Обетованную.

Между Египтом и Палестиною лежит обширная пустыня, по которой скитаются кочевые семьи Измаила. Бог не избрал пути кратчайшего по этой пустыне для Своего народа, — повел его путем дальным, путем трудным, назначил ему долговременное странствование по пустыне. Нужна жизнь в пустыне, чтоб изгладилась из памяти жизнь в Египте, чтоб изгладились из сердца навыки Египта, чтоб не внести в землю Обетованную этих навыков, несродных жителям земли Обетованной. Погоня фараона за Израилем знаменует пристрастие человека, оставившего мир: эти пристрастия усиливаются возвратить в мир того, кто недавно оставил его. Лишения и скорби, встретившие израильтян в пустыне, изображают собою те лишения и скорби, которыми преисполнена жизнь подвижническая. В этой жизни деятельно преподается Богом закон Его истинному подвижнику, переносится из книги в душу. В пустыне подвижник научается тому поведению, тем обычаям, при которых можно хранить Закон Божий ненарушимо. Первый враждебный народ, встретивший неприязненно израильтян и покусившийся не допустить их в данное Богом наследие, были дикие сыны Амалика. Под именем Амаликов Отцы разумеют помыслы, мечтания, ощущения плотские. Сластолюбие и сладострастие первоначально выступают на брань против воина Христова, вновь вписавшегося в полк иноческий. Израиль встретил Амалика избранными воинами своими под предводительством Иисуса, а Моисей, правитель всего Израильского народа, в сопровождении первосвященника Аарона и Ора, супруга пророчицы, сестры и правителя и первосвященника, взошел на вершину горы, на вершину высокого Хорива, чтоб действовать молитвою на Израиля, который сражался под стопами Хорива. Когда Моисей воздевал руки горе, – одолевал Израиль; когда же, уставая, он опускал их, – начинал одолевать Амалик. Заметив это, Аарон и Ор поддерживали руки Моисея постоянно воздетыми, – и к закату солнца Иисус одолел Амалика, произвел в расстроившихся толпах его страшное кровопролитие. Крестообразное, усиленное простертое рук Моисея изображает, что для побеждения плотских похотений необходимо распятие плоти.

Распятие плоти сопрягается с кровопролитием: потому что не только плоть, но и кровь не способна наследовать Царства Божия. Распятие и кровопролитие совершаются новоначальным иноком при помощи церковных таинств, при помощи тщательной исповеди всех греховных проявлений, при помощи церковных и келейных молитвословий, как бы при помощи первосвященника Аарона; совершаются они при помощи поста, бдений, коленопреклонений и прочих благочестивых трудов, как бы при помощи Ора, родственного Моисею и Аарону, супруга пророчицы Божией.

Подражая боговдохновенному правителю израильтян, устроившему после победы над Амаликом алтарь и принесшему жертву Господу, созижди таинственный алтарь, говорят Отцы, в душе твоей: приноси на нем постоянную жертву славословия и молитвы. Познай, что Господь прибежище твое, что Он рукою тайною ратует на Амалика от рода в род. Твой подвиг – необходим. Твой подвиг – деятельное выражение твоего произволения. Но поражение Амалика и всех прочих племен иноплеменнических совершается единственно силою Царя царей – Бога. Он дарует спасение тем человекам, которые искренно желают получить спасение.

Цади
Томилась под игом неплодства в течение всей жизни праведная Сарра, супруга великого праведника, патриарха Авраама; не разрешалось неплодство Сарры, несмотря на повторяемые обетования Божий даровать Аврааму многочисленное потомство. Уже состарелась святая жена; уже умерла в ней способность к чадородию: в это время обетование снова объявлено с особенною ясностию и с назначением годичного срока, в исходе которого долженствовал быть у Сарры сын. Обетование произнес Сам Господь, явившись Аврааму и Сарре у дуба Мамврийского, где раскинута была их куща, явившись в образе человека, в сопровождении двух Ангелов, которых вид был вид мужей. Столько несбыточным показалось Сарре обетование, что она, услышав его, рассмеялась. Господь обличил Сарру и подтвердил обетование: в основательность и достоверность обетования Он указал на всемогущество слова Божия. У святой Сарры родился святой сын, Исаак. В радости говорила Сарра: смех мне сотвори Господь: иже во аще услышит, обрадуется со мною. Кто возвестит Аврааму, яко млеком питает отроча Сарра, яко родих сына в старости моей.

Таинственно изображается Саррою душа, всегда верная Закону Божию. И для такой души необходим подвиг покаяния по причине греховности, которою заражено все человечество; и такая душа часто томится в течение продолжительного времени, боримая страстями, предаваемая недоумению и неизвестности о милости Божией к себе, о спасении своем; и такая душа оставляется надолго пред заключенными дверями в чертог бесстрастия и святости. Тщетно молится она пред ними, тщетно плачет, тщетно стучится в них, как бы руками, различными подвигами и добродетелями. Уже овладевает ею безнадежие; уже видит она в себе окончательное истощение и способностей и жизни; уже признает состояние благодатное не своим уделом, и тогда, внезапно, отверзаются двери чертога. Жених-Христос является в неизреченной славе, в неизреченном свете Божества, принимает в объятия невесту-душу, душу истомившуюся страданиями подвижничества, доказавшую постоянством и долготерпением верность. Тогда отбегает, исчезает плач; глубоко забываются воздыхания и прочие виды выражения печали: душа утопает в бесконечном Божестве, утопает в бесконечном блаженстве. Вкусив сверхестественную жизнь, она как бы утрачивает свою, утрачивает ту жизнь, которая вместе и смерть: не преставая существовать, начинает жить жизнию иною, новою, жизнию без меры обильною и всеобъемлющею; состарившись и измучившись в неплодстве, потом родив, сверх чаяния, духовный плод, она говорит, подобно Сарре: «Смех сотвори мне Господь, то есть даровал неожиданную, неотъемлемую радость – обручение вечной радости. Обновилась, яко орля, юность моя, изветшавшая в грехах и страстях. Плоть моя, как плоть Неемана Сирианина, соделалась подобною плоти младенцев после того, как я погрузился во Иордан Божественной благодати. Ум мой получил самостоятельность: не увлекается он многоразличными обольщениями злохитрой и суетной злобы: усвоился он Богу, прилепился к Богу, углубился в Бога, и пребывает неотлучно в Боге». Ты спросишь: каким образом совершается дивное изменение? На этот вопрос святые Отцы наставляют отвечать так: «Сказано в Писании: Дух Святый найдет на тя, и сила Вышняго осенит тя. Где пришествие Духа, там не ищи естественного порядка и закона. Всесилен поклоняемый Святой Дух, и не удивись, если Он осуществляет в тебе несуществовавшее, если Он соделывает победителем ум, доселе побеждавшийся. Свыше грядый Утешитель над всеми есть. Он поставляет тебя владыкою над естественными движениями и бесовскими наветами».

«Если просишь у Бога молитвою чего-либо, и Он медлит, не исполняя прошения твоего, – не скорби об этом: ты – не умнее Бога. Так делается или потому, что настроение сердца твоего не соответствует прошению твоему, или потому, что ты не достиг надлежащей меры для принятия дара. Нам не должно стремиться в великие меры преждевременно, чтоб не злоупотребить даром Божиим, как полученным скоро. Все, полученное легко, легко и теряется; все, приобретаемое с болезнию сердца, хранится тщательно. По этой причине Бог сперва подвергает искушениям и томлению, а потом уже ниспосылает дар. Слава Господу, доставляющему нам наслаждение здравия крепкими врачествами!»

Коф

Спасительно для нас, убийственно для греха – воспоминание о смерти, рожденной грехом. Воспоминание это действует и против согрешений и против греховных недугов: оно останавливает от впадения в явный грех каким-либо противозаконным поступком; оно, притупляя жало страстей, расстроивая обольстительные мечты, рисуемые страстями, обуздывает грех, тайно живущий в душе. Воспоминание это охраняет духовный подвиг наш от высокоумия и превозношения, к которым так склонен падший человек, в которые удобно впадает он даже по причине благодатных даров; воспоминание это содержит постоянно душу в боголюбезной печали, озабочивает ее неминуемым Судом Божиим, озабочивает ее множеством грехов, соделанных на поприще земной жизни в ведении и неведении; воспоминание это охлаждает ко всем суетным занятиям преходящего мира, поощряет ко всем благочестивым упражнениям, которыми приготовляется и устраивается блаженство в вечности. При наступлении ночи оно говорит: «Не спеши предаться сну: успеешь пресытиться им в гробе. Пролей теплейшие молитвы и теплейшие слезы пред Богом: постарайся преклонить Бога на милость к тебе смиренными молитвами, многими коленопреклонениями, обильными слезами; постарайся облегчить искренним покаянием бремя грехов, тяготеющее на раменах твоих. Вполне неизвестно, будет ли принадлежать тебе день, который настанет после этой ночи. Может быть, в эту ночь подкрадется неожиданно смерть к одру твоему, восхитит тебя внезапно, как восхитила она многих. Преселяет она человеков в страну дальную, в другой мир. Там и покаяние, и плач, и молитвы, и сердечная болезнь не приносят уже никакой пользы: бесплодно сопровождается ими мука вечная». При наступлении дня воспоминание о смерти опять предстает делателю, предлагает вниманию его изречение Писания: Не отрецыся благотворити требующему, егда имать рука твоя помогати. Из числа требующих никак не исключи себя: нуждаешься во многом, преимущественно же в покаянии. Не рцы пришедшему к тебе помыслу покаяния: отшед возвратися, и заутра дам, сильну ти сущу благотворити: не веси бо, что породит находящий день. Торопит воспоминание о смерти совершать без опущения все заповеди Божий: потому что скрыта от нас мера земного поприща нашего; потерянное время – невозвратимо; утраченного доброго дела, утраченного подвига утрачено и мздовоздаяние.

Скажи ми, Господи, кончину мою и число дней моих, кое есть. Скажи, объясни мне, каким измерением, каким исчислением Ты отмериваешь, вычисляешь, определяешь жизнь мою? Желал бы я предузнать кончину мою, чтоб извлечь из пребывания в этом мире, из странствования по этой обольстительной пустыне всевозможную пользу для себя, не растратив напрасно, или в ущерб мне, ни одного дня, ни одного часа. – Мера жизни человеческой на земле и число дней его есть кратковременность, есть быстрейшее мгновение, есть черта, не приметная на необъятных скрижалях вечности. Тот получил точное сведение о кончине своей, кто ожидает этой кончины на всякий день, на всякий час. Тот узнал меру своей земной жизни, тот свел верный счет дням этой жизни, кто понял, что эта жизнь, — не останавливающееся ни на минуту движение, при котором будущее непрестанно делается прошедшим, а прошедшее непрестанно и навсегда нисходит, как в могилу, в несуществование. Постоянное движение не допускает никакому положению приобрести прочность, постоянство: все проходит своею чередою, все изменяется, все улетает. Настоящее есть грань, передвигающаяся безостановочно, грань неуловимая, грань между будущим и прошедшим. На грани этой непрестанно претворяется будущее в прошедшее. Тот дал истинную цену земной жизни, кто не истощает на нее внимания, не привязывается к ней сердцем, кто не допускает себя быть обманутым прелестями и суетою ее, кто не признал постоянства в непостоянстве, положительности в неумолкающем, неопределенном движении, кто ведет себя и действует как странник, кто земную, временную жизнь употребляет на изучение и стяжание жизни истинной, вечной, небесной.

Состав мой яко ничтоже пред Тобою, исповедуется Богу святой Пророк Его, исповедуется от лица всех человеков. Тело мое не есть какая-либо неизменяемая, самостоятельная сущность: оно — странное соединение стихий по законам, мне неизвестным; оно — какое-то явление, явление непонятное, начинающееся рождением или зачатием, переходящее из состояния в состояние, кончающееся смертию. Как и когда оживился я существованием? не помню и не знаю. Какая сила дает мне жизнь, вызывает меня в бытие из небытия? какая сила развивает жизнь, младенца преобразует в отрока, отрока в юношу, юношу в мужа? Почему эта сила, развиваясь до некоторого времени, потом начинает оскудевать постепенно? Наконец она оставляет тело, — и тело рассыпается в прах. Какая связь между этою невидимою и непостижимою силою и видимым телом? Что – душа моя? Сущность души столько же непонятна мне, как и сущность тела. Очевидны силы, очевидны способности души: они удостоверяют в существовании ее. Собственный опыт доказывает мне, что тело есть нижайшая часть существа моего, что оно, в высших силах и способностях своих, есть только орудие души. Оказываюсь я, и по душе и по телу, неизвестным, непостижимым для меня самого. Существованию моему на земле предшествовало небытие; и конец моего существования на земле имеет образ уничтожения конечного. Состав мой яко ничтоже пред Тобою.

Утроба матери моей служила до моего рождения темницею для души моей и тела: по рождении тело служит для души темною утробою матери. Рождаюсь в вечную жизнь смертию тела. Что ж значит земная жизнь человека? Она – тень жизни, ступень к жизни, преддверие к жизни истинной; она – странствование и путешествие, одинаково краткое и для всех равное по сравнению с неизмеримою вечностию. Вступают в равенство все числа и меры, столько различные между собою, когда встанут пред бесконечною величиною и сличатся с нею.

Не имею на земле никакой собственности, и не могу иметь ее. Все дается мне на время, на подержание; все отнимается смертию. Наследую чужое; что приобрету сам, покидаю, – покидаю не когда хочу, когда и как случится. Все земные узы, узы теснейшие, узы, возлагаемые естеством и законом, разрываются беспощадно смертию; разрываются они без ведома моего и согласия, – наиболее в противность моей воле, наиболее неожиданно, как бы безвременно. Между всеми предметами, между всеми отношениями земными я – гость. Недавно очутился я между ими, недавно увидел их, никогда не видев; вскоре уйду из среды их, уйду безвозвратно, не буду видеть их никогда: покрывало, только что снятое рождением, накинется смертию и разлучит меня навеки от тех, которых узнал я после бесчисленных веков.

Отчего же я прилепляюсь всею душою к земле, к моему положению на ней, как бы постоянный житель ее?

Отчего я нисколько не думаю, не хочу думать о вечности? Обличается этим слепота ума моего и сердца; обличается этим самообольщение мое; обличается этим, что я поражен греховным недугом, поражен вечною смертию в средоточии существа моего.

Глубоко – падение человека. Море слез недостаточно, чтоб оплакать страшное падение. В пропасть этого падения Господь наш простирает нам всемогущую руку помощи, руку, досягающую дна пропасти: Он извлекает из пропасти, возводит на небо тех человеков, которые произволяют спастись и быть учениками Господа. Указывая на мир, обольщающий и губящий слабых человеков, указывая на убийственную заразу греховную, действующую внутри нас, Господь возвещает: Всяк от вас, иже не отречется всего имения своего, не может быти Мой ученик. Аще кто грядет ко Мне, и не возненавидит отца своего и матерь, и жену и чад, и братию, и сестр, еще же и душу свою, не может Мой быти ученик. И иже не носит креста своего и вслед Мене грядет, не может Мой быти ученик.

Решь

Посетили однажды некоторого из великих иноков братия, возлюбленные его. Нашли они инока плачущим и начали упрашивать его, чтоб он объявил им причину плача. Долго упрашивали они Преподобного, и долго на вопросы и убедительные просьбы отвечал Преподобный молчанием. Наконец он сказал им: «Духом моим стоял я близ распятого на кресте Господа, как некогда стояли Богоматерь и ученик любимый. Я стоял и плакал. Желал бы я всегда стоять у креста Господня и плакать».

Стояли при кресте Господа Приснодева Богоматерь и девственник Иоанн, как представители высшей человеческой святости и чистоты. Неподдельная добродетель человеческая свидетельствуется тем, что она вся во Христе, что по земному положению своему приближается к страдальческому положению, которое избрал для Себя Богочеловек во время пребывания Своего на земле. И покаяние имело представителей при кресте Господа. Представителем покаяния была Мария Магдалина, из которой Господь изгнал семь бесов; представителем покаяния был разбойник, распятый одесную Господа. Грешники! ободримся: и для нас есть место у креста Господня; указано и дано нам место великим человеколюбием Господа. Он вочеловечился для спасения грешников; Он претерпел лютые пытки и смерть крестную за грешников. Восплачем при кресте Господа. Для обильнейшего плача имеем два побуждения: каждое из них достойно обильнейшего плача, плача непрестающего. Когда подымем взоры горе, – пред взорами вашими Господь, распятый за нас; когда низведем взоры в себя, – пред взорами нашими темная, необъятная бездна нашей греховности.

Стою я пред этим сугубым зрелищем, стою с сердцем каменным. Понимаю, что плач должен быть моим достоянием, моим постоянным упражнением; но я не имею его. Хладность и равнодушие владеют мною. Нуждаюсь в учителях для плача. Кто наставить меня плачу? кто вложит плач в сердце мое? – Наставляет плачу Сам Господь; наставляют плачу все благо-угодившие Богу человеки: все они взошли в жительство, угодное Богу, плачем. Плач любит пребывать в сердце одиноким. Изгони из сердца попечения суетные и пристрастия, – и явится в сердце плач сам собою. Плачем обнаруживает присутствие Свое в христианине Дух Божий, насажденный в христианина при Святом Крещении; плачем обнаруживается оживление души для духовных ощущений, подобно тому, как знаменуется рождение каждого младенца плачем его. Плач – начало жизни.

Господь мой! Господь мой! Ты ублажил плач, обетовал ему утешение: Ты и даруй мне блаженный, утешительный плач. Как мог бы плач быть блаженством, будучи естественно следствием несчастия, как мог бы он быть утешением, будучи естественно плодом огорчения, если б не был проникнут Твоим благодатным действием, заповеданный Тобою плач покаяния? Возникает такой плач из нищеты духа, как образуется дождь из сгустившихся облаков. Нищета духа является от зрения и сознания грехов и греховности своей.

Господь мой! Господь мой! даруй мне зрение грехов и греховности моей; даруй мне зрение согрешений, совершенных мною на самом деле помышлениями, ощущениями, словами и телесными действиями; даруй мне зрение падения моего, общего всем человекам, падения, служащего источником всех согрешений человеческих. Устрани от меня мое поверхностное, холодное воззрение на бедственное состояние мое: при этом воззрении я провожу жизнь как бы безгрешный, не нуждающийся нисколько в покаянии. Даруй мне воззрение правильное, чтоб оно ввело меня в жительство, соответствующее моему бедственному состоянию, чтоб оно ввело меня в плач. Даруй мне встать всем существом моим при кресте Твоем; даруй мне неотступно стоять при кресте Твоем постоянным памятованием о нем, постоянным сочувствием ему. Даруй мне восплакать и плакать при кресте Твоем.

Увы, Господь мой! Ты на кресте: я утопаю в наслаждениях и неге. Ты подвизаешься за меня на кресте, вися между небом и землею; Ты пронзен гвоздями; Ты прободен копием; Ты весь истерзан муками, предварившими распятие; Ты увенчан терновым венцом; уже увенчанный венцом терновым, Ты взошел на престол победы и владычества, на крест; с престола этого руками, пригвожденными ко кресту, Ты связал духов воздушных; ногами, пригвожденными ко кресту, Ты попрал смерть: я — лежу в лености, в расслаблении, ищу повсюду и во всем спокойствия, убегаю лишений и распятия, пребываю в вечной смерти. Тебя, распростертого и подъятого на кресте, Тебя, совершающего на кресте искупление и возрождение человеков, осыпают поношениями и насмешками славные и сильные земли, злословит весь народ, народ ослепленный, обезумленный обаянием злобы: я — стараюсь уловлять суетные похвалы и одобрения человеческие, жажду их ненасытно; лишаемый их, предаюсь скорби; едва донесется до моего слуха какое-либо ничтожное, обидное слово, как и закипает во мне неистовая ярость. На кресте Твоем Ты неупустительно исполняешь волю естественного Тебе Отца Твоего и Твою Божественную волю, единую с волею Отца, покоряя Божественной воле волю страждущего Твоего человечества: я — стремлюсь постоянно удовлетворять моей поврежденной воле, воле, враждебной Закону Божию; с упорством защищаю мою волю, с ожесточением и гневом препираюсь о ней. Страдая на кресте, Ты молишься о распинателях, о убийцах Твоих; в облегчение вины злодеев Ты представляешь неведение их: я, пользуясь благоденствием, постоянно подвергаюсь ропоту, выражаю недовольство, с огорчением ратую не только против недругов моих, ратую против друзей моих, обманываемый моим порочным сердцем, моим порочным воображением. Умирая на кресте, Ты предаешь в руки Отца человеческий дух Твой, хотя, достоинством равный Отцу, Ты имеешь равную с Ним и единую власть над человеческим духом Твоим, хотя по человечеству Ты приял власть от соединенного в Тебе неслитно с человечеством Божества, власть и положить душу Твою и восприять душу Твою: я, омрачаемый плотским мудрованием и неверием, ищу во всех случайностях жизни устроить себя моим немощным разумом, моим соображением, по внушениям плотского мудрования и лукавства; я не хочу предать себя деснице Бога моего, не хочу призвать этой десницы в помощь себе, хотя всесильная десница Божия содержит меня полновластно, объемлет отовсюду. Когда один из воинов, представитель враждебного Богу человечества, пронзил копием Твое всесвятое тело, уже оставленное душою, тогда умершее тело Твое, продолжавшее жить в Боге и чудодействовать, источило из себя струю крови и струю воды. Воду Ты дал в омовение врагам Твоим, кровь — в питие; истерзанное тело Твое предлагалось врагам Твоим как закланная, приуготовленная к употреблению снедь. Всемогущий и Всеблагий! в то время как человеки истощались в злодеяниях над Тобою, Ты весь истощился для спасения их, всего Себя отдавал им, чтоб претворить врагов и убийц в сынов и друзей, чтоб избавить врагов Твоих от вечных мучений в пропастях адских, чтоб доставить им вечное блаженное жительство в селениях неба. Еще прежде распятия распинатели сняли с Тебя одежду, оставили обнаженным: ризы Твои они разодрали на части и разделили между собою; о нешвенной срачице Твоей, привлекшей особенное внимание их, метнули жребий. Обнаженного, они возвели Тебя на крест. Все, все отдал Ты человекам: они как бы исчерпали всю Твою благость. Совершалось это по святейшей воле Твоей, хотя человеки и действовали по свободному произволению своему: они делались слепыми орудиями воли Твоей, не понимая того, – делались орудиями воли Твоей по бесконечной премудрости, по беспредельной власти Твоей.

Господь мой, Господь мой, даруй мне уразуметь значение креста Твоего; привлеки меня к кресту Твоему судьбами Твоими; возжги во мне любовь креста Твоего; сподобь меня отречься у подножия креста Твоего от порочных пристрастий к миру и ко мне самому; открой очи мои, как открыл Ты их блаженному разбойнику, чтоб я усмотрел в Тебе Господа и Бога моего; пошли плач в сердце мое, чтоб я мог постоянно плакать у креста Твоего; пошли молитву в сердце мое, чтоб я, распятый на ней одесную Тебя, пребывал постоянно устремленным к Тебе всем существом моим и, упоенный памятованием Тебя, забыл даже о существовании мира и греха; истекшею из ребр Твоих водою очисти скверны души моей и тела; руки Твои, распростертые на кресте, да примут меня, овцу заблудшую, в объятии Божества Твоего. Допусти меня к Твоей дивной трапезе: напитав Твоею всесвятою плотию, напоив Твоею всесвятою кровию, исполнив Твоим Святым Духом, соедини меня с Собою воедино навеки.

Шин

Господь мой! Господь мой! приходил Ты на землю в смиренном образе раба, в уничиженном образе немощного создания Твоего, человека; приходил Ты на землю, чтоб спасти погибших человеков, чтоб принять на Себя убившую их язву, чтоб уничтожить эту язву Собою. Открыл Ты человекам подробно волю Божию в заповедях и учении Евангелия; принес Ты Себя Богу в умилостивительную жертву за преступное человечество; удовлетворил Ты правосудию Божию, отъял преграду, препятствовавшую благости Божией изливаться на человеков в обилии безмерном. Ты придешь снова, придешь уже как Судия вселенной, придешь в неприступной славе Божества, – потребуешь от человеков отчета в употреблении Твоих благодеяний. Восстанут из гробов все поколения человеческие, оживленные Твоим творческим голосом и повелением; предстанут пред Тобою все человеки в несметном сонме, предстанут в страхе, в трепете, предстанут на Суд беспримерный и неподражаемый. Такого Суда не было никогда и, по совершении его, не будет никогда. Никому невозможно уклониться от него: все повлекутся к нему силою непреоборимою. Не нужны на этом Суде исследования, улики, взаимные обвинения и оправдания; не может возникнуть на нем никакое недоумение; лукавство, запирательство, обман не могут иметь ни малейшего успеха, ни места. Судия, по неограниченному совершенству Своему, видит все тайны человеческие, – и все согрешения всех человеков хранятся без малейшего упущения в памяти Его, как бы записанные в книге Обличителем и обвинителем каждого подсудимого будет совесть его, внезапно исцеленная от слепоты, от обаяния грехом, внезапно одаренная тончайшим самовоззрением. Обширный Суд произведется с быстротою и удовлетворительностию, соответствующими совершенству Судии. Приговор произнесется решительный: им определится участь каждого навеки. Живые, разумные сосуды Божий вознесутся на небо для вечного блаженства: живые плевелы, сосуды разумные и свободные, произвольно претворившие себя в сосуды греха, ввергнутся в пещь, горящую, неостывающую и неугасающую чрез всю вечность.

На этот Суд, в среде бесчисленного собрания человеков, предстану и я. Какой запас мыслей и слов, какой отчет приготовлен мною? что скажу я о себе, о моей жизни земной? Отнимаются у меня и мысль и слово от одного представления в слабом и тупом воображении моем нелицеприятного и страшного Суда; от одного представления этого Суда ясно ощущаю, что лишь предстану на Суд, как и поступлю весь в неограниченную власть Судии. Земное странствование мое совершил я как безумный, как умоисступленный. Отнималась сперва основательность у разума и деятельности неведением; потом отнималась она поверхностным знанием; наконец поколебались деятельность и неразрывно соединенный с нею образ мыслей произвольными согрешениями по увлечению; ниспровергнуты, извращены они окончательно грехом смертным. Значительнейшая часть земного странствования совершена мною. Уже когда уклонился я от истинного христианства в дальнее и страшное распутие, уже после тяжких потрясений и противодействий с величайшим трудом, или единственно по неизреченной милости Божией, узнал я подробнее, точнее о значении христианства, об обязанностях христианина. Познание это приводит меня в недоумение, в ужас. Святым Крещением я встал, независимо от меня и не ведая того, в священном храме, величественном как небо, в христианстве; почти столько же независимо от меня, неведомо мне, очутился я вне этого храма, в пустыне страшной. Превращение совершено жизнию, по стихиям мира, жизнию, враждебною христианству, жизнию, которою ныне живет все человеческое общество, по крайней мере, большинство и цвет его. Вижу себя на широком пути, ведущем в пагубу! вижу себя в навыках, обычаях, усвоениях греховных, как бы в оковах, в цепях железных! вижу себя мертвецом, давно лежащим во гробе и могиле, мертвецом смердящим! Камень привален ко гробу: ожестело, подобно камню, мое сердце.

Господь мой! Господь мой! Един Ты, Всемогущий, можешь спасти меня. Всеблагий и Всемогущий! спаси меня. Восхить меня с пути, с пути пустынного в город и страну иноплеменнические, с пути служения греху; поставь меня на путь, ведущий в Твое Царство. Я оставил Тебя: Ты взыщи меня. Скитаясь среди гор бесплодных, каменистых, поросших колючими волчцами, изрытых стремнинами и пропастями, я истратил силы, измучился от голода и жажды; я покрыт бесчисленными ранами, я пришел в совершенное изнеможение: Ты, сошедший с неба на землю ради меня, возьми меня на рамена Твои, возврати к стаду пасомых Тобою. Я умертвил себя безумием моим, грехами моими: Ты, будучи источник жизни и саможизнь, оживи меня источающеюся из Тебя жизнию. Скажи душе моей, утопающей в горести и безнадежии, те утешительные, сладчайшие слова, которые Ты произнес Марфе, сестре воскрешенного Тобою, друга Твоего, Лазаря: воскреснет брат твой. Укрепи мое немощное мудрование: оно, из немощи своей, осмеливается пререкать Тебе, Всесильному, и противопоставлять Тебе, Которому возможно все, возражение в возможности воскресения для мертвеца. Господи, уже смердит мертвец мой: четверодневен бо есть, говорила Марфа Спасителю мира о умершем и погребенном Лазаре. Подобное этому суждение слышится в душе, научившейся вере только из Писания, не сподобившейся еще научиться вере из святых опытов, не сподобившейся еще приять от Бога веру живую, веру Божию. Ты, Спаситель мира, отвечал колеблемой сомнением и недоумением Марфе: Аще веруеши, узриши славу Божию. Ты, Всеблагий, назвал славою Твоею воскресение человеков. Воскресение человеков есть вторичное сотворение их, – и являешься, Ты, Спаситель мира, в воскресении человеков Творцом и Богом их. Ты сотворил нас из ничего, – воскрешаешь из рассыпавшегося праха, воскрешаешь в чудной, нетленной новизне, воскрешаешь в нашем собственном естестве и вместе в естестве измененном, переплавившемся в огне тления из состояния плотского в состояние духовное. Спаситель мой! насади в меня веру, веру живую, доказываемую делами, всем поведением, чтоб я соделался способным к воскресению в духе моем. Воскреси меня, Господь мой, в тайне души моей: оживотвори меня Святым Духом Твоим, воскреси меня существенным, спасительным воскресением, воскресением духа моего, воскресением, совершающимся от осенения духа человеческого Духом Божиим. Предвари этим святым воскресением мою видимую смерть, которою разлучается душа от тела; предвари этим воскресением мое воскресение телом, которым воскреснут одинаково все человеки. Даруй мне умереть уже воскресшим; даруй воскреснуть телом по воскресении духа, чтоб дух мой не взошел мертвым в воскресшее тело. Горе мне, если дух, при разлучении с телом, окажется умерщвленным вечною смертию! Горе мне, если дух, будучи в состоянии мертвости, войдет, при общем воскресении, в воскресшее тело! Тогда и воскресшее тело соделается вместе с духом жертвою вечной смерти; тогда усугубится вечная смерть оживлением тела, соединением воскресшего тела с духом, который не умирал, подобно телу, и не оживотворился свойственным себе воскресением.

Господь мой! Господь мой! На конце земного странствования моего, исполненного горестей, страданий, страхов, воскреси меня вожделенным воскресением в духе моем. Блажен и свят, иже имать часть в воскресении первом: на нихже смерть вторая — вечная жизнь в отвержении от Бога и в муках адских — не имать области, но будут иерее Богу и Христу и воцарятся с Ним: провозгласил это сын громов, избранный из Апостолов, нареченный Богословом. Получив залог спасения вечного, я возрадуюсь радостию духовною, неизреченною, неведомою и непостижимою для состояния плотского и душевного. Радость эта — предвкушение радости и наслаждения райских. Претворенный десницею Вышнего, без смущения увижу приходящую ко мне телесную смерть; скажу в сретение пришедшей ко мне смерти слова Пророка: *Бог правды моея: в скорби распространил мя еси. Десница Господня вознесе мя, десница Господня сотвори силу. Не умру вечною смертию, но жив буду и* повем дела Господня. Наказуя наказа мя Господь, смерти же не предаде мя. Знаменася на нас свет лица Твоего, Господи, дал еси веселие в сердце моем. Отверзите мне врата! В мире вкупе усну и почию: усну сном временной смерти во гробе, вкупе почию душою в тех горних обителях, в которых все служители Божий ожидают общего воскресения. Разлучив тело от души, в дольний гроб телом, в горнюю обитель душою, Ты, Господи, на уповании вечного блаженства вселил мя еси.

Фав

Возлюбленный брат! пригласил ты друзей твоих, пригласил любящих тебя, чтоб они вспомнили о тебе, посетили тебя, приняли участие в постигшей тебя скорби, чтоб принесли тебе утешение не из смертоносной чаши чаровании, которою утешает мир, упояя самозабвением и приготовляя скорбь неисцелимую и вечную, – чтоб принесли утешение из животворящего слова Божия. Основательно твое приглашение: одобряется оно Священным Писанием и святыми Отцами. Спасение есть во мнозе совете для всех вообще подвижников; в особенности совет, наставление, руководство необходимы для того, кто вознамерился перейти от плотской жизни к жизни благочестивой, из порабощения греху к духовной свободе. Так, боговдохновенный Моисей оказался нужным для извлечения израильтян из Египта, для указания им пути чрез пустыню в Обетованную землю. Многочисленным братством населена святая обитель ваша. В среде его усмотри отца, обогащенного в духе словом Божиим, ведущего жительство, согласное этому всесвятому Слову, произносящего учение не из себя, – из всесвятого слова Божия. Такому отцу открой состояние души твоей, и ежедневно открывай ему мысленную брань твою, все видимые и невидимые покушения греха и духов злобы против тебя. Ничто, ничто не помогает столько к получению исцеления от язвы, нанесенной грехом смертным, как учащаемая исповедь; ничто, ничто не содействует столько к умерщвлению страсти, гнездящейся в сердце, как тщательная исповедь всех проявлений, всех действий ее.

Пожелал ты и моего участия, участия деятельного; пожелал ты личной беседы со мною. Не могу придти к тебе, удерживаемый на месте жительства моего обязанностями моими: прихожу к тебе этими скудными строками. В них изложил я то, чему научило меня Писание Священное, чему научили меня мужи и старцы, проведшие жизнь в служении Богу.

Все смертные грехи, кроме самоубийства, врачуются покаянием. Покаяние тогда только признается истинным и действительным, когда последствием его бывает оставление греха смертного. Без этого последствия покаяние – бесплодно. Если же, при покаянии, смертный грех не оставляется по привязанности к нему, не оставляется по произволению; если кающийся не удаляет от себя причин греха или и сам не удаляется от них произвольно, то покаяние такое, покаяние слабое, двоедушное, поверхностное, причисляется к деяниям лицемерства. Оно – гибельная попытка обмануть и Бога и себя.

Покаяние – село, на котором скрыто бесценное сокровище спасения. Человек, стяжавший это познание, возрадуется о приобретении познания существенно нужного. Воодушевляемый радостию и ревностию, в которых таинственно действует призвание Божие, он идет, и вся елико имать, продает, и купует село то Только за такую цену продается село покаяния! только за такую цену покупается оно! Необходимы, необходимы для вступления в подвиг истинного покаяния отречение от мира и отречение от себя, от своих похотений и пристрастий. Малая скважина отнимает у сосуда способность удерживать вливаемое в него миро, – и ничтожным пристрастием отнимается у покаяния все достоинство, вся сила его.

Истинно кающиеся соделываются истинными рабами Божиими. Покаяние переплавляет, перерождает их. Вступившие в пещь, в утробу покаяния рабами выходят из нее сынами и друзьями Божиими. Господь наш, Иисус

Христос, называет христиан, удовлетворивших воле Божией, очистившихся истинным покаянием, озарившихся истинным богопознанием, Своею братиею. Все Ангелы Божий, все святые Божий радуются о вступившем в правильный подвиг покаяния. По причине такого покаяния, которым заблудшая овца возвращается в стадо и потерянная драхма в хранивший ее ковчег, учреждается на небе праздник: *глаголю вам, говорит Спаситель, радость бывает пред Ангелы Божиими о едином грешнике кающемся*. Стяжи покаяние, – и соделаются твоими братиями и друзьями все блаженные небожители. Святые Ангелы низойдут к тебе невидимо, принесут тебе помыслы и ощущения преподобные; святые человеки, предстоящие лицу Божию в обителях рая, вступят в беседу с тобою посредством оставленных ими на земле священнолепных писаний. Утешится, умиротворится, усладится, исцелится сердце твое беседою благодатною. Снимается для тебя с этих писаний непроницаемое покрывало, которым закрывается святой смысл их, святая красота их, от умов, ослепленных плотскою, греховною жизнию. Снимается покрывало покаянием; снимается покрывало смирением, рождающимся от покаяния; снимается покрывало духовным разумом, рождающимся от смирения, разумом, вступившим в постижение значения, данного Богом сверхестественным, христианским добродетелям: покаянию и смирению.

Падение в смертный грех служителя Божия, увлеченного немощию, стечением обстоятельств, потом покаявшегося во грехе, причисляется к попущениям Божиим для вразумления, а не к конечному оставлению Богом за обдуманную злонамеренность. Бесконечным различием различились между собою падения двух апостолов, Петра и Иуды, хотя по наружности отречение близко подходит к предательству. *Возстах покаянием и еще есмь с Тобою*, говорит пораженный удивлением, говорит падший в тяжкие грехи и покаявшийся Давид, – говорит, увидев в себе, сверх чаяния, присутствие и действие Святого Духа, которое, по совершении греха, когда разлились по всему существу падшего человека дым и смрад греховный, сокрылось, которое, может быть, признавалось потерянным навсегда. Бог, имеющий возможность, по неограниченному совершенству Своему, уничтожать грех, – который, как недостаток и повреждение добра, насажденного в разумных тварях Богом, не может быть уничтожен никаким существом ограниченным, – Бог, вземляй грехи мира по бесконечной благости и силе Своей, принимает на Себя причины попущений Своих, попущений, соединенных с падениями человеческими. Что может быть успокоительнее, что может быть радостнее этой вести! Господь, свидетельствует Священное Писание, мертвит и живит, низводит во ад и возводит. Господь убожит и богатит, смиряет и высит, возставляет от земли убога и от гноища воздвизает нища. Той болети творит и паки возставляет: порази, и руце Его изцелят. Приведенный в недоумение продолжительным гневом Господа, причем тяжкие наказания часто последуют одно за другим, как звена в цепи, рече Сион – служитель Божий: остави мя Господь и Бог забы мя. На этот отзыв, исполненный глубокой печали, раздается с небес ответ от Господа чрез великого Пророка: Егда забудет жена отроча свое, еже не помиловати изчадия чрева своего? аще же и забудет сих жена, но Аз не забуду тебе, глаголет Господь. Се, на руках Моих написах стены твоя: крепость твоя сосредото чена и хранится во всемогуществе Моем. Ты предо Мною еси присно, и вскоре возградишися, от нихже разорился еси и опустошивший тя страсти и лукавые духи изыдут из тебе В мире будет дом твой, жилище же храмины твоея не имать согрешити. Внидеши же во гроб якоже пшеница созрелая во время пожатая, или якоже стог гумна во время свезенный.

Грозно обращает речь свою боговдохновенный Пророк к иноплеменникам, к врагам рода человеческого, к духам отверженным, к духам, низверженным с неба, попранным в персть земную, к духам, приписывающим попущения Божий действию своего могущества и своей мудрости, к духам, упоенным безумием и гордостию не разумеющим, что они служат бессознательно орудиями

Богу в наказаниях и искушениях, которым Он подвергает служителей Своих. С нами Бог! возглашает Пророк. Разумейте, языцы, и покаряйтеся! услышите даже до последних земли: могущий, по собственному, ошибочному мнению о себе, покаряйтеся! Аще бо паки возможете, паки побеждени будете, и иже аще совет сове-щаете, разорит Господь, и слово, еже аще возглаголете, не пребудет в вас, яко с нами Бог

Заключение

Излился я в плаче моем, произнес я мои вопли, окончил рыдания, упился слезным напитком, насытился стенаниями и воздыханиями. Тяжеловесным словом, исполненным глубокою печалию, ударял я в грудь мою, и ощутил в груди моей отраду. Оплакивая твой грех, я оплакивал свой грех; призывая тебя к покаянию, призывал к нему себя; изображая горестное состояние, производимое грехом смертным, я исповедал и описал мое состояние. Если б живопись не была снята с опытов, – не имела бы она яркости, силы, верности.

Получив эти строки, прочитывай их часто. Не преставай поражать, смягчать ими ожестевшее сердце, не преставай возбуждать от сна сердце у нывшее, не преставай призывать к жизни сердце умерщвленное. Строки эти и обличают милосердно, и потрясают могущественно спасительным страхом, – страх растворяют утешением веры. Строки эти приводят к само воззрению, объясняют таинство борьбы, которою подвижник Христов препирается с грехом и с духами отверженными, которою доказывает свою верность Христу, которою изработывает свое спасение и славу в вечности. Эти строки возвещают всемогущество Бога и бесконечную благость Его. В Боге сосредоточивается надежда всех спасающихся: надежда побеждающих грех силою Божиею и надежда побежденных грехом на время по Божию попущению, по собственной немощи, неведению, неосторожности, по увлечению, не по намерению.

Излишни эти строки для проводящего греховную жизнь произвольно, ищущего и находящего в ней единственное наслаждение, жертвующего для нее всеми способностями души и тела, оправдывающего такую жизнь оправданиями по началам мира сего. Несмотря на неограниченность благости Божией, покаяние, данное всем грешникам во спасение, доставляет спасение только тем грешникам, которые извергнут из себя грехи искреннею и решительною исповедию, чуждою самооправдания, и жизнь беззаконную, безумную заменят жизнью благочестивою, смиренномудрою. Аминь.

Конец пятого тома

Примечание: «Плач Инока» первоначально написан послушником Димитрием Александровичем Брянчаниновым в 1830 году, в Успенской Семигородской пустыне Вологодской Епархии, – значительно исправлен и пополнен епископом Игнатием в 1866 году, в Николо-Бабаевском монастыре Костромской Епархии.

ПРИМИЧАНИЯ

1 – Церковный Устав, гл. 35.

2 – Лествица, Слово 1, гл. 18 и 19, по переводу на русский язык 1851 года.

3 – Там же, гл. 9.

4 – Лествица, Слово 4, гл. 3 и 5.

5 – Книга 4, гл. 8 и 9.

6 – Так названо монашество в писаниях многих святых отцов: в слове о рассуждении преподобного Кассиана Римлянина, Добротолюбие, часть 1, в поучениях аввы Дорофея; в слове святого Симеона, Нового Богослова, и проч.

7 – Лествица, заглавие Слова 28.

8 – Церковный Устав, гл. 37 и Лествица, Слово 19, гл. 5.

9 – Лествица, Слово 28, гл. 3.

10 – Преподобный Пимен Великий. Алфавитный патерик. Тщательнейшая исправность от чтеца требовалась в древних монастырях. Преподобный Кассиан, книга 2, гл. 11. За ошибку при чтении чтец подвергался эпитимии. Преподобный Кассиан, книга 4, гл. 16.

11 – Церковный Устав, гл. 27.

12 – Заимствовано из церковного Устава, следованной Псалтири и из обычаев благоустроеннейших монастырей российских.

13 – Церковный Устав, гл. 29.

14 – Преподобный авва Дорофей. Поучение 3, о совести.

15 – Преподобный Нил Сорский, Слово 5, статья о мере пищи.

16 – Церковный Устав, гл. 35.

17 – Преподобного Григория Синаита главы зело полезные, глава 18. Добротолюбие, ч. 1.

18 – Церковный Устав, гл. 35.

19 – Там же и в Алфавитном патерике.

20 – Послание к иноку Николаю.

21 – Монастырское выражение.

22 – Алфавитный патерик.

23 – Писавший эти правила, посещая при первоначалии своем опытнейших старцев, заметил у них этот похвальный обычай.

24 – Житие преподобного Симеона, Нового Богослова, рукопись; имеется житие сего угодника Божия и печатное издание Оптиной Пустыни.

25 – Преподобного аввы Дорофея, поучение 4 о страхе Божием.

26 – Изречение преподобного Исаии Отшельника. Алфавитный патерик.

27 – Святого Исаака Сирского, Слово 8, и преподобного Симеона, Нового Богослова, гл. 125, Добротолюбие, ч.1.

28 – Книга 4, гл. 10 и 11.

29 – Алфавитный патерик.

30 – Алфавитный патерик и Достоп. сказ., статья 10.

31 – Очевидно, что правила эти в существенных началах своих должны быть непременно соблюдаемы, как заключающие в себе постановления апостолов и святых отцов, как принадлежащие к нравственному преданию Церкви. Столько же очевидно, что в мелочных частностях, относящихся к наружному благочинию, должно применяться к требованию и положению каждого монастыря.

32 – Четьи-Минеи, житие святого Василия Великого, 1 января.

33 – Не Великий, но другой, позднейший инок Скита.

34 – Алфавитный патерик и Достопамятные сказания.

35 – Руководство к духовной жизни преподобных Варсонофия и Иоанна, ответы на вопросы 256 и 258.

36 – Святого Исаака Сирского, Слово 9.

37 – Алфавитный патерик и Достопамятные сказания, статья о авве Агафоне.

38 – Никифора Монашествующего слово. Добротолюбие, ч. 2.

39 – «Тех, которые притворяются добродетельными, и кожею овчею по наружному виду являют одно, а в сущности по внутреннему человеку суть другое, которые исполнены всякой неправды, исполнены зависти, ревности и злосмрадных страстей, почитают святыми и бесстрастными весьма многие, имеющие неочищенное душевное око и не могущие познать их от плодов их: пребывающих же во благоговении, добродетели и простоте сердца, истинносвятых, пренебрегают как бы обыкновенных людей, оставляют их без внимания и презирают, вменяют за ничто. Такого говорливого и тщеславного признают учительным и духовным, а молчаливого и хранящегося от празднословия провозглашают невеждою и безгласным. Высокомудрые и недугующие диавольскою гордостию отвращаются от говорящих Святым Духом, как от высокомудрого и гордого, более ужасаясь слов его, нежели умиляясь от них; напротив того, они очень похваляют и приемлют тонкословствующего из учености своей или чрева (под словом чрево надо понимать плотское состояние), и лгущего против спасения своего». Преподобный Симеон, Новый Богослов, гл. 70, 71 и 72. Добротолюбие, ч. 1.

40 – См. толкование блаженного Феофилакта Болгарского.

41 – Слово 1, гл. 4.

42 – Vie des peres des deserts d'Orient par Michel Ange-Marin. Святый Тихон Воронежский знал на память Евангелие и Псалтирь.

43 – Наставление 2. Издание 1844 г., Москва.

44 – Алфавитный патерик.

45 – Слово 57. Здесь и о винах грехов, равно как и в Слове 56.

46 – Изречение аввы Зинона. Алфавитный патерик.

47 — Собеседование 1-е (Collatio) о рассуждении.

48 — Алфавитный патерик.

49 — Преподобный Нил Сорский, Слово 11.

50 — Руководство к духовной жизни преподобных отцов Варсонофия Великого и Иоанна Пророка, ответ 108 и ответ 59.

51 — Преподобный Макарий Великий. Беседа 21.

52 — Святой Исаак Сирский, Слово 61.

53 — Священномученик Петр Дамаскин. Книга 1, О осьми умных видениях. Добротолюбие, ч. 3. Лествица, Слово 27, гл. 26.

54 — Во всех благоустроенных общежитиях читается ежедневно на утрени в Благовестнике объяснение дневного Евангелия.

55 — Слово 27, гл. 78.

56 — Преподобный Симеон, Новый Богослов. О трех образах молитвы. Добротолюбие, ч. 1. Преподобный Григорий Синаит, гл. 11, о чтении. Добротолюбие, ч. 1.

57 — Слово 27.

58 — Слово 4.

59 — Житие преподобного Антония Великого. Четьи-Минеи 17 января и Vitae Patrum Patrologiae coursus complectus, т. 73.

60 — Алфавитный патерик.

61 — Алфавитный патерик и Достопамятные сказания. Четьи-Минеи, 1 апреля.

62 — Алфавитный патерик и Достопамятные сказания. Четьи-Минеи, 1 апреля.

63 — Слово 4, гл. 120.

64 — Слово 27, гл. 55.

65 — Пролог, января 9 день.

66 — Патерик Печерский и Четьи-Минеи 14 февраля.

67 — Патерик Печерский и Четьи-Минеи 31 января.

68 — Слово 4, гл. 12.

69 — Во времена наши в Москве, в доме умалишенных, находился подобный «пророк», к которому стекалось множество любопытных. Имя «пророку» Иван Яковлевич. Некоторого пустынного монаха посетили

московские жители и начали пред ним выхвалять своего пророка. Они говорили, что в даре прозорливства его убедились собственным опытом, спросив его о своем родственнике, находившемся в Нерчинске в каторжной работе. Иван Яковлевич с час времени не давал ответа. Когда вопросившие понуждали скорее дать ответ, то он сказал им: а до Нерчинска далеко ли? Они отвечали: более 6000 верст. – Так скоро ли туда сбегаешь! – Возразил пророк. Ответ его состоял в том, что у ссыльного обтерлись ноги до крови. Через несколько времени вопрошавшие получили от нерчинского родственника письмо, в котором он описывал тяжесть своего положения и упоминал, что ноги его обтерты до крови кандалами. «Представьте себе, каково прозорливство Ивана Яковлевича!» – заключали таким возгласом рассказ свой москвичи. Монах отвечал: «Прозорливства тут нет, а тут очевидное сношение с падшими духами. Святой Дух не имеет нужды во времени: Он немедленно возвещает тайны и земные, и небесные. Иваном Яковлевичем послан был находившийся при нем бес из Москвы в Нерчинск и принес сведение пустое, вещественное, удовлетворяющее тщеславию пророка и любопытству плотских людей, его вопрошавших. Святой Дух всегда возвещает что-либо духовное, душеспасительное, существенно нужное, а падший дух возвещает всегда что-либо плотское, как пресмыкающийся по своем падении в греховных страстях и вещественности. В образец действия и характера, принадлежащих святому прозорливству, даруемому Богом, представляем замечательное событие из церковной истории. Святой Афанасий Великий, архиепископ Александрийский, повествуя епископу Аммонию о бегстве своем от императора Иулиана-богоотступника, говорит: «В эти времена я видел великих мужей Божиих, Феодора, настоятеля Тавенисиотских монахов, и Паммона, авву монахов, живших в окрестностях Ангиной. Я, вознамерившись укрыться у Феодора, взошел в его лодку, которая была прикрыта со всех сторон; Паммон сопутствовал нам по чувству уважения. Ветер не благоприятствовал; я молился в стесненном сердце; монахи Феодора, вышедши на берег, тащили лодку. Авва Паммон, видя печаль мою, утешал меня. Я отвечал ему: поверь мне, что сердце мое не имеет столько мужества во время мира, сколько имеет во время гонений, потому что, страдая за Христа и укрепляемый Его благодатию, уповаю получить тем большую милость от Него, хотя бы и убили меня. Еще я не кончил этих слов, как Феодор взглянул на авву Паммона и улыбнулся; Паммон взаимно взглянул на него, улыбаясь. Я сказал им: с чего смеетесь вы словам моим? Не обвиняете ли меня в робости? Феодор, обратясь к Паммону, говорит: «Скажи патриарху причину нашего смеха». Паммон отвечал: «Это принадлежит тебе». Тогда Феодор сказал: «Сей час убит Иулиан в Персии, как предрек о нем Бог: «презорливый и обидливый муж и величавый ничесоже скончает»_

70 – Монах Иоанникий был родной племянник Феодора. По кончине Феодора он не прекращал общения с Леонидом и впоследствии для сожительства с ним переместился в Оптину Пустыню.

71 – Добротолюбие, часть 1.

72 – Четьи-Минеи 15 мая.

73 – Слово о духовном законе, гл. 34.

74 – Ответы 1–54.

75 – Ответ 311.

76 – Смотри житие преподобных Антония Великого, Онуфрия Великого и других отшельников и затворников.

77 – Ответы 312, 313.

78 – Слово 8, гл. 10, 18, 21, 25. Слово 27, гл. 13, 36.

79 – 88 глава преподобного Симеона, Нового Богослова. Добротолюбие, ч. 1.

80 – Святой Григорий Синаит, главы 128, 131, 132. Добротолюбие, ч.1.

81 – По отпадении Западной Церкви от Восточной.

82 – Преподобный Кассиан. О уставе общежитии, книга 2, гл.3.

83 – Преподобный Симеон, Новый Богослов, гл. 32 и 34. Добрототолюбие, ч.1.

84 – Слово 8.

85 – Алфавитный патерик и Достопамятные сказания.

86 – Лествица, Слово 4, гл. 3. Слово 1.

87 – Алфавитный патерик, буква «Ф».

88 – Четьи-Минеи, июля в 9 день.

89 – Алфавитный патерик.

90 – Четьи-Минеи, 17 января.

91 – Глава 33, Добротолюбие, ч. 1.

92 – Предисловие к Уставу или Преданию.

93 – Преподобного Нила Сорского Предание. Не лишним будет заметить здесь, что преподобный Нил Сорский хотя имел благодать Божию, но не дерзал объяснять Писания самопроизвольно, а последовал объяснению, сделанному отцами. Путь смиренномудрия есть единственный верный путь ко спасению.

94 – Здесь говорится не о наружном послушании монастырском, не о трудах и занятиях монастырских, назначаемых монастырским начальством, но о послушании нравственном, сокровенном, совершаемом в душе.

95 – Дополнение священномученика Петра, митрополита Дамасского, и других отцов. Добротолюбие, ч. 3.

96 – Алфавитный патерик и Достопамятные сказания, о авве Макарии Городском, гл. 2.

97 – Смотри объяснение блаженного Феофилакта Болгарского.

98 – Святые Каллист и Игнатий Ксанфопулы, гл. 16. Добротолюбие, ч. 2.

99 – Лествица, Слово 26.

100 – Алфавитный патерик и Достопамятные сказания, гл. 9.

101 – Алфавитный патерик и Достопамятные сказания, гл. 37.

102 – Слово 6 о Рае и духовном законе.

103 – Главы 125, 126. Добротолюбие, ч 1.

104 – Слово 8.

105 – В книге Поучений преподобного аввы Дорофея сказание о преподобном Досифее.

106 – Лавсаик и Алфавитный патерик.

107 – Преподобный Кассиан, кн. 5, о чревообъядении, гл.24.

108 – Слово 89.

109 – Лествица, Слово 28, гл. 33.

110 – Преподобного Макария Великого слово 3, гл. 1.

111 – Выражение это принадлежит святому Иоанну Лествичнику, Слово 28.

112 – Лествица Слово 28, гл. 34.

113 – Слово 28, гл. 4.

114 – Слово 55.

115 – Лествица, Слово 28, гл. 1.

116 – Слово 28, гл. 17.

117 – Слово 28, гл. 17.

118 – Заимствованно из Лестницы. Слово 28, гл. 1.

119 – Алфавитный патерик и Достопамятные сказания о авве Агафоне, гл. 9.

120 – Святые отцы говорят «Никогда не прими, если б ты увидел что-либо чувственное или мысленное, вне или внутри тебя: будет ли это вид Христа, или ангела, или какого святого, или мечтательное изображение света в уме. Пребывай, не веруя этому и не благоволя о этом. Непрестанно блюди ум твой необразным, незапечатленным чем-либо при посредстве воображения, безвидным, внимая единственно словам Молитвы». Добротолюбие, ч. 2. Каллиста и Игнатия Ксанфопулов о безмолвии и молитве, гл. 75.

121 – Алфавитный патерик.

122 – Каноник. Издание Святой Киево-Печерской лавры.

123 – Преподобный Симеон, Новый Богослов. О трех образах молитвы. Добротолюбие ч. 1.

124 – Слово 27, гл. 33.

125 – Слово 27, гл. 77.

126 – В слове о трех образах молитвы, о третьем образе. Добротолюбие ч. 1. «Да не упражняется в псалмопении, сиречь, да молится усты».

127 – О безмолвии, в 15 главах: гл. 4, о еже како подобает пети. Добротолюбие, ч. 1.

128 – Заимствовано из 10 главы святых Каллиста и Игнатия Ксанфопулов, о безмолвии и молитве. Добротолюбие, ч. 2.

129 – Гл. 12. О безмолвии и молитве святых Каллиста и Игнатия Ксанфопулов.

130 – Преподобный Нил Сорский, Слово 7.

131 – Лествица, Слово 28, гл. 46.

132 – Каллиста и Игнатия Ксанфопулов, гл. 21. Добротолюбие, ч. 2.

133 – Святого Исаака Слово 69.

134 – Добротолюбие, часть 2.

135 – Добротолюбие, часть 2.

136 – Добротолюбие, часть 2.

137 – Глава 53 Ксанфопулов о безмолвии и молитве. Добротолюбие, часть 2.

138 – О силах души смотри главы преподобного Филофея Синайского. Добротолюбие, часть 2.

139 – Преподобного Пимена Великого спросили, что значат слова Писания: «Причастник аз есмь всем, боящимся Тебе и хранящим заповеди Твоя»_

140 – Издание Оптиной Пустыни 1847 года.

141 – Книга 1, о осьми умных видениях. Добротолюбие, ч.3.

142 – Книга 1, о осьми умных видениях. Добротолюбие, ч.3.

143 – Слово 27, гл. 10 и 11.

144 – Слово 25, гл. 11.

145 – Преподобный Кассиан. Книга 5, о духе чревообъядения, гл. 34.

146 – Совет святого Иоанна Лествичника. Лествица, Слово 7, гл. 10.

147 – Vita sancti Pachomii, abbatis Tabennensis. Patrologie, Tom. LXXIII.

148 – Святитель Тихон Воронежский. Келейное письмо 99, 15.

149 – Алфавитный патерик, в житии преподобного Иоанна Колова.

150 — Алфавитный патерик, в житии преподобного Иоанна Колова и Достопамятные Сказания, буква «И».

151 — Святой Исаак Сирский говорит: «Иное достоинство слова из духовной опытности, и иное достоинство слова красноречивого. Ученость умеет украшать слова свои, и, не изучив дела опытно, умеет она беседовать великолепно о истине, не ведая истины; умеет она пространно излагать о добродетели, никогда не вкусив познания ее от упражнения в ней. Слово от духовной опытности — сокровищница надежды, а ученость без опытного знания — залог стыда. Произносящий слово, не основанное на опытном знании, подобен художнику, изображающему на стенах живописью источники вод, и вода эта не может утолить жажды его, — подобен видящему прекрасные сны. Говорящий же о добродетели из своих опытов преподает слово слушателям, как бы кто раздавал подаяние из имения, приобретенного на свои деньги: он сеет слово в сердца внимающих ему как бы из собственного стяжания, он отверзает с дерзновением уста пред духовными чадами подобно древнему Иакову, который сказал целомудренному Иосифу: «се аз даю ти_

152 — Келейные письма свт. Тихона, том 15, письмо 67.

153 — 4 ответ святого Нифонта Цареградского, в Руководстве к духовной жизни преподобных Варсонофия Великого и Иоанна.

154 — Слова преподобного Марка Подвижника о законе духовном, гл. 31.

155 — Слово 4, гл. 6.

156 — Святой Исаак Сирский. Слово 46, 58, 61.

157 — Слово 7, гл. 14.

158 — Преподобный Макарий Великий, Слово 7, гл. 31.

159 — Sancti Macarii Aegiptii opera omnia, Liber de libertate mentis, caput XIII.

160 — Liber de libertate mentis, cap. XIV.

161 — Liber de libertate mentis, cap. XXXI.

162 — Homilia XV, cap. XII.

163 — Liber de libertate mentis, cap. XV.

164 — Liber de libertate mentis, cap. XVI.

165 – Liber de libertate mentis, cap. XVII.
166 – Беседа 37.
167 – Древнеобразное изложение преподобным Марком его глубоких размышлений, иногда очень сжатое, иногда очень растянутое, принудило здесь, при переводе, обращаться нередко к значительной перестановке слов речи (к парафразу) с тою целью, чтоб назидательная мысль писателя всегда была ясною для читателя, чтоб назидание не скрывалось в темноте изложения. Наблюдалось это, хотя в меньшей степени, и в прочих выписках, помещенных здесь, из творений святых отцов. Этим правилом руководствовались часто и отцы даже в приводимых ими изречениях Священного Писания.
168 – Слово о законе духовном, гл. 2.
169 – Гл. 4
170 – Гл. 19.
171 – Гл. 20.
172 – Слово о законе духовном, гл. 21.
173 – Гл. 25.
174 – Гл. 29.
175 – Гл. 30.
176 – Гл. 31.
177 – Гл. 42.
178 – Гл. 43.
179 – Гл. 44.
180 – Гл. 45.
181 – Гл. 49.
182 – Гл. 51.
183 – Гл. 56.
184 – Слово о законе духовном, гл. 53.
185 – Гл. 57.
186 – Гл. 63.
187 – Гл. 64.
188 – Гл. 65.
189 – Гл. 67.
190 – Гл. 67.
191 – Гл. 72.
192 – Гл. 73.

193 – Гл. 75.
194 – Гл. 76.
195 – Гл. 88.
196 – Гл. 90.
197 – Гл. 91.
198 – Гл. 92.
199 – Гл. 93.
200 – Гл. 94.
201 – Гл. 108.
202 – Гл. 112.
203 – Гл. 113.
204 – Гл. 114.
205 – Гл. 115.
206 – Гл. 116.
207 – Гл. 117.
208 – Гл. 118.
209 – Гл. 122.
210 – Гл. 123.
211 – Гл. 125.
212 – Гл. 126.
213 – Гл. 127.
214 – Гл. 128.
215 – Гл. 132.
216 – Гл. 133.
217 – Гл. 137.
218 – Гл. 143.
219 – Гл. 144.
220 – Гл. 146.
221 – Гл. 147.
222 – Гл. 151.
223 – Гл. 152.
224 – Гл. 156.
225 – Гл. 159.
226 – Гл. 160.
227 – Гл. 161.
228 – Гл. 163.
229 – Гл. 164.
230 – Гл. 165.

231 – Гл. 167.
232 – Гл. 169.
233 – Гл. 170.
234 – Гл. 171.
235 – Гл. 172.
236 – Гл. 173.
237 – Гл. 174.
238 – Гл. 175.
239 – Гл.176.
240 – Гл. 179.
241 – Гл. 181.
242 – Гл. 184.
243 – Гл. 185.
244 – Гл. 187.
245 – Гл. 186.
246 – Гл. 188.
247 – Гл. 189.
248 – Гл. 198.
249 – Гл. 199.
250 – Гл. 190.
251 – Гл. 192.
252 – Слово о думающих оправдаться делами, гл. 2.
253 – Гл. 4.
254 – Гл. 6.
255 – Гл. 8.
256 – Гл. 9.
257 – Гл. 10.
258 – Гл. 29.
259 – Гл. 30.
260 – Гл. 31.
261 – Гл. 33.
262 – Гл. 34.
263 – Гл. 35.
264 – Гл. 36.
265 – Гл. 38.
266 – Гл. 40.
267 – Гл. 42.
268 – Гл. 44.

269 – Гл. 47.
270 – Гл. 48.
271 – Гл. 49.
272 – Гл. 50.
273 – Гл. 56.
274 – Гл. 57.
275 – Гл.58.
276 – Гл. 65.
277 – Гл. 66.
278 – Гл. 67.
279 – Гл. 68.
280 – Гл. 69.
281 – Гл. 75.
282 – Гл. 78.
283 – Гл. 79.
284 – Гл. 82.
285 – Гл. 83.
286 – Гл. 85.
287 – Гл. 88.
288 – Гл. 90.
289 – Гл. 91.
290 – Гл. 94.
291 – Гл. 95.
292 – Гл. 96.
293 – Гл. 97.
294 – Гл. 98.
295 – Гл. 101.
296 – Гл. 103.
297 – Гл. 104.
298 – Гл. 106.
299 – Гл. 107.
300 – Гл. 108.
301 – Гл. 109.
302 – Гл. 110.
303 – Гл. 111.
304 – Гл. 119.
305 – Гл. 122.
306 – Гл. 123.

307 – Гл. 124.
308 – Гл. 136.
309 – Гл. 127.
310 – Гл. 128.
311 – Гл. 129
312 – Гл. 130.
313 – Гл. 131.
314 – Гл. 132.
315 – Гл. 134.
316 – Гл. 135.
317 – Гл. 137.
318 – Гл. 139.
319 – Гл. 141.
320 – Гл. 142.
321 – Гл. 146.
322 – Гл. 147.
323 – Гл. 150.
324 – Гл. 153.
325 – Гл. 154.
326 – Гл. 155.
327 – Гл. 156.
328 – Гл. 157.
329 – Гл. 158.
330 – Гл. 162.
331 – Гл. 165.
332 – Гл. 166.
333 – Гл. 167.
334 – Гл. 168.
335 – Гл. 169.
336 – Гл. 170.
337 – Гл. 171.
338 – Гл. 172.
339 – Гл. 173.
340 – Гл. 174.
341 – Гл. 175.
342 – Гл. 176.
343 – Гл. 178.
344 – Гл. 181.

345 – Гл. 182.
346 – Гл. 163.
347 – Гл. 186.
348 – Гл. 187.
349 – Гл. 188.
350 – Гл. 189.
351 – Гл. 190.
352 – Гл. 191.
353 – Гл. 192.
354 – Гл. 193.
355 – Гл. 194.
356 – Гл. 195.
357 – Гл. 196.
358 – Гл. 197.
359 – Гл. 198.
360 – Гл. 199.
361 – Гл. 200.
362 – Гл. 201.
363 – Гл. 202.
364 – Гл. 203.
365 – Гл. 204.
366 – Гл. 205.
367 – Гл. 206.
368 – Гл. 207.
369 – Гл. 208.
370 – Гл. 209.
371 – Гл. 210.
372 – Гл. 211.
373 – Гл. 212.
374 – Гл. 213.
375 – Гл. 215. ,
376 – Гл. 216.
377 – Гл. 217.
378 – Гл. 218.
379 – Гл. 219.
380 – Гл. 220.
381 – Гл. 221.
382 – Гл. 222.

383 – Гл. 223.

384 – Гл. 224.

385 – Гл. 225.

386 – Преподобного Марка Слово 3 о покаянии.

387 – Преподобного Марка Слово 3 о покаянии.

388 – Преподобного Марка Слово 3 о покаянии.

389 – Преподобного Марка Слово 3 о покаянии.

390 – Преподобного Марка Слово 3 о покаянии.

391 – Преподобного Марка Слово 3 о покаянии.

392 – Преподобного Марка Слово 3 о покаянии.

393 – Преподобного Марка Слово 3 о покаянии.

394 – Преподобного Марка Слово 3 о покаянии.

395 – Преподобного Марка Слово 3 о покаянии.

396 – Преподобного Марка Слово 3 о покаянии.

397 – Преподобного Марка Слово 3 о покаянии.

398 – Преподобного Марка Слово 3 о покаянии.

399 – Преподобного Марка Слово 3 о покаянии.

400 – Преподобного Марка Слово 3 о покаянии.

401 – Преподобного Марка Слово 3 о покаянии.

402 – Преподобного Марка Слово 3 о покаянии.

403 – Добрые дела падшего естества чужды покаяния, вводят в самомнение и ошибочно требуют спасения как законной награды: покаяние образуется из исполнения заповедей Христовых.

404 – Преподобного Марка Слово 3 о покаянии.

405 – Преподобного Марка Слово 3 о покаянии.

406 – Преподобного Марка Слово 3 о покаянии.

407 – Преподобного Марка Слово 3 о покаянии.

408 – Преподобного Марка Слово 3 о покаянии.

409 – Преподобного Марка Подвижника Слово 7 о пощении и смирении.

410 – Слово к монаху Николаю.

411 – Иначе – труды.

412 – Это содействие называется обыкновенно стечением обстоятельств.

413 – Слово 6 прение с ученым.

414 – Слово 5 совет ума душе.

415 – Житие святого Андрея, написанное иереем Никифором, также Четьи-Минеи, 2 октября.
416 – Краткое возглавление, главы 1, 2, 3, 5, 6, 8.
417 – Гл. 9.
418 – Гл. 11.
419 – Гл. 12.
420 – Гл. 13.
421 – Гл. 15.
422 – Гл. 16.
423 – Гл. 17.
424 – Гл. 23.
425 – Гл. 24.
426 – Гл. 26.
427 – Гл. 28.
428 – Гл. 30.
429 – Гл. 32.
430 – Гл. 33.
431 – Гл. 35.
432 – Гл. 41.
433 – Гл. 43.
434 – Гл. 44.
435 – Гл. 52.
436 – Гл. 58.
437 – Гл. 59.
438 – Гл. 61.
439 – Слово 26 о рассуждении, гл. 53.
440 – Гл. 54.
441 – Гл. 55.
442 – Гл. 102.
443 – Слово 25 о смирении, гл. 7.
444 – Гл. 8.
445 – Гл. 10.
446 – Гл. 11.
447 – Гл. 15.
448 – Гл. 16.
449 – Гл. 19.
450 – Гл. 32.
451 – Гл. 34.

452 – Гл. 35.
453 – Святой Исаак Сирский, Слово 36.
454 – Гл. 36.
455 – Гл. 36.
456 – Гл. 48.,
457 – Гл. 51.
458 – Гл. 2, Слово 24 о кротости.
459 – Гл. 3.
460 – Гл. 4.
461 – Гл. 5.
462 – Гл. 7.
463 – Гл. 8.
464 – Гл. 9.
465 – Гл. 11.
466 – Гл. 12.
467 – Гл. 14.
468 – Гл. 15.
469 – Гл. 16.
470 – Гл. 17.
471 – Гл. 18.
472 – Гл. 20.
473 – Гл. 23.
474 – Гл. 25.
475 – Гл. 6, Слово 22, о тщеславии.
476 – Гл. 11.
477 – Гл. 12.
478 – Гл. 14.
479 – Гл. 15.
480 – Гл. 16.
481 – Гл. 17.
482 – Гл. 19.
483 – Гл. 23.
484 – Гл. 24.
485 – Гл. 29.
486 – Гл. 34.
487 – Гл. 36.
488 – Гл. 37.
489 – Гл. 38.

490 – Гл. 39.
491 – Гл. 42.
492 – Гл. 45.
493 – Слово 23, о гордости, гл. 2.
494 – Гл. 4.
495 – Гл. 6
496 – Гл. 8.
497 – Гл. 9.
498 – Гл. 11.
499 – Гл. 13.
500 – Гл. 17.
501 – Гл. 18.
502 – Гл. 19.
503 – Гл. 28.
504 – Гл. 34.
505 – Гл. 36.
506 – Слово 8, о безгневии и кротости, гл. 1.
507 – Гл. 2.
508 – Гл. 3.
509 – Гл. 4.
510 – Гл. 5.
511 – Гл. 6.
512 – Гл. 7.
513 – Гл. 8.
514 – Гл. 9.
515 – Гл. 10.
516 – Гл. 11.
517 – Гл. 12.
518 – Гл. 13.
519 – Гл. 14.
520 – Гл. 15.
521 – Гл. 18.
522 – Гл. 19.
523 – Гл. 20.
524 – Гл. 23.
525 – Слово 9, о памятозлобии, гл. 6.
526 – Гл. 5.
527 – Гл. 6.

528 – Гл. 9.
529 – Гл. 12.
530 – Гл. 14.
531 – Гл. 14.
532 – Гл. 15.
533 – Гл. 16.
534 – Гл. 18.
535 – Слово 4 о послушании, гл. 43.
536 – Гл. 44.
537 – Гл. 44.
538 – Гл. 44.
539 – Гл. 44.

540 – Общежитие близ Александрии, руководимое духовным наставником. Св. Иоанн Лествичник провел в этом общежитии значительное время и много говорит о нем в 4 и 5 словах Лествицы, также в Слове к пастырю.

541 – Гл. 52.
542 – Гл. 65.
543 – Гл. 85.
544 – Гл. 88.
545 – Гл. 100.
546 – Гл. 103.
547 – Гл. 116.

548 – Здесь под именем ангелов, начал и сил разумеются духи падшей ангельской иерархии: они именно заботятся об отлучении человека от любви Божией.

549 – Гл. 27 и 28.
550 – Гл. 25 и 26.
551 – Гл. 31.
552 – Гл. 29 и 30.
553 – Гл. 34.

554 – После взятия вавилонянами Иерусалима и бегства в Египет оставшихся иудеев, Навуходоносор, царь вавилонский, завоевал Египет и захватил бежавших туда иудеев. Навуходоносор владел и Ассирией, а потому называется и царем Вавилонским, и царем Ассирийским.

555 – Исполнившего страсть в самом деле мучат, после сделанного им согрешения, хотя он и раскается в

нем, помыслы и мечтания соделанного им греха, мучат в продолжение значительного времени. Это можно видеть во многих жизнеописаниях святых отцов, между прочими и в жизнеописании преподобной Марии Египетской. Иногда же восстает страсть и в таком подвижнике, который не исполнял ее делом, томит его страстными помыслами, мечтаниями и пожеланиями. Очевидно, что преподобный авва Дорофей говорит здесь о том и о другом случае вместе.

556 – Кирпич, по-славянски – плинфы.

557 – Помышления подвижника, если будут вращаться в земном и суетном, то непременно привлекут его к плотской жизни и к согрешениям.

558 – Поучение 13 о том, как переносить скорби.

559 – Поучение 19, состоящее из кратких изречений.

560 – Поучение 17.

561 – Поучение 6 – о том, чтоб не осуждать ближнего.

562 – По иному мнению: подобен чистому сосуду по наружности, но внутри наполненному смрадной скверной: когда откроют его, то зловоние обнаруживает свое присутствие в нем.

563 – Поучение 7 о самоукорении.

564 – Поучение 8 о памятозлобии.

565 – Поучение 17 о наставлении братии.

566 – Слово 3.

567 – Слово 3.

568 – Слово 1.

569 – Слово 3.

570 – Слово 3.

571 – Слово 3.

572 – Слово 3.

573 – Слово 3.

574 – Слово 4.

575 – Слово 4.

576 – Слово 4.

577 – Слово 4.

578 – Слово 4.

579 – Слово 4.

580 – Слово 4.
581 – Слово 5.
582 – Слово 6.
583 – Слово 6.
584 – Слово 6.
585 – Слово 6.
586 – Слово 7.
587 – Слово 7.
588 – Слово 7.
589 – Слово 7.
590 – Слово 7.
591 – Слово 8.
592 – Слово 9.
593 – Слово 10.
594 – Слово 10.
595 – Слово 10.
596 – Слово 10.
597 – Слово 10.
598 – Слово 10.
599 – Слово 10.
600 – Слово 12.
601 – Слово 14.
602 – Слово 16.
603 – Слово 16.
604 – Слово 16.
605 – Слово 16.
606 – Слово 16.
607 – Слово 17.
608 – Слово 17.
609 – Слово 17.
610 – Слово 17.
611 – Слово 17.
612 – Слово 17.
613 – Слово 17.
614 – Слово 17.
615 – Слово 17.
616 – Слово 17.
617 – Слово 18.

618 – Слово 18.
619 – Слово 18.
620 – Слово 18.
621 – Слово 18.
622 – Слово 18.
623 – Слово 18.
624 – Слово 18.
625 – Слово 18.
626 – Слово 18.
627 – Слово 18.
628 – Слово 18.
629 – Слово 18.
630 – Слово 26.
631 – Слово 26.
632 – Слово 28.
633 – Слово 28.
634 – Слово 28.
635 – Слово 28.
636 – Слово 28.
637 – Слово 28.
638 – Слово 28.
639 – Слово 28.
640 – Слово 28.
641 – Слово 28.
642 – Слово 28.
643 – Слово 28.
644 – Слово 28.
645 – Слово 28.
646 – Требник. Последование малые схимы.
647 – Глава 3. Добротолюбие, ч. 2.
648 – Гл.1.
649 – Главы 5 и 6.
650 – Гл. 2.
651 – Наставления Евфимия Великого иноку Климатию. Четьи-Минеи, 20 января, житие преподобного Евфимия Великого.
652 – Ответы 260, 261 и 583.
653 – Канонник. Молитва утренняя, 5.

654 — Отселе заимствовано из 5 Слова преподобного Нила Сорского.

655 — Доселе из преподобного Нила.

656 — Поклоны, как выше сказано (гл. 21 и 22), согревают тело естественно, что располагает, оживляет человека для душеспасительной деятельности. Отвлекает от этой деятельности противоестественное разгорячение крови, совершившееся под влиянием какой-либо страсти.

657 — Слово 85.

658 — Преподобного Марка Подвижника Слово 7, о пощении и смирении; святого Исаака Сирского Слово 19; преподобного Макария Великого беседа 26, гл. 21.

659 — Слово 90.

660 — Алфавитный патерик.

661 — Преподобного аввы Дорофея поучение 9.

662 — Алфавитный патерик.

663 — Здесь разумеется вера деятельная, а не догматическая. О различии их смотри Добротолюбие ч, 2. Иноков Каллиста и Игнатия гл. 1 б.

664 — Слово 89.

665 — Слово 90.

666 — Слово 33.

667 — Добротолюбие ч. 1. Собеседование преподобного Максима Капсокаливи с преподобным Григорием Синаитом.

668 — Добротолюбие, ч. 1. Преподобного Симеона, Нового Богослова, гл. 16.

669 — Лествица, Слово к Пастырю.

670 — 249, 250 и 251 ответы преподобного Варсонофия Великого.

671 — Алфавитный патерик и Vies des peres des deserts d'Orient. Tom. 9, chap. 16.

672 — Слово 1.

673 — См., например, Алфавитный патерик, повесть о Евлогии Каменосечце.

674 — Житие великомученика Евстафия Плакиды, Четьи-Минеи, 20 сентября.

675 — См. о сем в 47 Слове святого Исаака Сирского.

676 – Слово 28, на слова «Внемли себе».

677 – Добротолюбие, ч. 1, гл. 93.

678 – Святой Исаак Сирский. Слово 75.

679 – Руководство к духовной жизни преподобных Варсонофия и Иоанна Пророка, ответ 603, также Предание преподобного Нила Сорского, и все прочие святые отцы подобного мнения.

680 – Четьи-Минеи, 9 февраля.

681 – Четьи-Минеи, 27 февраля.

682 – Слово о духовном законе, гл. 170.

683 – Там же, гл. 94.

684 – Слово о духовном законе, гл. 45.

685 – Толкование на гл. 18, с. 7 Евангелия от Матфея.

686 – Поучение первое.

687 – Святой Исаак Сирский. Слово 2.

688 – Слово 21.

689 – Но иудейский синедрион совершил богоубийство при совершенном понимании дела, это засвидетельствовал и обратившийся в христианство иудейский священник Аффоний, современный Христу и Богоматери. Четьи-Минеи, 15 августа, повествование о успении Пресвятой Богородицы.

690 – О враждебном, убийственном расположении иудейского духовенства к новорожденному Младенцу-Господу смотри Четьи-Минеи, 29 декабря, в описании убиения вифлеемских младенцев.

691 – Четьи-Минеи, 18 декабря.

692 – Четьи-Минеи, 4 февраля.

693 – Наставление 9. Издание 1844 года.

694 – Epistola 22 ad Evstochium.

695 – Таким образом тогдашний архиепископ Александрийский Феофил объяснил слова и поступок Преподобного римской знаменитости. Римлянка, услышав объяснение, удовлетворилась и успокоилась. Алфавитный патерик.

696 – Отрывок послания к монахам. Библиотека Галланда, том 7, стр. 242.

697 – 7 наставление, том 1.

698 – По объяснению преподобного Кассиана Римлянина.

699 – Преподобный Макарий Великий, Слово 4, гл. 7.

700 – Беседа о духах преподобного Антония Великого. Четьи-Минеи, 17 января.

701 – Страдание святых мучеников Тимофея и Мавры. Четьи-Минеи, 3 мая. То же можно видеть и во многих других житиях.

702 – Догматическое богословие Православной кафолической восточной церкви, 106. Также: святой Иоанн Златоуст, беседа на Деяния Апостольские 26, Деян. 12:15. Житие преподобного Василия Нового. Четьи-Минеи, 26 марта.

703 – Алфавитный патерик.

704 – Беседа 8 на Послание к Римлянам.

705 – Житие преподобного Макария Великого Четьи-Минеи, 19 января.

706 – Алфавитный патерик.

707 – Ответ 69.

708 – Лествица. Слово 18.

709 – Sincti Cassiani collatio XXIV, cap. IV.

710 – Патерик Афонский, ч. 1, стр. 187, издание 1860 года.

711 – Алфавитный патерик.

712 – Упомянутые преподобные иноки пребывали в непрестанной молитве, и потому они занимались рукоделием вместе с молитвой – с чтением наизусть псалмов или с поучением, т.е. с повторением какой-либо краткой молитвы, преимущественно Иисусовой – вне того времени, которое определено было собственно на молитву или на совершение молитвенного правила. Вставая на молитву, они оставляли рукоделие, как свидетельствует святой Иоанн Лествичник: «Никому не должно при молитве заниматься рукоделием, в особенности же делом (делом здесь названо занятие, отвлекающее к себе внимание инока). Этому ясно научил ангел Великого Антония». Слово 19.

713 — «Ведая враг, — говорит преподобный Иоанн Карпафийский, — молитву нам убо сущу поборну, тому же наветну и отторгнути нас от сея тшася, в желание нас влагает еллинских словес, от них же отступихом, и о сем упражнятися подущает. Ему же да не повинемся, да не от осей своего земледельства заблудше, вместо смокв и гроздия, терние и волчцы оберем: «премудрость бо мира сего буйство»_

714 — «Вертеться во все стороны»: так бывает с неискусными в борьбе с бесовскими помыслами. Преподобный Кассиан Римлянин описывает, что некоторый неискусный старец, ощутив внезапную сильную блудную брань, нанесенную демоном, по причине ее «аки от пьянства семо и овамо обращашеся». Добротолюбие, ч. 4, Слово о рассуждении.

715 — Четьи-Минеи, житие преподобного Макария Великого, 19 января. Также: Алфавитный патерик.

716 — Преподобный Кассиан повествует, что такой обычай существовал по всем общежительным монастырям Египта. О постановлениях общежитий кн. 2, гл. 12.

717 — Четьи-Минеи, житие преподобного Макария Александрийского, 19 января. «Тако преподобный Макарий, — говорит святой Дмитрий Ростовский в житии его, — познаваше помышления человеческая от воображаемых бесами вещей».

718 — Добротолюбие, ч. 4. Утешительных глав гл. 87.

719 — Физическим соединением вещества с веществом называется такое соединение, которое не уничтожает ни того, ни другого вещества; производя, однако, действие вещества на вещество. Таково соединение воды с солью или сахаром. Химическим соединением называется такое соединение, при котором соединенные вещества перестают быть тем, чем были до соединения, и образуют новое вещество. Так, сера, будучи соединена с ртутью, производит киноварь (краску).

720 — Слово 2, гл. 2.

721 — Гл.31.

722 — Ответ на вопрос 59.

723 — Это можно видеть из наставления духов, которое произнес ученикам своим преподобный Антоний Великий и которое помещено в житии его (Четьи-Минеи, 17 января). Наставление в Четьих-Минеях сокращено: его можно прочитать в Vitae Patrum, Patrologiae, tomus 73. Драгоценное наставление! Его изложил Великий Антоний с необыкновенной ясностью из своего опытного, благодатного знания падших духов.

724 — Диавол особенно склонен и способен влагать в нас гордость и самомнение (преподобного Макария Великого Слово 4, гл. 13). Когда же подвижник впадет в самомнение, тогда падший дух удобно вводит все страсти в сердце подвижника неприметным образом и делает это сердце своей обителью. Ко влечению в самомнение наиболее клонятся все видимые и невидимые брани диавола. Если рассмотреть поползновения подвижников, то ясно можно убедиться, что всякому поползновению предшествовало самомнение. Тот впал в блуд, кто признал себя не способным к блудной страсти и на основании этого самомнения отверг необходимое хранение себя. Тот заразился пьянственной страстью, кто, считая себя не разимым ею, позволил себе неосторожное употребление вина, и так далее.

725 — Слово 4, гл. 6 и 7.

726 — Слово о трезвении, гл. 43. Добротолюбие, ч. 2.

727 — Преподобного Кассиана Римлянина. О постановлениях общежитий кн. 4, гл. 37.

728 — Житие это помещено при поучениях преподобного Досифея, в начале их.

729 — Слово 4, гл. 32 и 39.

730 — Поучение 5 о том, чтобы не полагаться на свой ум. В этом поучении преподобный Дорофей, приводя вышеприведенную повесть о иноке Феофемпте, говорит, что сей инок именно потому был игралищем демона, что не имел обычая исповедывать приходивших ему помыслов.

731 — Житие преподобной Марии, Четьи-Минеи, 1 апреля.

732 – Алфавитный патерик.

733 – Житие преподобной Марии.

734 – Слово 30. Святой Исаак Сирский жил в VI веке по Р. Х.

735 – Святой Иоанн Лествичник. Слово 15, гл. 25, 26, 27, 81.

736 – Слово 15, гл. 82 по московскому изданию 1855 года и по переводу старца Паисия.

737 – Слово 15, гл. 54, 55.

738 – Добротолюбие, ч. 4.

739 – Алфавитный патерик.

740 – В житии преподобного Антония повествуется следующее: во время сильнейшей бесовской брани преподобный внезапно освещен был неизреченным светом, причем демоны и искушение их исчезли. Познав пришествие к себе Господа, Антоний воскликнул: «Господи! где был Ты доселе?» – и услышал голос: «Я был здесь, но желал видеть мужество твое», и проч. Четьи-Минеи, 17 января.

741 – Слово 5. Преподобный Нил Сорский, как в сем слове, так и во всем сочинении, подробно и превосходно говорит о молитве как главнейшем оружии против греха.

742 – Ответ 177.

743 – Прибавление к Слову 3. Святой Иоанн Лествичник.

744 – Слово о рассуждении. Добротолюбие, ч. 6.

745 – Слово 7, гл. 12.

746 – Преподобного Марка Подвижника Слово о покаянии и Слово о крещении.

747 – Слово 7, гл. 4.

748 – Vita Beati Antonii Abbatis. Patrologiae, tom 73, caput 15, и Четьи-Минеи.

749 – О молитве, гл. 47. Добротолюбие ч. 4.

750 – Слово 2.

751 – Художество и Правило святых Каллиста и Игнатия Ксанфопулов, Добротолюбие, ч. 2, гл. 29.

752 – Преподобного Григория Синаита гл. 110, Добротолюбие, ч. 1.

753 — Заглавие 25 Слова Лествицы.

754 — Св. Иоанн Карпафийский. Утешительных глав 55. Добротолюбие, ч. 4.

755 — Алфавитный патерик, буква И.

756 — Преподобный Макарий Великий. Беседа 7, гл. 8.

757 — Слово о трезвении, гл. 77. Добротолюбие, ч. 2.

758 — О законе духовном, гл. 34, Добротолюбие, ч. 1.

759 — Четьи-Минеи, 20 февраля.

760 — Требник, Последование малой схимы.

761 — Алфавитный патерик.

762 — Лествица, Слово 5, гл. 33, по переводу старца Паисия.

763 — Изречения Сисоя и Пимена Великих заимствованы из Алфавитного патерика.

764 — Лествицы, Слово 18, заглавие.

765 — Лествицы, Слово 7, гл. 64.

766 — Лествицы, слово 18 и преподобного Симеона, Нового Богослова, слово 6. Изд. Оптиной Пустыни, 1852 г.

767 — Глава 28. Художества и правила святых Каллиста и Игнатия Ксанфопулов. Добротолюбие, ч. 2.

768 — 15 духовное наставление старца Серафима Саровского. Изд. 1844 года, Москва.

769 — Слово 1, гл. 6.

770 — Слово 21.

771 — Гл. 69. Добротолюбие, ч. 1.

772 — Слово 7, гл. 49.

773 — Слово 6, вышеприведенное.

774 — Преподобный Симеон, Новый Богослов, Слово 6.

775 — Главы зело полезные, глава о прелести. Добротолюбие, ч. 1.

776 — Преподобного Лаврентия Отцы Киево-Печерского монастыря не допустили вступить в затвор, опасаясь, чтоб он не подвергся бесовской прелести, как подверглись ей преподобные Исаакий и Никита. Для затворнической жизни Лаврений перешел в монастырь великомученика Димитрия, где «вся стрелы лукавого разженные водою слез погаша, благодатию Божиею

уязвления бесовского странен пребысть». Патерик Печерский.

777 – Книга 1, гл. 2, Добротолюбие, ч.3.

778 – Алфавитный патерик.

779 – Алфавитный патерик, буква А.

780 – Образ изложения заимствован из евангельской притчи. Мф. 22:11.

781 – Образ изложения заимствован из евангельской притчи. Мф. 22:11.

Православная библиотека – Orthodox Logos

- *Добротолюбие (Том I • Том II • Том III • Том IV • Том V)*
- *Откровенные рассказы странника духовному своему отцу*
- *Семь слов о жизни во Христе* – праведный Николай (Кавасила)
- *О молитве* – святитель Игнатий (Брянчанинов)
- *Об умной или внутренней молитве* – преподобный Паисий (Величковский)
- *В помощь кающимся* – святитель Игнатий (Брянчанинов)
- *О прелести* – святитель Игнатий (Брянчанинов)
- *Приношение современному монашеству* – святитель Игнатий (Брянчанинов)
- *Христианство по учению преподобного Макария Египетского* – преподобный Иустин (Попович), Челийский
- *Философские пропасти* – преподобный Иустин Челийский (Попович)
- *Священное Предание: Источник Православной веры* – митрополит Каллист (Уэр)
- *Толкование на Евангелие от Матфея* – святой Феофилакт Болгарский, архиепископ Охридский
- *Толкование на Евангелие от Марка* – святой Феофилакт Болгарский, архиепископ Охридский
- *Толкование на Евангелие от Луки* – святой Феофилакт Болгарский, архиепископ Охридский
- *Толкование на Евангелие от Иоанна* – святой Феофилакт Болгарский, архиепископ Охридский
- *Таинство любви* – Павел Евдокимов
- *Мысли о добре и зле* – святитель Николай Сербский (Велимирович)
- *Миссионерские письма* – святитель Николай Сербский (Велимирович)
- *Живой колос* – праведный Иоанн Кронштадтский (Сергиев)

- *Дидахе. Учение Господа, переданное народам через 12 апостолов*
- *Домострой* – протопоп Сильвестр
- *Лествица или Скрижали духовные* – преподобный Иоанн Лествичник
- *Слова подвижнические* – преподобный Исаак Сирин Ниневийский
- *Миссионерские письма* – святитель Николай Сербский (Велимирович)
- *Точное изложение православной веры* – преподобный Иоанн Дамаскин
- *Беседы на псалмы* – святитель Василий Великий
- *О цели христианской жизни* – преподобный Серафим Саровский (Мошнин)
- *Аскетические опыты (Том I • Том II)* – святитель Игнатий (Брянчанинов)
- *Смысл жизни* – Семён Людвигович Франк
- *Философия свободы* – Николай Александрович Бердяев
- *Философия свободного духа* – Николай Александрович Бердяев
- *Песня церкви - Праведники наших дней* – Артём Перлик
- *Сказки* – Артём перлик
- *Патристика* – Артём Перлик
- *Ты нужен мне* – Артём Перлик
- *Следом за овцами - Отблески внутреннего царства* – Монахиня Патрикия

www.orthodoxlogos.com

www.ingramcontent.com/pod-product-compliance
Lightning Source LLC
Chambersburg PA
CBHW030229100526
44583CB00013BA/571